2018年第2辑
总第2辑

企业合规论丛（第2辑）

华东师范大学企业合规研究中心 / 编

中国法制出版社
CHINA LEGAL PUBLISHING HOUSE

《企业合规论丛》编辑委员会

目　录 CONTENTS

专题研讨　破产法专题

论文争鸣

判解研究

专题研讨

破产法专题

关联企业实质合并破产问题研究

游思颖

内容摘要 实质合并在美国已有多年的历史，由法院判决发展而来，经过 80 余年的发展已经日益成熟。在实质合并破产中，不同实体的资产和债权债务在破产中合并，以其合并的资产组成破产财产，作为同一个债权人对外清偿。被合并破产的实体间的债权债务全数消灭。我国关联企业发展之迅速，关联企业实质合并破产的需求水涨船高。而我国的实质合并破产规定在法律层面仍有空缺，亟须引入该项规则，规范关联企业破产，矫正因为关联交易导致破产清偿程序中的利益失衡。

关键词 关联企业 实质合并 破产

一、关联企业破产的类型与法律问题

“天下熙熙，皆为利来”，关联企业是顺应世界经济发展，企业规模化的产物。企业组织形式是促进或制约经济增长的要素之一，有效率的企业形式是经济增长的关键。在“利”的引导和公司组织形式发展过程中，单一企业的弊端渐渐暴露出来：当企业规模扩大到一定的程度，需异地、跨国经营或者扩大

作者单位：中国银行保险监督管理委员会。

产品、服务范围时，管理成本上升，竞争力下降。为克服单一企业的不足，经营者找到了关联企业这一组织形式为出路。随着关联企业成为一种广泛存在的经济现象，由于关联企业的特殊性，给当下的公司理论造成了一定的冲击。在关联企业破产的时候，这些问题将爆发出来。关联企业这种企业联合形式越来越引起法学工作者的注意。然而什么是关联企业，法学界并没有统一的定义。关联企业破产涉及多家企业的破产，破产类型不同，处理方式也不同。由于关联关系的影响，企业破产时也会有特殊的法律问题。

（一）关联企业的界定

商事结构随着社会经济环境而发展，企业组织形式经历了家族经营团体、个体企业、合伙企业、股份公司的演化。如今，企业的功能不再由单体的企业完成，而被企业联合的形态替代。企业集团中占据控制地位的公司或者将特定职能交由旗下的从属公司企业执行，或者将某一商事实体吸纳到自己公司麾下，以追求经营结构的多样化和规模化。[1]从严格意义上来说，关联企业不是法学概念，各国法学界对此没有统一的定义和标准，学理上也多是从经济层面出发，法律上通常称为母公司、子公司或者控制公司、从属公司等。[2]

1. 关联企业的学术定义

关联企业是市场经济下企业规模扩张、逐利到高级阶段的产物。在经济生活中已经有托拉斯（Trust）、辛迪加（Syndicate）、康采恩（Konzern）、卡特尔（Cartel）等企业联合形式。在我国法律领域尚没有详尽的、统一的对关联企业的定义。学界对关联企业的定义也说法不一，施天涛教授认为，关联企业是指企业之间为达到特定经济目的通过特定手段而形成的企业之间的联合。“特定经济目的”指的是企业扩大规模，追求更大经济效益；“特定手段”包括股权参与、资本渗透、合同机制、人事连锁、表决权协议等方式；“企业之间的

[1] 参见施天涛:《关联企业法律问题研究》，法律出版社 1998 年版，第 3 页。

[2] 参见王长斌:《企业集团法律比较研究》，北京大学出版社 2004 年版，第 25 页。

联合”指具有独立法人地位的公司企业之间的联合。[3]王欣新教授在《论中国关联企业合并破产重整制度之确立》一文中将关联企业定义为通过股权参与或资本渗透、合同机制或其他手段如人事连锁或表决权协议等方法，在相互之间存在控制与从属关系或重要影响的多个企业。[4]赵旭东教授认为，关联企业，是指与其他企业存在股权和契约基础上的从属关系或共同隶属于某一企业、又具有独立法律地位的企业。[5]沈乐平教授将关联企业类似表述[6]的企业集团定义为：“现代企业在高度发展基础上形成的一种以母子公司为主体，通过产权关系和审查经营协作等多种方式，由众多的企事业法人组织共同组成的经济联合体。”[7]台湾学者王志诚认为：“当企业发展到一定规模后，通常基于制造部门与销售部门分离、理论单位明确化、生产管理、人事管理之合理化等各种理由，而形成企业集团。”[8]

综上所述，学者们对于关联企业定义的出发点比较一致，都是具有独立法律地位的企业，通过关联关系联合，而关联关系通常包括股权控制、资本联系、合同维系等方式。

2. 关联企业与关联关系的法律认定

德国《股份公司法》的第一编、第三编用大量的条款界定关联企业的概念与形式。[9]该法明确规定了关联企业具有独立法律地位，但却通过持股、支配等方式互相关联。我国台湾地区的“公司法”于 1997 年增设“关系企业”于

---

[3] 参见施天涛：《关联企业法律问题研究》，法律出版社 1998 年版，第 6 页。

[4] 参见王欣新、周薇：《论中国关联企业合并破产重整制度之确立》，载《北京航空航天大学学报》（社会科学版）2011 年第 6 期。

[5] 参见赵旭东：《企业与公司法纵论》，法律出版社 2003 年版，第 435 页。

[6] 关联企业、关系企业、企业集团、母子公司的概念大致相当，本文就不再做细分。

[7] 沈乐平：《企业集团法律问题》，中山大学出版社 2003 年版，第 1 页。

[8] 王志诚：《从比较法观点论企业集团重整法制》，载《东吴法律学报》2013 年第 1 期。

[9] 根据该法第 18 条的规定：“关联企业是指，具有独立法律地位而彼此又形成联属关系的企业，包括：（1）被某企业多数持股的企业和对该企业持有多数股份的企业；（2）附属企业和支配企业；（3）康采恩企业；（4）相互持股的企业或者属于某个企业合同当事人的企业。”

第六章，将关联企业广泛的定义为有从属关系和互相投资关系的公司。[10]

我国对关联企业的定义出现在税收征管法中，然后通过实施细则、通知等方式对关联关系进行规定，在实践中，可以通过界定关联关系来判断企业是否属于关联企业。

在我国，关联企业这一名词首次出现在1991年《外商投资企业和外国企业所得税法》（已失效）第13条以及《外商投资企业和外国企业所得税法实施细则》（已失效）第四章中，并且，此规定被沿用至2016年修订的《税收征收管理法实施细则》中，其第51条详细规定了《税收征收管理法》第36条所称关联企业。[11]

2009年发布的国家税务总局关于印发《特别纳税调整实施办法（试行）》的通知中，第二章第9条对于关联关系有着更精确的定义，其规定，企业与其他企业、组织和个人只要有以下之一关系，即视为具有关联关系，属于关联企业：

（1）股份控制。股份控制的要求比例在税法领域规定为25%，包括三种情况。[12]但控制比例有例外，在特殊情况下即使没有达到25%的比例，也属于关联企业。

（2）资本控制。一方与另一方之间借贷资金占一方实收资本50%以上，或者一方借贷资金总额的10%以上是由另一方担保。独立金融机构除外。

（3）人员混同。人员混同的主体包括董事会成员和经理在内的高级管理人员，标准是从属企业半数以上的高管由控制企业委派，或者两家以上的从属企

---

[10] 台湾地区“公司法”第369条之1款规定：“本法所称关系企业，指独立存在而相互间具有下列关系之企业：一、有控制与从属关系之公司；二、相互投资之公司。”

[11] 这里所指的关联企业：“是指有下列关系之一的公司、企业和其他经济组织：（一）在资金、经营、购销等方面，存在直接或者间接的拥有或者控制关系；（二）直接或者间接地同为第三者所拥有或者控制；（三）在利益上具有相关联的其他关系。”

[12] 一方直接或间接持有另一方的股份总和达到25%以上、双方直接或间接同为第三方所持有的股份达到25%以上、一方通过中间方对另一方间接持有股份，一方对中间方持股超过25%，中间方对另一方持股超过25%的。

业的半数以上高管由第三方委派。即使没有半数以上的高管混同，特殊情况下也视为有关联关系。[13]

（4）关联企业之一对另一企业的经营、交易有实际的控制能力。例如，关联一方的生产经营活动依赖于另一方的工业产权、专有技术等特许权；从属企业进行交易、经营活动的行为主要由另一方控制。

我国《公司法》虽然没有出现“关联企业”一词，但是也对关联关系有所规制。在第21条中声明公司的部分人员不得利用关联关系损害公司利益；在第124条中对会议涉及企业有关联关系的上市公司董事的表决权进行限制。在第十三章附则中的第216条解释了关联关系的含义，[14]该含义的解释比税法领域的解释更简短，并未给出具体的判断标准。

3. 关联企业定义的思考

当今，公司组织形式早已不再是传统意义的单一企业，一大批公司在集团化、关联化的道路上越走越远，为人类社会物质的增长、社会的进步作出了巨大的贡献。[15]伴随着企业集团化，关联紧密化，一些法律问题也暴露出来，从法律领域对此进行定义也显得尤为必要。

关联企业发展至今，在我国，目前只有税收征管法明确提到这一概念，并对关联关系详细界定，因为关联企业的首要法律问题就是避税问题。

然而公司法和破产法领域并没有关联企业的明确定义，虽然关联企业造成的利益失衡现象已引发了关注，如关联企业利用关联关系进行关联交易、关

[13] 一方半数以上的高级管理人员（包括董事会成员和经理）或至少一名可以控制董事会的董事会高级成员是由另一方委派，或者双方半数以上的高级管理人员（包括董事会成员和经理）或至少一名可以控制董事会的董事会高级成员同为第三方委派。或一方半数以上的高级管理人员（包括董事会成员和经理）同时担任另一方的高级管理人员（包括董事会成员和经理），或一方至少一名可以控制董事会的董事会高级成员同时担任另一方的董事会高级成员。

[14] 该条所指的关联关系：“是指公司控股股东、实际控制人、董事、监事、高级管理人员与其直接或者间接控制的企业之间的关系，以及可能导致公司利益转移的其他关系。但是，国家控股的企业之间不仅因为同受国家控股而具有关联关系。”

[15] 参见赵志钢：《公司集团基本法律问题研究》，北京大学出版社2006年版，第1页。

联担保、利益输送、损害受控公司及其少数股东以及债权人的利益；同时，纠葛过深的关联企业在破产时，产生的各种法律问题、债权人利益失衡问题更是被彻底暴露。但关联企业在破产时对股东、债权人的利益损害是无法与关联企业的避税行为给国家造成的损害相对比的，因而，在破产法或者公司法中的关联企业定义与税收征管法中的定义当有所不同。

因此，笔者综合考虑后，将关联企业定义为以追求共同的经济利益为目的而形成的具有关联关系的企业集团。关联企业定义的关键——关联关系，在不同的法律领域可以有不同的标准内涵。

（二）关联企业破产的类型

在实践中，关联关系千差万别，经营状况参差不齐，破产时间先后不定，导致关联企业破产的类型也大相径庭，不同的关联企业破产类型会造成不一样的法律问题，应适用不同的法律规则解决。本文主要探讨适用实质合并解决的关联企业破产问题，因此，下文主要讨论与适用实质合并破产有关的关联企业破产类型。

1. 先破产，后合并

先破产后合并的情形是指关联企业之一或者整体，由于破产原因申请破产或者被申请破产。法院在查明事实，认定可以适用实质合并进行破产后，将关联企业各方资产和债权债务合二为一，作为一个整体进行破产。这种破产方式包括以下两种子情形：一是控制企业和从属企业同时破产；二是控制企业先破产，从属企业后破产。

（1）控制企业和从属企业同时破产

在这种情况下，往往是关联企业之间的关联关系太过紧密，资产、管理人员的混同到达一定的程度，资金链断裂，资不抵债，主动同时向法院申请破产。

在实践中，具有代表性的案件有 1966 年的 Chemical Bank New York Trust

Co. v. Kneel 案，[16] 这是美国破产法历史上重要的案件之一。船业大亨 Manuel Kulukundis 公司及旗下 8 家子公司同时申请破产。我国在 2008 年，上海市金山区人民法院也处理了一起关联企业同时破产案件。上海美浩电器有限公司（以下简称美浩公司）和上海特毅通用动力机械有限公司（以下简称动力公司），二者均由香港亿毅集团有限公司出资设立；上海特毅企业有限公司（以下简称企业公司）由金克莱斯勒有限公司出资设立，美浩公司、动力公司与企业公司三家公司的实际经营地相同，都在上海市金山区。2008 年由于拖欠债务，三家公司的债权人各自向上海市金山区人民法院申请破产。经法院查明，三家公司存在紧密的关联关系，除实际经营地点相同外，实际控制人系同一人；经营范围属于发动机生产销售；人员混同，管理部门和财务部门同为一人；财务高度混同，三家公司的设备均放于一个仓库，无法确定设备和货物的权属关系；债务高度混同；三家公司公章交叉使用并互相担保借贷。此外，部分债权人出示三家公司公章承认三家属于同一实体控股的证明。法院认为，首先，三家公司资产和债务混同程度高，如果进行分别破产清算，将花费高昂代价，而进行合并破产，对债权人的利益保护大于分别破产清算。其次，三家公司的债务、人员混同的程度过高，在这种情况下，如果仍然依据公司法人格独立否认合并破产，将实质上造成对债权人利益的侵害；并且，法院通过债权人会议表决，合并清算的方案支持比例过半，法院准予实质合并破产。[17]

（2）控制企业先破产，从属企业后破产

这种情况包括牵连型连带破产和促成性连带破产。在实践中，母公司破产往往会导致其子公司连带破产，这里的“连带破产”仅仅是一个习惯用语，

[16] See Chemical Bank New York Trust Co. v. Kneel, 369 F. 2d 845(2d Cir. 1966).

[17] 上海市金山区人民法院（2008）金民二（商）破字第 1、2、3 号（2008 年 11 月 20 日）：“三家公司债权人会议的表决结果分别为：动力公司有表决权的债权人 149 户，同意清算方案的债权人 110 户，占无担保债权的比例为 57.29%；企业公司有表决权的债权人 122 户，同意清算方案的债权人 99 户，占无担保债权的比例为 62.81%；美浩公司有表决权的债权人 32 户，同意清算方案的债权人 27 户，占无担保债权的比例为 53.90%。”

指的是一家企业破产由于经营关系等的牵连导致另一家企业也不得不破产的情况。[18]

而促成性破产是指控制企业由于丧失清偿能力，资不抵债，申请破产，或者由债权人申请破产。法院裁定受理破产后，发现从属企业也具备破产原因。经从属企业的债权人申请从属企业破产后，如果控制企业和从属企业符合使用实质合并规则的条件，将二者合并破产。

促成性破产在实践中具有很重要的讨论价值。著名的太子奶重整案件就属于该类型的关联企业破产案件。2010 年 7 月，湖南太子奶集团生物有限责任公司（以下简称湖南太子奶）的债权人向株洲市中级人民法院申请破产重整。法院裁定受理湖南太子奶的破产重整，但管理人在进行债权登记和清产核资的过程中遇到了难题：湖南太子奶公司和其他几家公司（供销公司和株洲太子奶公司）存在错综复杂的关联关系。包括管理人员高度混同、资产高度混同、存在大量互相担保的债权债务、频繁地利用关联关系进行资金往来，罔顾公司独立的法人人格。此时，供销公司和株洲太子奶公司也已经资不抵债，无法清偿到期债务，只是尚未进入破产程序。随后，经管理人说明和建议后，债权人先向法院提出对株洲太子奶公司和供销公司的破产重整，法院裁定受理。之后，管理人再提出将湖南太子奶公司、株洲太子奶公司和供销公司合并破产重整，法院裁定同意。[19]

2. 先合并，后破产

这种情况属于控制企业先破产，从属企业与控制企业合并后破产。这种情况下的破产和上一情形略有相似，不同之处是从属企业表面上不具有破产的可能性，其情形如下：控制企业已经进入破产程序，从属企业表明经营等一切正常，不具备破产的原因，但经管理人调查，法院查明后，认为从属企业和控制企业的存在高度混同，达到可以“刺破公司面纱”的程度，经债权人申请或

[18] 参见王欣新、周薇：《关联企业的合并破产重整启动研究》，载《政法论坛》2011 年第 6 期。

[19] 同上注。

者法院依据职权将从属企业法人格否认后，将从属企业与控制企业合并。此时，从属企业的设立往往涉嫌破产欺诈或者为逃避债务进行欺诈性转移财产的行为。

这种方式的关联企业破产的典型案例是大名鼎鼎的 1941 年 Sampsell v. Imperial Paper & Color Corp 案，[20] 该案被认为是美国破产法实质合并规则的起源。Wilbur J. Downey（以下简称 Downey）个人破产，法院查明 Downey 为逃避债务将财产全部转移到他控制的 Wallpaper & Paint Co. 公司（以下简称 Wallpaper）。由于 Wallpaper 公司已经完全沦为 Downey 逃避个人破产中债务清偿责任的工具，即使债权人行使撤销权，已不能够更好地保护债权人的利益。因此法院否认了 Wallpaper 公司独立的人格，将 Wallpaper 公司和 Downey 合并破产。本案详细情况将在本文第二部分破产法的产生和发展部分中阐述。

在国内还有著名的欧亚集团破产案，本案发生在 2008 年，沈阳欧亚实业有限公司（以下简称欧亚实业）被债权人申请破产。法院查明，欧亚集团是以欧亚实业公司为核心，旗下有 17 家公司组成企业集团。旗下的公司均由欧亚实业掌管控制，成员、高管、内设机构混同。各关联公司的财务严重混同，收益均上缴给欧亚实业，资产流动也由欧亚实业负责记录监管。欧亚集团内部人员也无法识别资产归属，各企业人格高度混同。在此情况下，虽然欧亚实业没有出现破产原因，但由于企业人格混同达到可以否认的程度，为保护债权人合法权益，实现公平清偿，法院裁定将 17 家企业与欧亚实业实质合并，一同破产。

3. 同时破产，分别立案清算

这种情况属于关联企业间虽然存在关联关系，但没有达到能够适用实质合并进行破产的程度。由于资金链断裂等原因破产后，部分债权人申请法院进行实质合并破产。法院查明后，认为关联企业财产、债务虽然有一定的混同，但没有达到区分十分困难的程度，进行实质合并破产将会对部分债权人（对企

[20] See Sampsell v. Imperial Paper & Color Corp, 313 U. S. 215 (1941).

业法人格独立有信赖利益的债权人）造成实质上的不公平，法院决定分开破产，驳回适用实质合并的申请。

代表案例是著名的 In re Owens Corning 案，[21] 该案件是美国破产法学界近年来讨论最为热烈的一个案子。案件发生在 2005 年，Owens Corning 公司及其旗下的 17 个全资子公司向特拉华州法院提请破产，由于这些公司间存在关联关系，部分债务人提出对此实质合并破产的动议，遭到另一部分债权人反对。一审法院同意合并破产，二审法院将使用实质合并的理由严格化，认为该案件中，Owens Corning 公司及其旗下的 17 个全资子公司的资产、债务混同可以区分，不应当进行合并破产。

此外，部分关联企业破产时，用破产法规定的其他条款足以对债权人提供充分的救济，如适用破产撤销权、取回权、衡平居次规则等方式来解决关联企业破产时的种种问题。不需要实质合并破产，分别立案清算即可。

4. 同时破产，合并审理

合并审理，是指当两个以上的债务人提起不同的实体破产申请时，法院把它们作为一个案件审理的程序。[22] 合并审理的案件中，各破产主体的财产并不合并，依然独立存在，并且以自身的破产财产对各自的债权人进行清偿；此外，破产主体间的债权债务也不互相湮灭。实际上，合并审理只是出于方便之目的，在程序上将破产案件合并审理，并不进行实体上的合并。

在实践中，为提高审理效率、简易破产程序，在 2006 年南方证券破产案件中，深圳市中级人民法院开启了合并审理的创举。由同一清算组对涉案三家公司进行清算，并指定一家管理人，但三家公司并没有实质合并，债权债务对各自的债权人分别清偿。

---

[21] See In re Owens Corning, 419F. 3d. (Bankr. Ct. Del. 2005).

[22] 参见美国《破产规则》第 1015 条，转引自〔美〕大卫 · G. 爱泼斯坦、史蒂夫 · H. 尼克勒斯、詹姆斯 · J. 怀特：《美国破产法》，韩长印等译，中国政法大学出版社 2003 年版，第 24 页。

（三）关联企业破产中的法律问题

由于关联关系的存在，会产生一系列法律问题，这些问题在企业持续经营盈利的时候被隐藏在平静的湖水下，然而企业一旦破产，就像被抽干水的湖底，一览无余。

1. 关联关系的认定问题

关联企业破产首要的法律问题是关联企业的定义，而关联企业的认定本质上是对关联关系的认定。对于关联关系，从前文可知，我国只在税收领域予以详细规定，公司法中的规定较为原则。毕竟，企业集团在破产前，最为突出的法律问题是税收问题，因此在税法领域已经对此有所规制。然而关联企业破产中的问题与关联企业避税的问题不可同一而论。首先，二者损害的利益不一样。关联企业的避税行为损害的是国家利益，而关联企业在破产中出现的问题损害的是部分债权人的利益。其次，触犯的法律不同。前者触犯税收征管法，后者违背的是破产法的立法原意。最后，规制方法的后果也有区别。在关联企业破产时，为达到公平清偿的目的，可能运用实质合并进行破产，实质合并由于是将公司的法人人格给予全盘彻底的否认，其后果极其严重，因此适用应慎重。在此情况下的关联关系，应当比税法领域中的关联关系程度要更严重。因此，笔者认为对于关联关系，可以参考税法领域的规定，但不可照搬。

2. 关联企业破产欺诈，损害债权人利益

关联企业利用关联关系进行破产欺诈，转移财产，损害关联企业外部债权人利益。[23] 在关联企业中，由于关联企业有统一的控制机制，经营、决策、财务、设备等并不独立，控制公司可能为了自身利益或者公司长远目标，利用控制能力和关联关系，通过虚构交易、隐匿、非法转移财产、关联交易低价购买子公司资产等方式使子公司破产。在终结不能创造利益价值的公司的同时逃

---

[23] 参见王欣新、周薇：《论中国关联企业合并破产重整制度之确立》，载《北京航空航天大学学报》（社会科学版）2011 年第 6 期。

避债务，可谓一箭双雕。这种行为对破产公司的债权人极其不公，破产程序沦为关联企业逃避债务的工具。因此，破产法规定了撤销权、取回权，而在实践中有衡平居次、实质合并来矫正此行为造成的不公平。甚至，更严重者，由《刑法》第162条之二虚假破产罪来规制，惩治公司、企业转移处分财产进行破产，严重损害债权人利益的行为。[24]

3. 关联企业利用关联担保谋取不正当利益

关联交易、关联担保频繁，是关联企业的特点所在。在破产时，这项特征也成了管理人、债权人头痛的问题。其涉及规模广泛、关系复杂、关联交易频繁、数之巨大，操作透明度低、毫无节制，常常难以厘清。[25]2004年4月，德隆国际、屯河集团、新疆德隆以及两家证券公司金融机构先后破产，债权人申报的债权80%是担保债权，而大部分担保债权是关联企业间互相担保产生的。首先，由于控制企业掌控着企业集团的决策经营权，对从属企业的资产熟悉程度远高于其他债权人，并可以利用关联关系选择企业最有价值的财产进行担保。其次，关联公司的财产独立性往往受到质疑，母公司为了达成企业集团的目标，部分子公司可能会为了母公司的利益或关联集团的利益而丧失经济独立，以子公司的财力、人力为母公司逐利铺路。在这种情况下，子公司账面上的经营状况总是逊于母公司。最后，由于母公司对子公司有绝对的控制，母公司对其子公司的债权往往不是为了正常交易，而是为了逃避股东风险，托“债权之名”，行“投资之实”，实际上已经“具有资本的本质”。[26]一旦关联企业破产，有担保的债权优先于无担保债权清偿，母公司的清偿率高于子公司的清偿率，这种情况对子公司的无关联关系债权人来说十分不公平。在这种情况

---

[24]《刑法》第162条之二规定：“公司、企业通过隐匿财产、承担虚构的债务或者以其他方法转移、处分财产，实施虚假破产，严重损害债权人或者其他人利益的，对其直接负责的主管人员和其他直接责任人员，处五年以下有期徒刑或者拘役，并处或者单处二万元以上二十万元以下罚金。”

[25] 参见王欣新、蔡文斌：《论关联企业破产之规制》，载《政治与法律》2008年第9期。

[26] 参见〔美〕理查德·A. 波斯纳：《法律的经济分析》，蒋兆康等译，中国大百科全书出版社1997年版，第526页。

下，如果仍然适用破产法的一般规定，关联企业间的担保债权有优先受偿的权利，而当这些关联企业的担保债权是利用关联关系所获，将大大损害其他债权人的利益，有违破产法的立法原意。

4. 资产清理不易，破产成本巨大

资产、人员高度混同，造成区分、清理资产不易。企业集团内部各关联企业间，财产混同、经营设备混同、资金流转的情况已是常态，如果还出现财务账册不全的情况，当其破产时，会给管理人的清理工作造成极大的困难，清算程序复杂，清理不易，增加破产成本。在这种情况下，分别进行破产可能会损耗更多的破产财产，不利于对债权人的清偿。[27]

二、实质合并的理论分析

针对以上出现的关联企业破产中的种种问题，随着关联企业破产案件的增多，实务界已有所警觉。在破产法相对先进的美国，先是通过“刺破公司面纱”、衡平居次规则进行规制。而后，认识到这些方法并不能很好地处理以上关联企业破产中产生的问题，于是在判例中首创实质合并制度，并经一系列的判例慢慢探索、慢慢发展。

（一）实质合并的内涵

实质合并原则（substantive consolidation doctrine），也被称为实体合并原则，是美国破产法上的一项重要制度，其通过一系列案例发展而来，之后被各国借鉴。在我国，doctrine 一词习惯被翻译为原则，实际上，元照法律词典对 doctrine 的解释是（由法院判决发展而来的）法律规则、原则、法律学说。实质合并是由法院判决发展而来的法律规则，并非原则，由于之前的学者多翻译为原则，已成为习惯，这事实上是一种在关联企业破产的特殊情况下，为平衡

[27] 参见贺丹：《上市公司重整中的公司集团破产问题》，载《政治与法律》2012 年第 2 期。

债权人权益而设立规则的制度。各国破产法对实质合并的问题一般没有明确的规定，多为判例，而且由于争议颇多，理论界也缺乏统一的定论，使得这一制度的内涵与对该制度的界定并不明确。在实质合并破产中，不同的实体的资产和债权债务在破产中合并，以其合并的资产组成破产财产，作为同一个债权人对外清偿。被合并破产的实体间的债权债务全数消灭。

1. 实质合并的理论基础

理论界认为，实质合并是以哥伦比亚大学 Adolph Berle 教授于 1947 年创设的企业主体理论（enterprise entity doctrine）为基础。[28] 该说又被称为企业整体说，其核心是企业主体理论而非公司主体的理念，认为股东如果为经营同一事业设立数个公司，或者各个企业间经营业务范围相同、具有同一的利益目的，这些公司虽然表面具有独立的法人地位，但本质上相当于同一企业的不同部门罢了。这些公司虽然在法律上具有独立的人格，但是为了逃避债务和责任而设立，使得债权人无法获得公平的补偿，违背法律上的公平和正义。此时，法院有权突破各公司法人人格的独立性，将它们视为同一个企业实体来追究企业的整体责任。[29]

这一学说颠覆了传统公司组织理论，但与当今社会中，以跨国公司形式、企业集团形式存在的关联企业现象颇为符合，这为“揭开公司面纱”提供了有力的理论基础。而实质合并破产是将关联企业的法人人格彻底地否认，企业实体理论无疑在理论方面给予实质合并强力的支持。

由于企业主体理论与传统理论相差悬殊，并动摇了公司有限责任这一制度基石，并没有被普遍接受。此外，如今企业集团正在迅速发展中，企业集团的发展与壮大利用的就是关联关系在交易时的便利、管理成本的下降，实现经营与规模的扩大化。如果在发展阶段大规模引入这一学说，将会削弱集团这一组织形式给公司发展带来的利益，对当前企业集团和跨国公司的发展十分

[28] 参见王欣新、蔡文斌：《论关联企业破产之规制》，载《政治与法律》2008 年第 9 期。

[29] 参见朱慈蕴：《公司法人人格否认法理研究》，法律出版社 1998 年版，第 125 页。

不利。

2. 实质合并的法律基础

由于企业主体理论并没有被普遍接纳，实质合并只能作为一项例外措施，在个案的基础上适用。《英国破产法》第 165 条、第 167 条对实质合并有所规定，但仅限于跨国公司破产清算时，在法院许可实质合并后，清算人可以进行合并清算。[30]《法国破产法》规定："在一定条件下，子公司破产程序的效力可以及于母公司的财产。"《新西兰公司法》的规定也是限于跨国公司，并给予法院极大的自由裁量权，只要法院认为公平合理，即可合并清算。

在实质合并的发源地美国，实质合并其实没有成文法的法律依据，在美国学界，有认为其源自 11 U.S.C. Section 105（a），[31] 是由《美国破产法》第 105 条赋予法官的"衡平权力"，即为实现法律的公平正义，法官有自由裁量权，并经由判例衍生而来的规则。美国联邦最高法院在 2005 年 Acme Chemical Industrial Products Inc. v. Jean Tien 一案中便据此作出了实质合并的裁定。[32] 但实际上，对于该规则是否能作为实质合并的法律基础，在美国也是有着很大的争议与讨论。In re Kmart Corp. 一案中，法官 Easterbrook 就否认了第 105 条作为实质合并法律基础的做法，认为"第 105 条的作用是为了让法院更好地实施某项法律制度，而非推翻或者凌驾于其上"[33]。第 105 条只能保障实体法中所规定的权利，而不能去创设新的权利。[34]

---

[30] 参见石静遐：《跨国破产法律问题研究》，武汉大学出版社 1999 年版，第 241 页。

[31] "The court may issue any order, process, or judgment that is necessary or appropriate to carry out the provisions of this title." 只要是对贯彻相关法律规定所必要或有益的，法院均可以实施任何命令、程序或判决。

[32] 参见王欣新、周薇：《论中国关联企业合并破产重整制度之确立》，载《北京航空航天大学学报》（社会科学版）2011 年第 6 期。

[33]〔美〕道德拉斯 · G. 贝尔德：《论破产重整的实质合并》，张钦昱译，载李曙光、郑志斌主编：《公司重整法律评论（第 3 卷）》，法律出版社 2013 年版，第 456 页。

[34] Sabin Willett, The Doctrine of Robin Hood A Note on "Substantive Consolidation", DePaul Business & Commercial Law Journal, 2005(3).

3. 实质合并的法律后果

当法院决定对关联企业适用实质合并进行破产时，将从属关联公司的法人人格否认，与控制公司合并破产。区别于程序合并审理破产，其最重要的效果主要包括以下三个方面：（1）所有破产关联企业的资产与负债合二为一，对全体的债权人公平清偿。（2）各个破产的关联企业之间的债权债务全数消灭。（3）以相同理由给付的主债务和重复的担保债权债务合一。[35]实质合并必须以程序合并为前提，将控制公司与从属公司的资产和负债合并后，平等清偿债权人，使重整公司间或破产公司之间的债权债务抵销消灭，并排除重复债权（duplicative claims），在实质上将企业集团的各个成员企业视为同一实体处理。[36]

从本质上来说，实质合并是对独立的企业的法人人格进行彻底的否认，一旦决定适用，将对被合并的企业集团成员和企业的债权人带来翻天覆地的变化，其造成的法律后果将动摇传统公司理论的基石——公司法人人格独立。对于被合并的企业集团成员而言，其法人人格被否认，将被视为企业集团的部门、分支机构，因此企业内部间的债权债务消灭。对于被合并的企业的债权人而言，由于各个关联企业的清偿率不一致，当高清偿率的公司与低清偿率的公司视为同一实体而合并后，公司的清偿率将发生变化；并且，由于关联企业间的内部债权债务消灭，这对企业的清偿率也会有影响。破产企业的清偿率涉及债权人在破产程序中能获得的偿付金额，因而与债权人的利益息息相关。

综上可知，实质合并的法律后果是极其严重、颠覆性的，是一种将公司法人人格彻底否认的做法，因此在适用时需要慎重。

---

[35] 参见王志诚：《从比较法观点论企业集团重整法制》，载《东吴法律学报》2013 年第 1 期。

[36] Scott R. Bowling, Note: Substantive Consolidation and Parties' Incentives in Chapter 11 Proceedings, 66 N.Y. U. ANN. SURV. AM. L. 341, 369 (2010); See also William H. Widen, Corporate Form and Substantive Consolidation, 75 GEO. WASH. L. REV. 237, 280 (2007).

（二）实质合并的产生和发展

实质合并规则首创于美国，公认自 1941 年 Sampsell v. Imperial Paper & Color Corp. 一案创设。虽然实质合并自此得到了最高法院的确立，但是大部分上诉法院并没有使用该规则，在 1942 年的 Stone v. Eacho 案中，法院驳回了使用实质合并的动议。此后，直到 20 年后的 Soviero v. Franklin Nat'l Bank 案、1966 年的 Chemical Bank New York Trust Co. v. Kheel 案、1970 年的 Flora Mir Candy Corp. v. R.S. Dickson & Co. 案以及 1975 年的 Talcott v. Wharton 案中，实质合并在破产中的应用越来越深入，也使得实质合并规则越来越规范。

此后的巡回法院开始将实质合并运用到破产程序中，如 1979 年 FDIC v. Hogan (In re Gulfco Inv. Corp.）案、1983 年 Pension Benefit Guar. Corp. v. Ouimet Corp. 案（该案否认了实质合并的适用）、1987 年 Drabkin v. Midland-Ross Corp. (In re Auto-Train Corp.）案、1992 年 First Nat'l Bank of Barnesville v. Rafoth (In re Baker & Getty Fin. Servs, Inc.)、1994 年 Reider v. FDIC (In re Reider）案以及 In re Bonham 案[37]等。

综上可知，实质合并虽然创设很早，但是在早年使用的并不频繁，以下将详细分析具有代表性的案例。这些判决在美国破产法史上书写着浓墨重彩一笔，如开山祖师 Sampsell v. Imperial Paper & Color Corp. 案、真正被确认为破产法的一项基本制度的 Chemical Bank New York Trust Co. v. Kneel 案、Auto-Train 案，在讨论适用标准的章节还会分析铺垫性质般的 1940 年 Fish v. East 案、引入七要素的 In re Vecco Construction Industries 案、Augie/Restivo 案和引起广泛而热烈讨论的 In re Owens Corning 案。

1.Sampsell v. Imperial Paper & Color Corp. 案[38]

公认实质合并起源于 Sampsell v. Imperial Paper & Color Corp. 案，但是

[37] See In re Owens Corning, 419F. 3d. (Bankr. Ct. Del. 2005).

[38] See Sampsell v. Imperial Paper & Color Corp, 313 U. S. 215(1941).

在著名的 Sampsell 案之前，1940 年的 Fish v. East 案经常出现在实质合并的文章中。虽然该案中并没有提到合并，但是在该案中，美国第十巡回法院认定一家子公司仅仅是其母公司的工具（instrumentality），不可视为独立的法律个体，并且依据破产取回程序（Turnover Proceedings），判令子公司将财产交给母公司的破产管理人。在该案中，由于子公司沦为母公司的部门工具，没有独立债权人，因而此行为并没有造成母、子公司债权人利益冲突。“合并”（consolidation）一词并没有在本案中提到，并且由于子公司的债权人享有优先受偿权，真正意义上的“实质合并”并没有产生，“真正的合并”（true consolidation）只有在涉及母子公司公平受偿的取舍才具有价值。[39]然而 Fish v. East 案之所以被实质合并的判决频频引用，盖因该案归纳出了认定企业具有关联关系的判断标准，对于之后的案件在何种情况下可以使用实质合并具有重要的意义。

在 Sampsell 案中，1938 年 11 月，Wilbur j. Downey（以下简称 Downey）个人破产，同年 6 月前，Downey 与妻儿成立了 Wallpaper & Paint Co. 公司（以下简称 Wallpaper）。Downey 将财产转移到他控制的公司中，这些财产成了这家公司的独立资产。Imperial Paper & Color Corporation（以下简称 Imperial 公司）知道此公司是 Downey 为逃避个人破产的债务而设立的，并为该公司提供贷款。后 Downey 的破产管理人要求 Wallpaper 公司将转移的财产返还给 Downey 个人，以偿还 Downey 个人破产的债务。法官查明，Downey 转移财产设立 Wallpaper 公司的目的在于逃避债务，存在欺诈行为，Wallpaper 公司实际由 Downey 控制，[40]法院判令 Wallpaper 公司破产清算，撤销 Downey 不当转移财产的行为，将 Wallpaper 公司和 Downey 合并破产。但 Wallpaper 公司的无担保债权人 Imperial 公司认为其对于 Wallpaper 公司的财产具有优先受偿的权利，一审区法院否认了 Imperial 公司的优先受偿权利，Imperial 公司不服，上

[39] See In re Owens Corning, 419F. 3d. (Bankr. Ct. Del. 2005).

[40] See Sampsell v. Imperial Paper & Color Corp, 313 U. S. 215 (1941). “The corporation was nothing but a sham and a cloak.”

诉法院支持此公司优先受偿。而最高法院支持区法院的看法，认为 Downey 将财产转移的行为属于破产欺诈，Imperial 公司对于 Wallpaper 公司的债权没有担保，同时，Imperial 公司对于 Downey 的欺诈转移财产知情，因此不享有优先受偿的权利。

本案做出了三个突破。一是开创了实质合并破产的适用，条件如下：(1) 独立主体甲破产，欺诈性转移财产给关联公司；(2) 该关联公司完全由主体甲控制，其资产全部来源于甲为逃避债务而转移的财产。二是在实质合并破产中，各债权人按照破产法享有相应的受偿顺位，并明确了非善意的关联公司的无担保债权人在合并破产中不享有优先受偿权，一般债权人如需优先受偿，将承担举证责任。三是确认了区法院拥有判决实质合并的权力。

2. Chemical Bank New York Trust Co. v. Kneel 案[41]

1966 年的 Chemical Bank New York Trust Co. v. Kneel 案可谓实质合并案件中大放异彩的一个判决，实质合并规则直至该案才成为破产法的一项基本制度。[42] Manuel Kulukundis 是一家船业巨头，掌控着八家公司，这几家公司一同破产并试图重整，但最终失败，由纽约南部法院接管破产清算。政府作为该案的主要债权人，认为这八家公司资产大量混同，从经济层面看构成同一实体，提请这几家公司合并破产。Chemical Bank New York Trust Co. 公司是其中一家公司 Seatrade Corporation 公司的担保债权人，对此项动议持反对意见，因为 Seatrade Corporation 公司的清偿率高于其他公司，如果进行合并破产，将损害 Seatrade Corporation 公司债权人的利益。

纽约南部法院在调查各公司资金转移、借贷记录后，发现存在滥用公司独立人格的情况，因此支持政府的合并提议。Chemical Bank New York Trust Co. 公司上诉至第二巡回法院。二审法院声明需要严格限制实质合并的适用，因为这不可避免地会损害信赖债务人法人人格独立的个体。但在部分情况下，

---

[41] See Chemical Bank New York Trust Co. v.Kneel, 369 F. 2d 845(2d Cir. 1966).

[42] 参见〔美〕道德拉斯 · G. 贝尔德：《论破产重整的实质合并》，张钦昱译，载李曙光、郑志斌主编：《公司重整法律评论（第 3 卷）》，法律出版社 2013 年版，第 455 页。

虽然相关企业的关联关系可以区分，但是要为此耗费大量时间与金钱，达到本末倒置的程度，则可以适用实质合并进行破产。

本案的突破之处在于较以往的案例扩大了实质合并的适用情况，法院在此案中提出一项新的标准：混乱的资产转移、交易记录等区分的难易程度。如果梳理清楚会计记录耗费的代价会严重影响债权人的利益，应当视为同一实体而进行实质合并破产。

3. Auto-Train 案[43]

1987 年 Auto-Train 案，将关注点放在举证责任方面，原告 Auto-Train 公司向法院申请破产后，又申请自己的子公司 Railway 公司与本公司实质合并破产。一审法院同意了 Auto-Train 公司的诉求，但在上诉法院被驳回。哥伦比亚上诉法院给出如下条件来决定该案是否适用实质合并：（1）实质合并动议的提出方需举证证明待合并的各个实体间存在“实质身份关系”；（2）进行实质合并破产是避免损害和实现利益的必要条件；（3）如果部分债权人反对实质合并，当其理由是在交易时并没有将各关联方视为同一实体，法院如果认为合并破产的利益远高于损害，仍然可以执行实质合并。

本案中，Railway 公司债权人证明其是基于对 Railway 公司独立的信赖进行交易，如果将 Railway 公司与 Auto-Train 公司合并破产，会损害 Railway 公司债权人的利益。此外，将 Railway 公司的债务与 Auto-Train 公司的债务区分的成本不高，因此上诉法院驳回了实质合并破产的申请。

（三）实质合并与法人人格否认制度之比较

关联企业破产存在的诸多问题已经在上文中论述，解决这些问题的方式也很多。在实质合并产生前，对于关联公司破产，债权人有其他的救济方式，比如，当一家子公司被母公司控制，达到成为母公司另一个自我（alter ego）的程度，根据州法律，子公司的面纱可以被刺穿。除此之外，还有衡平居次原

[43] See In re Auto-Train Corp, 810 F. 2d(D. C.Cir. 1987).

则，又称深石原则，对此进行救济。[44] 为加强救济，美国最高法院在 70 多年前通过了实质合并规则。

1. 公司法人人格否认制度在破产法中的适用

法人人格否认制度，在英美法系称为"刺破公司面纱"制度（piercing the corporate veil），我国在 2005 年修订公司法时正式引入了该制度。该制度意在阻止公司滥用法人人格，而否认股东的有限责任和公司的独立人格，股东需对公司债务直接承担责任。公司法人人格独立制度规定股东对公司的责任是有限的，以此来鼓励设立公司。但是，法人人格独立制度也有与生俱来的不足，即公司法人人格独立被滥用的情况难以避免。权衡公司人格制度促进经济发展的效率性和公司债权人接受公司风险的合理性，与公司人格滥用导致的公司股东与债权人利益失衡的非公正性之利弊。[45] 解决滥用法人人格的途径之一是通过事后否认其人格进行救济。

公司法人人格否认制度与实质合并似有相似之处，有学者认为将关联企业合并破产的前提是对公司的人格进行否认。事实上，实质合并规则的发展初期，法院的确有借鉴公司法人人格否认制度。从 kneel 案开始，实质合并规则从法人人格否认制度中抽离独立出来，但仍然与原有的欺诈转移和法人人格否认制度有着千丝万缕的联系，对企业内部无视公司组成形式成为母子公司或者说是"另一个自我"的规定，与法人人格否认制度如出一辙。[46]

2. 实质合并与法人人格否认制度的区别

这两种制度在适用条件、法律后果上有一定的相似性，因为实质合并在产生阶段借鉴了公司法人人格否认中"另一个自我"的分析标准，但是经过一系列的发展，已经成为破产法上特有的规则，通过将各关联方的资产合并为破产财产，统一清偿所有债权人的债权，更侧重于实质合并破产相关利益主体间

---

[44] § 510(c) of the Bankruptcy Code.

[45] 参见朱慈蕴：《公司法人人格否认——从法条跃入实践》，载《清华法学》2007 年第 2 期。

[46] 参见彭插三：《实质合并规则与公司法人人格否认制度比较研究》，载《北京工商大学学报》（社会科学版）2010 年第 3 期。

的利益平衡与节约破产成本、简易破产程序，这与法人人格否认后股东承担连带责任有所区别。具体来说，这两种制度存在如下的差异。

（1）适用的范围不同。法人人格否认制度诞生于公司法，是一种事后救济方式；而实质合并规则来自破产法，本质上是一种公平的清资偿债程序。

（2）适用标准的不同。实质合并规则的发展初期，如前文所述，法院的确大量参考公司法人人格否认制度，如是否形成“另一个自我”的判断标准，但自 kneel 一案以来，实质合并规则的适用标准逐渐从公司法人人格否认独立出来。kneel 一案成为实质合并的重要案例在于此案中对“令人绝望的混同”的判断：“对各个企业的内部关系、财产归属的审查和分离将会耗费巨大的经历和时间，并且，即使如此艰难地分离出来，仍不能保证这是客观的结果。”[47]显然，在这一方面实质合并规则对资产分离难度的考量已超出了公司法人人格否认制度的范围。虽然人格否认和实质合并都可能基于“混同”这一事实，但是公司人格否认需要“混同”导致债权人利益受到侵害；实质合并的理由除此以外还可以因为“混同”导致区分财产成本巨大而进行合并破产。公司法人人格否认的关注点在于公司人格的滥用，而实质合并中，仅因为清理关联企业间复杂的债权债务关系造成的巨大成本可以成为实质合并破产的理由。[48]

（3）法律后果不同。从适用的法律后果而言，经过实质合并的公司不再具有独立的法人人格，关联企业的财产合并，对各自原有的所有债权人统一清偿，是对关联企业各公司的法人资格永久、彻底地否认；而公司法人人格否认涉及股东对其设立的公司的连带责任，并且，没有对公司的法人人格永久否认，只是在个案中、特定事由下突破股东的有限责任，企业依然存续，公司的人格依然独立。

[47] See Chemical Bank New York Trust Co. v. Kneel, 369 F. 2d 845(2d Cir. 1966).

[48] 参见彭插三:《实质合并规则与公司法人人格否认制度比较研究》，载《北京工商大学学报》（社会科学版）2010 年第 3 期。

（四）实质合并与衡平居次原则之比较

衡平居次规则常用于关联企业破产案件中，保护子公司债权人的利益，因此也常与实质合并做比较。

1. 衡平居次原则在破产法中的适用

衡平居次原则（Equitable Subordination Rule）又被称为从属求偿原则，或者深石原则（Deep-Rock Doctrine），是指“若子公司资本不足，且同时存在为母公司之利益而不按常规经营者，在子公司破产或重整时，母公司对子公司债权之地位应居于子公司优先股东权益之后”[49]。该原则来自美国 Taylor v. Standard Gas and Electric Co. 一案，法院在裁定深石公司重整计划时发现，被告的母公司，即 Standard Gas and Electric Co. 公司是深石公司的巨额债权人，重整计划对深石其他股东极其不公平，因此遭到反对，并上诉到最高法院。最高法院认为，深石公司完全受被告公司控制，并为了被告母公司的利益而经营，重整计划会损害深石公司的优先股股东的利益，违背公平原则，于是撤销重整计划，并判决被告母公司对深石公司的债权劣后于深石公司的优先股股东。[50]依据该原则，在子公司破产时，母公司对子公司的债权分配的顺序劣后于其他债权人。其目的在于保护子公司的债权人。[51]美国《破产法典》第 510 条（c）以成文法的形式授权破产法院使用衡平居次规则。[52]

衡平居次原则对关联企业问题的保护力度略逊色于实质合并，可以用于

[49] 赖英照：《公司法论文集》，台湾证券市场发展基金会 1990 年编印，第 138 页。

[50] See Taylor v. Standard Gas and Electric Co. 306 U. S. 307 (1939).

[51] 参见孙向齐：《我国破产法引入衡平居次原则的思考》，载《政治与法律》2008 年第 9 期。

[52] Notwithstanding subsections (a) and (b) of this section, after notice and a hearing, the court may- (1) under principles of equitable subordination, subordinate for purpose of distribution all or part of an allowed claim to all or part of another allowed claim or all or part of an allowed interest to all or part of another allowed interest; or (2) order that any lien securing such a subordinated claim be transferred to the estate. 译文参考〔美〕大卫 · G. 爱泼斯坦等：《美国破产法》，韩长印等译，中国政法大学出版社 2001 年版，第 440 页注释 1。

关联企业间关联关系未到达适用实质合并的程度，关联企业间的资产可以区分，但其关联关系又确实对部分债权人造成实质上的不公平。

2. 实质合并与衡平居次原则的区别

衡平居次原则是对法人人格否认制度的发展，在保护债权人利益和承认公司法人人格独立原则间取折中的态度，其后果相对不那么严重，它与实质合并的区别主要表现在：首先，价值取向不同。衡平居次规则的保护对象是子公司债权人的利益，而实质合并规则是为了保障关联公司（包括母公司的债权人）在破产时平等受偿。其次，适用后果不同。衡平居次规则的后果是将母公司对子公司的债权在分配中置于劣后地位；实质合并破产中，关联企业之间的内部债权债务全数消灭，只有外部债权有效，再根据统一的债权比例清偿。[53]

（五）实质合并的不可替代性

这些救济措施各有千秋，法人人格突破了公司的有限责任，使得股东必须对公司债务承担责任。衡平居次原则规定不公平行为债权人的债权（一般是母公司对子公司的债权）劣后于一般债权人受偿。不同于以上两种救济措施，实质合并规则在大多数案件中提供了更好的救济。该规则维护了关联企业债权人的利益，并使得破产财产的分配更为公平，此外，该规则将关联企业的财产和债务合并，简易了破产程序。[54]

由于实质合并产生初期对法人人格否认制度借鉴良多，有学者认为，实质合并没有存在的必要性，由现有的破产法规则即可规范。然而，除以上论述的公司法法人人格否认和实质合并的区别外，法人人格否认制度在处理关联企业破产问题上仍有缺陷，因为法人人格否认只能对个案否认，由于关联企业间的关系错综复杂，存在大量非法关联交易，此时破产，公司法人人格否认的救济就明显力不从心。

---

[53] Lawence Kotler, Claim purchases beware: No good-faith defense to equitable subordination [J]. American Bankruptcy Institute Journal，2006:26.

[54] See In re Owens Corning, 419F. 3d. (Bankr. Ct. Del. 2005).

衡平居次规则之目的不在于剥夺母公司对子公司债权的求偿请求，同时绕过了是否需要否定子公司法人人格的问题，而是通过对求偿顺位进行规制，以免关联企业通过关联关系损害其他债权人的利益，是比法人人格更为温和折中的救济方法。[55]

实质合并规则是三种方式中最为广泛强硬的债权人救济手段，是专为保护母子公司的债权人利益，保障破产程序公平而设立的。[56]当衡平居次规则对关联企业破产问题的处理都无力回天时，范围更加广泛，救济力度更为强大的实质合并规则便显得不可替代。

三、运用实质合并规则的现状反思

关于我国是否应当引入实质合并破产，素有争论。我国对引入实质合并进行破产的态度也经历了从反对到谨慎适用的路程，从各法院出台的政策和最高人民法院的解释中可见一斑。实践中，已经有法院摸着石头过河，探索实质合并的适用标准与程序。由于实质合并自身的特殊性，在引入时应当慎重，应充分考虑我国适用实质合并的空间后，再将该制度本土化。

（一）我国关联企业实质合并破产的政策分析

我国破产法对解决关联企业破产中出现的问题尚未有直接的、明确的规定，部分问题可以用撤销权、抵销权、财产取回制度、法人格否认来解决，但是，这些规范无法代替实质合并制度，当出现需要适用实质合并破产的情形时，我国目前没有可以直接援引作为关联企业合并破产依据的规范。不仅无法可依，早年，不少法院的内部指导文件对于实质合并持反对态度。

例如，最高人民法院在 2002 年出台的《关于审理企业破产案件若干问题

[55] 参见沈乐平：《母子公司法律问题研究》，经济科学出版社 2007 年版，第 231 页。

[56] 参见王欣新、蔡文斌：《论关联企业破产之规制》，载《政治与法律》2008 年第 9 期。

的规定》第79条之规定、[57] 2003年《青海省高级人民法院关于规范审理企业破产案件的实施意见》第5条之规定、[58] 2003年《广东省高级人民法院关于审理破产案件若干问题的指导意见》第7条之规定[59]均涉及实质合并破产，全部是不允许实质合并破产，应当分别立案、分别破产；财产有混同的，需由清算组界定完毕后，各自清算。

然而，随着关联企业的不断发展，关联企业破产案件也逐年增多，而关联企业间财产混同、资金不正当转移、互相担保的现象愈演愈烈，破产案件审理中越来越难区分关联企业财产，破产时的清偿对非关联债权人利益的损害越来越不可无视，破产法作为只规定单体企业破产的法律，对于关联企业破产暴露的问题越来越力不从心，理论界和实务界迫切地希望能够允许实质合并的适用。在这种情形下，各地法院对实质合并的态度渐渐转变。2009年，最高人民法院民二庭负责人答疑破产法司法适用问题时提到可以谨慎适用实质合并进行破产。[60] 2010年浙江省高级人民法院紧跟随最高人民法院风向的转变，在《关于审理涉财务风险企业债务纠纷案件若干问题指导意见》中就提出涉财务风险的关联企业破产时可以尝试使用实质合并破产，但是该使用需谨慎。[61]

从上述法院的内部指导文件中我们可以看出，法院政策对实质合并的适用态度从坚决不允许到谨慎适用，虽然规定得十分原则性，只是提出各法院可以尝试使用实质合并破产处理关联企业破产案件，并没有详细的规范，还属于

[57] "债务人开办的全资企业，以及由其参股、控股的企业不能清偿到期债务，需要进行破产还债的，应当另行提出破产申请。"

[58] "申请企业破产时，严禁以任何理由将具有独立法人资格的关联企业或下属企业及其财产列入破产范围连带破产。破产案件必须是'一企一案'，不允许搞'多企一案'。"

[59] "财产混同的多个关联企业同时向法院申请破产的，法院应责令其先予界定各自财产，然后再向法院申请破产。债权人同时申请财产混同的多个关联企业破产的，法院受理后应由清算组依法界定各个关联企业的财产，不应以财产混同为由并清算。"

[60] "为保持关联企业破产中的利益平衡，对于明显利用关联关系损害其他债权人利益的，可依法审慎适用关联企业实质合并破产等制度。"

[61] "涉及财务风险企业明显利用关联关系损害其他债权人利益的，可以尝试通过审慎适用关联企业实质合并破产制度。"

摸着石头过河的积累经验阶段。而且，对于可以适用的情形也规定得十分狭窄，只允许在关联企业利用关联关系损害其他债权人利益的情况下适用。这种保守的规定类似于美国实质合并发展初期的适用标准，美国最初首创实质合并也是由于不正当的财产转移损害债权人的利益，之后才慢慢发展出关联企业间财产混同以至于区分耗费代价过高，不利于向债权人清偿时，也可以适用实质合并的标准。

我国现在的政策规定是否太过保守暂且不论，至少是鼓励各法院能够大胆探索、完善实质合并的适用，已经预示着实质合并将在关联企业破产的法律规范中占据一席之地。

（二）我国关联企业实质合并破产的司法现状

我国在 21 世纪初期对实质合并的态度一直是抵触的，从 1991 年的“广国投”一案中可见一二。广东国投集团是一家大型的企业集团，关联企业众多。1999 年 1 月，广东国投公司由于资不抵债，向广东省高级人民法院提出破产申请，同时，其旗下三家全资子公司也一并提出破产。广东省高级人民法院在最高人民法院的指导下制定“一带三”审理格局，母公司和三家子公司的破产案件由广东省高级人民法院、广州市中级人民法院、深圳市中级人民法院，分别立案审理、各自独立进行破产清算。[62]

而 2006 年的南方证券破产案件，[63]一改“广国投”案中不能合并破产的做法，有所突破，深圳市中级人民法院开启了关联公司合并清算的创举。破产时，南方证券的账面资产不多，注册了很多空壳公司来操纵股票、逃避监管。其从属公司上海天发有限公司和华德资产管理公司与南方证券高度混同，这两家公司的客户都认为自己是与南方证券交易。当南方证券破产时，这两家公司的债权人也向法院申报债券。经法院查明，两家从属公司与南方证券存在高度

[62] 参见孙晓敏：《关联企业破产法律制度》，载王欣新、尹正友主编：《破产法论坛（第 2 辑）》，法律出版社 1999 年版，第 294 页。

[63] 参见邓基联主编：《证券公司破产清算案件审理实务》，人民法院出版社 2008 年版，第 282 页。

混同，如果分别破产，难以厘清资产、影响清偿效率、损害债权人利益。法院开创性地宣告两家关联公司破产并与南方证券合并清算。由于该案中的合并清算属于立两个案号，但由同一清算组对三家公司同时清算，并指定一家管理人，所以并不属于实质合并破产清算，类似于合并审理的程序合并，并不产生实质合并中将关联公司视为同一实体进行破产的后果。虽然这只是程序合并审理，并不是实质合并，但这无疑是一项创举，离法院适用实质合并破产又进了一步。

2007年，同样由深圳市中级人民法院受理的汉唐证券破产案，就是真正地将关联公司进行实质合并破产清算的案件。汉唐证券在经营中设立了广州丰宝公司等46家壳公司，均没有实际的经营活动，工作人员由汉唐证券员工担任，公司印章等均由汉唐证券掌控、没有独立的资产负债表，并且资产权属难以区分。汉唐证券破产清算的过程中，法院查明以上壳公司均资不抵债，符合破产条件。这些公司与汉唐证券存在高度关联、混同，分别破产将不能达到公平清偿的目的，并且资产难以划分、效率低下、成本巨大。出于以上两点原因，深圳市中级人民法院决定将壳公司的法人人格否认，与汉唐证券实质合并清算。[64]

以上三个案件均由深圳市中级人民法院审理或者参与，对于关联企业的破产案件从不合并破产到程序合并审理再到实质合并，也契合了上文政策中的法院对实质合并适用态度的转变。但从深圳市中级人民法院裁定汉唐证券及其壳公司实质合并破产案的理由中我们可以发现，深圳市中级人民法院对于适用实质合并破产的标准参考了美国2005年的In re Owens Corning案[65]法院给出的标准之一，对比最高人民法院在答疑破产法司法适用问题时对待实质合并破产的适用条件，还是有所突破的，包含了资产难以区分、破产成本巨大这一较

[64] 参见刘敏、池伟宏：《关联企业实体合并破产制度的适用——汉唐证券有限责任公司及其46家壳公司合并破产清算案例评析》，载奚晓明主编：《商事审判指导（第32辑）》，人民法院出版社2012年版，第142页。

[65] See In re Owens Corning, 419F. 3d. (Bankr. Ct. Del. 2005).

为超前的理由。目前我国尚未将实质合并规则成文法化，现行法律亦无相关法律依据，目前司法实践中有探索适用。实质合并的后果对于关联企业来说会比较严厉，有时也会不可避免地损害到部分债权人的利益，是否能将实质合并成文化，又如何成文化也是需要讨论的问题。

（三）我国关联企业实质合并破产的现实思考

实质合并规则仍存在诸多弊端，因此，是否有必要将该规则引入仍需慎重的思考。此外，一个新的制度规则的引入，必然会带来新的问题。即使在权衡利弊后，仍然选择适用实质合并进行破产来解决关联企业破产中产生的诸多问题有待讨论和解决。

1. 关联企业实质合并破产的弊端与法律问题

实质合并至今仍未引入我国，我国法律无论是破产法还是公司法都对此并没有明确的规定。实质合并成文法化的道路如此漫长，是因为实质合并仍存在很多争议和质疑。

（1）关联企业实质合并破产的弊端

关联企业破产时如果进行实质合并，遭到的质疑往往包括如下几点：

第一，关联企业适用实质合并破产会违反法人人格独立之制度。根据公司法的基本理论和规定，各关联企业有独立的法人人格，其独立性在一般情况下都应受到尊重。根据法人人格独立制度的要求，各关联方理论上应当独立破产各自清算。这是我国公司法、破产法的基本规定。如果适用实质合并对关联企业进行破产清算或者破产重整，违背了现代公司理论的基石——公司法人人格独立，削弱投资者投资公司的热情。这对于企业集团、跨国企业的发展极为不利。

此外，虽然目前的公司法人人格否认制度也是对有限责任制度的一个例外，但实质合并和法人人格否认不同，在上文中已有论述，实质合并破产中对公司的独立人格的否认是彻底的、永久的。法人人格否认意味着法人在法律上是独立的主体，但当出现特殊的情况时，如公司股东掠夺公司的财产充为己用，此时如果再维护公司的独立人格，将损害债权人利益，公司就会成为股东的道具，甚至破坏市场规则、打破市场的平衡。因此，法人人格否认是在个案中置公司的独立人格于不顾，直接将公司法人的责任归结为法人成员的责任。[66]公司法人人格否定是对股东违法行为的事后法律救济。目前法人人格独立仍然是市场经济中公司组织形式的重要支柱，法人人格否认是矫正有限责任规则中权益失衡的例外。有学者比喻：公司人格被否认，意味着在某种情形下由公司形式所竖起来的有限责任之墙被钻了一个孔，但对于被钻孔以外的所有其他目的而言，这堵墙依然矗立着。[67]在公司人格否认的情况下，法人人格只是在个案中消灭，公司在其注销或者破产前，即使曾被法院宣判过法人人格否认，公司的人格在其他案件、经营过程中仍然独立。实质合并制度是对法人人格彻底的否认，如果法院通过了适用实质合并进行破产，就意味着公司的法人人格永久的消灭，在破产清算案中合并之后的关联公司的法人人格即宣告丧失，即使是破产重整程序，重整后虽然公司仍然存在，但被合并的公司的人格却是烟消云散。对于不彻底的人格否认制度，尚且是例外适用，并且慎之又慎；对于后果更为严重的实质合并规则，理应规定更为严格的标准与条件。因此，如果要将实质合并规则引入我国，很多人还是报以谨慎的态度。

第二，适用实质合并规则破产的法律后果是将所有关联企业的财产和债务合并。但是由于不同的公司破产的清偿率是不同的，将清偿公司合并后，清偿率高的公司的债权人必然有反对意见，因为其合并后的清偿率会下降；而清偿率因合并而升高的债权人必然支持合并，债权人的意见分歧会给法院裁判带来困难。

第三，即使是在实质合并的发源地美国，虽早在 1941 年便开启了实质合并的道路，但是第二例同意实质合并的案件却发生在 20 年之后，并且，关于

[66] 参见李永军著:《民法总论》，法律出版社 2006 年版，第 335 页。

[67] Phlilip Blumberg 语，转引自陈现杰:《公司人格否认法法理评述》，载《外国法译评》1996 年第 3 期。

实质合并的适用规范一直有争议。[68]此外，美国属于普通法法系国家，法院的判决有普遍的法律效力。实质合并在美国源自衡平权力，可以通过判决来修改以适应社会的发展需要或者修正以前不当的标准。将这种来源于衡平权力的规则引入我国，在立法层面有着不小的阻碍。

（2）关联企业实质合并破产的法律问题

在第一部分已经讨论过关联企业破产中的法律问题，为解决这些法律问题，实质合并规则应运而生。然而，出于实质合并的种种弊端，在适用实质合并来解决关联企业破产问题时还会出现如下的亟待解决的法律难题。

a. 实质合并的适用范围

关联关系认定是关联企业破产中的法律问题，但当涉及运用实质合并矫正关联关系的存在给部分债权人带来的损害时，需要明确的一点是：如果能证明企业间具有关联关系，是否就意味着当关联企业破产时，就一定可以适用实质合并？

关于这一点，理论界有着广泛的讨论，有普遍适用说和例外适用说之争议。普遍适用说认为，只要认定企业间存在关联关系，就应当用该规则处理关联企业破产；而例外适用说认为，不是所有的关联企业都可以适用实质合并，只有特殊情况下（在满足实质合并适用标准时），方能对关联企业适用实质合并进行破产。

b. 实质合并的适用标准

实质合并的适用标准一直都是关联企业实质合并破产中争议最为激烈的难题。美国破产法的判例中已为此争执近 70 年，如今仍然是每个判例中必须大书特写的部分，而每当有案件开创新的适用标准，或者限制，或者扩大了适用范围，都将引起学术实务界的热烈讨论，并在之后的判例上被引用，或是被批驳。

而我国目前无论是实务界还是理论界对实质合并的适用标准并没有统一

[68] See In re Owens Corning, 419F. 3d. (Bankr. Ct. Del. 2005).

的规定，从最高人民法院的政策文件中只能看出实质合并的适用标准十分的严苛，尚处于美国适用实质合并标准的初级阶段。实质合并的适用范围是否要效仿美国，效仿美国的何种标准，都是需要讨论解决的问题。

c. 合并程序的启动

实质合并启动问题涉及四点。一是申请人的范围。债权人、债务人以及符合规定的出资人、管理人享有提出实质合并破产的权利，这一点在理论界与实务界争议不大。争议焦点一般集中在法院是否能依职权提出实质合并。如果法院能依职权提出实质合并破产，可能会产生与现有《破产法》冲突的情况。例如，当关联企业没有同时破产，控制企业已经先进入破产程序，从属企业表面经营等一切正常，不具备破产的原因。但经管理人调查，法院查明后，认为从属企业和控制企业的存在高度混同，达到可以“刺破公司面纱”的程度，此时，法院如果能依据职权将从属企业的法人人格否认，并进行实质合并破产，就与现有的《破产法》相冲突。[69]二是在关联企业实质合并破产重整中，合并重整的重整计划的通过要进行债权人会议表决，债权人会议表决是企业集团的各关联公司债权人分组表决，所有公司债权人分组表决，还是各个公司债权人不分组分别表决，抑或者所有公司债权人不分组一起表决？此外，如果表决不通过，法院是否有权利直接批准适用实质合并破产重整的计划草案。三是在关联企业实质合并破产清算和破产重整中，是否要先进行实质合并提议的债权人会议表决？四是对实质合并有异议的债权人，应当如何救济与保护的问题。

d. 其他程序方面的问题

关联企业实质合并破产的程序问题还包括管辖权、举证责任的认定方面。由于企业集团的注册地往往遍布五湖四海，有的甚至跨国，这便会引发关于管辖权的争议。此外，当关联企业破产时间不一致时，前后破产的关联企业分属不同的地域，又应该如何确定管辖法院？对于实质合并申请的提出或者反对的举证责任以及证据证明力度一直是备受争议的话题。以上在适用实质合并破产

[69] 现行《破产法》并未规定法院可以依职权破产，采取的是申请主义原则。

中出现的问题该如何解决，将在下文详细讨论。

2. 引入实质合并的必要性与可行性

从上文的论证中我们可知，实质合并在处理关联企业破产时的必要性，是其他诸如公司法法人人格否认、衡平居次原则无法代替的。实质合并具有很强的实践意义，然而该规则在我国并没成文法化。司法实践中虽有适用实质合并的案件，但法官对此的适用也很谨慎，毕竟我国并没有相应法律规范，保守的法官不敢适用甚至对此抱有抵触态度。下文将论述该规则引入我国的必要性。

（1）规定实质合并破产有利于实现债权人之间的公平清偿。如前文所述，由于当前我国关联企业发展正处于起步阶段，法律规制尚不完善，关联企业间资产混同、管理混乱、关联担保、利益输送的情况较为普遍。[70] 在此情况下如果不进行特别规制，将损害关联企业债权人的利益。实质合并破产制度作为这一特殊情形下的例外救济措施，有利于实现债权人间的公平清偿。

（2）规定实质合并破产给我国破产司法实践提供了法律依据。司法实践中已经有运用实质合并进行破产的案件，但办案法官会对此存疑，对于其适用的合法性和正确性不够确定。此外，由于没有具体法律规定，当事人如果强烈反对，案件将会产生极大的争议。引入实质合并规则将使合并破产具有法律依据。

（3）规定实质合并破产引导法官正确的适用实质合并规则。由于实质合并在国内没有具体的法律规定，在出现关联企业破产问题时，法官只能通过国外的判例和国内对此的文献研究来决定是否适用或者如何适用，此时法官的自由裁量权极大，不排除法官会有极端的理解，如在司法实践中有的法官认为，关联企业破产时将各家企业进行合并可以节约清算费用、提高效率，在不应该实质合并的时候裁定合并。而将实质合并引入我国，成文法化后，可以给法官提

[70] 参见刘文、杨绍文：《我国关联企业破产实质合并原则的确立》，载王欣新、尹正友主编：《破产法论坛（第七辑）》，法律出版社 2012 年版，第 364 页。

供正确的适用思路。

（4）规定实质合并破产有利于解决跨国破产问题。当今社会，单一企业为了扩大收益、拓宽业务范围，越来越愿意选择采取企业集团的方式进行经营活动。这一现实不仅适用于国内商业活动，随着世界范围内全球化的发展，其在更大程度上更符合那些组成部分遍布全球的跨国公司的经济现实，而且逐渐成为一种通则。[71]跨国集团是关联企业集团的一种特殊形态，跨国公司破产有着与一般企业破产显而易见的不同点，不仅面对着法律体系的不同，还会面临着法律规定的不同。目前跨国破产的法律问题也在学界引起了热烈的讨论。随着经济全球一体化，我国对外交往程度也越来越深，跨国破产案件已经出现。跨国集团作为关联企业的一种特殊形态，不仅面临着关联企业破产的种种问题，还有自身的特殊问题。实质合并在我国的确立，将有利于解决跨国企业破产问题，保护我国债权人的权益。

（5）规定实质合并破产有利于提高关联企业破产的效率。关联企业实质合并破产，意味着高度混同关联企业间的债权债务全部消灭，管理人不用再为复杂的关联交易行为、资产归属、债权债务而焦头烂额，这极大地提高了破产效率、节约了破产时间、降低了破产成本。企业合并给资源整合和企业整体出售带来便利与价值提升，有利于降低成本，实现重整案件的经济效率，保障重整获得成功。[72]

以上是我国引入实质合并破产的必要性，但将这个规则引入我国的可行性却存在不小的质疑，不仅是源于实质合并存在着种种弊端，还有法律移植过程中产生的阻碍。

---

[71] Henry Peter, Insolvency in a Group of Companies, Substantive and Procedural Consolidation: When and How? The Challenges of Insolvency Law Reformin the 21st Century Genf: Schulthess, 2006, p. 199.

[72] 参见王欣新、周薇：《论中国关联企业合并破产重整制度之确立》，载《北京航空航天大学学报》（社会科学版）2011 年第 6 期。

四、关联企业实质合并破产的制度构建

上文论述了我国适用实质合并处理关联企业破产中的问题的司法现状和政策分析，并探讨了将其引入我国的必要性和可行性，这一部分将探索实质合并入法的体例和具体的规则。

（一）关联企业实质合并破产的立法体例

关于实质合并规则的立法体例，笔者认为，可以在《破产法》中单设一条，对实质合并进行原则性的规定，通过司法解释列举具体标准，以典型案例指导来引导法官进行自由裁量。实质合并破产的引入可以效仿法人人格否认引入公司法的历程：2005 年通过修订《公司法》将公司法人人格否认制度引入国内，在成文法中明确规定法人人格否认制度，寥寥几十个字，将英美判例法上发展了几十年的一项判例制度以成文法的方式引入，[73] 实为一大创举。实质合并也是一项由衡平权力创设的规则，在成文法化的道路上和法人人格否认制度有类似之处。

1. 成文法化之原因

实质合并是在特殊的情况下将公司的法人人格彻底地、永久地否认。但公司法人人格独立是公司法律制度之基石，其地位不可撼动，实质合并的存在是修复法人独立制度的漏洞，是矫正关联关系导致的利益失衡，并不是将此基石摧毁，实质合并不可滥用。虽然为解决关联企业破产问题，在实践上已经率先试水使用实质合并进行破产，但在我国，判例并不能作为普遍适用的法律依据，实质合并破产的合法性总是遭到质疑，因此在成文法中规定实质合并就显得十分必要。

---

[73] 参见朱慈蕴：《公司法人人格否认——从法条跃入实践》，载《清华法学》2007 年第 2 期。

2. 进行原则性规定之原因

成文法与判例法相比内涵更为稳定，从法律的可预见性角度来说是一种好处，但法律总是劣后于社会的发展，制定法就不免显得僵化，而且由于列举往往不能够穷尽，难以面对复杂的社会实践。与此相对的，实质合并规则自身存在难以界定的特点，因为实质合并的概念与公司本质相关，而公司本质一直存在着不同的理论，这些理论也在不断变化，与此相关的规则也需要不断变化。美国破产法判例中对实质合并的适用原则、范围、条件一再变化，也是因为这个原因。因此，实质合并的规则不应该太过详细或者穷尽枚举，这不利于实质合并负责发挥其对关联企业债权人应有之救济。将实质合并完全成文法化可能引发法律规避，使其过于僵硬，进而削弱制度的功能。考虑到上述原因，笔者建议实质合并成文法化应使用原则性规定。

3. 司法解释详细规定、案例指导之原因

首先，司法解释可以作为法律原则性规定的补充。相对于法律来说，更易于修改，面对变化中的公司本质和市场对关联关系的容忍，可以相对较快地做出改变。其次，实质合并的适用须慎之又慎，因此其标准与范围相对复杂。原则性的规定只能提供法律依据，需要司法解释进行符合当前社会主流的详细规定，可以防止对实质合并的滥用。最后，实践中的案例大都十分复杂、多变。案例指导则行规定补充，使得人们对司法公正有合理的预期。

4. 规定在《破产法》中之原因

关联企业作为一项逐渐发展中的企业运作方式，实际上是有很多问题的。比如在企业破产前，最为突出的就是避税问题，因此，在税法领域有对关联关系的定义，对达到关联关系的企业在税收方面做出特别的规制，从而弥补企业集团利用关联关系避税产生的法律漏洞。与此相对的，关联企业在破产后的法律问题，具体规则理应规定在破产法相关领域。

有学者认为应当在《公司法》中专门设计关联企业章节，在其中规定实质合并原则，[74] 因为关联企业是具有独立法人资格的企业的集合体，而实质合并是将公司法人人格彻底否认、终结的制度，应当在《公司法》中设立。这种观点确有道理，但是却忽视了实质合并适用的大前提——公司破产，即只有在关联企业破产的情况下能够彻底否认公司法人人格，因此规定在《破产法》中最为恰当。

（二）关联企业实质合并破产的范围

关于实质合并的适用原则，在美国法学界历来有普遍适用与例外适用之争。兰德教授依据企业主体理论，认为股东以经营同一事业为目的，设立数个公司，或者各个公司之间有着相同的利益目的时，这些公司虽表面具有独立的法人地位，但实质上相当于一个企业的不同部门罢了。因此，当关联企业同时破产时，就应当实质合并。当且仅当以下两种情况出现时除外：一是当债权人证明其信赖集团内特定子公司的资信而进行了交易；二是集团内的各子公司确实独立经营。[75]

波斯纳法官则持相反的态度，认为企业集团将子公司作为分支机构、公司部分对待的情况比较少见，仅出现在特殊情况下，因此实质合并不能够普遍性、原则性地适用，而应作为例外规定。即只有当子公司的债权人被误导认为子公司资本实力雄厚才与之交易时，才可例外适用实质合并原则。[76]

美国作为实质合并破产的发源地，法院倾向于例外适用说。法院认为适用这一规则需谨慎，因为关联企业的外部债权人有可能因为实质合并破产受到不公正的对待。[77] 由于合并可能会损害不知情的债权人利益，因而实质合并

---

[74] 参见刘文、杨绍文：《我国关联企业破产实质合并原则的确立》，载王欣新、尹正友主编：《破产法论坛（第七辑）》，法律出版社 2012 年版，第 366 页。

[75] 参见王欣新、蔡文斌：《论关联企业破产之规制》，载《政治与法律》2008 年第 9 期。

[76] 参见刘连煜：《公司法理论与判决研究》，法律出版社 2002 年版，第 117 页。

[77] James Talcott, Inc. v. Wharton (In re Continental Vending Machine Corp.), 517 F. 2d 997(2d Cir. 1975).

只应作为一种例外的救济方式而谨慎适用。[78]

支持普遍适用说的学者认为，美国之所以选择例外适用说，是因为美国的经济体系、法律规范已经十分成熟。商法非常完备，公司法、破产法、证券法都为其他国家所借鉴。美国的信息披露制度十分完备，关联企业中的从属公司债权人能通过信息披露制度了解公司的情况，从而受到保护。此外，还有其他的法律规则对关联企业进行特别的规制，对企业集团中子公司的债权人保护比较全面。对比我国，虽然经济发展很快，但是法律制度相对不那么完备。因此，实践中关联企业利用关联关系进行的违法行为难以被发现、被规制，关联企业的外部债权人属于弱势一方，其利益能比较轻易地被关联企业的关联行为损害。[79]因为我国企业集团关注的大多是整体利益，类似于企业主体理论。这种情况下，子公司为母公司输送利益，损害子公司债权人利益。此外，我国对关联企业调整尚处于起步阶段，法律制度不完善，此时的关联企业资产、人员混同情况很多。基于我国关联企业的发展现状和法律现状，选择普遍适用说更适合中国国情，益于减轻债权人的举证责任，维护实质合并的实施效果。

支持例外适用说的学者认为理由主要包括以下几点：（1）公司的有限责任和法人人格独立是我国现有的公司法基本制度，不可轻易打破这一基石，否则易对经济社会造成动荡。（2）实质合并的后果无论是对于企业还是对于债权人来说都是颠覆性的：债务人的法人人格将会消灭，债权人的利益会被重新分配，一旦法院命令采用实质合并之处理，利害关系人之地位可能会发生重大变化。[80]因此，从尊重当前公司法理论基础、更好地维护债权人利益的角度来看，对于实质合并应当谨慎适用。

针对上述争议，笔者支持例外适用说。对于我国存在的关联企业利用关联关系进行关联交易、资产转移、输送利益的行为的可能性，我国的确在信息

[78] Timothy E., Graulich, Substantive Consolidation-A post-Modern Trend, American Bankruptcy Institute Law Review, 2006 (14).

[79] 参见王欣新、蔡文斌：《论关联企业破产之规制》，载《政治与法律》2008 年第 9 期。

[80] 参见王志诚：《从比较法观点论企业集团重整法制》，载《东吴法律学报》2013 年第 1 期。

披露方面做得不及美国，但是如今我国已经开始逐步建立对关联企业的规制制度，在税收征管法中对关联企业的特别规制就是一个开端，这也是目前正火热讨论将实质合并入法来规范关联企业破产的原因。虽然用来规范关联交易、关联公司的法律制度还不够完善，但这也不构成可以普遍适用实质合并规则的充分理由。毕竟，该规则一旦被滥用，对于公司人格独立、股东有限责任这一现代公司制度的基石造成的动荡不可估量。再者，如果明确将此普遍化，在市场上，势必形成将关联公司视为同一实体的做法，这会造成一项事后救济倒逼关联企业突破独立法人人格，使得关联企业强行被动关联化，给公司形态造成极大的动荡。如果将实质合并的适用普遍化，则意味着在未经审查、未经法院判决前就默认否认了关联企业的人格独立，这有违现今的公司法理论，那么子公司将与分支机构无异，会对正在发展中的关联企业、企业集团、跨国公司造成极大的阻碍。此外，实质合并破产不会有益于所有的债权人，对于清偿率高的公司的债权人，实质合并反而会降低这部分债权人的清偿率，这为实质合并的适用造成了很大的阻碍。

（三）关联企业实质合并破产的标准

破产法的一个重要的目的是保障平等分配，而实质合并在破产中运用的主要目的是保障对所有债权人的平等对待。实质合并允许法院合并关联企业的资产和债务，并且将这些关联企业视为一个实体。然而，合并破产并不能使所有的债权人获益，部分债权人可以从合并中获利，同时也将损害另一部分债权人的利益。不同的债务人有不同的清偿率，所以如果进行实质合并，受到清偿率低企业合并的影响，对于清偿率高的企业的债权人来说，清偿率会因合并而降低。因此，如果实质合并没有特别的规制和一定的行使标准，会损害部分企业的利益。

1. 美国实质合并破产标准

实质合并（substantive consolidation）最早产生于美国，是一项基于判例产生的衡平法规则。由于该规则由平衡权力设立，因此标准并不固定，法官有一定的自由裁量权。什么时候可以实质合并？有学者称，在 2005 年 8 月 In re Owens Corning 一案前，没有人可以合理地回答这个问题。[81] 问题的关键在于对于债权人来说合并破产是否更有益，或者说合并的益处大于因为企业间的关联关系导致的对债权人经济利益的侵害。但是这种评判标准实际上很空洞，“更有益”的标准并没有明确，因此没有可操作性。因此，也有法院表示，之前的判例并没有对实质合并原则的发展提供价值。[82] 相比于直接定义实质合并，法院通过列举各个实体之间关联关系的方式来规范实质合并会起到更好的立法效果。

（1）Fish v. East 标准[83]

在 Fish v. East 一案中，第十巡回法庭给出了以下标准。a. 母公司拥有子公司的全部或者大部分资产；b. 母公司和子公司拥有同样的董事高管；c. 母公司给子公司提供资金；d. 母公司认购（子公司）所有股份或者以其他相似的方式导致企业具有关联关系；e. 母公司负责支付子公司的薪水、开销、损失；f. 子公司的资本不够充足；g. 子公司除了和母公司交易之外没有其他交易对象，或者子公司只和母公司有资本流动往来；h. 母公司把子公司当作部门或者分支机构；i. 子公司的董事和高管不独立，受控于母公司；j. 子公司不能作为一个独立的法律个体。

第十一巡回法庭增加了几个判断标准。k. 公司所拥有的资产是否正常；l. 这些资产是否通过正常的决策取得；m. 企业间是否有关于处置和使用资产的协议，尤其是基金是否在关联企业间自由流动；n. 企业是否由同一套高管控制（即控制公司的高管），并且员工同时为这些企业工作。

[81] Sabin Willett, The Doctrine of Robin Hood A Note on “Substantive Consolidation”, DePaul Business & Commercial Law Journal, 2005(3).

[82] Sabin Willett, The Doctrine of Robin Hood A Note on “Substantive Consolidation”, DePaul Business & Commercial Law Journal, 2005(3). More candid than most, one court admits: “as to substantive consolidation, precedents are of little value.”

[83] See Fish v. East, 114 F. 2d 177 (10th Cir. 1940).

（2）In re Vecco Construction Industries 标准[84]

1980 年的 In re Vecco Construction Industries 案被认为是开创宽松、自由的实质合并破产条件的案件之一。在此之前，实质合并虽有运用，但由于规定得不是很详细，并且比较严格，使用范围不广，案件不多。法院认为，只有一个开放式的更为宽松的适用条件才能使得实质合并真正成为一项规则。本案归纳了 7 条实质合并适用标准，被广泛引用在之后的判决中：a. 确定企业的独立财产和负债的难易程度；b. 企业间的债务报表是否有合并；c. 同一地理位置的收益情况；d. 资本和营业是否有混同；e. 不同企业的权利是否相同；f. 具有公司内部间的债务担保；g. 是否具有不合章程的资产转移。

此后，实质合并的运用偏向了宽松的趋势，但这也引来热烈的讨论和强烈的反对。因为实质合并的适用标准越是宽松，就越是和现代公司存在的基石——法人人格独立背道而驰。

（3）Augie/Restivo 标准[85]

1988 年的 Augie/Restivo 一案较为复杂，Augie 公司和 Restivo 公司为两家烘焙公司。Restivo 公司购买 Augie 公司一半股份但不涉及资产转移。此时，Union 公司是 Augie 公司的债权人，对 Augie 公司有一笔 240 万美元担保债务，Augie 公司有资产 253 万美元。达成购买股份合意后，双方公司经营趋同化，Restivo 公司改名为 Augie/Restivo 公司，并接管两家公司的经营。此时，MHTC 公司是 Restivo 公司的债权人，享有一笔 279 万美元债务，包含 Augie 公司的土地抵押。一年半后，Augie/Restivo 公司宣布破产。纽约东部地区破产法院按重整计划将 Augie/Restivo 公司和 Augie 公司合并。Union 公司对此反对，因为此时 Union 公司对 Augie 公司享有 300 万美元无担保债权，如果合并破产，将严重损害 Union 公司利益，因此 Union 公司上诉至第二巡回法院。

本案的突破之处在于给实质合并创设了新的适用标准，因此其地位在实

[84] See In re Vecco Construction Industries, Inc, 4 Bankr.(Bankr. E.D.Va. 1980).

[85] See In re Augie/Restivo Baking Co., 860 F2d.(2d Cir. 1988).

质合并发展史上举重若轻。依据该标准，第二巡回法院最终驳回了合并破产的决议。

第二巡回法院在总结以往的适用实质合并的破产案件中总结了两条标准：a. 债权人与债务人交易时是将各关联实体视为同一实体，还是基于对方的独立法人地位进行的交易（债权人在交易时对债务人的预判十分重要，如果债权人并没有认识到债务人与其他实体间的关联关系，实质合并破产将严重损害此类债权人的利益）；b. 各关联方的债务是否严重的混同，以至于合并破产能够使得所有债权人获益。

本案中，Union 公司是基于 Augie 公司独立法人地位而进行的借贷，MHTC 公司也是基于同样的认识。如果将 Augie/Restivo 公司与 Augie 公司合并破产，必然损害 Union 公司和 MHTC 公司的利益，不能适用标准 a 进行实质合并。并且，在该案中，Augie/Restivo 公司与 Augie 公司虽有债权债务财产人员重叠，但法院认为可以区分，并且未到人格混同程度，因此也不能作为实质合并的理由。

对比 In re Vecco Construction Industries 案，可以看出，Augie/Restivo 案中的法院对实质合并的适用标准严格化，这也被后续的 Owens Corning 案继承。

（4）Owens Corning 标准[86]

1997 年 Credit Suisse First Boston（CSFB）作为银行集团（以下简称银行）的代理，贷款 20 亿美元给 Owens Corning 公司及其部分子公司，Owens Corning 的其他子公司对此项债权进行担保。双方签订融资合同，并约定，Owens Corning 公司须与子公司保持独立性。2000 年 Owens Coming 及其旗下的 17 个全资子公司向特拉华州法院提请破产，27 个月后，债务人和部分无担保债权人申请对此实质合并破产的动议，包括 Owens Corning 公司及其子公司（包括三家尚未破产的子公司）。债权人银行反对，然而特拉华州法院却支持实质合并。银行因此上诉至第三巡回法院，要求驳回实质合并破产的动议。

[86] See In re Owens Corning, 419F. 3d. (Bankr. Ct. Del. 2005).

特拉华州法院认为可以实质合并的理由如下：a. 母公司 Owens Corning 公司及其全资子公司之间具有实质身份关系（substantial identity）；b. 所有的子公司被同一委员会控制；c. 子公司的董事和高管没有商业计划、商业谈判；d. 子公司的设立目的是方便母公司经营，尤其是避税等；e. 所有子公司的资金和基金都由母公司控制；f. 特拉华州法院认为将各个实体公司的资产分开会十分的困难；g. 许多实体在债务上都有交叉担保。以上种种原因导致子公司难以与母公司分离破产。

第三巡回法院认为在判断是否适用实质合并，法院往往要考虑很多因素（有些标准在 Nesbit 案中有所讨论）。这些标准与程度并不统一，每个案件的法官有自己的衡量标准。Nesbit 中，法院表示："是否使用实质合并，本案采用一个开放式的宽泛但公平的标准。"[87]在破产法的案件中，主要是看公司间的财产混同到达什么程度，有的案件提出要达到令人绝望的混同标准（hopeless commingling）。纽约大学法学院 Barry Adler 教授等学者认为，在很多以前的案件中，判断混同的标准是不合理的。之前案件有很多不重要的判断因素，法官只是将这些因素简单地累加就认为达到标准并使用此规则，而无视忽略了此项原则使用的目的和原则，实质合并应该限制使用。[88]

在本案中，法院列出了如下适用的原则：a. 法院以尊重公司人格独立为基础限制责任的突破，仅在紧迫条件下诉求于衡平权力进行实质合并。b. 适用实质合并来救济债权人受到的损害，该损害必须是因为债务人或者其控制公司的关联交易行为所带来，由于债权人的错误行为导致的损害由破产法的其他条款进行救济（如欺诈转移、衡平居次原则）。c. 合并破产可以带来更多利益不能成为适用实质合并的充分条件。d. 实质合并的条件应当严格化。实质合并会损害部分债权人的利益和权利，其应当在严苛的条件下适用，但法律的规定很模糊，因此，必须谨慎适用。实质合并可以作为债权人救济的最后手段，当且仅

[87] See Nesbit v. Gears Unlimited, 347 F. 3d 72, pp.86-87 (3d Cir. 2003).

[88] See In re Owens Cornin, 419F. 3d. (Bankr. Ct. Del. 2005).

当破产法规定的其他救济措施不能很好地保障债权人公平受偿时，才可以适用。e. 实质合并只能用于防御性救济，即只用于由于关联公司混同的情况下，强调不能以此作为损害部分债权人权利的攻击性手段。

由法院列出的以上适用实质合并规则的原则中，我们可以看出，第三巡回法院对此规则持十分谨慎的态度，要求严格化实质合并的条件。法院认为当以下两个条件满足其中之一时才可以适用实质合并规则：条件一，债务人的行为突破了法人独立以至于债权人也默认所有关联主体属于同一主体；条件二，各个主体的财产和债权债务达到令人绝望的混同。如果要将这些混同的财产、债务区分，将耗费高昂的代价同时影响全部债权人利益。而对于第一个条件，法院有如下要求：一是实质合并提出方需承担举证责任，证明债务人法人人格不独立；二是由于债务人的过错使得债权人将关联企业视为同一实体；三是债权人将债务人视为同一实体交易具有合理性。

因此，根据以上条件，第三巡回法院否定了特拉华州做出实质合并的决定，认为此案中适用实质合并的前提条件不够齐备。首先，银行并没有将Owens Corning公司及其子公司视为同一实体；其次，实质合并并没有使得各债权人获得更多利益。

2. 我国关联企业实质合并破产的标准

根据上文的论述，笔者倾向于例外适用标准，因而赞同Augie/Restivo一案和In re Owens Corning案里对实质合并适用标准的规定，即当关联企业破产时满足以下条件之任一，即可将企业合并破产：一是大部分债权人将关联企业各公司视为同一实体；二是关联公司间的关联交易过多，公司混同程度令人绝望，以至于实质合并可以使大部分债权人获益。[89]当然，以上的两个标准仍然属于比较原则性的规定。[90]

在实践中，企业间的关联关系并不是秘密，有时候，甚至会出现债权人

[89]“大部分债权人”中的大部分指的是债权比例而不是人数。

[90] See In re Owens Corning, 419F. 3d. (Bankr. Ct. Del. 2005).

因为知道企业间存在关联关系而与之进行交易的情况。比如说，A 企业是一家知名的大公司，B 企业是其企业集团下的一家子公司，二者的关联程度极高。债权人知道 B 企业与 A 企业高度混同（如 A、B 明确说明二者可被视为同一实体），出于对 A 企业的知名度的信赖，才与 B 企业进行交易。如果大部分债权人都是将关联企业视为同一实体，那么此时将其进行实质合并破产，符合破产法的立法原意。

此时，如果有公司能够证明自己没有将关联方视为同一实体，出于公平清偿考虑，此类债权人在关联企业实质合并后，应当享有优先受偿的权利。关于条件二中的混同程度有如下的判断要素：

（1）资产混同。资产混同是适用条件二来判断是否能够实质合并的重要因素之一，因为法人人格独立的判断标准之一就是是否有独立的财产。当资产混同到难以区分，区分极其不易时，方可体现适用实质合并的价值所在。资产混同的标准可以从两个角度看，其一，从外表观察，观察企业的经营场所是否同一、办公设备是否公用、生产设施是否一体化；企业是否公用账本，产权归属记录不明或者明显虚假等，如关联企业公用同一个银行账户、合并财务报表。其二，企业间的资金调配是否任意，如一家企业的债权债务能与另一家随意转移，不需要特定的程序。

（2）人员混同。人员混同可以从以下两个方面判断，一是从人事任命的角度，观察各个关联企业间的高管、董事会成员是否相互兼任，企业间的雇员是不是几乎完全相同。二是从决策形成机制来看，各关联企业的公司治理结构是否混乱，从属公司是否没有独立的人事任免、经营决策的权利，如不召开董事会、股东大会，以控制公司的意志为从属公司的意志。子公司的董事高管直接听从母公司的指示；无视公司的法律形式，不保持必要的公司记录或者根本没有记录。[91]

（3）控制公司通过资本或者股份享有绝对的控制权，控制公司利用控制权

[91] 参见朱慈蕴：《公司法人人格否认法理研究》，法律出版社 1998 年版，第 152 页。

利进行利益输送。这种情况下通常意味着关联企业间的利益分配不合常理，母公司为了自身的利益，将本属于子公司的利益输送给母公司。并且，子公司的营业内容、范围都由母公司指示，没有独立的交易决策能力。更有甚者，子公司只与控制公司和其他关联公司交易，以至于子公司在事实上相当于企业集团的分支机构。

从以上对混同的判断标准可以看出，适用实质合并破产的关联企业的关联关系的严重程度远超过现代意义上的关联企业定义，可见适用该规则，公司法人人格否定的条件之严苛。

而所谓“可以使大部分债权人获益”，关于“大部分人获益”可能会有争议。不同公司的清偿率不一样，有高有低，将清偿率不一的公司合并财产、债务后必然造成清偿率高的债权人因为中和而导致清偿率降低。乍一看，似乎所有清偿率高的公司债权人的债权都会受损，这样无法达到大部分人获益的可能性。

以上分析确有道理，但却忽略了关键的几点。首先，管理人要查明债务，将关联公司资产、债务分开，需要耗费巨大的时间、金钱的代价。根据破产法的规则，管理人的报酬之债具有优先权，当关联企业的混同近乎绝望时，有可能出现管理人将关联公司区分花费的代价高于债权人通过破产程序可获得的利益。其次，往往关联企业进行破产重整，成功的可能性高于单体企业破产重整，此时进行区别反而得不偿失；并且区分也需要耗费大量的时间，对于濒临破产的企业来说，时间也是金钱，为查明债务而拖延下去，可能造成破产财产的流失。最后，关联企业间存在大量的担保债权，如果通过实质合并将这些担保债权抵销，普通债权人的清偿率可能提高，如在上文中提到的上海特毅系公司破产案件，在采取实质合并后，关联企业间的一亿多元人民币的债权债务被抵销，外部债权人的清偿率将大大提高。[92]

[92] 参见王永亮、黄杰国、高丽宏:《关联企业破产实体合并的司法实践》，载《人民司法》2010年第16期。

对于“大部分债权人”的标准，应当是依据债权比例来判断，而不是指人数，这部分内容将在表决部分进行详细阐述。

（四）关联企业实质合并破产的程序

关于使用实质合并的程序问题，讨论主要集中在申请主体、裁定程序、异议债权人保护、法院管辖和举证责任五部分。我国破产程序的申请主体局限在债权人、债务人、符合条件的出资人，而实质合并作为一项重要的例外性救济措施，充分参与破产程序的法院和管理人，是否有权提出实质合并破产的申请？在法院裁定实质合并破产清算前，是否需要经过债权人会议表决；实质合并的重整计划草案的表决中，债权人会议应当以什么方式召开？异议债权人应该如何保护？关联企业众多，注册地、经营地遍布五湖四海，应当如何确定管辖法院？实质合并的提出与反对的举证责任应当如何规制、证明力度应当达到什么程度？这些问题都将在下文中阐述。

1. 实质合并的申请主体

破产法规定的可以申请破产的主体包括亟须破产的债务人自身及其债权人，出资额占债务人注册资本十分之一以上的出资人。[93]债权人、债务人以及出资人的利益与破产程序息息相关，毫无疑问的，这三者应当享有实质合并破产的申请权利，但在关联企业破产的情况下，只以上述主体作为申请主体都有不可避免的弊端，因而争议主要集中在其他主体是否还有权申请实质合并破产。

从利益角度看，利益受损的债权人，包括将关联企业视为同一实体的债权人会主动并愿意提出实质合并破产的申请。但是清偿率较高的债权人为维护

---

[93]《破产法》第7条第1款、第2款规定：“债务人有本法第二条规定的情形，可以向人民法院提出重整、和解或者破产清算申请。债务人不能清偿到期债务，债权人可以向人民法院提出对债务人进行重整或者破产清算的申请。”《破产法》第70条第2款规定：“债权人申请对债务人进行破产清算的，在人民法院受理破产申请后、宣告债务人破产前，债务人或者出资额占债务人注册资本十分之一以上的出资人，可以向人民法院申请重整。”

自己的利益，不愿意提出实质合并破产申请。此外，债权人申请在举证方面略有困难，因为债权人不参与关联企业的经营活动，在信息披露制度不完善的情况下，难以知悉关联企业内部信息。

债务人作为有权利申请实质合并破产的主体，充分掌握自身的经营状况。但是，因为实质合并的要求之一是债务人间存在高度混同，各债务人在无视法人人格独立规则，混合经营时，存在大量的违法行为，可能需要承担法律责任，因此，债务人可能不愿意去申请实质合并破产，而对那些本想利用关联关系进行虚假或欺诈破产实现不正当利益的债务人来说，指望其自行申请是几乎没有可能的。[94]

出资人也可以在破产程序中提出实质合并破产的申请。但是，类似于破产申请，出资人的比例应有限制。愿意提出实质合并的主体一般是利益受到损害的出资人，但在关联企业破产中因为企业间的混同遭受损失的是小股东，而小股东在企业中所占比例很小，这种规定与现实的矛盾可能会排除小股东的申请的可能性。

从以上分析可知，破产法规定的申请主体在转嫁适用到实质合并破产申请中都有一定的考量与限制。因此，除以上主体外，其他的主体是否也可以考虑被赋予实质合并申请的权利？笔者认为，管理人也是一个非常合适的实质合并申请主体。管理人申请可以弥补债权人、债务人和出资人申请的不足。管理人在接管破产案件后，对企业的经营状况的了解相对充分详细，在清理账户与资产的时候，能最先发现企业间是否存在滥用关联关系的行为，掌握证据。[95]同时，管理人在案件中处于独立的地位，与关联企业、关联企业债权人都没有直接的利害关系，比较中立。从国内外的法律实践看，管理人申请实质合并破产已十分常见，在《联合国破产立法指南》中认可了管理人申请实质合并的权利。美国著名的 Sampsell v. Imperial Paper & Color Corp. 案中，申请主体就是

[94] 参见王欣新、周薇：《关联企业的合并破产重整启动研究》，载《政法论坛》2011 年第 6 期。

[95] 参见刘文、杨绍文：《我国关联企业破产实质合并原则的确立》，载王欣新、尹正友主编：《破产法论坛（第七辑）》，法律出版社 2012 年版，第 367 页。

管理人 Sampsell。

对于管理人有权申请实质合并破产，大多并无争议，争议的焦点主要集中在法院是否可以提出实质合并破产。在破产申请中，法院是否能依职权提出破产本就在各国规定不一致，我国在破产程序启动的问题上，目前采取申请主义原则。[96] 因此在实质合并的申请方面，法院是否有权就存在争议。联合国《破产法立法指南》表示，在有些国家，法院可以依职权裁定实质合并破产，但由于后果严重，法院不宜依职权启动实质合并程序。[97] 此外，在部分关联企业破产的情况下，由法院提出实质合并不太适宜。比如，关联企业之一破产，其他企业并没有进入破产程序，此时，经查明企业间存在严重的混同，法院不得依职权将其他企业纳入破产程序并进行合并破产，这有违我国不允许法院依职权申请企业破产的规定。在这种情况下，笔者认为，可以规定法院应有提请主义的义务，可以提请债权人、债务人或者达到标准的出资人申请尚未进入破产程序的关联企业破产，然后再由有权主体申请实质合并。

2006 年以前，绝大多数关联企业实质合并破产的申请人都是债务人；2007 年开始，有债权人、法院提起、管理人建议等方式。例如，沈阳欧亚实业有限公司破产案，管理人审查交接的账目、资产后发现 17 家关联企业与欧亚实业高度混同，于是管理人向法院提出实质合并清算的请求。[98]

2. 实质合并的表决程序

这部分是关于实质合并破产提议通过的问题，应当是由法院审理后决定适用还是应当经过债权人会议表决通过作为前置程序？如果要进行债权人会议表决，并且表决未通过，法院是否有强制裁定通过的权利？

实质合并破产清算和破产重整的问题大体相当，所以在前文中并没有对此区分，但是在这一部分，由于实质合并破产重整需要债权人会议通过计划草

[96] 参见王欣新：《破产法》，中国人民大学出版社 2011 年版，第 44 页。

[97] 参见王欣新、周薇：《关联企业的合并破产重整启动研究》，载《政法论坛》2011 年第 6 期。

[98] 参见沈阳市中级人民法院课题组：《关联企业破产实体合并法律适用问题研究》，载王欣新、尹正友主编：《破产法论坛（第五辑）》，法律出版社 2010 年版，第 114 页。

案，如果债权人会议表决没有通过或者未通过法院批准的，应当转为清算。由于这一特殊步骤的存在，在本部分，实质合并破产清算和破产重整将进行区分。在这一部分，笔者归纳了两个大方向的问题，其一是是否需要债权人会议表决；其二是债权人会议表决的具体程序问题。

（1）这涉及三个问题：第一，实质合并破产清算是否需要债权人会议表决通过作为先行条件？关于这个问题，笔者认为是需要的。实质合并作为一项例外性的债权人救济机制，是为了平衡破产中的利益，保护因企业间的关联关系导致利益受损的债权人，其法律后果也与债权人休戚相关，一旦通过，债权人的地位与利益都有较大的变化。如果不征求债权人的同意，将会使得实质合并破产程序遭受极大的抵制。

实践中已有这种做法，如上海特毅系关联企业的合并破产，是由管理人先咨询 21 家有代表性的债权人可否进行实质合并破产，获得同意后，将实质合并方案分别提交三家企业债权人会议表决并通过，因而，实质合并后没有引发债权人不满，破产程序顺利进行。[99]

第二，在破产重整程序中，如果提出进行实质合并重整，是否应当将实质合并的表决作为前置程序，先于重整计划草案进行表决，在表决通过同意实质合并重整后，再进行重整计划草案表决？笔者认为这个答案也是肯定的。考虑到实质合并是一项例外性救济措施，一旦适用，后果较为严重。如果事前不进行实质合并重整的表决，便直接制作实质合并重整计划草案，被否决的可能性较大，导致重整的进程缓慢，不利于重整程序的推动。

第三，如果债权人会议表决通过了实质合并破产重整，但是重整计划草案没有通过，转为清算程序时，是否应当直接进行实质合并破产清算，还是对实质合并破产清算的提议需要再次进行债权人会议表决？从破产效率的角度来看，似乎前者更佳，既然在重整中通过了实质合并的提议，那么必然是因为关

[99] 参见王永亮、黄杰国、高丽宏：《关联企业破产实体合并的司法实践》，载《人民司法》2010 年第 16 期。

联企业间的关联关系达到了可以适用实质合并进行破产的程度，那么，同理而言在破产清算中无须再次进行债权人会议表决。但笔者认为，是否再次进行实质合并的债权人会议表决，关键点在于实质合并破产清算与实质合并破产重整对于债权人来说利益是否有所不同。比如说，在破产重整中，可能会为了通过实质合并动议，而承诺给予利益受损的债权人补偿。由于重整和清算不同，重整需要注入新的资金，因此有新的投资人，在重整中利益受损债权人得到的补偿在清算中不一定能适用。因此，对于这部分债权人而言，可能同意实质合并破产重整，但不一定同意实质合并破产清算。因而，在此情况下，笔者建议需再次进行债权人会议表决是否通过实质合并破产清算。

（2）在具体表决的程序中，由于有多家关联公司，债权人会议如何表决、如何分组就成了一个问题。理论上来说，有以下两种分组表决方式：

第一，每个公司的债权人按照《破产法》第82条分组表决，[100]并且按《破产法》第84条第2款之规定[101]与第85条第1款之规定，来判断各个关联公司内部是否同意通过实质合并重整。如果所有公司的表决结果均通过合并重整计划草案，合并重组计划即通过。

第二，所有公司债权人按第82条之规定分组表决，各表决组均通过合并重整计划草案，则通过。

沈阳市中级人民法院课题研究组认为“所有债务人的债权人均系债权人会议的成员，应一并参加债权人会议，而不论是子公司还是母公司的债

---

[100]《破产法》第82条规定：“下列各类债权的债权人参加讨论重整计划草案的债权人会议，依照下列债权分类，分组对重整计划草案进行表决：(一) 对债务人的特定财产享有担保权的债权；(二) 债务人所欠职工的工资和医疗、伤残补助、抚恤费用，所欠的应当划入职工个人账户的基本养老保险、基本医疗保险费用，以及法律、行政法规规定应当支付给职工的补偿金；(三) 债务人所欠税款；(四) 普通债权。人民法院在必要时可以决定在普通债权组中设小额债权组对重整计划草案进行表决。”

[101]《破产法》第84条第2款规定：“出席会议的同一表决组的债权人过半数同意重整计划草案，并且其所代表的债权额占该组债权总额的三分之二以上的，即为该组通过重整计划草案。”

权人”[102]，即赞同第二种方案。

实践中大多适用第一种表决方式，实质合并破产清算案有上文提到的上海特毅系破产案件，但是在该案中，债权人会议中实质合并清算方案支持比例过半即宣告通过；[103]实质合并破产重整案件有著名的“绍兴纵横‘5+1’重整案”。2008 年，纵横控股集团下六家关联公司爆发重大财务危机，纷纷破产。绍兴市中级人民法院受理案件前发现这六家公司高度关联，严重混同，法院认为应当将这六家公司实质合并破产重整。2009 年 9 月，第二次债权人会议通过了对六家公司合并重整的决议。在此案中，为了使债权人会议顺利通过合并重整，当地政府对应合并重整损失较大的债权人给予了优惠政策补偿。[104]澳大利亚 2007 年公司法修正案（破产）的有相关规定，[105]类似于第一种方式，要求每个公司的债权人会议均通过实质合并破产方案，但是这对于关联企业实质合并破产来说可能过于严格。[106]因为关联企业实质合并破产时，清偿率较高的企业债权人必然会反对，如果要求债权人会议全部通过才能实质合并，可能导致该制度在实践中无法实行。出于以上原因，应赋予法院强制裁定实质合并破产清算或者重整的权利。法院依据职权裁定合并破产清算或者重整的限制可参考《破产法》第 87 条关于重整计划法院强制裁定的规定。

3. 异议债权人的保护

关联企业实质合并破产必然会因为各企业清偿率的改变而无法获得全部债权人的同意，由于其对债权人影响重大，为了防止被滥用，异议债权人的

[102] 沈阳市中级人民法院课题组：《关联企业破产实体合并法律适用问题研究》，载王欣新、尹正友主编：《破产法论坛（第五辑）》，法律出版社 2010 年版，第 119 页。

[103] 在实践中，支持比例过 2/3 还是过半，颇有争议，笔者认为实质合并关乎债权人利益，应当谨慎适用，1/2 太过草率，建议以 2/3 为佳。

[104] 参见陶蛟龙、史和新、袁小梁、董伟、陈键：《纵横集团“1+5”公司合并破产重整案——关联公司合并破产重整法律问题》，载 http://www.pkulaw.cn/Case/pfnl_120431646.html?match=Exact，2016 年 3 月 5 日访问。

[105] “一项合并动议的通过，需要集团每个成员的债权人分别表决。表决不仅需要参加表决的债权额和债权人人数符合一定条件，而且要求每个成员的债权人会议均表决同意。”

[106] 参见王欣新、周薇：《关联企业的合并破产重整启动研究》，载《政法论坛》2011 年第 6 期。

利益应当保护。[107] 实质合并破产的本意是保护债权人被侵害的利益，一旦滥用，无视债权人的异议，将会造成矫枉过正的后果，违背实质合并破产制度的本意。

笔者将对实质合并破产中的异议债权人的保护归纳为两个方面：一是在程序中行使异议权，二是实体上对利益受损的债权人予以补偿。

债权人对实质合并裁定的异议可以在债权人会议表决通过实质合并提议后或者法院强制裁定实质合并破产后提出。异议的提出可以参见《破产法》第12条[108]规定的因不服“不予受理裁定”和“驳回申请裁定”上诉权。[109]沈阳市中级人民法院课题组认为，异议应在7日内提出，并且异议人应承担充分的举证责任，审理破产案件的合议庭应组织质证，需要时可开庭审理，15日内予以裁定。异议人不服的，有权向受理破产案件的人民法院申请复议。[110]

在上文的讨论中，笔者归纳的实质合并破产的标准有两种：一是由于大部分债权人将关联企业视为同一企业进行交易；二是关联企业达到了令人绝望的混同程度，使得财产区分将耗费高昂的代价。在标准一的情况下，部分未将关联企业视为同一实体的债权人利益受到明显的损害。这一部分债权人遵循法律规则进行交易，最终却因一项法律例外规则而导致利益受损，这是实质合并这一例外救济措施矫枉过正带来的后果。在关联企业破产这一特殊的破产情况下，这一部分债权人受损的利益应当受到特别的保护，由管理人在计算比对合

[107] 参见田信、李尊：《关联企业实质合并探析》，载王欣新、尹正友主编：《破产法论坛（第八辑）》，法律出版社2013年版，第368页。

[108]《破产法》第12条规定：“人民法院裁定不受理破产申请的，应当自裁定作出之日起五日内送达申请人并说明理由。申请人对裁定不服的，可以自裁定送达之日起十日内向上一级人民法院提起上诉。人民法院受理破产申请后至破产宣告前，经审查发现债务人不符合本法第二条规定情形的，可以裁定驳回申请。申请人对裁定不服的，可以自裁定送达之日起十日内向上一级人民法院提起上诉。”

[109] 参见冯坚、章峰：《关联企业实体合并初探》，载王欣新、尹正友主编：《破产法论坛（第八辑）》，法律出版社2013年版，第382页。

[110] 参见沈阳市中级人民法院课题组：《关联企业破产实体合并法律适用问题研究》，载王欣新、尹正友主编：《破产法论坛（第五辑）》，法律出版社2010年版，第117页。

并前的清偿率以及合并后对该债权人清偿率的影响后作出判断。当然，由于关联企业间存在大量担保债权，也可能出现合并后的清偿率高于合并前的清偿率的情形，此时该类债权人也是实质合并的受益人，不需要进行特别保护。

另外一种实体上对债权人进行利益补偿的情形出现在实质合并破产重整案件中，为了在债权人会议上通过实质合并破产重整计划草案，挽救一个具有潜力的企业，地方政府可能会对合并重整损失较大的债权人给予优惠政策补偿。比如，前文提到的"绍兴纵横'5+1'重整案"，为了使重整计划顺利进行，绍兴市政府以财政专项奖励、税收奖励、技改项目补助、规费减免、收益转补等政策形式予以扶持。[111]此举是否可行，又是否能够得以推广，确实值得商榷。就结果而言，如果政府对债权人予以优惠政策的补偿能将濒临破产的企业挽救回来，无疑是最好不过的。但是破产重整遵循的是市场规律，如果政府干预过多可能导致适得其反，譬如：不应进行实质合并的企业合并重整；本来应当清算关闭的企业由于政府的扶持重整成功，在失去了政策补偿后再度溃败；企业为了得到政府优惠性政策而滥用重整程序；等等。因此，笔者对此持保守的态度，认为在实质合并破产重整中应当遵循市场规律，不应推广政府政策补偿的方式来促进实质合并重整。

4. 实质合并的管辖

我国《破产法》第 3 条规定："破产案件由债务人住所地人民法院管辖。"由于关联企业破产通常涉及多家企业，而这些企业往往跨地域，有的甚至跨国。将这些关联企业实质合并破产后，只有一家法院能拥有管辖权，因此法院的管辖权规定，就成了不可忽视的问题。

笔者认为，可以以控制公司所在地法院管辖为一般原则。由于关联企业的特殊性，控制企业拥有绝对的掌控权，一般而言，控制企业对所有关联企业的经营、人员、账本、资产最为了解，审理控制公司破产的法院对关联企业的

[111] 参见陶蛟龙、史和新、袁小梁、董伟、陈键:《纵横集团"1+5"公司合并破产重整案——关联公司合并破产重整法律问题》，载 http://www. pkulaw. cn/Case/pfnl_120431646.html?match=Exact，2016 年 3 月 5 日访问。

经营状况也比较清楚；并且，大部分情况下，关联企业的经营场所、生产设备都在控制公司所在地，更容易获取证据。[112]因此，在关联企业同时破产或者控制公司先破产，连带从属公司破产的情况下，在决定是否适用实质合并破产时，以及决定后，应以控制公司所在地法院管辖为原则，其他法院根据《民事诉讼法》第 36 条之规定移送管辖。[113]但这也存在例外情况，当关联企业破产有先后之分时，如当子公司破产，后将其他应当破产的关联企业包括母公司一并破产时，不再适宜转移给母公司所在法院管辖。

当涉及大型的企业集团，横跨多片地域，控制关系过于复杂，可以根据《民事诉讼法》第 37 条之规定，[114]报请共同的上级法院指定管辖。

5. 举证责任

由于笔者赞同对实质合并的适用采取例外适用的方式，因此建议由实质合并的提出方负责承担适用实质合并的举证责任。

在债权人主张实质合并的情况下，适用“谁主张，谁举证”以及必要的举证责任倒置原则结合。提出主张的债权人应给出初步的证据证明关联关系的存在。但由于债务人对自身的资产状况、关联关系最为了解，关键的证据往往掌握在债务人手中，此时如果债务人反对，应给出进一步的证据证明不存在关联关系。[115]

具体承担的责任如下：

---

[112] 参见田信、李尊：《关联企业实质合并探析》，载王欣新、尹正友主编：《破产法论坛（第八辑）》，法律出版社 2013 年版，第 367 页。

[113]《民事诉讼法》第 36 条规定：“人民法院发现受理的案件不属于本院管辖的，应当移送有管辖权的人民法院，受移送的人民法院应当受理。受移送的人民法院认为受移送的案件依照规定不属于本院管辖的，应当报请上级人民法院指定管辖，不得再自行移送。”

[114]《民事诉讼法》第 37 条规定：“有管辖权的人民法院由于特殊原因，不能行使管辖权的，由上级人民法院指定管辖。人民法院之间因管辖权发生争议，由争议双方协商解决；协商解决不了的，报请它们的共同上级人民法院指定管辖。”

[115] 参见沈阳市中级人民法院课题组：《关联企业破产实体合并法律适用问题研究》，载王欣新、尹正友主编：《破产法论坛（第五辑）》，法律出版社 2010 年版，第 114 页。

（1）如果实质合并申请者意图以（上文实质合并的适用标准之）标准一（即债权人将关联企业各公司视为同一实体）来要求关联企业合并，需证明：第一，债务人法人人格不独立；第二，由于债务人的缘故使得债权人将关联企业视为同一实体；第三，债权人债务人视为同一实体交易具有合理性。此时，如果部分债权人反对实质合并，当其理由是在交易时并没有将各关联方视为同一实体，法院如果认为合并破产的利益远高于损害，仍然可以执行实质合并。

（2）如果申请人意图以标准二（即关联公司间的关联交易过多，公司混同程度令人绝望，以至于实质合并可以使所有债权人获益）要求企业合并破产，需证明关联企业间的交易达到令人绝望的混同程度。如果有利益相关方反对实质合并破产，需承担以下举证责任：第一，关联企业间的债权债务资产可以区分；第二，合并破产的产生利益并不会高于分别破产的利益。

五、结 论

关联企业是企业规模扩张、逐利到高级阶段的产物，这是企业为追求利益最大化的必然走向。但是，当关联企业间的密切联系达到了“令人绝望的混同”时，就会动摇企业的独立地位，产生一系列法律问题。而当关联企业破产时，会面对与独立企业不同的问题。比如，破产欺诈、关联交易给其他非关联债权人带来的利益损害、厘清关联关系耗费的巨大代价等，以上种种问题都需要新的规则来规范因为关联交易带来的利益失衡。

美国首创的实质合并规则就是解决此类问题的优选方法之一。因为实质合并会将破产企业的人格彻底、永久地否认，会动摇现代公司法的基础——法人人格独立，因此实质合并自创设起就饱受争议，对其标准应当严格化还是宽松化，一直是理论与实务讨论的热点话题。然而，实质合并对非关联债权人的保护力度是其他诸如公司法人人格否认、衡平居次原则无法替代的，所以其存在是具有必要性的。

随着我国经济的发展，关联企业在我国也应运而生。然而，关联企业在破产时带来的种种问题也不可避免。实践中已有法院尝试运用实质合并来解决破产问题。但由于实质合并在我国目前没有法律规定，为更好地适用该项规则，将其成文法化势在必行。实质合并在美国来源于衡平权力，属于判例法；而我国属于大陆法系国家，判例不具有普遍的法律约束力。因此，在进行法律移植的时候，笔者建议在《破产法》中单设一条，对实质合并进行原则性的规定，通过司法解释对其具体标准予以列举，以典型案例指导来引导法官进行自由裁量。

由于实质合并的后果是将企业的法人人格彻底否认，合并关联企业间的债权债务财产人员，对其使用应当慎之又慎。相比普遍适用说，例外适用说更适合我国目前的关联企业发展状况。其适用标准应当严格化，必须满足“债权人将关联企业各公司视为同一实体”或者“关联公司间的关联交易过多，公司混同程度令人绝望，以至于实质合并可以使所有债权人获益”条件之一方，可由债权人、债务人、满足条件的出资人或者管理人提出申请合并破产，法院具有提请主义的义务。法院在裁定实质合并破产前需经过债权人会议表决通过，债权人的异议权受到保护。控制公司所在地法院管辖为一般原则，由实质合并的提出方负责承担适用实质合并的举证责任。

论我国破产法中劳动债权保护

杨　娴

内容摘要　为保护破产企业职工劳动债权，我国《破产法》第113条将破产劳动债权安排在破产财产顺位清偿的首位，然而在司法实践中涉及劳动债权的纠纷却仍层出不穷。为充分保护劳动者合法权益，本文通过对“重庆某药业公司破产纠纷案”“宁波某破产企业劳动争议案”的分析，引出我国劳动债权在立法方面存在的问题，如劳动债权制度本身抽象而宽泛、相关程序缺位、相关保护制度不完善等。通过分析存在的问题，提出有针对性的措施，如限制担保债权的优先地位，完善劳动债权本身的制度，完善破产程序，完善社会保障制度等。希望通过对上述问题的探讨，可以为我国劳动债权立法的完善提供有价值的参考。

关键词　劳动债权　破产程序　表决权

我国《破产法》对破产劳动债权的优先清偿地位进行了规定，破产劳动债权的实现有了一定的法律基础，关乎劳动者生存的切身利益有了一定的法律保护依据，劳动者的利益在很大程度上得到了保护。但是随着社会经济的不断发展，加上我国的破产劳动债权相关法律法规的不完善，近年来司法实践中有

作者单位：北京市东易律师事务所。

关破产劳动债权的纠纷层出不穷，并且有不断增长的趋势。我国的破产劳动债权在实践过程中还存在许多问题，探讨并提出解决的措施是当前需要解决的课题。

一、劳动债权的概述

（一）劳动债权的概念

劳动债权是指基于劳动关系而发生的债的请求权，其主体包括劳动者和用人单位，基于劳动关系产生，范围包括因劳动关系而产生的各种债权。但这个只是理论上的说法，法律上并未对其做出规定。2006 年的《破产法》第 113 条中提到的破产人所欠职工的工资，是我国立法对劳动债权概念的规定。

学术界目前对劳动债权这个概念，有不同的界定，一种从广义上对其界定，将各个部门法涉及劳动关系的债权均纳入劳动债权的概念，这种划分的优点在于，可以全面地对和劳动债权相关的权利义务统一规定，不容易遗漏关联点；缺点在于给立法造成巨大困扰，建立全面而有效的法律法规不容易实现，司法实践的难度也会增大。另一种是从破产法及其相关司法解释的角度，对劳动债权概念进行狭义的界定，即劳动债权只能基于劳动关系在用人单位和劳动者之间发生，这种界定的好处在于比较符合法理，也更有利于建立完善的立法，司法操作也相对容易；缺点在于可能会对相关概念的范围进行扩大或缩小，造成立法存在明显漏洞的局面。

综上，虽然两种概念界定各有千秋，但是结合两种概念的基本内涵，也可以提炼出劳动债权的基本含义，即劳动债权的基础是劳动关系，存在于劳动者与用人单位之间，范围包括因劳动关系而产生的各种债的请求权。

劳动债权具体产生的原因主要有以下几点:（1）基于法律行为。主要表现为劳动双方当事人在平等自愿的基础上签订劳动合同，对工资、奖金、福利等进行约定。（2）基于事实行为。其主要表现在劳动关系双方基于法律的相关规定，产生权利义务，如法定节假日的双倍或三倍工资便是基于事实行为而产生。(3)基于事件产生。如劳动者在工作期间受伤后的医疗保险金。不难看出，我国法律对劳动债权的界定还比较抽象，其范围、内容等还存在一定的争议，因此需要对其进行进一步界定和明确。[1]

（二）劳动债权的范围

首先，劳动债权的主体。上文中提到，劳动者和用人单位是劳动债权的主体。但仅仅进行这样简单的划分，并不能解决问题，相反还会造成许多司法纠纷。一方面，目前我国《劳动法》所指的劳动者是指与企业签订正式劳动合同的职工，非正式职工是否可以纳入破产法的保护范围，法律并没明确的规定。笔者认为，只要是基于劳动关系而存在，非正式员工的工资也属于劳动债权，这样对未签订劳动合同的农民工而言，是非常有利的，他们在进行维权时便有法可依，同时这也是解决农民工问题的一个突破点，因此，这样的规定具有双向的功效。另一方面，劳动法和破产法规定的用人单位范围存在严重不同。劳动法作为社会法其用人单位包括企业法人、国家机关、社会团体等，其范围包含的内容很广，而破产法作为私法，其调整主体主要是企业法人。这样一来，两部法律的调整主体不一致，所导致的结果就是，劳动法中的很多主体破产法并不能对其进行规范，它们产生的劳动债权就会排除在破产法的调整范围之外，这样无疑缩小了劳动者的概念，会对相关法律规定造成困扰。[2]另外，企业法人的高管、董事并没有与公司企业发生以雇佣为基础的劳动关系，也就不是企业的劳动者，应该排除在劳动者的范围之外。

其次，劳动债权的内容。我国《破产法》对于劳动债权的内容进行了规定，包括职工工资、各种医疗保险费用，以及企业破产法中规定的应当支付给破产企业职工的各种形式的补偿金。除此之外，法律对这些款项并没有进行明确的细化，如工资的时间、数额等并没有说明，集资款及其利息是否属于劳动

---

[1] 参见吕宁:《论我国破产程序中劳动债权保护制度的完善》，福州大学 2014 年硕士学位论文。

[2] 参见季晨波:《劳动债权优先权的法律研究》，安徽大学 2016 年硕士学位论文。

债权？职工安置费是否有必要规定在劳动债权的范围之内？这些《破产法》均没有进行规定。笔者认为，这些模糊的内容是引发纠纷的重要原因，也是我国劳动债权立法必须面对和解决的问题。

（三）国内外劳动债权的立法现状

1. 我国劳动债权立法现状

近年来，我国劳动债权制度的立法主要体现在《破产法》中。在其他部门法中的规定比较分散和细小。

2006年《破产法》主要对劳动债权进行了如下规定：首先，确定了劳动债权的相关主体，即劳动者和用人单位；界定了劳动债权的内容，尽管不是很全面，却也是立法的进步。其次，赋予了职工及其代表参与破产程序的权利，规定了劳动债权人的豁免权、异议权、参与权等，主要体现在《破产法》的第48条和第59条。最后，确立了劳动债权的优先清偿地位，主要体现在《破产法》的第113条和第132条。

有关劳动债权制度的法律法规除了《破产法》，还体现在以下几部法律法规当中：第一，《合同法》第286条规定，建筑工程承包人的相关款项可以作为劳动债权优先受偿；第二，《海商法》第22条规定，船舶上相关劳动人员的工资报酬等，参照劳动债权的清偿地位清偿；第三，《民用航空法》规定，民用航空器救助费用依照劳动债权的规定清偿。另外，我国一些司法解释也对劳动债权进行了不同程度的规定。综上，我国上述部门法对劳动债权进行的保护，是适应我国社会经济的发展，保护劳动者的利益，践行以人为本理念的重要体现，也是我国法律的进步。

同时也应该看到，我国立法还存在各种不同程度的不足或者漏洞。例如，《破产法》对劳动债权内容的规定，虽然对具体的劳动债权种类进行了规定，但是没有对其进行一定的限制，如对集资款的定位并不清楚，使得在司法实践过程中经常出现同案不同判的尴尬。又如，虽然对劳动债权人参与破产程序的权利如表决权、异议权等进行了规定，但是由于规定得过于抽象，致使实践中操作起来比较困难，一些权利有名无实，形同虚设。再如，虽然《破产法》对劳动债权进行了规定，可是作为保护劳动者权益最主要的《劳动法》却并未对其进行规定，劳动债权的有效保护对于我国社会稳定十分重要，因此，建立并完善破产劳动债权相应的保护制度，如社会保障制度、工资保障金制度是从根本上解决这一问题的有效措施。

综上，目前我国的劳动债权立法较之前已经有了很大的进步，也更能够适应市场经济的发展，但是我国关于劳动债权立法还存在许多的不足之处，需要进行及时的修正和完善。

2. 国外劳动立法现状

国外关于劳动债权立法已经有了一定的成就，通过对其的研究，可以寻求能够促进我国劳动债权立法的建议，促进劳动保障体系的完善。

德国用《支付不能法》代替旧的《破产法》之后，便取消了员工工资债权在破产债权中的优先受偿地位，减弱了对员工工资的保护力度，但同时德国专门设立了劳动保障金制度，这个由企业强制缴纳，政府监管的制度主要用来保护劳动者工资债权能够实现，这样不仅避免了工资债权被其他债权人优先清偿，也阻断了将工资债权设立担保的可能。也就是说，德国只是换了另一种方式，让企业现行缴纳费用，专款专用用来解决职工工资问题。这样的转变，不仅没有削弱对工资债权人的保护，反而切断了工资债权在无形当中价值减损的可能。[3]

日本《破产法》规定，职工在企业破产宣告前 6 个月内的工资应当作为工资债权优先受偿，而且还规定，在一定期限内职工的一般先取特权应当作为第一顺位实现清偿，这里的一般先取特权相当于我国的劳动债权。

法国法律对工资债权的规定非常严格，要求工资债权必须是当年及上 1 年内的工资，一般要求工资报酬优先的时间必须限定在 1 年或 6 个月以内。而对农业方面的工资报酬的时间也限定在1年内，学徒的工资则只有6个月的时间。

---

[3] 参见蔡文龙:《劳动债权优先权的法律问题研究》，沈阳师范大学 2016 年硕士学位论文。

英美两国虽然没有设立劳动债权，但是均对一定范围内的工资债权进行优先受偿。例如，英国对可以获得优先清偿的工资不仅要求是在企业宣布破产之前的 4 个月的工资，还对受偿金额做出了不超过 800 英镑的规定；而美国则规定，在破产申请日之前的 90 日内，可以享受 2000 美元以内的工资福利。[4]

二、我国破产法中关于劳动债权立法的不足

我国《破产法》从法律层面对劳动债权进行了规定，使得劳动者的权益受到了一定程度的保护。但是从司法实践的角度出发，从文章开头的“重庆某药业公司破产纠纷案”“宁波某破产企业劳动争议案”分析，不难发现，我国破产劳动债权存在的法律漏洞多且明显，这些立法缺陷，导致各种司法纠纷，制约着劳动债权的实现，其具体表现在以下四个方面。

（一）担保债权优先受偿过于绝对化

最初，各个国家制定破产制度是为了在企业遭遇破产，债务人资不抵债时能够更好地保护债权人的利益，合理地分配债务人财产，同时也为司法纠纷提供法律依据。随着经济的发展和社会的进步，后来，政府和个人对破产制度的期望便随着经济社会的发展不断加大，社会本位思想就是这种期望的反映。因为劳动债权不能有效实现，所以立法机关便期望从《破产法》中寻求一种途径，能够暂时解决劳动者报酬问题，随之劳动债权的清偿地位便被提高。其实在我国 2006 年《破产法》还没有颁布之前，我国的学者关于劳动债权与担保债权，以及破产顺位展开了长久而激烈的讨论，甚至因为劳动债权的清偿顺位一度影响了新《破产法》的颁布。社会本位理念要求《破产法》对劳动债权给予更高的地位，同时也催生了 2006 年《破产法》的颁布。

其实，对于劳动债权和担保债权的优劣问题学术界一直以来就存在着三

[4] 参见蔡文龙：《劳动债权优先权的法律问题研究》，沈阳师范大学 2016 年硕士学位论文。

种学说：第一是劳动债权优先说。此观点主要是从社会本位理念考虑，遵循以人为本的宗旨，对作为弱势群体的劳动者的倾斜保护，给予劳动债权特殊地位，具有明显的中国特色。第二是担保物权优先说，即担保物权优先受偿。这个观点主要是从物权优于债权的理论出发，肯定了长久以来法学界关于“物债”理论的学说，是单纯从法理的角度分析问题。第三是折中说，此观点结合具体的国情，综合上述两种学说，在区分劳动债权的前提下，对担保债权进行一定限制，使其在特殊情况下让利于工资债权，以缓解劳动者的生存压力，而除工资债权外的其他劳动债权项目仍滞后于担保债权受偿。

根据我国《破产法》，除了社会遗留问题产生的劳动债权之外，其他劳动债权仍滞后于担保债权受偿，即我国立法实质上肯定了担保债权的特殊清偿地位。我国部分学者认为，我国也采取了折中的办法，其实不然，一个由时间的限定而划分出来的区别对待，并不是真正意义上的折中，从实践中就可以看出，我国的法律肯定了担保债权的绝对优先地位，这是根据物权优于债权的理论，响应市场化的号召的结果，这一规定的进步之处在于随着我国破产企业中遗留问题的解决，我国破产制度将彻底排除政策性和阶段性的干扰，从而对市场经济秩序的发展起到法律保障作用。然而，这样的规定在实践中却存在着新的问题。

正如案例一中的医药公司所折射出来的问题一样，担保债权一旦完全实现，可能导致破产财产所剩无多，即便劳动债权享有首要清偿地位，也只是徒有其表，职工的利益因为无财产可分配也无法得到保障，尤其是像案例一中的那样大的民营企业，几百甚至上千的职工生活将如何保障，社会的不稳定因素会不会增加？这些职工可能随时会面临生活困顿的压力。一些学者认为，这是市场经济发展的趋势，也是物权优于债权理论的实践，于法理、于市场规律都是合理的。然而，我国立法并不仅仅存在于法学理论的基础上，而是要在实践中为我国的市场经济服务的，职工面临的问题是确实存在的大问题，劳动债权不能很好地实现，以人为本的理念将如何实现？社会稳定将如何保证？于情理又将如何？

"重庆某药业公司破产纠纷案"中的问题并不是特例，随着我国市场经济体制的进一步完善，各个企业在进行银行借贷时，银行为了确保债权能够实现，一定会要求企业进行担保，这似乎又陷入了当年劳动债权和担保债权谁优谁劣的怪圈，其实不然，为了兼顾市场经济和以人为本的社会本位的理念，我们或许需要真正地采取一种折中的方法将这个问题进行解决，现在再来讨论谁优谁劣已无必要，而我国立法需要解决的问题是在保证担保债权优先的情况下，适当兼顾劳动债权的实现。

劳动债权的优先性是否应高于有财产担保的债权应依据我国的现实状况来确定，如果我国社会保障制度已经发展到能够为劳动者提供充分的保护，即劳动者的基本生活可以依靠社会保障制度进行保障，我国的社会保障制度、养老保险制度等在企业破产、职工失业的情况下，可以给予劳动者基本的生活救济，职工对破产企业的依赖程度已经很小，劳动债权的实现再也不会受到担保债权的威胁，那么劳动债权的受偿地位对于劳动者而言，将无足轻重。但是我国的现实状况并非如此。

因此，在我国的目前社会保障制度并不能为我国失业人口提供最基本的生活补助金、失业保险金的情况下，为了切实保护劳动债权人的基本生存权利，使劳动者在发生案例一中担保债权优先受偿后，劳动债权将不能保障的情况下，能有效解决职工问题，化解社会矛盾，就应该积极主动地区分劳动债权，使部分工资债权能够优先于担保物权清偿，而除部分工资债权外的其他劳动债权款项仍劣后于担保债权，这样既能保障担保债权人的利益，又能使劳动债权人的基本生存权利不受威胁。也就是说，在从法理的角度解决不了现实问题时，可以让担保债权适度让利，这种做法仅仅是我国阶段性的权宜之计，却也不失为解决问题的一种可以尝试的方法，这也是企业及其他债权人对社会本位理念的实践。

（二）劳动债权制度本身过于抽象模糊

正如"重庆某药业公司破产纠纷案"中该医药公司的数名职工和清算组之

间因为工资、养老保险金、集资款等问题产生纠纷一样，在实践中因为劳动债权的内容、清偿的时间等的规定过于模糊而宽泛，使得利益双方在寻法无据的情况下，总是纠纷不断。

对工资时间和清偿数额不做任何限制，对和劳动者有关的项目大包大揽而没有细化和区别对待，是目前劳动债权的一大特点。虽然这样有利于劳动者利益的实现，但是这样的大包大揽、一概而论不仅会侵犯其他债权人的利益，而且在破产债权所剩不多的情况下，并不能实际解决问题。正如案例一所示，破产财产的有限性意味着，担保债权一旦实现，破产财产将大幅度减少。这不仅威胁着劳动债权的实现，同时更是对所有其他债权人的挑战。因此，对劳动债权的内容、时限、清偿数额等进行限制就显得十分必要。因为不能仅用社会责任去限制担保债权，同时也应该对劳动债权进行限定，只有这样才能均衡各类债权人的利益，体现公平正义。

1. 劳动债权的内容过于抽象而宽泛

2006 年《破产法》对劳动债权的范围进行了界定，其主要包括工资收入以及其他非工资收入。这其中涵盖了工资及企业破产法中规定的应当支付给破产企业职工的各种形式的补偿金、费用等。

我国对于劳动债权的这种规定，从理论上讲似乎是全面的，但是在实践过程中就会发现存在法律漏洞，且容易引发许多问题。正如案例一所提到的职工的集资款、职工的安置费等问题并没有进行详细的规定，这就使得在破产清偿过程中处理相关费用债权等无据可依，在实践过程中关于此类的纠纷也层出不穷。因此，以下几个问题需要进行解决：

（1）职工的集资款。2006 年《破产法》是劳动债权立法的进步，它对劳动债权和职工集资款进行了严格的区分，是我国破产法理论研究的重要实践，也是我国法律为适应市场经济发展所做的调整。然而，我国《最高人民法院关于审理企业破产案件若干问题的规定》指出，破产企业所欠企业职工的集资款参照职工的工资和劳动保险费用的清偿顺序清偿。2007 年 6 月《破产法》施行后，该司法解释依然适用，因此，在“重庆某医药企业破产纠纷案”中所涉及的职工的集资款，法院判决按第一顺位清偿。这样，在两个法律法规的规定发生矛盾时，各个法院根据自己的理解进行裁决，难免发生各种纠纷，造成同案不同判的困境，因此集资款问题需要在立法中尽快梳理，废弃旧的司法解释的规定。[5]

从性质上来讲，平等主体之间的普通债务，属于私法范畴。因此，集资款与其他普通债权别无二致，因此其按普通债权最后清偿并无不妥。而且企业和职工签订集资款的借款合同时，一般会约定给予职工相应的利息，也就是说，职工借钱给企业，一般来说是赢取利益的，那么再将其作为劳动债权进行清偿，将会严重违背劳动债权立法的初衷。因此，不论是从性质还是目的来说，集资款都是企业的一般债务。因此，我国法律应该尽快摒弃旧的司法解释的规定，将集资款和劳动债权严格区分开来。

（2）职工安置费。国有企业破产时对职工安置所支出的费用，具有阶段性和政策性，其主要包括：企业职工的失业救济费用、离退休人员的离退休费及医疗费用、职工再就业的安置费用等。针对我国国有企业上述的三种费用支出，我国法律将其界定为不同的内容，在性质上进行区分，并在此基础上强制企业和职工进行缴纳。这种区分看似合理，实际上操作起来非常困难。另一方面，职工安置费只是一个阶段性的问题，而我国的法律却对其有难以操作的规定，不能不说是我国立法的滞后。[6]

综上，一方面由于劳动债权从广义和狭义不同角度进行理解，而导致劳动债权的范围扩大；另一方面又由于部门法的不同，如作为社会法的《劳动法》和私法性质的《破产法》而致使各部门法对同一概念，做出了大小范围并不一致的立法规范。究其根本还是由于我国立法规范的不严谨甚至缺失，导致各部门法之间“各自为政”，从而造成司法实践操作困难的窘境。

---

[5] 参见丁文联：《破产程序中的政策目标与利益平衡》，北京法律出版社 2008 年版，第 124 页。

[6] 参见季晨波：《劳动债权优先权的法律研究》，安徽大学 2016 年硕士学位论文。

2. 对于工资产生的时间及清偿数额未做限制

正如“重庆某医药企业破产纠纷案”中凸显的问题一样，破产财产的有限性意味着，担保债权一旦实现，其数额将大幅度减少，偿还能力也会减弱。这不仅威胁着劳动债权的实现，同时更是对所有其他债权人的挑战，因此，对劳动债权的内容、时限、清偿数额等进行限制就显得十分必要。因为不能仅用社会责任去限制担保债权，同时也应该对劳动债权进行限定，只有这样才能均衡各类债权人的利益，体现公平正义。

我国目前对于劳动债权一概而论，大包大揽，但是在破产财产不足清偿的情况下，如果不对工资的时间和数额进行限制，又如何能够保证大家公平地得到清偿，如果说对劳动债权区别对待，为了公平，让担保债权做出一些让步的话，劳动债权更应该对自己进行限制，这也是基于对其他一般债权人的公平考虑。

因此，想要使劳动债权能够实现，必须对其时间和偿还数额进行一定的限制，如果再这样一概而论，大包大揽下去，劳动债权只会是形同虚设，而劳动债权人的权利也只是“跳跃”在我国的法律文书上而已。

上文中提到，严格区分劳动债权，在特殊情况下要提高部分工资债权的地位，使其先于担保债权得到清偿，如果在这种特殊的情况下，强制担保债权让利，拿部分工资的数额和时间进行限制，这无疑成了“恶法”，为了公平起见，必须将绝对优先的那部分工资限定在一定的范围，这也是对公平的佐证。

（三）破产劳动债权相关程序不完善

如案例二中反映的情况一样，破产程序的不完善，导致劳动债权人的利益从一开始就实现困难。法律规定劳动债权不用申报，由管理人直接申报，虽然这样有利于保护劳动者的利益，但是这样一来，劳动者接触到权益清单的时间就会推迟，那么其知情权又将如何实现呢？就算能够顺利进入破产程序，他们的表决权是否就能够顺利实现呢？

1. 债权人等利害关系人因利益驱动侵害劳动债权

司法审判的三角对抗模式要求，居中审判的一方必须不是诉或辩的任何一方，更不能是该审判事件的利害关系人。举个简单的例子，甲、乙产生纠纷，找丙进行评理，那么必然要求丙对甲乙两方没有利益关系，不然肯定会产生偏私，即使可能公正无私，对双方的行为进行的是客观的评定，大家心里也难免会觉得不公平。就像法官不能对自己进行审判、学生不能对自己的试卷打分一样，不论是实体还是程序的公正都要求居中的那一方不是利害关系人。

然而，在破产债权审查时，并没有遵循这个规则。由于破产财产常常面临“僧多粥少”的局面，因此在破产程序的各个阶段均能看到不同利益方的冲突。那么怎样保证在破产财产严重不足时，利益各方还能够得到公平对待呢？显然需要居中的管理人去实现，然而，《破产法》却允许债权人会议去审核债权报表，这就容易导致上述的不公平局面的出现，居中的管理人一旦将天平倾斜向债务人或债权人一方，另一方的利益就必然受损，而债权人会议如果居中时，就会发生学生给自己判卷一样的情形，这样当然也会损害另一方的利益。

因此，《破产法》规定债权人会议审查债权报表于法理不合，加上劳动债权人的身份特殊，并不能直接参加债权人会议，而职工和工会代表在权利并不明朗的情况下，利益诉求微乎其微，很容易发生其他债权人或债权人和管理人之间合谋侵害劳动债权人利益的情况。

2. 职工和工会代表参与会议的方式和权限不明确

我国《破产法》只是笼统地对职工和工会代表参加破产程序，表达意见进行了规定，对其参与人数、参与方式及参与效力均未做出法律规定。这就好比甲答应借给乙一辆车开，却从未将车钥匙给乙一样，只是文字游戏而已，并无实质效力。目前工会代表参加破产程序也是一样，法律赋予其参与权，却不规定其应该怎样行使，职工和工会代表参与到破产程序当中，却处处受到限制。

工会或职工代表的人员选定，法律也未规定，拿农民工的代表举例，一般情形时，在讨薪农民工人数巨大时，就会有一些人员毛遂自荐代表大家进行诉讼或参与会议。这些代表的产生没有法律规定，而出现代表损害其他农民工利益的情形并不鲜见。因此，对代表的产生、权责进行规定，是《破产法》必须尽快解决的难题。

这些基础性的程序问题我国的法律均未对其进行细化规定，只是笼统地阐述，工会应该保护劳动者的权益，并代表职工参加破产程序，但是未对其参与的方式和权限、人数、职能进行规定，这样一来，虽然职工代表和工会名义上有代表劳动者表决的权利，实质上具体操作时却寸步难行。

3. 破产财产变价问题不明确

我国《破产法》规定，由管理人拟订破产财产变价方案，经债权人会议讨论决定后，须通过拍卖的方式完成变价，当然特殊情况下可以排除拍卖的方式而改由合意的方式实现。由于破产程序的特殊性，破产财产不仅需要时时面临“僧多粥少”的局面，而且还要预防“公共池塘”问题的出现。那么怎样才能使破产财产的标价不仅能增加价值，解决“僧多粥少”的困局，而且能规避“公共池塘”的出现，防止破产财产价值减损呢?

仅仅依靠拍卖，上述问题显然不能得到有效解决，那就需要赋予劳动债权人充分的权利，发挥他们作为企业主要力量的作用，集思广益，发现更多增加破产财产价值的途径。而且劳动者对企业是最熟悉的，他们对企业的设备、产品的市场行情、销售渠道更为了解，因此赋予职工及其代表更多的表决权，无疑能通过他们的努力，使破产财产的变价方式多样而且有效。

另外，对变价时间也应该进行必要的限制，如对一些不易存放的或者存放时间越久价值越低的财产，要强制规定及时处理，并将此规定的实施责任到人，只有这样双管齐下，才能有效实现破产财产的价值。

总之，劳动债权人作为企业的重要组成部分，对企业的设备、市场行情、企业财产等有着充分的了解，却由于立法的缺陷而无法对其进行有效影响，而代表劳动者的职工和工会代表也因为权利的不明确而无法真正代表劳动者表达建议，在于法无据的情况下，职工代表的建议被采纳的可能微乎其微，表决权受阻，破产财产的价值也会在无形中流失很多，债权人的利益在无形之中就会被削弱。

（四）破产劳动债权相关保护制度不完善

正如两个案例中所示，劳动债权问题是不可回避的问题，而建立相应的社会保障制度，如失业救济金制度、工资保障金制度等，通过建立专门解决劳动债权的制度以保证司法审判或劳动债权维权时能够于法有据才是解决问题的根本措施。只有使劳动债权能够在相关保护制度内得到有效保护，用破产法、劳动法甚至社会保障法等来保护劳动者的合法权益，才是标本兼治的办法。试想如果劳动者在失业之后，能够通过保险基金、失业费用、社保费用等解决自己的生存问题，那么在面临破产时劳动者、企业和其他债权人的利益就可以得到兼顾，而不是发生案例一中所说的破产财产所剩无几的情况。《劳动法》作为保护劳动者权益的最主要的部门法，劳动者的合法权益本应该从中寻求救济，但由于立法的不完善，使得劳动债权主要依赖于《破产法》这一私法得到保护。而有些地方法律法规，虽然对劳动债权有所规范，但是却没有触及立法的根本问题，当然对劳动保护制度的规定也寥寥无几。

另外，各部门法之间以及相应的司法解释之间对劳动债权的同一个问题的规定存在实质性的差别，就如上述对职工集资款的规定，2006 年 8 月发布的《破产法》已实施多年而旧的与其规定明显相反的司法解释仍然有效，这就导致在司法实践中，法官因为理解不同，而做出迥异的判决，产生不同的结果，这样不仅会损害劳动者的权益，还会影响司法的公信力。另外，我国的社会保障制度、职工工资保障金制度也并不完善，并不能为劳动者提供应有的救济，使得劳动者的权益只能依靠《破产法》保护。而《破产法》作为主要调整私法领域的部门法，对于劳动债权这一社会法概念进行规范，不仅会使《破产法》的调整作用大打折扣，对于劳动债权的保护也是不全面的。

国外有关劳动债权保护的实体性立法已经相当完备，许多国家通过建立强制基金、保险制度等来为破产劳动债权的实现提供救济。例如，奥地利的《无支付能力时的报酬保证法》规定，政府应通过设立保险的方式，如职工薪酬保险基金或薪酬保证制度等，用以保障员工在企业破产时能得到工资报酬等。又如，法国建立的工资预先性保障制度规定，企业或雇主必须向有关就业部门缴纳工资总额的0.25%作为企业破产无偿还能力时对雇员工资等的保障。德国也是一样，国家专门设立由企业和雇主强制缴纳、政府监管的劳动保障基金，用以在企业破产、劳动债权得不到清偿时，至少保障破产宣告前3个月的劳动债权可以确保清偿。[7]

和国外立法相比，我国破产劳动债权的实现路径严重不足，救济渠道严重缺乏，除《破产法》以文本形式简单宣告赋予破产劳动债权普通优先受偿地位外，并没有建立更进一步的程序性或实体性立法完善保障体系，导致劳动者的利益并不能很好地得到保护，其首要受偿的规定也只是“跳跃”在法律文本之上，对司法实践的作用并不明显。

三、完善我国劳动债权保护的立法建议

（一）适当调整劳动债权的清偿顺位

上文“重庆某药业公司破产纠纷案”中，由于担保债权的优先受偿，导致破产债权所剩无几，劳动债权实现困难，形同虚设。为了在我国目前社会保障体系不完善、立法体系又将这一重任抛给《破产法》的情况下，为了兼顾社会理念，或许可以在确保担保债权的优先地位的同时，使其进行稍微的让利，确保劳动者的基本生存权利不受威胁。也就是说，并不动摇担保债权的地位，只是在特殊情况下，对部分工资债权让利。

目前学界对于担保债权、劳动债权谁优谁劣的学说有三种，或许我国可以借鉴一些发达国家的成功经验，采取上文中提到的折中的方法，在尊重“物权优于债权”的理念下，对劳动债权进一步进行细化，对关乎劳动者生存的部分工资等优先进行清偿，也不失为一种解决问题的方法。

[7] 参见蔡文龙：《劳动债权优先权的法律问题研究》，沈阳师范大学2016年硕士学位论文。

1. 明确部分工资债权优先担保债权受偿

在我国目前社会保障体系并不完善的情况下，借鉴国外经验，使职工工资在时间和数额确定的情况下，优先担保债权受偿，或者防患于未然，设立工资救济金，在企业发生职工工资支付不能时，用工资救济金先行支付，确保劳动者用以生存的工资等能够得到清偿，这些国际上的成功经验都值得我们借鉴。

在德国，其用《支付不能法》代替旧的《破产法》之后，便取消了员工工资债权在破产债权中的优先受偿地位，减弱了对员工工资的保护力度，其还规定，员工不再享有企业破产前工资债权的优先清偿地位。但是正是基于上述原因，德国专门设立了劳动保障金制度，这个有企业强制缴纳，政府监管的制度主要用来保护劳动者工资债权能够实现，这样不仅避免了工资债权被其他债权人优先清偿，也阻断了在工资债权设立担保的可能。也就是说，德国只是换了另一种方式，让企业先行缴纳费用，专款专用来解决职工工资问题。这样的转变，不仅没有削弱对工资债权人的保护，反而切断了工资债权在无形当中价值减损的可能，是非常可取的。

日本《破产法》规定，职工在企业破产宣告前 6 个月内的工资应当作为工资债权优先受偿，而且还规定，在一定期限内职工的一般先取特权应当作为第一顺位实现清偿。

在英国，对可以获得优先清偿的工资不仅要求是在企业宣布破产之前的 4 个月的工资，还对受偿金额做出了不超过 800 英镑的规定。

从上述几个国家的相关经验来看，它们有的取消了劳动债权的优先地位，而以另一种方式，如设立劳动保障金的方式，对职工的工资进行更加全面的保护，而另一些国家在兼顾公平的前提下，规定职工工资在企业破产前的几个月内，在一定的数额限定内，可以作为特别债权进行优先受偿，对时间和数额加以限定，可以兼顾多方利益，也能使职工的生存权可以得到保障。笔者认为，在我国目前情况下，为了防止案例一中出现的情况发生，从而直接影响到职工的切身利益，可以对劳动债权进一步细化，对工资、养老保险金、抚恤金等进行区别对待，使职工的工资可以优先担保债权进行受偿。当然对于职工工资也要在时间和数额上进行限制，可以规定在企业破产前的4个月内的工资，数额不超过2万元的可以申报优先于担保债权受偿。正如“限号是没有办法的办法”，同样的，使一部分工资优先受偿，也是权宜之计，是治标的办法，随着我国社会保障体系的完善，这样的优先权可能会被取消，但是在目前需要《破产法》对劳动债权承担的国情下，在保障担保债权优先的理念下，这也不失为一种方法，可以缓解失业职工的生存压力，减少社会的不安定因素。

简单来说，就是在破产企业已无剩余财产清偿劳动债权，而导致劳动者面临生存危机时，担保债权本着社会本位的思想，使劳动债权中的部分工资债权优先受偿，这从本质上来讲，是担保债权在以牺牲自己的利益为代价，对部分工资债权作出的让步，其目的只是化解劳动债权人的生存危机，担保债权的绝对优先受偿地位并没有受到丝毫的撼动。这些对策都需要相关立法对其进行强制性规定，不然它的执行力将大打折扣。

2. 理顺劳动债权内部清偿顺位

其实，除了破产财产有清偿顺位，由于劳动债权种类繁多，因此劳动债权内部也有清偿顺序，当处在前一顺位的项目得到全部清偿后，处于后一顺位的项目才能接着被清偿。也就是说，不仅要提高破产清偿顺位中劳动债权地位，而且要对劳动债权内的项目进行区分，并进行一定的排序进行清偿。基于“最紧密联系原则”对这些内部项目进行排序，即将和劳动者切身利益的密切程度作为这里排序的准则，如从实践来说，医疗费用就应该比补偿金的顺位靠前。

法律应社会发展的需要而产生，而劳动者工资的保护更需要相关法律应运而生。法律的出现也会对该种社会关系进行规范和限制，所以法律在规定劳动债权受偿顺位的同时，就应对劳动债权进行综合考量，全面考虑需要进行规范的劳动债权项目，确保其在合理的范围内实现清偿，并且对可能导致过度清偿的项目进行时间和数额的限制，维护立法公正，避免对其他债权人利益带来过重的负担。

我国相关劳动债权保护制度的不健全，使得劳动者的切身利益无法得到有效保护。所以，将劳动债权中一部分于劳动者而言非常重要的债权如工资等优先性规定高于有担保的债权是可取的，只是在一部分工资进行优先受偿之后，也要对劳动债权的其他项目根据“最紧密联系原则”对其进行限制和划分等级，这样不仅有利于保护劳动者的利益，还可以减少其他债权人的损失。

（二）完善劳动债权本身法律制度

1. 加强对劳动债权内容的限制

在“重庆某医药公司破产纠纷案”中，该医药公司的数名员工因集资款及利息、养老保险金等问题与破产管理组对簿公堂，究其原因还是立法没有将相关概念界定清楚。其实从前文中也可以看出，一方面因为劳动债权的内容纠纷而诉之法院的案例逐年上升，因为集资款、高额工资、职工安置费等问题产生的纠纷层出不穷，这不能不说我国劳动债权制度存在立法漏洞。这只是一个对概念理解不同引起的纠纷，就能够给司法资源造成这样大的压力，也从侧面反映了健全的立法对于司法实践的重要意义。试想，如果我国对于劳动债权范围的规定清晰而明确，每年就不会出现 900 多起纠纷，司法资源将大大得到缓解，而法律的公信力也会提升。而另一方面，我国的《破产法》只是举例规定了几类可以作为劳动债权的项目，对一些项目要么规定得模糊，要么规定得不一样，如集资款项目，本来《破产法》未将其纳入劳动债权是法律的进步，但是未废止的司法解释却规定其可以纳入，这样就容易发生同案不同判的结果，不仅给法官判案带来困扰，对司法公信力也是一种威胁，不论是从理论还是实践的角度，我国劳动债权制度本身都应该好好进行一下取舍和调整，如果一个国家的某项法律长期滞后于社会发展对其的需要，那么这个领域将是没有发展前景的，这也就从侧面说明了我国劳动债权纠纷、农民工问题为什么只升不降，一直攀高的原因。

借鉴国外及我国的司法实践经验，对于部分和劳动者有关的款项应该进行一定的限制，排除在劳动债权之外：

（1）职工集资款。简单来说，就是在企业和职工双方平等自愿的前提下，签订的借款合同，集资款作为借款合同的对象，从性质上来讲，平等主体之间的普通债务，属于私法范畴。因此从其性质来讲，集资款与其他普通债权别无二致，因此其按普通债权最后清偿并无不妥。而且企业和职工签订集资款的借款合同时，一般会约定给予职工相应的利息，也就是说，职工借钱给企业，一般来说是赢取利益的，那么再将其作为劳动债权进行清偿，将会严重违背劳动债权立法的初衷。因此，不论是从性质还是目的来说，集资款都是企业的一般债务。我国《破产法》也是认同这一观点的。[8]然而，最高人民法院有关司法解释，却规定企业职工集资款要参照破产企业所欠职工工资和劳动保险费用的清偿顺序清偿，即旧的司法解释是将集资款作为劳动债权看待的，而2007年6月《破产法》施行后，该司法解释依然适用。[9]出现这样的情况，是我国法律的漏洞，希望立法机关能够尽快做出调整和修改，但是集资款无论从性质上还是从理论或其目的来考虑，都应该排除在劳动债权之外。

（2）职工安置费。它是指国有企业破产时，国有企业安置职工时所支出的费用。目前我国的做法是将其界定为不同的内容，在性质上进行区分对待，即不同的职工安置费，其法律规定和司法运用均不相同。这种区分看似合理，实际上操作起来非常困难。一方面，针对上述问题的立法比较复杂，且在实践中的司法适用过于混乱；另一方面，职工安置费只是一个阶段性的问题，而我国的法律却对其有难以操作的项目进行繁而杂的规定，不能不说是我国立法的滞后。

综上，一方面由于劳动债权从广义和狭义不同角度进行理解，而导致劳动债权的范围扩大；另一方面又由于部门法的不同，如作为社会法的《劳动法》和私法性质的《破产法》而致使各部门法对同一概念，做出了大小范围并不一致的立法规范。究其根本还是由于我国立法规范的不严谨甚至缺失，导致

---

[8] 参见《破产法》第113条第1款。

[9] 参见《最高人民法院关于审理企业破产案件若干问题的规定》第58条。

各部门法之间“各自为政”，从而造成司法实践操作困难的窘境。

为了解决劳动债权的范围过大的问题，一方面，要从我国司法实践中找到解决的途径，尽快完善立法，对劳动债权的范围进行严格限制，为司法实践提供法律依据；另一方面，要对各部门法进行调整，对不同部门法或司法解释不一致的情况，尽快补正，废除旧的不合时宜的立法，加快劳动债权立法保护体系的完善。

2. 明确对劳动债权金额的限制

在英国，法律将工资债权的金额严格限定在 800 英镑内；而美国规定，优先受偿的工资数额在 2000 美元之内。从国际上的惯例来看，在规定了职工工资优先受偿的国家，均对其数额进行了限制，而我国却没有限制，这样大包大揽的劳动债权看似周到而全面，但是在实践中却很难实现，如果发生案例中的情形，劳动债权就形同虚设，似乎法律所保护的只是一种概念上的权利，实质性的权利却很难实现。

曾经许多国家和地区都通过建立劳动债权优先制度，用以最大限度地保护员工利益，同时，尽最大努力避免企业和员工的关系恶化或矛盾升级，以此达到平衡各利益主体的目的。笔者认为，对劳动债权进行倾斜保护是十分必要的，但是过度保护则是对经济市场的一种干扰，所以，借鉴英美等国家的法律规定来规避风险，限定劳动债权的清偿数额，尤其是对工资债权有可能先于担保债权清偿的那一部分，一定要严格而合理，因为，那是担保债权和其他债权共同让利于社会的结果，为了避免引起各方的不满，必须用法律手段将其强制限定。

综上，针对我国在劳动债权优先清偿过程中清偿数额上存在的问题，应该基于以下方面的考量对清偿金额进行限制。一方面，从超出社会平均工资水平来考量。既然我国对企业高管、董事等的工资、奖金限定在平均水平之内，其高出的部分并不属于劳动债权，不能优先受偿，只能作为一般债权进行清偿，[10]因此，我国破产法也应当对劳动债权的清偿金额进行明确的规定，而不应该只是给出一个抽象的法律标准。另一方面，还应从企业的总体清偿能力方面进行考量，若企业总体清偿能力并不高，各个债权人的利益均有无法清偿的危险，此时只保障劳动债权就有失公允，在一定程度上适当兼顾其他债权人利益，并对劳动债权的清偿金额进行一定程度的限制才是成熟法律制度应该具有的内涵。另外，关于数额的限制方面，可以借鉴英美等国家，明确规定职工工资在破产企业前4个月内超过2万元的可以优先于担保债权清偿，其余部分则按普通债权清偿。

3. 明确对劳动债权时间的限制

法国法律对工资债权的规定非常严格，要求工资债权必须是当年及上一年内的工资，一般要求，工资报酬优先的时间必须限定在1年或6个月以内。而对农业方面的工资报酬的时间也限定在1年内，学徒的工资则只有6个月的时间。美国法律规定，员工工资申请时间为破产申请确定日前的90日，员工福利金的申请时间为破产申请确定日的180日。

劳动债权是以损害其他债权人的利益为代价的，而且劳动债权的申请并不需要进行公示，只要破产企业真实拖欠员工工资，劳动债权就产生。而且劳动债权的申报数额无法估计，风险程度无法预测，对其他债权的破坏作用有可能随着时间不断增加，这些都要求对劳动债权给予时间上的限制，司法实践和国外范例均证明了这一点。如此一来，既可以有效规避风险，又可以加强对其他债权的保护，还可以及时提醒权利人尽快行使自己的权利，防止其在权利上“睡觉”。

综观各个发达国家对劳动债权的时间限制，可以看出，各个国家在保护劳动者的权益之时，对于其他债权也进行了保护，基本上在寻求各个利益主体的利益平衡点，以保障公平公正。而我国作为社会主义法治国家，公平公正更是法律应有之义，说到底劳动债权是一个社会法的范畴，应该体现我国追求公

[10] 参见《破产法》第113条第2款。

平公正的理念和以人为本的宗旨。

在我国《破产法》中没有规定劳动债权的绝对优先地位，劳动债权中的工资债权享有绝对优先受偿的地位就更无法实现。但我国或许可以从实际情况出发，在借鉴成功经验的基础上，将我国劳动者的工资债权限定在企业破产确定日的前 4 个月内，而将超过的工资部分作为劳动债权劣后于担保债权清偿，而且规定在企业破产前的 1 年内的工资纳入劳动债权，而剩余部分则作为普通债权进行清偿，另外除了工资以外，各种以非工资形式给予的报酬金、补偿金等在时间上均应以企业破产前的 1 年时间为限，作为劳动债权优先受偿，这不仅是对劳动债权人及时行使权利的要求，也是我国立法公正的应有之义。

（三）完善劳动债权人参与破产程序的立法

要使破产劳动债权保障机制充分发挥其应有的价值，就必须在“正当程序”原则的基础之上对其进行重构，程序正当是一项法律规定保障实施的前提和基础，试想如果程序正当都无法保证，又何来奢望能够实体公正呢？我国的劳动债权现在就面临这样的困境，程序不正当，使得劳动债权的保护举步维艰。为了达到保护劳动者合法权益的实体公正，必须对其相关程序进行调整和完善。

1. 赋予职工或工会代表参与破产程序的主体资格

劳动债权一般数额较小且基本处于分散的状态，为确保各个劳动债权均能有效实现，且节省司法资源，应该通过相应措施将分散的劳动债权集中起来统一行使。具体做法，可依据“诉讼信托”相关理论来实现，即通过立法方式将破产企业工会或职工代表组织认定为统一行使劳动债权的受托组织，由其代理单个的劳动债权人提起诉讼或参与破产程序。不仅可以将劳动债权人的权利化零为整，增强其在破产程序中的话语权和表决权使其诉求能够得到保证，还可以防止劳动债权人之间因为某些细节而无法达成一致意见时，被债务人从内部分割包围，最终使得债权人在内耗中丧失维权的机会。“堡垒一般都是从内部攻破的”，农民工讨薪无数次验证了这一结论。

另外，因为有劳动债权统一受托组织的存在，也为劳动债权人进一步获得实质参与权提供了很大的机会和可能。值得注意的是，2017 年《民事诉讼法》在实施之前，团体诉讼并无运行的可能，因此这种集中权利的做法并不能有效推行，但之后我国法定社会团体以公益诉讼的名义进行维权的空间越来越大，由工会或职工代表组织统一行使破产劳动债权的法律障碍已经消除，因此，只需要法律明文规定赋予劳动债权受托组织相应的权限和职能即可。

还须指出的是，该做法在实际执行中可能会遇到两种情况的困难：一种情况是破产企业未成立工会，也没有其他受托组织。在这种情况下，立法可授予劳动债权人发起召开职工大会，选举出一定数量的代表组成职工代表组织的权利，由其行使类似于工会的职权。另一种情况是现实中工会或职工代表组织可能因被收买等原因而做出有损全体职工劳动债权利益的行为。在如是情况下，笔者认为，法律应同时赋予单个劳动债权人以申请救济的权利，对于那些认为自己利益因“被代表”而遭受损害的劳动债权人，有权在事后提起“消极确认之诉”，以将自己排除在“被代表者”名单之外。作为救济补偿措施，这些职工可以自己的名义单独参与到破产程序当中。需要说明的是，除了那些明确表示不愿意被工会或者其他职工代表组织代表的人员以外，其他职工的劳动债权一概由受托组织代表其参加破产程序，并向其及时反馈问题和情况。如此一来，不仅劳动者因为有了自己的代表而能够更好地表达自己的利益诉求，而这些代表在行使权利时也因为于法有据，而更具有话语权，也更能发挥其有效作用，而且把各个劳动债权人集中起来，也可以节省司法资源，减轻司法机关的负担。

2. 加强工会组织参与破产程序的权利保护

如果说单个的劳动债权人因为所占的份额过小而使其表决权、异议权受到影响的话，那么当工会等受托组织作为代表参加破产程序时，其相应的权利则应该可以对债权人会议产生影响。我国相应的法律也指出，可以由职工代表或工会组织代表劳动债权人参与破产程序，但是我国立法对其的规定并不明确，也没有对这个工会等相关组织的职权进行说明，当然其参与破产程序的规定就更为模糊和不明确。因此，完善工会等组织或劳动债权人的权利、职能等立法是关键。

首先，对于职工代表或工会代表的权责、职能要进行明确的法律界定。《破产法》虽然对工会作为代表参与会议有所提及，但却因为条款过于宽泛而未见成效。笔者建议，应对劳动债权的受托组织或单独的劳动债权人参与破产程序的权利进行细致而明确的规定。不仅要明确职工或工会代表在参与破产程序中的所具有的权利和应尽的责任，如代表期间受法律保护的权利、如实告知劳动债权人的相关进度、积极勤勉地为劳动债权人争取利益等义务。赋予职工或工会代表可以强制介入破产程序的各个阶段的权利，保障其能够及时掌握破产财产的相关信息并传达给劳动债权人。保证劳动债权人的知情权、询问权，以及提出自己意见和建议的权利，受托组织要及时将债权人会议发展的情况向其他劳动债权人反映。而且要对职工代表和工会代表的数量、质量进行体系化的规定，对职工或工会代表的身份予以明文规定，在数量上，其必须由职工代表大会的全体成员 2/3 多数通过，才能允许其代表劳动债权人介入债权人会议。另外，在重整计划表决过程中，要赋予职工或工会代表充分表达意见的权利，并充分保护其异议权和表决权。

其次，建立多种破产财产的变价方式。第一，要给予劳动债权人充分的权利，发挥他们作为企业主要力量的作用，集思广益，发现更多增加破产财产价值的途径。而且劳动者对企业是最熟悉的，他们对企业的设备、产品的市场行情、销售渠道更为了解，因此赋予职工及其代表更多的表决权，无疑能通过他们的努力，使破产财产的变价方式多样而且有效。第二，举行债权人听证会，集思广益，充分利用债权人的人脉和资源，多途径实现破产财产的价值，或对破产财产进行内部作价出售。这样不仅可以充分发挥劳动债权人的表决权、监督权，还可以扩大破产财产的价值，增加劳动债权人和其他债权人的清偿概率。

另外，需对变价时限进行必要的限制，以防止管理人或债务人甚至债权人做出不利于增加破产财产价值的举动。例如，对一些不易存放的或者存放时间越久价值越低的财产，要强制规定及时处理，并将此规定的实施责任到人，只有这样双管齐下，才能有效实现破产财产的价值。

3. 明确相关主体的及时通知义务

知情是参与的前提。一般来说，劳动债权人在企业发生破产时应该比其他债权人更容易获知企业破产的信息。但是事实却并非如此，如“宁波某破产企业劳动争议案”中所示，个别劳动债权人虽然能够预感到企业面临破产，或得到企业破产的消息，但是对企业是否已经向法院申请，进入破产程序其知情权却并不能得到保障，甚至在一些情况下，由于劳动债权不用申报，其对破产程序的进程是一无所知的。相反，如果劳动债权人的知情权能够有效保证，那么他们就可以在破产申请刚提交到法院时就能够获得及时的通知，这样不仅劳动债权人可以及时提起劳动仲裁或诉讼，以生效裁判的形式将自己的劳动债权进行确认，即“积极的劳动债权确认之诉”，而且也可以为劳动者提供更充裕的时间来筹建工会等代表组织，并在必要时聘请律师等法律工作者帮助其维权。总之，劳动债权的维护很大程度上依赖于知情权的程度，知情是维权的基础，它们之间成正相关。

然而，在现行破产法体系下，无论是企业还是债权人申请的破产，法律都没有对破产劳动债权人获得及时的通知进行规定。即使企业的破产申请被接受，从而正式进入破产程序后，法律均没有对破产申请人或受理法院规定其有义务将该破产事项主动告知劳动债权人，结果便是导致劳动债权人知情权滞后，这样的立法显然存在不足。鉴于濒临破产的企业往往都拖欠了职工的大量工资等报酬，以立法形式确保劳动者的知情权是具有非常强的现实意义的。因此，我国在下次进一步修订《破产法》时，应该将破产申请人或者受理法院对劳动债权人的及时通知义务进行明文规定。具体可以通过以下几种方式实现：一是要求破产申请人在破产申请受理日，以布告、邮件、微信公众平台新闻媒体等方式及时通知企业职工该企业已经进入破产程序的信息，确保职工能及时申报债权；二是要求破产案件受理法院及时制作布告并张贴在破产企业的主要入口处、平时的公告栏处或其他比较醒目的地方，以告知债权人企业的有关破产事项；三是规定受理法院有义务向破产企业所在地的劳动监察部门或者企业的工会等部门进行通知，告知其该企业破产的相关事宜，并由其委托后者负责对企业职工进行通知。

（四）完善破产劳动债权相关保护制度

完善社会保障制度，如失业保险金制度、工资保障金制度，建立健全《破产法》或其他部门法对于劳动债权相关保护制度的建设，而不仅仅依靠在破产程序中对其进行保护。将破产劳动债权的保护力度加大，在企业能够良好运营时，就建立相应的劳动保障金制度，使劳动债权能够从源头上进行保护才是标本兼治的办法，才能够体现公平公正，真正实现以人为本的理念。

1. 完善相关的社会保障制度

研究国外的一些立法会发现，有的国家已经废弃了劳动债权的相关立法，如德国在颁布《支付不能法》之后，取消了雇员在企业破产时工资等劳动债权优先受偿的规定，而将其作为一般债权进行清偿。也就是说，德国法律不再依靠企业破产的相关法律解决劳动债权问题。而是通过完善的社会保障体系，建立劳动保障金制度对雇员的工资等进行保护，这样不仅能够减轻企业破产法等私法的负担，还能够完善社会法的部门体系，诚然德国的这种做法是建立在完善的社会保障制度的基础之上，也是一个国家经济、法律发展到一个比较成熟的阶段的必然结果。我国虽然现阶段通过完善《破产法》中破产程序的相关规定来保障劳动债权的实现，但这并不是长久之计，也不能试图依靠破产法等相关私法彻底解决我国劳动债权问题。建立完善的社会保障制度，是解决劳动债权问题的标本兼治的方法。基于此，我国立法应尽快完善社会保障制度，建立劳动保障金等制度，保障劳动债权的实现。

我国可以借鉴域外关于职工保护的相关制度，学习我国养老保险制度的经验，通过企业、社会慈善机构平时向我国社会保障部门缴纳一定的工资保障金，留作专款专用，当企业破产时，这部分资金则可以作为劳动资金优先使劳动者受偿。该制度的实施需要相关主体的积极配合，其应该具有强制性的特征。具体来说就是，通过政府的社会保障部门、社会保险机构、企业三者之间的相互合作，建立劳动保障基金，该资金主要通过企业缴费、政府拨款、社会慈善捐款等渠道进行募集。要求企业在正常运行期间，按期、分期缴纳或一次性强行向社会保障部门或有关社会保险机构缴纳劳动保障基金，当企业面临破产而无法支付劳动者的工资等报酬时，由政府社会保障部门或社会保险机构等代表破产企业对劳动者的劳动债权进行清偿，以保障其基本的生存能力。

建立劳动保障金制度是我国从根本上解决劳动债权问题的措施，也是我国社会保障体系应该具有的内容，它不仅是有效解决社会矛盾的手段，还是一个国家综合国力的体现，一个国家的社会保障体系从一定程度上反映了这个国家的经济发展水平，也反映出该国对劳动保障体系的关注度。我国近年来不断完善社会保障制度，取得了一定的成就，但是距离构建完善的社会保障体系，仍任重而道远。这就不仅需要《破产法》，而且需要社会保障立法的相互配合和完美交接，更需要我国企业、政府、劳动者本身的共同努力。

2. 建立长效监督机制

要强化我国政府部门的监督机制，形成长效管理制度。一方面，强化政府、行业组织、企业等有关监督部门的监管，发挥行业、企业内部职工团体，如劳动者权益保障部门、工会等对各行业、企业内部职工权益保护的监管，监管部门要定期对企业进行考察，对职工进行走访，坚持预防为主、防治结合的宗旨，预防侵害职工利益问题的发生。当侵害发生时，要迅速高效地解决问题防止矛盾的激化。另一方面，要完善企业的信访制度，为职工提供更多的匿名监督企业的机会，提高职工参与的积极性，职工权利的自觉性，从而建立全方位的职工利益保护制度，全方位保证企业职工的合法权益。另外，还可以推行劳动保障系统网络化管理，建立及时、高效、快速、准确的现代化管理体系，充分发挥网络、媒体的力量进行监督。通过形成企业、职工、社会三方的全面配合，一定可以形成长效监督机制，保护劳动者的利益。

综上，我国的劳动债权制度不仅需要在借鉴域外经验、结合司法实践的基础上，充实我国新《破产法》，对于劳动债权的完善，还需要尽快对劳动债权的内容、时间、数额、破产程序等加强细化和规定，本着从源头上解决的理念，尽快完善我国的社会保障体系，使劳动债权能够在劳动法等社会保障体系中得到真正的解决，笔者认为，只有通过上述标本兼治的方法才可以尽快解决劳动债权这一司法难题，真正实现社会本位、以人文本的法律理念。

我们现在还需要借助《破产法》中破产程序的相关规定对劳动债权进行保护，所以，还需要立法机关不断地根据社会发展的需要，调整我国的立法，以适应日益增进的需求。还有一点需要注意，就是担保债权在特殊情况下让利于部分工资债权时，想要从根本上执行这项措施，还必须通过立法对此进行规定，强制担保债权人承担一定的社会责任。如果是单纯依靠担保债权人的自觉和社会的舆论监督，这项措施恐怕只会停留在理论阶段而无法真正付诸实践。再者，担保债权随着劳动保障金制度的形成，其将最终由社会劳动保障制度进行保护，因此，在目前不断完善保障体系的同时，部门法要根据需要不断调整自己的范围，只有《破产法》与有关劳动债权的相关保护制度进行完美对接后，才更能保护劳动债权。

四、结　语

劳动债权是我国法制建设过程中不可回避的问题，也是关系国计民生和社会稳定的重要因素，我国《破产法》自 2007 年 6 月年实施以来，已经经过了近 12 年，这 12 年来，我国破产企业不论是从程序还是实体都得到了很好的处理，这不可不谓《破产法》实施的功劳。然而我国的劳动债权近年来纠纷却日益增多，劳动债权立法的不完善导致司法实践过程中的问题也比较突出。由于我国的现实状况，《破产法》不得不将劳动债权这一重任承担起来，但由于立法的漏洞，使得劳动债权的清偿、内容等存在一些问题，因此本文从四个方面分析劳动债权存在的问题，并结合国外的立法经验以及国内的实践经验，寻找完善劳动债权立法的措施。

劳动债权是各个国家和地区都绕不开的问题，可能由于经济发展的快慢而对其规定得有所区别，我国同样在《破产法》中规定了劳动债权的优先地位。笔者认为，一方面，劳动债权不能一概而论，大而化之，应该对其进行进一步的细化，区别对待，在我国担保债权作为别除权优先受偿之后，关乎劳动者的生存权利的劳动债权可能受到威胁。因此，应该将劳动债权中的一部分工资优先于担保债权进行清偿，当然这部分工资应该规定以企业破产前的 4 个月内并且不超过 2 万元为限。另一方面，应该对劳动债权的内容、时间、数额等都进一步明确规定，对职工代表赋予更明确的权利，使劳动债权人的表决权、知情权能够很好地行使，也使他们能够在破产程序中更好地发挥作用，保护劳动者的权益。另外，上述的这些建议和对策都只是治标的方法，想要更好地解决问题就要从根本上入手。笔者认为，完善我国的社会保障制度、社会救济制度，建立劳动保障金制度等才是解决问题的关键，保护劳动债权这一重任，随着社会的发展最终需要专门的保护劳动债权的相应社会保障制度来实现，在破产程序中对劳动债权进行保护只是过渡阶段，假以时日，我国社会发展到一定程度，破产法中破产程序将不再承担这一责任，因此建立相应的保护制度势在必行。

破产重整企业信用修复问题初探

荣　艳

内容摘要　破产重整是挽救濒临困境又具有重整价值企业的一项有效的法律程序，企业重整成功后，需要开始新的经营以获得新生，但因重整企业主体不变，其原有的不良信用记录仍伴随企业存在。因此，修复重整企业的不良信用对其正常开展经营活动极为重要。但实践中，破产重整企业的信用修复存在诸多困难，严重影响重整企业的经营和重整功能的发挥，甚至使一些重整成功的企业面临二次破产的危险。文章从实践中存在的问题着手，分析当前我国信用体系的现状，以及实践中重整企业关于信用修复的做法，提出了在现有社会征信体系的基础上，建立并完善重整企业信用修复机制的建议。

关键词　重整企业　信用　修复

一、问题的提出

2015年5月，南京市中级人民法院审理的某企业破产重整案重整成功，战略投资人以投入4500万元偿债资金的方式，获得该企业出资人的全部股权，

作者单位：南京市中级人民法院。

同时接收该企业的全部职工，但新的战略投资者接手公司后，因存在诸多不良信用信息无法修复，经营活动无法开展，一度使企业面临再度走向死亡的危险。重整企业、管理人、人民法院等多方历时两年之久，尚未能全面修复企业的不良信用信息，严重影响了企业的经营和重整计划的执行。类似的情形不仅局限于个案，近年来，随着民营企业重整成功案例的增加，企业信用修复问题成为破产重整及重整企业面临的重大问题，信用能否有效修复，直接关系到重整计划能否有效执行及重整成功后的企业能否继续生存，进而影响破产重整制度的实施。如前例中该企业系具有市政工程施工资质的企业，重整成功后，战略投资人投入资金开展业务，但因重整前的企业在人民银行征信系统中的逾期不良记录、人民法院失信被执行人系统中的失信被执行人记录，以及工商、税务部门的不良信用记录，该企业无法进行招投标等经营活动，无法从银行获取贷款，经营举步维艰，严重影响了重整企业的经营与发展。南京市中级人民法院审理的另一起房地产重整案例，重整成功后房屋出售时，因企业此前的不良信用记录，消费者购房时无法贷款，严重阻碍了重整计划的执行。类似的情形在重整程序中不同程度的存在，对重整程序的顺利进行造成阻碍，同时也直接影响投资人的投资热情及对重整计划执行的积极性，继而影响重整成功后的企业能否真正重生。

破产重整实践中的信用修复难题涉及多方面的信用信息，具体情况见表1：

表1　重整企业面临的信用修复难题

问题	影响	涉及部门
无法通过银行授信	企业无法融资	商业银行、人民银行征信系统
发票申领受限、生产许可、进出口受限等	企业经营受限	税务部门
无法参与招投标等经营活动	企业无法开展经营活动	工商行政管理部门

续表

问题	影响	涉及部门
无法通过银行授信、无法参与招投标等经营活动、资质审查困难、市场准入受限等	企业经营全面受限	人民法院执行部门

二、企业不良信息记录现状

（一）人民银行征信系统不良信息记录

通常意义上讲，征信是指依法收集、整理、保存、加工自然人、法人及其他组织的信用信息，并对外提供信用报告、信用评估、信用信息咨询等服务，帮助客户判断、控制信用风险，进行信用管理的活动。[1]根据《征信业管理条例》，国家设立金融信用信息基础数据库，为防范金融风险、促进金融业发展提供相关信用服务。从事信贷业务的机构应当按照规定向金融信用信息基础数据库提供信贷信息。[2]

为了全面反映企业和个人信用状况，人民银行从 2005 年开始积极推动工商、环保、质检、税务、法院等公共信息纳入征信系统，共采集了 16 个部门的 17 类非银行信息，包括行政处罚与奖励信息、公积金缴存信息、社保缴存和发放信息、法院判决和执行信息、缴税和欠税信息、环保处罚信息、企业资质信息等。[3]可见，对企业的征信是指收集、整理、保存企业的信用信息，并对外提供信用报告的过程。广义的征信不仅包括了人民银行征信中心获取的来自金融机构的信用，还有来自工商、环保、质检、税务、法院等部门的公共

[1] 参见《征信基本概念》，载中国人民银行征信中心网站 http://www.pbccrc.org.cn/zxzx/zxzs/201401/87814073facf4b9795480d40fd626467.shtml，2018 年 3 月 1 日访问。

[2] 参见国务院《征信业管理条例》第 27 条。

[3]《全国统一的企业和个人征信系统简介》，载中国人民银行征信中心网站 http://www.pbccrc.org.cn/zxzx/zxzs/201506/d708068ce66c4cd6bbd5c37884b93c05.shtml，2018 年 3 月 1 日访问。

信息。

因此，当企业进入破产程序时，金融债权出现逾期，重整企业在人民银行的征信系统中将出现多笔逾期、不良的信用记录。

（二）工商行政管理部门不良信息记录

为保障公平竞争，促进企业诚信自律，强化企业信用约束，维护交易安全，原国家工商行政管理总局从2014年10月1日起施行《企业经营异常名录管理暂时办法》，该办法规定："县级以上共商行政管理部门应当将有下列情形之一的企业列入经营异常名录：（一）未按照《企业信息公示暂行条例》第八条规定的期限公示年度报告的；（二）未在工商行政管理部门依照《企业信息公示暂行条例》第十条规定责令的期限内公示有关企业信息的；（三）公示企业信息隐瞒真实情况、弄虚作假的；（四）通过登记的住所或者经营场所无法联系的。"[5]根据《企业信息公示暂行条例》的规定，各政府部门将在政府采购、工程招投标、国有土地出让、授予荣誉称号等工作中，对该类企业依法予以限制或者禁入。[6]此后，为加强对严重违法失信企业的管理，原国家工商行政管理总局从2016年4月1日起执行《严重违法失信企业名单管理暂行办法》，对严重违法失信企业进行名单管理，即对列入严重违法失信企业名单的企业实施信用约束、部门联合惩戒，并通过企业信用信息公示系统向社会公示。失信企业名单亦被称为"黑名单"，根据第5条第1款规定："企业有下列情形之一的，由县级以上工商行政管理部门列入严重违法失信企业名单管理：（一）被列入经营异常名录届满3年仍未履行相关义务的；（二）提交虚假材料或者采取其他欺诈手段隐瞒重要事实，取得公司变更或者注销登记，被撤销登记的；（三）组织策划传销的，或者因为传销行为提供便利条件两年内受到三次以上

---

[4] 参见中国人民银行征信中心网站，载 http://www.pbccrc.org.cn/zxzx/qyzx/201702/be2693d5ed42400eb9467f93f0042332.shtml，2017年8月24日访问。

[5] 参见原国家工商行政管理总局《企业经营异常名录管理暂行办法》第4条。

[6] 参见国务院《企业信息公示暂行条例》第18条。

行政处罚的;（四）因直销违法行为两年内受到三次以上行政处罚的;（五）因不正当竞争行为两年内受到三次以上行政处罚的;（六）因提供的商品或者服务不符合保障人身、财产安全要求，造成人身伤害等严重侵害消费者权益的违法行为，两年内受到三次以上行政处罚的;（七）因发布虚假广告两年内受到三次以上行政处罚的，或者发布关系消费者生命健康的商品或者服务的虚假广告，造成人身伤害的或者其他严重社会不良影响的;（八）因商标侵权行为五年内受到两次以上行政处罚的;（九）被决定停止受理商标代理业务的;（十）国家工商行政管理总局规定的其他违反工商行政管理法律、行政法规且情节严重的。"[7]

当企业进入破产程序时，大多已被列入经营异常名录，从而导致企业无法从事招投标、进出口、生产等活动，银行开户、贷款等方面也受到严重限制。例如，列入异常经营名录达到一定的期间，则被列入黑名单，导致各种经营行为全面受限的严重后果。部分破产重整企业因在重整前的经营异常期间较长，被列入黑名单，也有因其他违法行为被列入黑名单，导致企业在重整成功后如未修复信用则无法正常经营。

（三）税务部门不良信息记录

在纳税领域，国家税务总局对纳税人进行纳税信用管理，即税务机关对纳税人的纳税信用信息开展采集、评价、确定、发布和应用等活动。[8]信用管理中，对纳税人进行分级纳税信用评价，分别为A、B、C、D级四等。根据规定，对于有下列情形之一的纳税人，本评价年度直接判为D级:（1）存在逃避缴纳税款、逃避追缴欠税、骗取出口退税、虚开增值税专用发票等行为，经判决构成涉税犯罪的;（2）存在前项所列行为，未构成犯罪，但偷税（逃避缴纳税款）金额10万元以上且占各税种应纳税总额10%以上，或者存在逃避追

[7] 参见原国家工商行政管理总局《严重违法失信企业名单管理暂行办法》第5条第1款。

[8] 参见国家税务总局《纳税信用管理办法（试行）》第2条。

缴欠税、骗取出口退税、虚开增值税专用发票等税收违法行为，已缴纳税款、滞纳金、罚款的；（3）在规定期限内未按税务机关处理结论缴纳或者足额缴纳税款、滞纳金和罚款的；（4）以暴力、威胁方法拒不缴纳税款或者拒绝、阻挠税务机关依法实施税务稽查执法行为的；（5）存在违反增值税发票管理规定或者违反其他发票管理规定的行为，导致其他单位或者个人未缴、少缴或者骗取税款的；（6）提供虚假申报材料享受税收优惠政策的；（7）骗取国家出口退税款，被停止出口退（免）税资格未到期的；（8）有非正常户记录或者由非正常户直接责任人员注册登记或者负责经营的；（9）由D级纳税人的直接责任人员注册登记或者负责经营的；（10）存在税务机关依法认定的其他严重失信情形的。[9]

部分民营企业进入重整程序前，已经进入经营异常的状态，未足额缴纳税款及滞纳金、罚款的已为常态，因此，在纳税信用评价中被评定为D等次的情况较为多见。而根据规定，对于纳税信用评价为D级的纳税人，税务机关采取以下措施：（1）按照本办法第27条的规定，公开D级纳税人及其直接责任人员名单，对直接责任人员注册登记或者负责经营的其他纳税人纳税信用直接判为D级；（2）增值税专用发票领用按辅导期一般纳税人政策办理，普通发票的领用实行交（验）旧供新、严格限量供应；（3）加强出口退税审核；（4）加强纳税评估，严格审核其报送的各种资料；（5）列入重点监控对象，提高监督检查频次，发现税收违法违规行为的，不得适用规定处罚幅度内的最低标准；（6）将纳税信用评价结果通报相关部门，建议在经营、投融资、取得政府供应土地、进出口、出入境、注册新公司、工程招投标、政府采购、获得荣誉、安全许可、生产许可、从业任职资格、资质审核等方面予以限制或禁止；（7）D级评价保留2年，第三年纳税信用不得评价为A级；（8）税务机关与相关部门实施的联合惩戒措施，以及结合实际情况依法采取的其他严格管理

[9] 参见国家税务总局《纳税信用管理办法（试行）》第20条。

措施。[10] 由此，如果破产企业重整后，不能及时修复其在税务部门的信用评价，将无法开展正常的经营活动。

（四）最高人民法院失信被执行人系统不良记录

《最高人民法院关于公布失信被执行人名单信息的若干规定》第1条规定："被执行人未履行生效法律文书确定的义务，并具有下列情形之一的，人民法院应当将其纳入失信被执行人名单，依法对其进行信用惩戒：（一）有履行能力而拒不履行有效法律文书确定义务的；（二）以伪造证据、暴力、威胁等方法妨碍、抗拒执行的；（三）以虚假诉讼、虚假仲裁或者以隐匿、转移财产等方法规避执行的；（四）违反财产报告制度的；（五）违反限制消费令的；（六）无正当理由拒不履行执行和解协议的。"

破产企业在进入重整程序前绝大部分因存在多起执行案件而被列为失信被执行人。根据规定，失信被执行人的名单信息，将向政府相关部门、金融监管机构、金融机构、承担行政职能的事业单位及行业协会等通报，供相关单位依照法律、法规和有关规定，在政府采购、招标投标、行政审批、政府扶持、融资信贷、市场准入、资质认定等方面，对失信被执行人予以信用惩戒。同时，向征信机构通报，并由征信机构在其征信系统中记录。失信被执行人是国有企业的，其失信情况还将通报其上级单位或者主管部门。[12] 因此，重整成功后，如不对企业在失信被执行人系统的信息进行修复，将使重整企业面临严重的经营困难。

当然，实践中破产重整企业还面临其他的信用修复问题，如保险、社保等，但目前而言，重整企业所面临的问题主要集中在上述几类，本文仅就上述

[10] 参见国家税务总局《纳税信用管理办法（试行）》第32条。

[11] 参见国家税务总局网站，载 http://hd.chinatax.gov.cn/fagui/action/InitCredit.do，2017年8月30日访问。

[12] 参见《最高人民法院关于公布失信被执行人名单信息的若干规定》第8条。

[13] 参见最高人民法院网站，载 http://shixin.court.gov.cn/index.html，2017年8月30日访问。

几类不良信用信息的修复展开讨论。

三、重整企业信用修复的必要性及实践做法

（一）重整企业信用修复的理论基础

关于信用修复的定义，有观点认为，信用修复是指企业、企业法定代表人或责任人，因其违法失信行为，导致企业信用评价降低，但在一定期限内主动整改，纠正其违法失信行为，减轻和消除失信行为带来的不良后果，重建信用，并按照一定的条件和程序，被获准消除其违法失信行为对企业不利影响的制度。[14]根据国标（GB/T22117-2008）信用基本术语定义，信用修复是指依法改善对受信方的负面记录和评价，允许受信方对其失信行为的客观原因进行解释的技术手段。[15]因此，在正常经营状态下，企业通过对其失信行为的客观原因进行解释，或对其失信行为在一定期限内进行主动的整改、纠正，从而消除或减轻其违法失信行为对企业的不利影响。对于破产重整企业而言，由于重整企业的名称、组织机构代码均不改变，主体仍然存在，重整企业进入破产前的一系列信用不良记录仍然在各个征信系统中保存，信用修复不仅涉及重整过程中，还涉及重整计划批准、重整程序终结后。因此，重整企业的信用修复可理解为，对重整中或重整成功后的企业，在符合一定条件的情况下，按照一定的法律程序修复其失信记录，重建其信用的法律制度。

为何要对重整企业进行信用修复？这是在讨论信用修复之前首先要厘清的问题。从重整的意义上来说，一般认为，重整是指对可能或已经发生破产原因但又有挽救希望与挽救价值的法人型企业，通过对各方利害关系人的利益协调，强制性进行营业重组与债务清理，以使企业避免破产、获得重生的法律制度。[16]从上述重整的概念可见，重整制度是通过一定的法律程序，各方利

[14] 参见宋玉霞：《实施破产重整企业信用修复制度》，载《人民法治》2016 年第 9 期。

[15] 转引自王宁江：《信用修复之理解》，载《浙江经济》2016 年第 8 期。

[16] 参见王欣新：《破产法》，中国人民大学出版社 2011 年版，第 247 页。

害关系人共同努力，对已经濒临破产困境的企业进行挽救，从而使其摆脱困境，恢复经营能力，获得重生的制度。这项制度专门针对可能或已经具备破产原因但又有维持价值和再生希望的企业，经由利害关系人的申请，在法院的主持和利害关系人的参与下，进行业务上的重组和债务调整，以帮助债务人摆脱财务困境、恢复营业能力。从以上分析不难看出，首先，进入重整的企业已经濒临困境，失去经营能力。这种困境的产生，使企业在社会的信用系统中呈现出不良的状态，如不能按期纳税、不能正常经营、无法按期偿还债务，甚至原企业管理人员存在违法违规行为等，在征信系统中的反映就是被列入不良信用信息的名录。其次，重整的目的在于帮助已具备破产原因的企业摆脱财务困境、恢复正常的营业能力，从而使企业最终能够恢复到正常的轨道中。不良信用修复涉及重整中和重整计划获得批准、重整程序终结后两个阶段，皆为挽救困境中的重整企业之必需。最后，从法律规定层面分析，根据破产法的规定，在重整期间，重整企业继续其营业事务，并可对外借款以继续其营业。重整计划中应当包含债权调整及债权受偿方案、债务人的经营方案。重整计划草案获得人民法院批准后，按照重整计划减免的债务，自重整计划执行完毕时起，债务人不再承担清偿责任。[17]根据以上规定，进入重整的企业需要继续其营业，且重整计划草案中最为重要的两个部分为债务人的经营及债务清偿方案，也就是说，债务人恢复经营是重整的重要内容，也是清偿债务的重要保障，要完成这一目标，需要由债权人对债权受偿问题作出妥协和协商。债权人中既包括银行等金融机构在内的金融债权人，也包括税务机关及其他债权人。在重整计划草案制作和表决的过程中，各方利益主体通过协商、妥协后对破产企业的生产经营及债务偿还作出统一的安排。重整计划的执行中，经营计划的执行是重整计划执行的重要内容，也是重整计划能否得到全面执行的基础，因此修复不良信用以保障企业正常经营是执行重整计划之必需。重整计划执行完毕后，债务人对按重整计划减免的债务不再承担清偿责任。综合以上分析，重整过程中以

[17] 参见《破产法》第73—75条、第81条、第94条。

及重整计划获得批准、重整程序终止时，应当采取措施修复重整企业的信用，以使其能够进行正常的经营，从而达到挽救企业的目的。

（二）企业正常经营状态下的信用修复通道

1. 人民银行征信系统的信用修复

中国人民银行征信系统由人民银行征信中心专门负责征信系统的建设、运行和维护。征信机构从信用信息产生的源头采集信息，征信信息主要来自以下两类机构：提供信贷业务的机构，主要是商业银行、农村信用社、小额贷款公司等专业化的提供信贷业务的机构；其他机构，包括个人住房公积金中心、个人养老保险金等机构。

根据《金融信用信息基础数据库企业征信异议处理业务规程》（银征信中心〔2013〕97号）的规定以及实践中的做法，关于企业信用报告异议的处理，一般有两种处理方式：（1）与提供信息的商业银行等金融机构进行核实，要求其向人民银行征信系统进行修改。（2）直接向人民银行征信中心提出异议申请，由人民银行征信中心核实后进行修改。根据《金融信用信息基础数据库企业征信异议处理业务规程》的规定，企业认为企业信用报告中的信息存在错误、遗漏的，企业法定代表人可以亲自或委托经办人代理提交企业异议申请。企业向人民银行征信中心提出申请的，应当根据规定提交相应的证件及异议申请。同时，企业还可提交信息主体声明，同时记载于征信系统。

当然，如商业银行或人民银行征信系统不予修改，有确切依据的，企业可向法院起诉要求修改信息。

2. 工商行政管理部门的信用修复

被工商行政管理部门列入经营异常名录的企业，在履行特定义务、符合特定条件的情况下，可以向作出列入决定的工商行政管理部门申请将其移出经营异常名单。[18]对于严重违法失信的黑名单，在满足一定条件时，由有管辖

[18] 参见原国家工商行政管理总局《企业经营异常名录管理暂行办法》第10—14条。

权的工商行政管理部门移出严重违法失信企业名单，如企业自被列入严重违法失信企业名单之日起满5年未再发生第5条规定情形的，有管辖权的工商行政管理部门可将其移出黑名单。同时，企业对工商行政部门的决定不服的，也可向工商行政部门提出异议，由工商行政管理部门审查后予以决定。[19]

3. 税务部门的信用修复

税务部门的信用评级采取的是年度评价，动态管理的方式，因此，企业在一定期间内可通过修正其纳税行为达到改善其信用评级的目的。

4. 人民法院失信被执行人系统的信用修复

根据《最高人民法院关于公布失信被执行人名单信息的若干规定》，被执行人具有履行能力而不履行生效法律文书确定的义务，并具备特定情形的，人民法院应当将其纳入失信被执行人名单，依法对其进行信用惩戒。该信用信息的纠正或删除可以通过以下两种途径，一是被执行人认为将其纳入失信被执行人名单错误时，可以向人民法院申请纠正。人民法院执行部门审查认为理由成立的，作出决定予以纠正。二是具有下列情形之一的，人民法院应当在三个工作日内删除失信信息：（1）被执行人已履行生效法律文书确定的义务或人民法院已执行完毕的；（2）当事人达成执行和解协议且已履行完毕的；（3）申请执行人书面申请删除失信信息，人民法院审查同意的；（4）终结本次执行程序后，通过网络执行查控系统查询被执行人财产两次以上，未发现有可供执行财产，且申请执行人或者其他人未提供有效财产线索的；（5）因审判监督或破产程序，人民法院依法裁定对失信被执行人中止执行的；（6）人民法院依法裁定不予执行的；（7）人民法院依法裁定终结执行的。[20]

（三）当前破产重整实践中的做法

破产重整制度对于挽救有价值的企业，促进地方经济发展，改善地方经

[19] 参见原国家工商行政管理总局《严重违法失信企业名单管理暂行办法》第9—12条。

[20] 参见《最高人民法院关于公布失信被执行人名单信息的若干规定》第10—12条。

济结构以及解决职工就业等诸多方面均起到十分重要的作用，但重整企业的信用修复难题，影响了重整企业的重生，也阻碍了重整功能的发挥。目前各地都在探索解决的方法，但尚未形成系统性的规范做法，最高人民法院民二庭贺小荣庭长在2017年8月3日举行的“介绍人民法院依法推进破产审判工作，妥善处理‘僵尸企业’有关情况，回答记者提问”新闻发布会上接受采访时提出：“破产重整成功后，企业信用不能及时修复，已经成为影响破产企业重生的重要因素，亟须加以解决”。最高法院将与央行等相关部门协调，对重整企业的信用修复问题出台相应政策，以解决重整成功后破产企业回归市场的问题。[21]目前实践中走在前列、较为成熟的是温州市的做法，主要包括两个方面：一是在企业进入破产重整后，重整计划可能涉及银行融资，但因其在银行的贷款早已或即将逾期，已被银行列入不良贷款客户名单，基本上不可能再从银行融资，通过建立企业破产处置工作联席会议制度，将温州市企业破产处置工作领导小组下设办公室与原市处置办进行整合，定期召开联席会议，协调企业破产处置工作中遇到的困难。二是在重整计划通过、重整程序终结后，企业在人民银行征信系统的信用报告上仍有逾期欠款信息，在重整计划执行完毕前逾期欠款信息可能导致企业无法融资的问题，短期内通过信息主体自主解释途径来修复信用，长期则通过信息主体采取自我纠错行为，即将法院裁定的破产重整计划相关内容在大事记中向信用报告使用者进行展示。在重整计划执行完毕后，信用报告中的逾期欠款信息转变为已还款信息。[22]

南京市目前在府院联动方面尚未形成固定的做法，法院系统目前在重整企业信用修复问题上通常采取由管理人向相关部门提出申请办理，在无法办理的情况下向人民法院提出申请，由法院向相关部门出具情况说明函件进行修复的方法，流程大致如图1所示：

---

[21]《人民法院依法推进破产审判工作 妥善处理“僵尸企业”新闻发布会》，载 http://www.court.gov.cn/zixun-xiangqing-55132.html，2017年8月7日访问。

[22] 参见南单婵：《破产重整企业信用修复研究》，载《上海金融》2016年第4期。

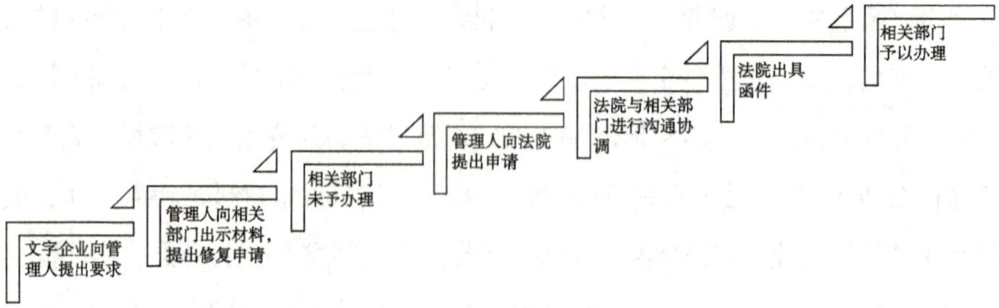

图 1 法院向相关部门出具情况说明函件的流程

四、关于重整企业信用修复的建议

从重整的意义来说，重整使企业获得了重生，虽然企业的主体、组织机构代码未变，但其股权结构等因重整发生了改变，且通过重整计划的安排，对重整前企业的债务已经进行了清偿或豁免，因此，应当将重整后的企业与重整前的企业进行区分，使企业能够以全新的面貌开展新的经营，回归到正常的市场经营轨道，从而使重整制度发挥其应有的价值。根据目前实践，笔者认为可从以下三个方面解决重整企业的信用修复问题。

（一）深化府院协调联动修复机制

一方面，在目前尚无统一规定与做法的情况下，与地方政府各部门协调，建立联动机制，就破产重整企业在重整程序中及重整成功后的信用问题作出配套性的规定，从而使重整制度能够真正挽救濒临困境、有价值的企业，促进企业再生，拉动地方经济发展。另一方面，有效运用最高人民法院全国破产重整案件信息网平台，加大重整案件公示力度，将破产重整案件的重大节点在平台进行公示，最大限度向信用信息使用主体进行广而告之，与人民银行征信中心、工商行政管理部门、税务部门等协调在条件成熟时进行数据对接，避免因信息不对称造成的信用修复困难，对重整中及重整成功企业的信息进行及时的记录与修复。

（二）探索重整计划草案信用修复协商机制

针对破产企业在进入重整程序之前的债务构成情况及不良信用产生的原因情况，在重整计划草案起草和表决过程中与债权人特别是金融债权人、税款债权人协商，在重整计划获得批准后，由上述债权人直接向人民法院征信中心报请登记重整企业的信用信息，修复不良信用记录，以使重整企业能够以新的信用状况开展经营活动，执行重整计划，保障重整企业和债权人等利益相关方的权益。

（三）推动建立法律规范层面的解决机制

从法律层面进行规范是最为彻底的解决方法。一方面，建议在与企业破产相关的法律法规及司法解释的制定和修订过程中对重整企业的信用修复问题作出明确的规定，对重整程序中和重整成功后企业如何记录和修复不良信用信息作出具体可操作性的规定。另一方面，在《征信业管理条例》的配套措施中，对破产重整企业的信用修复问题作出配套性的专门规定，将重整企业的信用数据统一纳入征信体系进行收集、保存、评估、使用。在符合法律法规规定的情况下，由管理人或重整企业直接申请信用修复，相关部门不予修复的，人民法院经审核后，可向相关部门出具协助执行通知，由相关部门协助记录重整相关信息，修复企业信用。

重整税务问题解决需要“方+圆”的智慧

——以浙江地区府院联动解决税务问题的创新机制为例

徐宇丹

内容摘要　近几年的破产司法实践中，涌现了一大批具有代表性的重整案例，对于困境企业的拯救起到很好的示范作用。但与此同时，重整过程中破产法与相关法律制度，特别是税收法律制度不协调的矛盾日益尖锐。市场化重整迫切需要建立起配套的税收法律制度，但在立法难以及时修改完善、司法实践经验不足的情况下，重整特有税制之构建的关键在于政府、法院、税务等相关部门对法律的正确理解与处置方法创新的担当精神。如果用具象化的思维来审视，困境企业重整涉及的税务问题是带有棱角的方形，那么找到与重整契合的解决办法似乎更像是圆形，重整特有税制之构建则将是“方+圆”的智慧产物。

关键词　重整　税务问题　重整特有税制

作者单位：北京德恒（福州）律师事务所。

一、引言

重整程序每一个环节都绕不开税务问题。不论是重整受理前的税收债权人申请重整，受理后的税收债权申报；还是重整程序中持续经营的纳税申报、发票供应、税款界定、税务支持（减、免或延期交税等）；重整计划草案的税收筹划（税收优惠、损失所得税税前扣除等）；重整资产处置的税收征管（交易税费负担、增值税发票开具等）；或是重整计划执行期间的纳税信用修复、税收违法黑名单消除，以及未申报税收债权的补充清偿、税收罚款是否继续执行、税收滞纳金减免核销等，直至最后的税务注销。

然而，现行的税收法律制度在立法设计之初并未考虑到企业困境的状态，基本上按照企业正常状态下持续经营的假设制定，因此，无论在实体方面还是程序方面，都缺少在困境企业重整这种特殊情形下如何处理的规定，导致企业破产法与税法之间产生了许多空白、模糊甚至冲突的地带，给困境企业重整带来一系列的税务难题。诚如学者所言："破产程序中的税收问题难以解决，是影响法院受理和审理破产案件的重要问题。"[1]

二、重整制度及实施模式

重整制度与清算制度不同，强调困境企业的"拯救"功能。这就相当于一个人进入了大病晚期，被送到了法院这个"重症监护室"，在法官、管理人等"医生"的主导下尽力"抢救"，"手术"成功了就是重整新生，抢救无效则是转入清算。前者讲究的是各方让步共同挽救，后者讲究的是公平有序分配"遗产"。

---

[1] 王欣新、徐阳光:《中国破产法的困境与出路——破产案件受理数量下降的原因及应对》，载《商事审判指导》2014 年第 1 期。

困境企业在重整期间可以通过继续经营，并以经营所得逐步偿还债务，最终使债权人获得最大利益。除了依靠企业自身经营摆脱破产命运，重整中最常见的手段是通过并购重组、引进外部投资人，构建新的或改革旧的商业模式，对困境企业的资金、资产、管理、技术、劳动力等要素进行重新配置，使困境企业脱胎换骨、涅槃重生。

从各国立法及地区相关规定与实务情况来看，重整有三种模式：第一种是传统的企业存续型重整；第二种是事业即营业让与型重整，又称“出售式重整”；第三种是在部分国家与地区存在的清算型重整。其中，前两种模式最具有典型意义，是重整制度在实践中发挥其社会调整作用的主要操作模式。[2]

（一）存续式重整

传统的存续式重整，通常称为“保壳”式重整，标志性特点在于原企业法人资格继续存续，通过股权让渡、债务减免、延期清偿、债转股等方式进行债务重组，引入外部投资人或企业自救的方式，改变原企业法人治理结构、经营管理模式、注册资本增减，乃至营业转变、资产处置或置换的方式达到困境企业重建再生之目的。

（二）出售式重整

出售式重整是将困境企业有效的营运资源或是具有重整价值资产之全部或主要部分出售与他人，保障其事业在新的企业中得以继续存续，解决职工失业等各种社会问题，以转让价值及企业遗留资产（若有）的清算价值合理清偿债权人。另一方面，原企业清算注销，摆脱未能清偿的债务责任，隔断买受人与原企业之间的联系，保障其不受重整程序中未申报债权的继续追讨，以及不受原企业违法行为责任追究的影响，故而也称之为“弃壳”式重整。

在实施重整制度的诸多国家的立法中，对出售式重整均有规定，其中包

---

[2] 参见王欣新：《破产法前沿问题思辨》，法律出版社 2017 年版，第 212 页。

括《美国破产法》、《法国商法典》以及《日本公司更生法》等，美国历史上的第四大破产案件“通用公司破产案”就是采取这种方式获得重整成功的。

虽然我国破产法对出售式重整没有规定，但实务中有相当一部分的困境企业已经通过出售式重整方式获得拯救成功。浙江省出台的浙并购办〔2016〕4号《指导意见》关于分类有序处置“僵尸企业”中就提到，对“破产重整类”企业，要尽可能推进出售式重整，维护核心商业渠道和大部分职工就业。[3]

（三）不同重整模式下相关税收因素的考量

重整实践中，尽管在破产法上存续式重整实质上相当于新生企业，但在税法上并不因为经过了重整程序而有特别待遇，仍然视为同一纳税主体；相反，出售式重整由于形式上不再保留原企业的外壳，虽然实质上也是一种重整模式，但在税法上却相当于清算，可以回避诸多税务问题，更有利于困境企业脱胎换骨得以重生。

三、重整各环节涉及的税务问题

（一）重整受理前后的税务问题

1. 关于破产程序启动问题

实务中争议问题在于，税务机关能否以债权人身份申请启动破产程序？观点一认为，税务机关作为行政主体，依据法无授权不可为的行政法原理，既然没有法律明确授权税务机关可以提起申请，那么税务机关不具有提起申请的权利。观点二认为，税收法律关系在实体法上本身就是一种债权债务关系，税务机关可以以债权人身份申请启动破产程序。

笔者赞同观点二，税务机关作为债权人申请启动破产程序没有法律障碍。

[3] 浙江省促进企业兼并重组工作部门联席会议办公室《关于处置“僵尸企业”的指导意见》（浙并购办〔2016〕4号）。

理由如下：其一，破产法承认了税收债权和税务机关的债权人身份，《破产法》第 7 条对债权人的认定并未排除税务机关；其二，虽然税务机关在税收征管、稽查、处罚过程中是一个行政主体，但是在破产程序中也是要按照正常程序参与债权申报、按照法院的裁定清偿债权或参与分配，除了税收债权的优先性之外，税务机关与其他债权人没有什么区别；其三，税务机关作为债权人申请企业破产在实务中已有先例，浙江国税在温州永嘉县已经做了先行先试，永嘉县国税局就针对三家企业提起了破产申请，且法院均予以受理。

2. 关于税收债权申报问题

（1）税收债权行使主体

实务中对于国税、地税和海关能够代表国家行使税收债权并作为债权人身份参与破产程序中没有争议，争议问题在于税务局的稽查局能否作为债权人。根据《税收征收管理法》及其实施细则的规定[4]，省级以下税务局的稽查局也属于税务机关的范畴。那么稽查局在什么情况下是适格的债权人呢？一般情况下，纳税人申报纳税存在于征收管理环节，与稽查局不发生关系。存在税收违法行为时，稽查局查处后一般同时出具《税务处理决定书》和《税务行政处罚决定书》，前者用以追缴税款和滞纳金，后者用以行政处罚。若违法企业破产，稽查局是适格债权人，但债权只包括税款和滞纳金，不包括罚款；如果对破产企业只是单纯的“行为罚”，不涉及税款的追缴，那么稽查局就不是适格的债权人。

（2）税收债权范围

根据最高人民法院法释〔2002〕23 号、法释〔2012〕9 号司法解释之

[4]《税收征收管理法》第 14 条规定：“本法所称税务机关是指各级税务局、税务分局、税务所和按照国务院规定设立的并向社会公告的税务机构。”；《税收征收管理法实施细则》第 9 条第 1 款规定：“税收征管法第十四条所称按照国务院规定设立的并向社会公告的税务机构，是指省以下税务局的稽查局。稽查局专司偷税、逃避追缴欠税、骗税、抗税案件的查处。”

规定，[5]税收债权的范围包括欠税和滞纳金，罚款不属于破产债权。实务中主要在滞纳金计算截止日期上，税务机关与法院之间存在差异，《税收征管法实施细则》规定滞纳金是计算到实际缴纳税款之日为止，但根据相关司法解释规定，法院受理破产申请之日起，滞纳金停止计算。在这个问题上，税务机关为了排除自身风险，一般还是按照税法规定去申报，并将计算依据和方法报告给管理人，最终如何认定由管理人和法院决定。

（3）税收债权优先性

实务中关于税收债权优先于普通债权没有争议，但存在《税收征收管理法》第45条“发生在抵押、质押和留置之前的欠税要先予执行”规定与《破产法》第37条“管理人可以通过清偿债务或者提供为债权人接受的担保，取回质物、留置物”规定之间的冲突。对此，笔者认为，破产法属于特别规定，应优先适用。根据这条规定，在质押和留置两种担保方式下，如果管理人实施了清偿取回行为，那么《税收征收管理法》第45条基本上就等于被“架空”了，不过在抵押担保方式下还是存在争议。对此问题，实务中各地规定亦不相同，温州市中级人民法院温中法〔2015〕3号《会议纪要》[6]中对于破产程序中债务人欠税受偿顺序的规定与《税收征收管理法》第45条规定完全一致。

此外，关于税款滞纳金的优先权问题。按照《国家税务总局关于税收优先权包括滞纳金问题的批复》（国税函〔2008〕1084号）认为，税款滞纳金在征缴时视同税款管理，《税收征收管理法》第45条规定的税收优先权执行时包括税款及其滞纳金。但根据最高人民法院法释〔2012〕9号司法解释规定，破产企业在破产案件受理前因欠缴税款产生的滞纳金属于普通破产债权，破产案件受理后因欠缴税款产生的滞纳金不属于破产债权。

---

[5]《最高人民法院关于审理企业破产案件若干问题的规定》（法释〔2002〕23号）第61条以及《最高人民法院关于税务机关就破产企业欠缴税款产生的滞纳金提起的债权确认之诉应否受理问题的批复》（法释〔2012〕9号）。

[6] 温州市中级人民法院《关于破产程序和执行程序中有关税费问题的会议纪要》（温中法〔2015〕3号）。

（二）重整程序中持续经营的税务问题

1. 关于纳税申报问题

进入重整程序后，管理人要注意困境企业在持续经营的状态下还是应延续原先的增值税纳税申报方式。以前按月的，还是按月；以前按季度的，还是按季度。即便是这个期间没有发生业务、没有产生税款，也要做零申报，没有按时申报的会面临税务处罚。企业所得税区别一般情况和特殊情况，一般情况下企业所得税是按季度预缴、按年度汇算清缴，纳税人应当在每年的 5 月 31 日前，对上年度企业所得税进行汇算清缴。特殊情况下企业在年度中间破产等终止生产经营情形的，应在清算前报告主管税务机关，并自实际经营终止之日起 60 日内进行汇算清缴。企业不再持续经营需要清算的，应将整个清算期作为一个独立的纳税年度计算清算所得。[7]

2. 关于发票供应问题

进入重整程序后，困境企业还有一些继续履行的合同，管理人决定继续履行双方当事人均未履行完毕的合同，或者困境企业营业事务持续的，都可能需要开具发票。根据国务院《发票管理办法》的规定，管理人只是全面接管企业，并不是资产的所有权人，不能以管理人的名义代开发票。实务中的问题在于，有些困境企业老板跑路或是公章遗失了如何开票？税务机关是否允许管理人以债务人企业的名义代理领购发票、以企业的名义自行开具，国务院《发票管理办法》对此并无相关规定。

3. 关于税款界定问题

重整期间产生的税款界定为破产费用，适用随时清偿和优先清偿原则。但实务中的税种很多，各个税种的性质也不一样。像流转税、出口退税等是基于积极行为产生的；但比如说房产税、城镇土地使用税等占有税，只要资产还

---

[7] 根据《企业所得税汇算清缴管理办法》（国税发〔2009〕79 号）、《财政部、国家税务总局关于企业清算业务企业所得税处理若干问题的通知》（财税〔2009〕60 号）规定。

在其名下或企业未注销前，哪怕企业没有任何积极动作，甚至没有使用，也在继续产生税费，这种情况下将其界定为破产费用是不是合适，可能就有争议了。

4. 关于减、免或延期交税问题

重整期间，困境企业要通过持续经营达到重整目的，在现金流紧缺的情况下，还需要恢复生产，维持企业日常运营已属不易，如上所述重整期间产生的税种性质不同，类似于房产税、土地使用税等占有税，一是纳税金额高，二是在资产未处置或企业未注销前均无条件持续计算，确实需要税务机关针对破产特殊时期给予减、免或延期交税等税务支持。此类问题目前税收依据不明，如规定房产税定期减征或者免征房产税可由省、自治区、直辖市人民政府确定，纳税人缴纳土地使用税确有困难需要定期减免的，由县以上地方税务机关批准，[8]实务中只能通过个案协调沟通解决。

（三）重整计划草案税收筹划问题

1. 关于税收优惠问题

重整程序的税务难题中，税收优惠是关注度最高的一个问题。很多管理人都提出：困境企业眼看要重整成功了，但因为税收问题不得不转入清算，存续式重整中债务豁免产生的所得税真的不能免吗？

根据国家税务总局2017年5月10日发布的《减免税政策代码表〔20170510〕》，[9]与破产有关的减免税规定梳理如下表：

---

[8]《中华人民共和国房产税暂行条例》（国务院令第588号）、《中华人民共和国城镇土地使用税暂行条例》（国务院令第645号）。

[9] 2017年5月10日，国家税务总局根据税收法律法规规定、国务院制定或经国务院批准、由财政部和国家税务总局等中央机关发布的现行有效的减免税政策，梳理形成《减免税政策代码表〔20170510〕》。

表1 企业破产减免税规定

税种	文件名	内容
契税	《财政部、国家税务总局关于进一步支持企业事业单位改制重组有关契税政策的通知》（财税〔2015〕37号）	企业依照有关法律法规规定实施破产，债权人承受破产企业抵偿债务的土地、房屋权属，免征契税；对非债权人承受破产企业土地、房屋权属，凡按照《中华人民共和国劳动法》等国家有关法律法规政策妥善安置原企业全部职工，与原企业全部职工签订服务年限不少于三年的劳动用工合同的，对其承受所购企业土地、房屋权属，免征契税；与原企业超过30%的职工签订服务年限不少于三年的劳动用工合同的，减半征收契税。
个人所得税	《财政部、国家税务总局关于个人与用人单位解除劳动关系取得的一次性补偿收入征免个人所得税问题的通知》（财税〔2001〕157号）	企业依照国家有关法律规定宣告破产，企业职工从该破产企业取得的一次性安置费收入，免征个人所得税。
个案特例	《财政部、国家税务总局关于大连证券破产及财产处置过程中有关税收政策问题的通知》（财税〔2003〕88号）	大连证券破产及财产处置过程中可享受免征印花税、房产税、城镇土地使用税和车船使用税、契税、增值税、营业税、城市维护建设税、教育费附加和土地增值税等税收优惠。
金融机构特例	《财政部、国家税务总局关于被撤销金融机构有关税收政策问题的通知》（财税〔2003〕141号）	被撤销金融机构清理和处置财产可享受免征印花税、房产税、城镇土地使用税和车船使用税、契税、增值税、营业税、城市维护建设税、教育费附加和土地增值税等税收优惠，但清算所得应该依法缴纳企业所得税。
房产税	《中华人民共和国房产税暂行条例》（国务院令第588号）	纳税人纳税确有困难的，可由省、自治区、直辖市人民政府确定，定期减征或者免征房产税。
土地使用税	《中华人民共和国城镇土地使用税暂行条例》（国务院令第645号）	纳税人缴纳土地使用税确有困难需要定期减免的，由县以上地方税务机关批准。

此外，目前我国尚未出台专门针对重整的税收文件。鉴于重整实质上是包含债务豁免、债权转股权等一系列企业重组行为的过程，故实践中对重整计

划草案中所涉相关行为适用企业重组的所得税处理主要依据为财税〔2009〕59号文,[10] 对重整的税务处理区分不同条件分别适用一般性税务处理规定和特殊性税务处理规定。重整企业一旦符合适用条件，还可享受企业所得税的特殊性税务处理。相应的税收优惠措施主要包括：以被收购股权或被转让资产的原有计税基础确定计税依据、亏损结转抵补和延期纳税。

2. 关于损失所得税税前扣除问题

按照国家税务总局关于企业资产损失所得税税前扣除的规定,[11] 企业资产包括货币性资产、非货币性资产，以及债权性投资和股权性投资。债务人被宣告破产的，可以凭投资原始凭证、合同或协议、会计核算资料、资产清偿证明等相关证据材料确认债权投资损失；被投资企业被宣告破产的，可以凭股权投资计税基础证明材料、被投资企业破产公告、破产清偿文件等相关证据材料确认股权投资损失。实务中的问题在于：存续式重整的重整计划执行期限较长，债权人的债权受偿仅是一种预期，能否实现、实现多少还存在较大不确定性，但由于不符合投资损失的确认条件，因此不能及时进行税前扣除；对于继续保留股权的股东来说，由于被投资企业一直存续，其本来已经归零的投资损失也不能及时确认，也存在不能税前扣除的问题。

（四）重整资产处置的税收征管问题

1. 关于交易税费负担问题

按照税法规定，重整程序中涉及资产处置的交易税费负担，买受人缴纳契税、印花税，出卖人缴纳增值税、城市维护建设税、教育费附加、地方教育附加、土地增值税、印花税、企业所得税、个人所得税等。实务中存在的问题在于，法院裁定受理困境企业进入破产程序即表明该企业已经具备资不抵债的情形，若无法解决税费问题，没有相关完税凭证，会影响买受人办理过户手续

[10] 财政部、国家税务总局《关于企业重组业务企业所得税处理若干问题的通知》(财税〔2009〕59号)。

[11] 国家税务总局《企业资产损失所得税税前扣除管理办法》(国家税务总局公告2011年第25号)。

和账务处理。此外，按照原有的税收政策，企业处置不动产，应预缴 10% 的企业所得税，虽然税费可以作为破产费用优先支付，但让原本已负债累累的困境企业再次多出一笔不菲费用，影响了不少困境企业推进重整资产处置的积极性。

2. 关于增值税发票开具问题

营改增后，如果困境企业为增值税一般纳税人，在重整资产处置过程中缺位或者不予配合开具增值税发票，在实践中往往导致三个难题：其一，过户困难；其二，买受人入账困难；其三，买受人进项税抵扣困难。有人认为：税务机关不是可以代开发票吗？但问题在于，代开增值税发票的对象是小规模纳税人，不存在为一般纳税人代开发票的依据。也就是说，如果困境企业是一般纳税人，目前没有可以代开发票的依据，购买人存在无法取得进项发票进而无法抵扣进项税款的问题。

（五）重整计划执行期间的税务问题

1. 关于纳税信用修复问题

国家税务总局对纳税信用评级标准和流程有严格的规定。[12] 困境企业在进入重整程序之前，可能因老板跑路查无下落，且无法强制履行纳税义务的，被认定为非正常户；也可能因资产难以及时变现，导致未按税务机关处理结论如期足额缴纳税款、滞纳金和罚款；甚至可能曾有过偷、逃、骗、虚假申报等涉税违法犯罪行为。若存在上述情况，该企业本年度纳税信用直接判为 D 级，D 级评价保留 2 年，第三年纳税信用不得评价为 A 级。

实践中存在企业重整成功后，纳税信用登记无法得到快速修复，将影响重整后企业的正常运营。从破产法的角度来看，重整成功后的企业相当于新生企业，之前的污点可以一笔勾销，但如果选择存续式重整，在税法上仍然视为

[12]《纳税信用管理办法（试行）》（国家税务总局公告 2014 年第 40 号）（2014 年 10 月 1 日起施行）第 32 条第（7）项规定："对纳税信用评价为 D 级的纳税人，D 级评价保留 2 年，第三年纳税信用不得评价为 A 级。"

同一个纳税主体，纳税信用将无法得到快速修复。

2. 关于税收违法黑名单消除问题

困境企业涉及重大税收违法案件，将被国家税务总局录入重大税收违法案件公布信息系统，将作为纳税人的纳税信用记录永久保存。[13]其法人或者其他组织的法定代表人、负责人会被列入重大税收违法案件当事人名单的失信主体，并会被限制出入境。在破产企业结清应纳税款、滞纳金、接受处罚、消除违法记录之前，税务机关一般拒绝办理法定代表人的变更登记。如果选择存续式重整，企业将不得不面临这一困境。

3. 关于未申报税收债权的补充清偿问题

破产法关于重整中未申报税收债权允许“在重整计划执行完毕后，可以按照重整计划规定的同类债权的清偿条件行使权利”进行补充清偿。在存续式重整模式下，未申报税收债权并不意味着税收债权在实体上归于消灭，重整计划执行完毕后，如果税务机关再来补充行使税收债权，在重整企业财产总额既定，并按照已知债权做了分配的情况下，对于重整企业来说是一个新的负担。

4. 关于税收罚款是否继续执行问题

根据最高人民法院法释〔2002〕23号司法解释规定，税务机关对破产企业的罚款、罚金不属于破产债权。困境企业进入重整程序之前，如果存在尚未执行的罚款，那么在重整程序中不得作为破产债权受偿。那么，当进入重整程序后或重整计划执行完毕后能否继续执行？相关法律、法规并未予以明确。

不过，实践中还存在企业进入破产程序后，基于检举人举报或者其他明显违法线索，税务稽查启动检查程序，查实后作出处理处罚的决定，如“季风华诉国家税务总局案”：[14]2015年7月，南通明德公司被法院裁定破产；2015年8月至2016年1月，江苏省国税局稽查局对明德公司进行检查；2016年2月，江苏省国税局稽查局下达《税务处理决定书》，对明德公司骗取出口退税

[13]《重大税收违法案件信息公布办法（试行）》（国家税务总局公告2016年第24号）（2016年6月1日起施行）第11条规定。

[14]“季风华诉国家税务总局案”见北京市高级人民法院（2016）京行终5706号行政判决书。

行为依法追缴税款。

5. 关于税收滞纳金减免的核销问题

目前有关欠缴滞纳金的税法依据只有 2000 年国家税务总局《欠缴税金核算管理暂行办法》(国税发〔2000〕193 号),由于 193 号文件于 2000 年印发,该文件只规定了破产清算情形随主税种一并核销,而新《破产法》于 2006 年出台,其增加了重整程序,这是 193 号文无法预料的。此外,根据最高人民法院法释〔2012〕9 号司法解释规定,因欠缴税款产生的滞纳金属于普通破产债权,以及《破产法》第 94 条关于重整计划减免的债务债务人不再清偿的规定,现有税法并没有明确规定按照重整计划减免的滞纳金是否可以核销,税务机关在执行过程中也缺乏具体的操作规定。

(六)关于税务注销问题

税务注销问题也是管理人最关注的问题之一,如果一个破产程序的 99% 都走完了,剩下 1% 卡在注销这里了,等于案子没结。实务中除了清算涉及税务注销,出售式重整也同样面临原企业税务注销问题。根据《破产法》《税收征收管理法》规定,法院裁定终结破产程序后,管理人应当向破产人的原登记机关办理注销登记,这里的原登记机关应包括注销国税、地税、社保、公积金、银行、外汇、海关等部门,最后向工商管理机关申请注销,取得注销证明后,破产企业作为法人从法律上消灭。

但其中最难处理的就是税务注销问题。按照《税务登记管理办法》规定,纳税人办理注销税务登记前,应当结清应纳税款、滞纳金和罚款。如前所述,困境企业除了进入重整程序前的欠税、滞纳金和罚款,重整程序中至重整终结期间,包括持续运营、资产处置等还会产生相关的欠税,此外还有目前税务机关对罚款、重整计划草案减免的滞纳金没有相关的核销机制,上述因素均导致管理人在办理税务注销前欠税、滞纳金和罚款未结清,税务机关不敢凭法院的破产终结裁定书办理税务注销登记,重整迟迟不能结案。

事实上,在已有的破产企业税务注销案例中,国家税务总局针对个案也有明确承认税收债权未全额受偿下允许注销的情况，如《国家税务总局关于注销蚁力神公司所属分支机构税务登记的通知》（国税函〔2008〕676号）。[15]此外2016年工商总局出台企业简易注销登记改革的文件规定，法院裁定强制清算或裁定宣告破产，企业注销可以不经过税务注销直接工商注销的规定。[16]且不论其文件出台的依据争议，该文件也仅涉及宣告破产，重整直接工商注销依然没有依据。

四、浙江地区府院联动解决税务问题的创新机制

《2015年中央经济工作会议公报》强调指出："要依法为实施市场化破产程序创造条件。"《最高人民法院关于人民法院为企业兼并重组提供司法保障的指导意见》（法发〔2014〕7号）指出："要积极协调解决破产程序中企业税款债权问题，要在与税务机关积极沟通的基础上结合实际依法减免相应税款。"市场化程度高的浙江地区，建立全国第一个省级层面的府院联动机制，对破产配套制度的改革创新活跃，府院联合出台一系列税收政策，充分运用"圆"智慧来解决实务中存在的"方"的税务问题。

（一）关于破产程序启动问题

对于实务中争议的税务机关能否以债权人身份申请启动破产程序问题，

---

[15]《国家税务总局关于注销蚁力神公司所属分支机构税务登记的通知》（国税函〔2008〕676号）：为了落实党中央国务院关于蚁力神公司破产清算工作的总体部署，维护社会稳定，保证蚁力神公司破产清算工作按期完成，经研究，对注销蚁力神分公司税务登记事项通知如下：一、各地税务机关在辽宁蚁力神清算组提供现有资料后，应及时对蚁力神分公司办理注销税务登记手续。二、各省、自治区、直辖市和计划单列市国家税务局、地方税务局要指定专人负责处理注销本地区范围内蚁力神分公司税务登记事宜。注销税务登记后，要将注销税务登记申请审批表寄回清算组。

[16]《工商总局关于全面推进企业简易注销登记改革的指导意见》（工商企注字〔2016〕253号）（2016年12月26日起施行）。

浙江省国家税务局2016年8月8日《指导意见》[17]中明确“僵尸企业”不能清偿到期债务的，国税机关作为债权人，可以依法向人民法院提出对债务人启动破产程序的申请。此后，浙江省国税局系统首次以债权人的名义，主动向法院提起对死欠企业破产清算，在温州市鹿城区和永嘉县试点，获法院受理。

（二）关于税收债权申报问题

对于税法与破产法关于税收债权相关冲突问题，温中法〔2015〕3号《会议纪要》[18]对于温州地税部门在破产程序中税收债权申报、税收债权范围及优先权等方面通过温州中院沟通研讨已达成初步共识。

（三）关于重整持续经营期间纳税申报及发票供应问题

关于重整程序中管理人决定继续履行合同以及企业持续经营所产生的纳税申报及发票供应问题，温中法〔2015〕3号《会议纪要》就此问题进行专门规定，管理人在破产程序中仍应按照税法的规定申报和缴纳因经营行为所产生的相关税款，各主管税务机关应为其提供履行合同或持续经营所必需的发票。

（四）关于税收优惠问题

浙并购办〔2016〕4号《指导意见》中[19]关于“加大政策支持、落实税收政策”规定：落实好国务院以及财政部、国家税务总局已经出台的有关促进企业兼并重组（包括破产重整）的税收优惠政策。凡符合企业所得税特殊性税务处理条件的，按以下政策进行处理：对“兼并重组类”企业，对交易中股权支

---

[17] 浙江省国家税务局《关于充分发挥税收职能作用推动处置“僵尸企业”的指导意见》(2016年8月8日出台)。

[18] 温州市中级人民法院、温州市地方税务局《关于破产程序和执行程序中有关税费问题的会议纪要》(温中法〔2015〕3号)

[19] 浙江省促进企业兼并重组工作部门联席会议办公室《关于处置“僵尸企业”的指导意见》(浙并购办〔2016〕4号)。

付部分暂不确认有关资产的转让所得或损失；对“债务重组类”企业，如债务重组确认的应纳税所得额占该企业当年应纳税所得额50%以上，可以在5个纳税年度的期间内，均匀计入各年度的应纳税所得额，发生债权转股权业务的，对债务清偿和股权投资两项业务暂不确认有关债务清偿所得或损失；对“破产清算类”企业，按照企业注销清算相关规定进行税务处理，清算所得可依法弥补以前年度亏损。

（五）关于损失所得税税前扣除问题

浙政办发〔2017〕136号《意见》[20]中关于“减轻税费负担”规定：实行担保代偿损失税前扣除。担保企业为“僵尸企业”代偿款项，符合税法规定条件的，代偿损失在税前扣除。

（六）关于资产处置交易税费负担问题

关于原有的税收政策关于“企业处置不动产应预缴10%的企业所得税”的规定，浙政办发〔2017〕136号《意见》关于“减轻重整企业负担”中规定：法院受理破产申请后处置破产财产的，税务部门不预征企业所得税。

温州市温政办〔2017〕84号《会议纪要》[21]中也明确破产企业处置不动产、股权时不得预征企业所得税，同时对具体操作流程进行规范，包括破产立案受理后管理人应当到税务部门进行企业所得税清算备案等。

（七）关于资产处置中无法开具增值税发票问题

温中法〔2016〕75号《会议纪要》[22]解决司法处置不动产过程中，债务人

[20] 浙江省人民政府办公厅《关于加快处置“僵尸企业”的若干意见》(浙政办发〔2017〕136号)。

[21] 温州市人民政府办公室《企业金融风险处置工作府院联席会议纪要》(温政办〔2017〕84号)。

[22] 温州市中级人民法院、温州市国家税务局、温州市地方税务局、温州市国土资源局2016年11月11日联合出台《关于营改增后司法处置不动产过户问题的会议纪要》(温中法〔2016〕75号)。

企业为增值税一般纳税人，因其无法联系或拒不配合导致不能开具增值税发票从而无法过户的问题，这是国内目前唯一一份明确解决无票情况下不动产过户和入账问题的文件。温政办〔2017〕84号《会议纪要》就破产企业为非正常户的一般纳税人的情形下，在破产财产处置后，买受人要求开具发票时包括申请恢复正常户、违法违章处理、非正常户解除、申请购买发票四个方面具体操作流程作出明确规定。

（八）关于纳税信用修复问题

浙并购办〔2016〕4号《指导意见》关于“加大政策支持、落实税收政策”规定：“僵尸企业”引进战略投资人后，企业可向主管税务机关申请纳税信用补评或复评。

（九）关于税款核销和税务注销问题

浙并购办发〔2016〕9号《方案》[23]关于税款核销规定：税务部门按税收征管法、企业破产法规定申报、受偿税收债权，对债权依法受偿后仍然欠缴的税款、滞纳金、罚款可凭人民法院裁定书予以核销。该文根据相关司法解释关于罚款不属于破产债权的规定，对于欠缴的税款、滞纳金、罚款一并明确，打消税务机关税款核销依据不明的顾虑。

浙并购办发〔2016〕9号《方案》关于便利破产企业税务注销登记的规定：地方法院要加强与税务机关工作联动，税务机关依法参与破产程序后，税收债权未获全额清偿但已经过法院裁定终结破产程序，管理人自破产程序终结之日起10日内持法院裁定书办理注销登记的，税务机关可按照《破产法》第121条规定，予以认可。税务机关应原则上在15个工作日内向破产管理人出具税务注销文书或清税证明，并积极创造条件加快破产企业税务注销进度。确

[23] 浙江省促进企业兼并重组工作部门联席会议办公室《推进企业破产审判重点工作及任务分工方案》（浙并购办发〔2016〕9号）。

定了税收注销不以税收债权全额清偿为前提的原则，解决实务中税务注销难的问题。

五、结　语

市场化重整需要良好的税收环境，以依法减轻困境企业的税赋。就目前而言，国家没有对破产的纳税框架制定具体统一的制度，税收制度与破产制度衔接问题没有在规范层面得到解决。对于重整而言，由于实务中缺乏专门税收文件，现有税制下的重整是夹缝中求生，随着重整市场化的逐步深入以及资本市场的快速发展，重整中的税收政策因缺少必要的规范化和法制化处理而变得杂乱无章，并游走于税收法定与税收公平之间，阻碍了良好税收环境的建立。基于重整税务问题普遍性的特点，浙江地区通过府院联动的创新机制先试先行解决重整实务中的税务问题，对各地重整税务问题的解决起到很好的借鉴作用，亦是对重整特别税制构建的有益探索。

域外破产制度考察借鉴及经验启示

余德厚　陈　钉

内容摘要　当今世界，各国皆高度重视统一的破产法的制定。在一些国家，破产法甚至被置于宪法的高度来显示其重要性。由于历史传统和立法传统的差异，世界各国破产法的立法在结构上也有差异。为配合供给侧改革，积极推进《破产法》实施，及时处置“僵尸企业”，最高法院于2014年开始对破产审判机制和方式进行改革创新，积累了许多有益的经验。2015年，最高法院在第八次全国法院民事商事审判工作会议上提出，要加强企业清算案件审理工作，依法清理“僵尸企业”。最高人民法院还在2015年度司法研究重大课题招标工作中，将“《破产法》实施问题研究”作为其中一项课题予以公开发布。本文作为海南高院主持中标的该课题阶段性成果之一，旨在深入探讨破产立法的域外考察，分析域外主要法治发达国家破产法律制度的现状与特点，并深入分析域外破产立法差异性的原因以及对我国破产立法的启示与借鉴。

关键词　破产制度　域外考察　破产预警　个人破产

作者单位：重庆大学法学院、海南省高级人民法院；北京海航金融控股有限公司。

一、域外破产法律制度考察

在一些经济转型国家，破产法已成为经济改革、避免经济危机及社会动荡的基本法。一些计划经济向市场经济转轨的国家，如俄罗斯、波兰、捷克、罗马尼亚、越南等，这些国家的经济改革都以修改和制定破产法为开端。破产法在其经济改革的过程中扮演了主角，成为转型经济国家改革的“宪法”。这些国家的破产法制度完善与否，也已成为衡量其市场经济成熟程度的重要标志。美国破产法经过长期的发展，于1978年确立了现行的制度架构。美国《破产法》关于公司破产的内容，主要体现在第七章和第十一章中，也就是其中有关清算程序和重组程序的规定中。瑞士破产法[1]开篇即申明该破产法是瑞士联邦议会根据宪法第164条予以制定，而瑞士宪法第164条规定重大法律的立法权属于联邦议会。在澳大利亚，为协调各州法的矛盾，各州达成协议，有关公司破产立法事项由联邦一级负责，包括立法权和管辖权。英、美、德、日、法等国破产法的立法权和司法管辖权皆统一归中央或联邦。以下分别从域外不同国家及地区的破产历史以及现阶段的破产制度来阐述其特征。

（一）美　国

美国宪法规定破产法为联邦法律，由联邦制定统一破产法典的目的在于防止债务人为逃避债务而跨州转移财产。美国首部破产法典诞生于1800年，其后美国破产立法的演变可以概括为三个阶段。第一阶段是从1800年至1898年。美国1841年破产法才开始将破产法的债务救济功能和债权保障功能融为一体。[2]其间，共颁布了四部破产法，形成了美国当代破产法的雏形。第二阶

---

[1] 参见《瑞士联邦债务执行与破产法》（1889年4月11日通过，1994年12月16日修订），刘汉富译，载《商事法论集》第5卷，法律出版社2000年版。

[2] See Douglas G.Baird & Thomas H. Jackson. *Cases, Problems, and Materials on Bankruptcy, Little, Brown and Company*, 1985, pp.25–26.

段是从 1898 年至 1978 年。1898 年颁布了第 4 部破产法，一直适用至 1978 年。其间，这部破产法经历了一次重要的修改，即 1938 年通过的《钱德勒法案》。钱德勒法案将重整作为一项重要的破产法律制度确立了下来，奠定了美国破产法今后发展的基石。第三阶段是 1978 年至今。1978 年制定了第 5 部破产法，也就是现行破产法。现行破产法已经历了数次修改，其中最近一次，也是最重要的一次，当属 2005 年通过的《防止破产程序滥用与消费者保护法案》。其主要目的在于防止破产程序的滥用，对自然人和商事主体申请破产设定了严格的制度约束，包括要求申请人更全更早地披露经济状况、限制自然人重复申请破产等。考虑到日益增加的国际破产申请，该法案还在第十五章跨境破产采纳了联合国国际贸易法委员会颁布的跨国界破产示范法。[3]

美国的破产立法产生较晚，但公认是最完备的破产法，以灵活见长，它对以往的法律理念和制度进行了全面的创新和变革，创立了撤销权制度，完善了破产免责和财产制度。美国现行的 1978 年《破产改革法》把个人破产（个人债务调整程序）规定在第十三章：适用于美国的个人、已婚的家庭或个体营业户和依靠工资收入维持生活的个人。1998 年美国破产法修正案共 7 部分 110 余条，主要针对消费者破产中的担保债权人、消费者及出租人的充分保护等问题作出修改，重点是为有资格提出第七章破产申请的债务人设置一个收入标准，旨在防止高收入的债务人滥用破产程序逃债。从此，防止消费者对破产制度的滥用就成了美国破产法典修改的焦点。在银行、零售商和信用卡公司长达 8 年的努力推动下，2005 年 10 月，1978 年破产法有史以来最大的修正案生效实施，其对个人申请破产的规定比原来更加严格：设立了一个衡量债务人偿还能力的标准，并规定资产或收入达不到这个标准的债务人仍可依破产法第七章的规定，在得到法官的批准，缴纳部分个人资产后，将全部所欠债务一笔勾销；而那些收入超过所在州中等收入水平、在支付固定债务之后还能每月剩余

[3] See Paul Povel. *Optimal "Soft" and "Tough" Bankruptcy Procedure* J. Journal of Law, Economics, and Organization, 1999(15): pp.659–684.

至少100美元的债务人，则必须据破产法第13章申请破产，并据法官指定的偿还计划偿还所欠债务。[4]

作为美国这样一个具有代表性的国家，他的破产法结构也具有自己的风格。1978年美国《破产法典》制定的时候，只有八个奇数章节（1、3、5、7、9、11、13、15），1986年增加了第12章，第15章中的有关美国联邦托管人的内容被美国法典第28篇所取代。现在，美国《破产法典》项下有8章内容，可以分为两大部分：前3章是对所有类型破产案件均适用的通则；而其他的5章则调整不同的破产程序。其中，第7章是清算程序，第9章是市政机构的破产程序，第11章是重整程序，第12章是农场主破产程序，第13章是自然人债务人的债务调整程序。在提起破产申请时，申请人必须选择前述章节中的某一章规定的程序并且只有一种程序予以适用。当然，法院受理申请后可以转换到另一章规定的程序。

第7章破产清算程序。该程序是最传统的破产程序，任何自然人、家庭、合伙或者公司都可以成为申请主体。破产清算的功能在于将破产财产的清算所得用于偿还债务，清算完毕未能偿还的债务，除法律规定外，均将被免除。第11章重整程序。该程序是针对财务状况恶化的企业债务人或者个体经营者对债务进行重组的程序安排。基于第11章程序，债务人可就债务的重组事宜与债权人进行商议、谈判，并由债权人分组投票表决是否接受债务人或者债权人提出的重整计划。对于未获某些债权人组别表决同意的重整计划，法院有权裁决强制确认。重整计划通过并得到执行后，债务人未清偿的债务免除。第13章有固定收入的自然人债务重组程序。该程序是现行破产法在原破产清算程序上进行的创新，只适用于符合一定收入条件的自然人债务人。[5]在该程序下，债务人可以保留其个人财产，并在一年时间内按照债务重组计划，用其可支配收入偿还各项债务。债务重组计划执行完毕后，未清偿的债务将得到豁免。与

---

[4] 参见〔美〕大卫·G. 爱泼斯坦、史蒂夫·H. 尼克勒斯、詹姆斯·J. 怀特：《美国破产法》，韩长印等译，中国政法大学出版社2003年版，第47页。

[5] 参见邹海林：《破产程序和破产法实体制度比较研究》，人民法院出版社1995年版。

第 7 章破产清算程序相比，第 13 章程序清偿债务的资金来源于债务人将来的可支配收入，而非债务人当前财产的清算所得，因而更有利于未对债务人当前财产设定抵押的无担保债权人。破产制度增加了对债务人的收入测评程序，规定凡收入超过法定数额的债务人，必须强制适用第 13 章程序。美国破产法制度的核心内容在于重整，美国重整制度的新变化重整模式从过去的经营性重整慢慢向清算型重整变形。由于债务人在重整期间的融资越来越困难，现在的重整计划越来越多地包含向新公司或者新东家出售重整企业资产的内容。在克莱斯勒和通用的重整计划中，均包含由老的克莱斯勒和通用公司向新成立的"新克莱斯勒"和"新通用"出售优质资产，以资产出售所得偿还老公司债务的协议安排。优质资产出售后，将不再受原债权人的追索，新公司则犹如完成涅槃般获得新生。预包装、预协商式的重整屡有发生。预包装、预协商式重整是指债权人与债务人或主要股东在申请重整之前预先磋商，商议重整程序可能出现的走势，以保障程序获得迅速通过。美国破产法官认为，在某些程度上，克莱斯勒和通用的重整可以归为此类。正是由于债务人、债权人及新出资人之间的事先磋商，通用汽车的重整程序只用了 40 天，而克莱斯勒的重整程序也不超过 2 个月。[6]

从理论上说，美国《破产法》规定的清算和重组两种程序是有效率的。企业经营失败，资产被无效地使用，企业作为一个整体所创造的价值低于资产分别出售所获得的价值。重组程序不仅有可能导致破产后的"存伪"错误，还会在破产前向各方当事人提供错误的激励，因为经理一旦预期公司破产后他们仍然可以保住职位，他们在事前努力工作从而避免公司破产的激励就变弱了。[7]美国破产法面临着内在的矛盾与权衡（trade–off）。从资源配置效率的角度来看，清算程序有助于关闭无效率的企业，却有可能关闭有效率的企业；重组程序有助于救助有效率的企业，却有可能救助无效率的企业。从激励的效果来

[6] 参见〔美〕大卫·G. 爱泼斯坦、史蒂夫·H. 尼克勒斯、詹姆斯·J. 怀特：《美国破产法》，韩长印等译，中国政法大学出版社 2003 年版，第 15 页。

[7] 参见沈达明、郑淑君：《比较破产法初论》，对外贸易出版社 1993 年版，第 23 页。

看，清算程序有助于实现事前效率，却会导致投资和申请破产决策的扭曲；重组程序有助于作出正确的投资决策和申请破产决策，却降低了事前效率。总之，破产法不能同时消除“存伪”和“去真”两种错误，也不能同时实现事前效率和正确的投资与申请破产决策。美国破产法所构建的企业重整制度虽一开始受到了较高的评价，但现在看来，“美式重整制度实际应用极为有限。因为其程序过于复杂，利益协调十分困难，而且各方成本过高”[8]。

（二）英　国

英国是现代意义上的破产法的发源地。英国破产法的发展有其独特的历史魅力。英国破产法的产生与发展虽然没有摆脱欧洲大陆早期发展国家的轨迹，但却颇具自身特色。在1542年英国破产法颁布之前，英国社会对信誉极为重视。这一观念使得英国债务人的处境比较悲惨。当时的英国普通法主要以保护债权人利益为主，认为不能清偿债务的债务人没有信誉，因而对其实施非常严厉的惩罚措施。[9]这是因为早在人类社会形成之初，社会本身就对信誉有着强烈的依赖。因此，当债务人由于不能偿还债务而失去信誉时，社会就需要法律机制来进行调解，使债务人满足债权人清偿债务的要求。对于拖欠债务的债务人，英国普通法向个体债权人提供救济，允许其强制执行债务人的财产。至于集体债权人求偿制度，在英国则发展较晚。早期英国普通法救济方式无外乎以下两种：或者通过英国法院颁发令状，以授权当地治安官出卖债务人财产的方式使债权人的判决得以执行；或者是债权人从债务人的土地所有权所得中获得救济。

1542年，亨利八世以成文法的形式颁布了英国历史上第一部破产法。英国于1861年颁布的新破产法首次采用一般破产主义的立法体例，代替了一直以来采用的商人破产主义。经过英国破产法审议委员会对于其破产立法与实践

[8] 王欣新：《德国和英国的破产立法》，载《人民法院报》2005年10月21日。

[9] See Ackson is known as one of the nation's foremost experts on bankruptcy law. The author of *The Logic and Limits of Bankruptcy Law (1986)*, Harvard University Press.

的研究，英国破产法审议委员会在 1982 年公布了《无力偿债的法律和实践》，“建议对公司破产和个人破产统一立法，并设计了旨在实现公司复兴的管理程序。这一报告直接导致了 1986 年破产法的诞生”[10]。英国新破产法于 1986 年颁布，此后经过一系列修订。此外，1994 年，英国对合伙破产专门发布了合伙破产令。

2002 年 11 月 7 日，英国女王签署了《2002 年企业法》，并于 2003 年及 2004 年分别生效了部分内容。《2002 年企业法》对 1986 年破产法作出了实质性的修正，对破产程序的进行和债权人的权益保护产生了较大的影响，在一定程度上也体现了英国破产法的变革方向。

英国破产法的适用范围为公司和个人。根据《破产法》第 435 条第 11 款规定，公司包括任何法人组织（无论在大不列颠或其他地方注册成立）。另外，根据 1986 年破产法的规定扩大适用于住宅建筑互助会。其他主体的破产通过次级立法来完成。

英国新破产法借鉴了美国的重整制度，但由于英国社会较为开放，当事人的意思更难统一，而美国式的重整程序极为复杂，因此适用起来也较为困难。目前，在英国的自然人破产案件中，大多数案件采用“个人自愿安排”程序解决。该程序本质上是债务人与债权人之间订立和解合同的一个过程，其对债务问题的解决是双方谈判的结果。[11]这也正是英国破产当事人意思自治的体现。此外，多数情况下，破产申请由债务人提出。与美国破产法相比，英国破产法也更强调保护债权人利益。

（三）法　国

从体系上看，法国破产法律制度从 1807 年法国商法典开始。但实际上，早在 1673 年，法国《商事法令集》就专门在第 10 章和第 11 章分别规定了破

[10] 胡健：《不断变革的英国破产法》，载《法制日报》2005 年 07 月 01 日。

[11] 参见王欣新：《德国和英国的破产立法》，载《人民法院报》2005 年 10 月 21 日。

产制度——商人自愿将全部财产让与债权人的程序，以及规定破产程序及其效力。该法令承认债务人与大多数债权人的和解是避免使用清算程序处理破产人全部财产的合法手段。1807 年，法国商法典规定破产制度，继承了《商事法令集》的大部分内容。然而，法国破产法一度只适用于停止清偿状态的商人。直到 1967 年《关于司法清理、财产清算、个人破产和破产犯罪的法律》的颁布，标志法国对破产制度的全面改革，破产法扩大适用范围，开始适用于个人，但是在程序上区别对待自然人破产和法人破产。[12]之后法国于 1985 年颁布《困境企业司法重整和司法清算法》，创设了一套以重整为主、清算为辅，以重整前置为特征的再建型债务清理法律体系，废止了 1967 年法律，该法适用于所有的商人、手工业者、农业经营者和私法人；欺诈的重整程序也适用于自然人、合伙、公司等各种主体。之后 1988 年、1994 年法国对破产法又进行了修改，删除了一些极端的做法，如重整前置、观察期间的强制等，并逐渐形成了“早预防、早治疗”的思想。2005 年法国为了突出预防破产的要求，再次修改商法典第六编“困境企业”，将破产法适用主体由商人、农业经营者、手工业者和司法法人扩大到律师、医生等自由职业者；在破产程序中增加多听取银行债权人意见的内容；对重整程序区分内部重整和外部重整（如企业的出让和兼并），增加预防企业破产的具体措施。[13]

（四）日　本

在 1996 年，日本倒产法律修改之前，其破产法律制度主要是由 1922 年《破产法》（即破产清算法）、《和解法》、《商法》第二编公司编中增设的《会社整理法和特别清算法》及 1952 年制定的《公司更生法》，称为“倒产五法”。改革开始后，分别于 2000 年颁布适用于个人和公司的《民事再生法》、2001 年颁布《民事再生法第一部修正案》、2003 年实行新的《公司再生法》、2004

[12] 参见李飞：《当代外国破产法》，中国法制出版社 2006 年版，第 731 页。

[13] 参见胡健：《破产法研究资料（四）——法国破产制度》，北大法律信息网，载 http://article.chinalawinfo.com/Article_Detail.asp?Article Id=31480。

年出台《倒产法修正案》，至此，日本的破产制度由破产清算、公司整理、公司更生和民事再生四部分组成。[14] 日本是典型采取个人破产与企业破产分别立法的国家。日本破产法的适用范围包括企业和个人，日本公司或者个人发生倒产情形，如何适用法律，是选择公司更生制度还是公司整理制度，是适用破产法还是特别清算，抑或适用民事再生法，主要考虑的因素包括公司规模、债权人人数、有担保债权人的态度等，然后选择适合自己的法律。日本最具特色的破产程序是《民事更生法第一修正案》中新增的简易分配和同意分配、小规模个人再生程序和所得者再生程序及住宅贷款债权（住宅贷款）程序。[15]

（五）德　国

从 17 世纪开始，德意志各邦在吸收古罗马法和中世纪意大利破产法的基础上，引进了西班牙的一般破产主义，颁布破产法。其中，19 世纪中叶，效仿法国破产法颁布的适用于商人和非商人的《普鲁士破产法》影响最大。统一后的德意志帝国按照 1855 年《普鲁士破产法》颁布了 1877 年德国旧《破产法》，并于 1879 年 10 月 1 日开始实施。此后，德国于 1927 年颁布了《预防破产的和解法》，确立了破产程度和和解程序长期并行的双轨制。1978 年，德国制定了《支付不能法》即其新破产法，并于 1999 年 1 月 1 日生效实施。至此，新《破产法》和《破产法实施法》的实施才以统一的破产程序结束了这一立法模式。此部新破产法不仅“增加了重整程序、统一了破产与和解程序、并对消费者破产设置了特别程序，同时实行了免责制度，进行了重大的立法改革”[16]。该法采取一般破产主义，既适用于法人也适用于自然人，既适用于商人也适用于非商人。[17]

支付不能和资不抵债是《德国破产法》上传统的两大破产原因，1999 年

[14] 参见郑云瑞：《破产法律制度的历史沿革》，载《中国人大》2006 年第 17 期。

[15]〔日〕石川明：《日本破产法》，何勤华译，上海社会科学院出版社 1995 年版，第 45 页。

[16] 参见王欣新：《德国和英国的破产立法》，载《人民法院报》2005 年 10 月 21 日。

[17] 参见付翠英：《破产法比较研究》，中国人民公安大学出版社 2005 年版，第 81 页。

生效的《德国破产法》对支付不能和资不抵债这两大破产原因作了全面修改。依据修订后的《德国破产法》第19条第1款规定，对于法人，资不抵债也是破产的原因。该条第2款规定，当债务人财产不能满足现存所有债务，则构成资不抵债。但如果依据特定情况，可以确定继续经营企业具有极大的可能性，则在评估债务人财产时，应考虑企业继续经营的价值。[18]该条第3款同时补充规定，如果在无法人资格的合伙或公司中，承担无限责任的股东中无自然人，则本条第1、2款规定相应适用。但如果承担无限责任的股东中有公司或合伙，并且该公司或合伙中有自然人是承担无限责任的股东，则上述规定不予适用。《德国破产法》将资不抵债作为法人破产原因的理由在于资合公司股东的有限责任。根据经验可知，对于企业经营者会尽其所能去重整企业或恢复企业，盈利能力的信赖不是基于经营者的个人品格，而是基于个人所须承担的责任。与法人相对，自然人所须承担的无限责任会大大降低破产给债权人带来的风险。[19]但实际上，将资不抵债作为破产原因也存在着这样一种危险，即导致本身具有清偿能力的健康的破产企业也强制性地陷入破产境地。[20]过去，德国对资不抵债的确定也只是简单地将企业现有财产和现存债务进行比较，但这样做极有可能导致某些具有支付能力的健康企业也陷入破产境地，因此这种资不抵债的评价方式在德国已经过时，学者们基本上都主张在资不抵债的概念中加入某些动态因素。[21]按照德国学者的观点，单纯计算企业的清算价值很容易导致企业资不抵债，但计算企业的继续经营价值往往不宜导致企业资不抵

[18] 由于受金融危机的影响，德国联邦议院于2008年10月17日通过了《金融市场稳定法》依据该法第5条的规定，《德国破产法》第19条第2款被修订为：除非在特定情况下可以确定企业继续经营的可能性很大，否则当债务人财产不能满足现存所有债务时，则构成资不抵债。但《金融市场稳定法》第6条第3款、第7条第2款同时规定了这一修订只到2010年12月31日有效。到2011年1月1日原规定又重新生效。应该说，这一修订只是应对金融危机的临时性措施。

[19] See Foerste, In solve nzrecht, S. 59, Rdnr. p.114.

[20] See Penzlin, NZG 2000, p.464.

[21] See Penzlin, NZG 2000, p.464, 464f.

债。[22] 也就是说，企业的继续经营价值将企业将来的盈利提早变现了，从而在一定程度上提高了企业的现有价值。[23] 由此，现行《德国破产法》在确定资不抵债时，也考虑到在一定情况下企业继续经营的价值，即《德国破产法》第 19 条第 2 款第 2 句的规定。依此规定，《德国破产法》对资不抵债的确定采取的是三步分析法：首先确定企业的清算价值，在消极结果（即企业的清算价值小于企业现存债务）的情况下再确定企业是否有继续经营的极大可能性，在积极结果的情况下再确定企业的继续经营价值。

（六）我国台湾地区

我国台湾地区现行破产法主要由“破产法”和“破产施行法”组成，在适用破产时还可援引“公司法”“保险法”“律师法”“会计师法”等涉及破产内容的条文。台湾地区“破产法”采取一般破产主义，适用于所有的自然人、法人、非法人团体，并规定了遗产破产；把和解作为破产程序的任意前置程序，在“破产法”第二章中设专章规定；除和解与破产清算外，还规定了商会和解、调协、复核制度等独特的制度。

由于个人消费的急剧增长，消费者破产的现象十分突出，台湾地区开始着手修订“破产法”，拟定将关于消费者债务部分的内容单独规定。之后因为 2005 年年底爆发“双卡风暴”，台湾地区于 2006 年 4 月由“金管会”先予推动“债务协商机制”，学者专家们在不到一年的时间内，完成“消费者债务清理条例草案”，于 2007 年 7 月 11 日公布，并于 2008 年 4 月 11 日施行。“消费者债务清理条例”采取双轨制，分重建型之更生及清算型之清算程序，把重建型的更生程序设置为清算型破产程序的任意前置程序。[24]

---

[22] See Foerste, Insolvenzrecht, S. 61, Rdnr. p.117.

[23] See Foerste, Insolvenzrecht, S. 60, Rdnr. p.117.

[24] 参见陈荣宗：《破产法》，三民书局 2002 年版，第 98 页。

（七）香港特别行政区

香港的破产法以英国法律为蓝本，但以成文法作为破产法的主要渊源，包括《破产条例》及其附属立法。香港破产制度采取一般破产主义，适用于个人和企业，另《香港公司条例》有对公司清盘的适用规则。破产管理署（Official Receiver' s Office，ORO 简称破产署）作为香港专门的破产管理机构，是香港特区政府财经事务及库务局辖下的部门，专门负责处理香港所有的破产申请及监察工作，下设个案处理部、法律事务部、财务部和行政部，各部门分工合作尽快而有效地处理破产事宜。破产署署长一经法院或债权人委任，即可出任受托人及清盘人，受到法院的严格监管。债务人在进入法院破产程序之前可以向破产署寻求自力救助，进入法院破产程序后，在宣告破产前，应先试行和解，唯和解未成方可宣告破产。[25]

（八）澳门特别行政区

澳门破产程序属于一个民事特别程序，规定在《澳门民事诉讼法典》第 5 卷第 12 编第 3 章，题为“为债权人利益作清算”。澳门破产法实行一般破产主义，其所称破产一般仅指商业企业主，在其经营过程中，只要未能如期履行债务时，视为处于破产状况；而非商业企业主的资产少于负债时，应宣告其处于无偿还能力状况。在立法上，澳门民事诉讼法对商人和自然人破产分别列举规定了不同的破产原因和申请程序，规定了破产和解程序及破产管理人制度。

澳门破产法最大的一个特色，是检察院在破产程序中享有广泛的参与权，有权申请债务人破产、享有监督和决定权，体现了强烈的公力干预色彩。[26]

[25] 参见李泽沛:《香港法律概述》，法律出版社 2001 年版，第 22 ～ 34 页。

[26] 参见付翠英:《破产法比较研究》，中国人民公安大学出版社 2005 年版，第 131 页。

二、域内外破产法律制度经验启示与借鉴

从健全市场退出机制、完善市场经济制度的角度来看，企业破产案件逐渐增加是必然趋势。当前我国破产制度尚不完善，加之各方在企业破产处置方面经验不足、协作不畅，致使法院在办理企业破产案件中面临着诸多困难，直接影响到破产审判的效率和当事人权益的保护。通过对内外破产法律制度经验分析，正在起步的中国破产法也可以从中得到很好的启示。

（一）构建商业信誉

英国破产法发展过程中，债务人曾经付出了身体被监禁、执行和尸体被扣押的过程。商人的破产经常难以控制，而非商人破产主要是其考虑不周、过度奢侈而产生的后果。那么，我国的个人破产制度是采取一般破产主义还是商人破产主义？任何国家法律制度都只能是其本国国情的实际反映，如果盲目与所谓的世界潮流接轨，其结果是很难预料的。在我国相关立法落后，个人财产的界定和分配极其不完善，个人财产权属不明、权限不清、社会保障法制建设滞后的情况下，设立商人破产应该是相对较好的选择，在良好的商人破产环境下，构建符合国情的商业信誉机制，逐步增强破产制度的社会接受度。[27]

（二）构建补偿机制

企业的生存和发展，缺乏补偿机制，是违背经济规律的，企业的生命有周期，在生命的一定阶段，不致力于开拓创新，不注重稳健经营，不注重自我积累主要靠负债“做大做强”，不能不陷入困境。这从宏观的角度说，管理层需要导向、约束、完善机制，如要强调自我积累，开拓创新，建立起补偿基金制度等。从微观的角度说，企业作为一级组织，在经营管理中，要定好位，把

[27] 参见丁昌业：《英国破产法》，法律出版社2003年版，第1页。

握住重心。

以金融机构为例，作为一级金融组织，它是企业，但又有政府的背景。在经营管理中，要处理好政府与企业的关系。为此，首先要清理落实债权债务关系。根据《国务院关于加强地方政府性债务管理的意见》，地方政府性债务绝大部分是通过融资平台公司举的债，要求清理落实。这些债，哪些是一般债务？哪些是专项债务？从意见的要求看，一般债务要由财政收入偿还，专项债务要由项目运营的收入偿还。那些没有运营收入的问题项目和那些已经损失的项目怎么办？特别强调要“剥离融资平台公司政府融资职能”。融资平台公司不得新增政府债务。

（三）加快培育破产管理人队伍

首先，强化破产管理人能力的培养。法院对管理人的指导要依法适度，促使管理人自主履行管理人职责。其次，探索采用竞争方式和随机方式相结合的方式选任管理人，即对于法律关系复杂，债务人财产分散的破产案件，可根据需要采用联合管理人的方式实现优势互补，并根据工作量分配报酬；对于债权债务关系简单的破产案件，可以指定个人管理人。最后，保障管理人合理的报酬。在当前管理人市场尚处于起步阶段的背景下，应从优确定管理人报酬，激发破产管理人的工作积极性，同时要探索建立破产管理人报酬基金，解决无产可破案件管理人的报酬问题。

（四）资不抵债的普遍适用

在我国经济体制改革基本完成之后，为更好地保护债权人的利益，破产立法还是应当将债务超过，即资不抵债作为对法人型企业普遍适用的特殊破产原因。[28]对此,《破产法》第20条规定转入破产程序,[29]这无形中增加了许多不必要的环节和资金上的花费，大大降低了债务人重整的可能性。从某种角度而言，不将“资不抵债”作为破产原因实际上剥夺了债务人企业的选择权，即选择通过破产清算程序终止企业的权利。另外，不允许企业法人在此情况下申请破产，也不利于对债权人利益的保护。显然，此时“支付不能”作为破产原因无法解决这一问题。我国又不宜效仿德国将“行将支付不能”作为破产原因，而将其作为重整原因即可。唯一的解决途径是将资不抵债作为企业法人的破产原因。

在德国，企业（特别是中小企业）的经营在很大程度上都依赖银行贷款,[30]并且德国学者也认为，不能仅仅因为某个企业主要以信用贷款运作就将这一健康的企业从市场清除出去。[31]而德国目前对资不抵债的判断方法，实际上已考虑到企业继续经营的可能性，也即从破产范围中排除了那些虽然自有资产小于现存债务，但仍然可以健康运营的企业。基于上述，可以认为，我国《破产法》应在适当的时候将资不抵债作为企业法人的特殊破产原因，但只能是债务人申请情况下的破产原因。同时，为了防止债务人不申请或迟延破产申请，从而造成债务扩大化，损害债权人利益，应效仿《德国破产法》第15a条

[28] 参见王欣新:《破产法专题研究》，法律出版社2002年版，第31页。

[29] 尽管《最高人民法院关于适用〈中华人民共和国公司法〉若干问题的规定（二）》第17条规定，人民法院指定的清算组在清理公司财产、编制资产负债表和财产清单时，发现公司财产不足清偿债务的，可以与债权人协商制作有关债务清偿方案。并通过经人民法院裁定认可的债务清偿方案的形式终结清算程序。但一方面，这一规定只适用于人民法院指定清算组的情形；另一方面，该条第3款又规定，债权人对债务清偿方案不予确认或者人民法院不予认可的，清算组仍应向人民法院申请宣告破产。

[30] See Foerste, Insolvenzrecht, S. 3, Rdnr. p.3.

[31] See Foerste, Insolvenzrecht, S. 61, Rdnr. p.117.

的规定，[32]使企业法人相关机构，甚至在特定情况下由股东承担破产申请的义务。也即在其故意和（重大）过失不申请或迟延破产申请的情况下，给予债务人企业相关机构或股东相应的处罚，即承担相应的民事损害赔偿责任，甚至是刑事责任。

（五）设立破产预警系统

由于现阶段破产企业多为国有企业，为了减少因破产而带来的债权人的损失，有必要在政府的财政部门逐级设立国有企业破产预警中心。从会计学的角度来看，一个企业的财务状况完全可以从资产负债表、损益表和现金流量表上反映出来。因此，破产预警中心可以从上述三表中及时准确地获知企业的财务状况和经营情况。一旦发现企业的财务状况出现恶化，应立即将之提交政府有关部门、主要债权人，防止国有资产流失并保护债权人的利益。对非国有企业，可尝试在其他部门如中小企业局设立“企业破产预警中心”，像人民银行定期公布企业信用等级一样，定期发布企业景气指数，让债权人随时掌握企业的财务状况。

（六）加快个人破产主义进程

综观全球，日本、美国、欧洲等发达国家和地区的破产法的适用范围均不仅限于企业法人，也包括其他的民事主体。我国在制定新破产法时反复思量，最后还是确定了企业法人破产主义原则，将自然人排除在破产主体门外。不管从经济、法律还是社会来说，对个人破产制度均有着迫切的要求，尽早研究和制定个人破产制度，以防案件发生时措手不及。

那么向一般破产主义转变就需要我们做到：第一，自然人无法偿还到期

[32] 德国联邦议院于 2008 年 10 月 23 日通过了《公司法改革和防止滥用法》，已将原《德国有限责任公司法》第 64 条第 1 款和《德国股份法》第 92 条第 2 款中关于破产申请义务的规定整合到了修改后的《德国破产法》第 15a 条中，并补充规定了在公司缺乏相关领导机构情况下股东申请破产的义务。

债务时，可以按照破产程序宣告自然人破产，为破产人及其所供养的人预留生活所必需的费用，在此前提下，按照程序处理其财产，按照一定的比例分配给债权人，而未能清偿的部分，可以按照法律的规定，免除偿还责任。第二，尽早组织相关专业人士对个人破产法律中热点问题进行研究，如个人破产制度、清算制度、和解制度、犯罪行为等，保证其环环相扣，相互呼应，提前为将来的立法工作打下理论基础。其实建立个人破产和解制度，是一种与民诉法的配合，民诉法中和解制度适用于法人、自然人、其他组织，相应的破产和解也应及于自然人，当今世界上大多数国家均将和解作为个人破产制度的重要因素。另外为防止个人滥用破产恶意逃避债务，对于性质严重，危害较大的情况追究其刑事责任也是必要的。第三，完善与个人破产法律制度相关的其他各项制度，如征信制度、社会保障体系、个人财产登记制度等。[33] 个人破产以信用经济发展为基础，后者发展到一定程度，形成相当程度的负债人数并达到相当程度的负债数额个人破产制度才有用武之地。个人信用系统和相关法律制度也要尽快建立，掌握个人的信用情况是实施个人破产制度的前提。个人破产法出台后，破产、失业情况难免增加，为减少负面影响，完善和健全相关的社会保障制度也有很大的必要。第四，考虑到我国现行《破产法》颁布时间较短，为了维护破产法的稳定性，我们认为可以不改变原《破产法》的基本框架，在此基础上对个人破产制度专门立法，稳步推进、统筹兼顾。

（七）建立破产管理制度

由于现行《破产法》有关破产财产的管理制度不健全，致使破产财产流失、债务清偿能力降低、债权人合法权益受到损失的现象较为普遍。因此，未来修改后的破产法中应强调：

1. 明确规定破产财产管理机构的法律地位，即该机构是在企业被宣告破产

---

[33] 参见中国人民银行嘉峪关市中心支行课题组：《英国个人破产法律制度的主要做法及对我国的启示》，载《西部金融》2013 年第 5 期。

后，由法院指定或债权人会议选任接管破产企业，并对破产财产实施保管、清理、估价和分配的专门机构，其他任何单位和个人不得干涉其行使职责。

2. 明确规定该机构的人员组成及选任权。为了使其能超越利益关系的制约，公正高效地行使职权，应废除由“人民法院会同同级人民政府从企业上级主管部门、政府财政、工商行政管理等部门和专业人员中用公函指定清算组成员”的有关规定，将选任破产财产机构人员的权力交给法院，由法院根据案情从有关专业人员、政府官员以及包括债权人代表在内的其他适合的人员中选任。

3. 明确规定该机构的职责，尤其应明确规定其享有权利的同时应承担的相应责任。由于现行破产法对其应承担的责任基本上没有作出规定，这不符合权责一致的原则。为了防止其滥用职权，破产法中必须明确规定其应承担的责任，保证该机构依法公正地行使权利，不得损害债权人、债务人的利益。

4. 破产终结时，可由债权人或债务人委托进行审计，如清算组因故意或重大过失损害了债权人或债务人利益的应承担相应的法律责任。

（八）完善银行破产管理制度

存款保险制度[34]是指设立专门的存款保险机构，使银行等金融机构自愿或按规定的存款比例进行投保，在金融机构出现危机时，由存款保险机构承担后果，作出应对。除了日本之外，目前世界上已经有数以百计的国家和地区建立了相关的存款保险制度，这种手段充分证明了其对于金融破产的减缓作用，维护了存款人的利益，保障经济的稳定。我国虽然还没有设立这种制度，但是通过政府在背后的支持还有中国人民银行通过各种方法保证本金和利息的支付，使存款人受银行破产的损害较小，相当于由国家做担保，因此没有出现较为严重的后果。但这并不是长久之计，随着我国商业银行的增多，政府对于其债权人的保护就具有了选择性，在某些情况下，政府可能会根据利益权衡和政

[34] 参见向阳：《存款保险法律制度研究》，安徽大学 2015 年硕士学位论文。

策倾向，放弃对一些债权人的保护。因此尽快完善金融机构的破产管理体系，才能最大限度降低金融机构破产所带来的风险，更好地保护债权人的利益。

（九）构建符合我国国情的严格的破产法制度

由于破产法面临内在的矛盾和权衡，我们不能依靠破产法同时实现不同的目标。也就是说，我们要么制定一部严格的《破产法》，更注重维护债权人的利益，更加强调对经营不善企业的惩罚，更多地依靠清算程序；要么制定一部温和的《破产法》，更注重保护债务人的利益，更加强调对财务困难企业的拯救，更多地运用重组程序。但是，破产法不可能同时具有严格性与温和性两种性质。具体的选择显然取决于经济环境的需要。我国还处在从计划经济向市场经济转轨的过程中，在这个过程中需要解决的一个重要问题就是预算软约束。预算软约束会严重破坏市场规则，使市场竞争淘汰失败者的选择作用失效，从整体上降低企业的治理水平和经营绩效；同时，预算软约束会产生大量的不良资产，危害金融体系的安全。从根本上说，要解决预算软约束问题，就要严格执行市场规则。我国现在需要的是一种严格的破产法。这样的破产法将是债权人导向的或者说对债权人友好的，这样的破产法将更多地运用清算程序。当然，严格的破产法并不意味着放弃重组程序，但对重组程序的应用需要进行严格限制。应当由债权人会议决定适用哪一种破产程序，而不是由企业经理作出这一选择；企业重组期间不应由经理继续控制，而应由人民法院任命的管理人进行管理；重组计划无须经过股东的批准。这种设计的实质在于，当债务人企业不能遵守债务契约时，应当将控制权由经理转到债权人手中。换句话说，破产法应当成为控制权向债权人转移的机制。另外，破产法的实施效果并不仅仅取决于法律条文的规定，经济环境提供的实施能力同样重要。法官和破产财产管理人在破产过程中应发挥重要作用。为此，需要加强法官的教育和培训，提高他们对破产案件的审理能力。如果有必要，可以考虑设立专门的破产法庭，通过法官的专业化改造以提升他们的素质。我国目前还十分缺乏有经验的破产管理人，因此需要开展大规模的教育和培训，且成立专门机构对管理人进行资格审查、注册和授予职业执照。

域外国家和地区的破产法发展历史提示我们，破产法本身处在不断的演进中。我们不能奢望通过对破产法的一次修订就可以一劳永逸地解决与破产有关的所有问题。一方面，随着技术因素和市场条件的变化，经济环境会处在不断地变化中，法律必须随之作出调整和变革；另一方面，无论作出多大的努力，在制定法律时都不能预计到所有的相关情况，并且对各种情况下的权利义务作出规定，也就是说，法律从来都不会是完备的。这两方面的因素决定了对法律应当不断进行修正，以弥补不完备性引发的问题，并且适应经济发展的需要。当然，作为博弈规则，法律必须保持一定的稳定性，以有效地引导人们的预期。

关于公司清算程序与破产程序衔接的思考

颜嵩杰　吕宗府

内容摘要　为规范公司的合理退市，更好地保护债权人利益，《公司法》设定专章规定公司解散和清算，而对公司清算向破产程序的转化，只在第188条做了条件性的规定。《破产法》的最大功能是通过法定程序免除债务，其对破产清算做了专门规定。《公司法》和《破产法》对公司清算程序与破产程序的衔接，都只有原则性的规定，可操作性不强，给司法实践带来了一定的困惑，本文从稳定市场交易秩序出发，本着方便司法实践、提高破产清算效率的宗旨，对公司清算程序和破产程序之间的衔接做些粗略探索。

关键词　公司清算　破产管理人　清算费用

一、公司清算的必要性及其分类

（一）公司清算的必要性

自然人有出生、成长和消亡的过程，同样，公司作为法律意义上的虚拟主体，其整个存续过程也包括设立、发展和终止。公司登记设立之后，作为一

作者单位：北京大成（海口）律师事务所；海南琼亚律师事务所。

个法人实体，在《公司法》和公司章程的框架下开展对内管理活动，进行各种对外投资经营行为。公司在其存续期间往往会与他人形成错综复杂的法律关系，如公司与债权人之间的债权债务关系，公司与其雇员之间的劳动关系，公司与国家工商、税务等部门的行政管理关系等。公司解散后，如果其法人人格径行消灭，上述法律关系也必将未经清理而直接随之消灭，这样就会严重危害公司股东、债权人及其他利害关系人的合法权益，不利于社会经济秩序的稳定。[1]正是基于此种考虑，各国公司法往往以强制性规范规定公司法人消灭必须经过清算程序。[2]我国《公司法》第183条规定，公司因出现法定解散事由而解散的，应当在解散事由出现之日起15日内成立清算组，开始清算。有限责任公司的清算组由股东组成，股份有限公司的清算组由董事或者股东大会确定的人员组成。逾期不成立清算组进行清算的，债权人可以申请人民法院指定有关人员组成清算组进行清算。人民法院应当受理该申请，并及时组织清算组进行清算。因此，当出现公司章程规定的特定情形或法定情形时，公司或清算组须按照法律规定程序进行清算，清理债权债务，处理未了结业务，分配剩余财产，以此，公司法人在法律意义上得以终结，并顺利退出市场。

（二）公司清算的分类

公司清算是指公司解散后，处分公司财产以及清理公司各项法律关系并最终消灭公司人格的行为和程序。除公司因合并、分立解散外，公司都必须进行清算，清算是公司最终消灭法人人格的必经程序。

根据我国《公司法》和《破产法》规定，公司清算可以分为破产清算和非破产清算、普通清算和特别清算、自愿清算和强制清算、行政清算和一般清算。

1. 破产清算和非破产清算

非破产清算也称公司清算，是指公司除因合并、分立或破产的原因解散

[1] 参见王孟荣：《试论公司清算法律制度的和谐——以公司清算制度与破产程序的衔接为视角》，载《第一届中国破产法论坛论文集》。

[2] 参见江平主编：《法人制度论》，中国政法大学出版社1994年版，第11页。

外，公司被其他一切原因解散而适用的清算程序；破产清算是指公司被依法宣告破产时适用的清算程序。

两者区别：发生清算的原因不同，适用非破产清算的原因是自愿解散和强制解散，破产清算的原因是破产解散；决定清算组成员的机关不同，公司清算组成员，如果是自愿解散的有限责任公司，由全体股东组成，股份公司由股东大会选举产生，强制解散的，由作出强制解散的主管机关决定清算组人选，破产清算组的组成人员必须由人民法院决定；适用清算的程序不同，非破产清算适用一般的清算程序，破产清算适用破产清算程序；适用法律不同，非破产清算适用公司法，破产清算适用破产法。

2. 普通清算和特别清算

普通清算是指由公司自行组织清算机构依法进行的清算。普通清算一般适用于自愿解散的情况，往往是针对那些资产能够清偿债务，并且公司机关能够自行组织清算工作的公司而采取的清算形式。

特别清算是指公司解散时不能由自己组织进行普通清算，或进行普通清算中发生严重障碍，由有关政府机关或法院介入而进行的清算。[3]

特别清算和普通清算的区别：后者是自行组织的清算，前者是有公共权力机关介入的清算。特别清算一般适用于强制解散的情况，但也可适用于由普通清算转变而来的情况。

由普通清算程序转为特别清算程序的情况包括：公司自愿解散后不能在规定的日期内成立清算组进行清算的，债权人可以申请人民法院指定有关人员成立清算组，进行清算。

3. 自愿清算和强制清算

自愿清算是公司按照自己的意愿解散公司，清算公司债权债务，消灭公司法人资格的清算。因股东会关于解散公司决议和公司章程规定解散公司事项出现而进行的清算就是自愿清算。

---

[3] 参见刘丹、邓海峰：《特别清算论》，载《商业研究》2005年第8期。

强制清算是指公司因违法行为被主管机关依法责令关闭而进行的清算。

4. 行政清算和一般清算

行政清算是指由行政机关牵头组成的清算组，由其对公司关闭期间进行清算，行政清算的对象主要是非银行金融机构如信托投资公司、信用社、证券公司等。一般清算是指普通清算中无行政机关参与的清算。

二、我国有关公司清算程序与破产程序衔接的相关法律规定及评析

（一）不提起破产申请的责任不明，导致清算义务人往往不主动依法提起破产申请

《公司法》第188条第1款规定，清算组在清理公司财产、编制资产负债表和财产清单后，发现公司财产不足清偿债务的，应当依法向人民法院申请宣告破产。《最高人民法院关于适用〈中华人民共和国公司法〉若干问题的规定（二）》[以下简称《公司法》司法解释（二）] 第17条第3款规定，债权人对债务清偿方案不予确认或者人民法院不予认可的，清算组应当依法向人民法院申请宣告破产。《破产法》第7条第2款、第3款规定，债务人不能清偿到期债务，债权人可以向人民法院提出对债务人进行重整或者破产清算的申请。企业法人已解散但未清算或者未清算完毕，资产不足以清偿债务的，依法负有清算责任的人应当向人民法院申请破产清算。由以上法律条文可以看出，债权人在一定条件下享有破产申请权，负有清算责任的人（主要指清算组）为提起破产申请的义务主体。

从我国现行的公司法及破产法的规定中可以看出，破产申请是清算组的法定义务。既然是义务，就应当对清算组不正确、不及时履行破产申请义务时的责任作出规定，但遗憾的是，我国的公司法和破产法以及相应的司法解释对此只字未提。在《公司法》司法解释（二）中第18条、第19条中提到有限责任公司的股东、股份有限公司的董事和控股股东在公司清算过程中怠于履行义

务时，其对债权人承担赔偿责任，这是立法的进步，对有限责任公司的股东、股份有限公司的董事和控股股东的清算行为起到一定的警示作用，督促其及时进行清算。在实践中，债权人向一个已进入清算程序的公司股东行使追偿权的难度较大。所以，应有法律督促公司及时进入破产程序，应明确规定清算组怠于履行破产申请义务所需承担的责任。在实践中，清算组怠于履行法定破产申请义务的情形时有出现，而债权人因信息不对称不能及时提出破产申请或因其他原因不愿提出破产申请，这样法院便无法受理破产案件，公司清算程序与破产程序的衔接便会不顺畅，公司大多数债权人的利益难以得到有效的保护。

（二）对清算组已进行工作的效力规定不明，导致重复劳动

《破产法》第 45 条规定，人民法院受理破产申请后，应当确定债权人申报债权的期限。债权申报期限自人民法院发布受理破产申请公告之日起计算，最短不得少于 30 日，最长不得超过 3 个月。对于在公司清算程序中已申报的债权在破产程序中是否需要重新申报，法律未明确规定。立法本意是方便灵活以适应司法实践，但在实践中，做法不一，有的需要重新申报，有的不需另行申报。这样也就造成了那些债权债务关系明确、标的额小的债权的重复申报。浪费了大量的人力、物力，也耽搁了时间，不利于债权人利益的保护。

《公司法》第 184 条第（3）项规定，清算组可以处理与清算有关的公司未了结的业务；第（7）项规定清算组可以代表公司参与民事诉讼活动。对于清算组进行的这些民事活动及民事诉讼行为的效力如何，法律却未明确规定。这样虽然方便管理人灵活掌握，但却不利于保护相对人的利益，也可能造成公司利益的损害。

三、完善公司清算与破产程序衔接的对策和建议

（一）提出破产申请的主体及条件设置

依据《公司法》及其司法解释、《破产法》的相关规定，债权人提出破产申请的条件为：第一，债权人为破产企业有表决权的债权人，即包括对债务人直接享有已生效债权而且无财产担保的债权人；对债务人直接享有已生效债权而且有财产担保，但已放弃优先受偿权的债权人；对债务人直接享有已生效债权而且有财产担保的债权人，已行使优先权但未能就担保物获得足额清偿的债权人；已代替债务人向他人清偿债务的保证人或者其他连带债务人。第二，债务人不能清偿到期债务。在司法实践中，不应要求债权人在提出破产申请时证明债务人经营不善和严重亏损的事实，其只需要提供到期债权数额以及债务人不能清偿到期债务的有关证据即可。

负有清算责任的人（主要指清算组）为提起破产申请的义务主体。清算组提出破产申请的条件为：第一，公司已经解散但未清算或者未清算完毕；第二，公司资产不足以清偿债务或者债权人对债务清偿方案不予确认或者人民法院不予认可的；第三，由负有清算责任的人即清算组提出破产申请。

笔者认为，在有法院介入的特别清算中，当出现资不抵债的情形时，法院可依职权直接裁定宣告破产；在行政清算中，清算组须经公司的上级主管部门主要指国务院金融监督管理机构的批准后方可向法院申请破产。理由在于：在有法院介入的特别清算中，当出现资不抵债的情形时，法院依职权裁定宣告破产，这一方面，可以缩短破产申请及审查的时间，提高效率，使公司及时地进入破产程序；另一方面，因法院已经介入了公司清算，依法及时地裁定宣告破产，是法院应尽的职责。因此，在此种情形下，应赋予法院直接裁定宣告破产的权利。进行行政清算的公司主要为非银行金融机构如信托投资公司、信用社、证券公司，其债权人众多且分布广泛，其破产对社会经济影响深远，所以应经其上级主管机关批准后方可提起破产申请。

从我国现行的《公司法》及《破产法》的规定中可以看出，对清算组不正确、不及时履行破产申请义务时的责任未作规定。为弥补这一立法缺陷，笔者认为：第一，应明确清算组依法提起破产申请的期限。建议在破产法中明确规定，在公司解散清算过程中，当发现公司财产不足清偿债务时，清算组应当在15日以内依法向人民法院申请宣告破产。这样便于督促清算组及时提起破产申请，也有利于缩短时间，节约成本。第二，法律应强化清算组不履行义务的责任。清算组发现公司资不抵债时，而未在法定的期限内履行法定的破产申请义务，应由清算组对债权人的损失承担赔偿责任，对于故意不履行破产申请义务的清算组成员，应给予罚款、吊销职业证等行政处罚。加重清算组不履行破产申请义务的责任，使清算组及时、自觉地履行破产申请义务，更好地保护债权人的利益，规范公司的退市程序。

（二）破产申请提出后，法院受理前的衔接

债权人提出破产申请的，清算组对债权人的破产申请有异议的，应当自收到人民法院的通知之日起7日内向人民法院提出。

有限责任公司的清算组由股东组成，股份有限公司的清算组由股东大会确定的人员组成。在法院审查破产申请的过程中，应妥善保管公司的财产、印章和账簿、文书等资料，如实回答人民法院的询问。

不管是债权人还是清算组向法院提出了破产申请，清算组都有义务及时地向人民法院提交财产状况说明、债务清册、债权清册、有关财务会计报告以及职工工资的支付和社会保险费用的缴纳情况。为更好地保护全体债权人的利益，当破产申请提出后，清算组应立即停止个别清偿行为，中止有关破产公司的诉讼，妥善保管好公司的财产，配合法院的破产申请审查工作。如清算组违反此规定，不及时移交相关资料，拖延法院受理破产申请时间的，转移或隐匿财产的，清算组成员应承担相应的赔偿责任。清算组的个别清偿行为，导致财产无法追回的，清算组成员应承担连带赔偿责任。

（三）破产申请受理后，破产宣告前的衔接

《破产法》第13条规定，人民法院裁定受理破产申请时，同时指定管理人。法院受理破产申请后，清算组应当将清算事物移交给人民法院，由管理人逐渐接管公司。此时清算组应停止所有有关破产企业的民事和诉讼行为，停止对个别债务人的清偿行为，将公司的财产、印章和账簿、文书等资料移交给法院。在法院受理破产申请后，宣告破产前这个阶段，破产管理人的资格问题、债权申报的问题、清算组进行的民事活动的效力以及解散清算费用的支付问题，在实务中争议较大，观点不一。

1. 破产管理人的资格问题

《最高人民法院关于审理企业破产案件指定管理人的规定》第18条规定，在破产申请受理前已经根据有关规定成立清算组的，人民法院可以指定清算组为管理人。有观点认为，对特别清算的清算组中的中介机构因系法院指定，独立于债务人，与债务、债权人一般无利害关系，且继续指定其担任管理人可提高破产清算效率，法院可指定其为破产程序中的管理人或者新的清算组管理人成员。笔者认为，人民法院以指定公司清算组担任管理人为原则，以指定中介机构或个人担任管理人为例外。理由如下：第一，符合《破产法》和相关的法律规定。《破产法》第24条和《最高人民法院关于审理企业破产案件指定管理人的规定》第18条均规定管理人可以由清算组担任。第二，清算组熟悉情况，由其担任管理人可提高破产清算效率。第三，由清算组担任破产管理人，可以节约成本，有利于实现债权人利益最大化。中介机构不适宜单独担当破产管理人，中介机构可聘请为清算组管理人工作人员。一是因为中介机构单独担当破产管理人的经济成本比较大，目前我国的法律法规对中介机构担当管理人的报酬只有原则性规定。如按市场行情定价则偏高会令破产企业难以承担，如报酬过低则会影响中介机构的工作积极性。因此，中介机构不适宜单独担任破产管理人，同时中介机构具有专业性强、中立性的特点，可以由管理人聘请为其工作人员。

2. 债权的申报问题

《破产法》第 45 条规定，人民法院受理破产申请后，应当确定债权人申报债权的期限。债权申报期限自人民法院发布受理破产申请公告之日起计算，最短不得少于 30 日，最长不得超过 3 个月。对于在公司清算程序中已申报的债权在破产程序中是否需要重新申报，实务中存在争议，做法也不尽一致。一种观点认为，两种程序对于债权申报的要求严格程度不同，公司清算程序对债权的登记较宽松；而破产程序对债权的登记要求严格，同时债权登记、审核的主体不同，公司清算程序登记的效力并不及于破产程序。因此主张债权人应向破产管理人重新申报债权，且重新提交破产债权申报资料。另一种观点认为，一般债权人在两种程序中申报的债权性质、本金等基本相同，申报资料也基本相同，至于利息的计算则管理人可直接依法确认到破产申请受理日，如需债权人重新申报则增大了债权人主张权利的成本，浪费了清算资源，同时也会使债权人产生不满情绪。因此主张无须重新申报。笔者认为，在公司清算、行政清算中，债权人已申报的无须再申报，已经确认的债权可直接认可。这是因为公司清算与破产清算中的债权申报的程序、审核的要点基本相同，重新申报已无必要，这样便于减少重复工作，提高工作效率；已经申报的债权重新申报亦不利于保护债权人的利益，公司清算及破产清算的时间跨度长，上市公司的清算，金融公司行政清算少则三五年，多则十几年，大多债权人在公司清算中申报债权后，并不会时时关注公司清算的进展情况，如破产程序中须重新申报债权，可能会使众多债权人漏报，此举不利于债权人利益的保护。对在公司清算程序中已经确认的债权在破产程序中的直接认可，有利于增强公司清算组的责任感。

3. 清算组进行的民事活动的效力

《公司法》第 184 条第（3）项规定，清算组可以处理与清算有关的公司未了结的业务；第（7）项规定清算组可以代表公司参与民事诉讼活动。对于清算组进行的这些民事活动及民事诉讼行为的效力如何，法律却未明确规定。笔者认为，清算组在公司清算期间代表公司进行的民事活动及民事诉讼行为都是有效的，产生的权利义务由破产管理人承继，但因公司清算组故意或重大过失造成债权人利益及进行清算的公司利益损害的行为除外，由清算组自行承担责任，并对债权人和公司承担损害赔偿责任。理由在于：一是符合《破产法》第20条规定，人民法院受理破产申请后，已经开始而尚未终结的有关债务人的民事诉讼或者仲裁应当中止；在管理人接管债务人的财产后，该诉讼或者仲裁继续进行。二是便于缩短破产清算期间，提高清算效率。三是由于清算组成员与其债权人、债务人比较熟悉，在公司破产清算时可能恶意串通，损害债权人利益。

4. 关于解散清算费用的支付问题

《公司法》及《公司法》司法解释（二）明确规定，解散清算费用在解散清算程序中的优先支付效力，但解散清算费用在公司进入破产清算时尚未支付完毕时，该部分费用该如何承担，是否具有优先支付的效力，在学界和实务界有不同的观点。笔者认为，解散清算组作为破产程序的前置程序，而解散清算费用在解散清算程序中的优先支付效力，因此解散清算费用在破产清算中仍应具有优先支付的效力，优先于破产费用支付。一是由于清算组成员付出了劳动，支付相应费用符合公司法的规定。二是由于破产管理人大都由清算组担任，优先支付解散清算费用有利于提高他们的积极性，也有利于破产清算的顺利开展。

论文争鸣

抵押权行使期间探究

路英豪

内容摘要 我国《物权法》第 202 条对于抵押权行使期间的规定比较模糊，对于该期间的性质、诉讼时效期间届满对于抵押权产生何种法律效果、对于法律上的“不予保护”应该作何解释，以及对于动产抵押是否应单独设立行使期间等问题并未给出答案。抵押权涉及债权人、债务人和抵押人三方关系，与质权、留置权相比，与公共利益的联系更为紧密，法律应当更多保护社会公共利益，采取除斥期间对权利施加更强烈的干预有助于督促抵押权人积极实现权利，降低相对人的交易成本，有利于社会经济秩序的稳定。质权、留置权可以类推适用第 202 条的规定，权利人行使权利同样受主债权诉讼时效期间的影响，以保证担保物权体系的一致性，防止内部发生冲突。此外，应允许当事人约定动产抵押的行使期限，但对于起算点和长度应当通过法律进行一定的限制。起算点上，如果出现当事人不履行债务，或者发生约定的实现抵押权的情形，则期间开始计算。

关键词 抵押权 行使期间 物权法定 类推适用

作者单位：上海市公务员局。

引 言

罗马法一直被认为是现代各种民法制度之滥觞，担保物权制度也不例外。在民法体系中担保物权一直占有重要的地位，以至于在近现代的各国受到认可和欢迎。担保物权不仅可以担保债权的实现，还可以降低交易费用，加速资金融通，促成和发展现代商业信用。抵押权在担保物权中的存在意义最为凸显。它不转移物的占有，体现了、实现了财产充分利用的经营理念，充分发挥抵押物的交换价值和使用价值，因而成为很多人的选择。[1]抵押权具有一定的特殊性，它是从权利，是他物权、担保物权，同时又具有一定的独立性。所以关于抵押权的时间限制研究，具有一般权利时间属性研究的共性，同时也有自身的特殊之处。在《物权法》颁行至今多年、民法典编纂正在顺利进行的时间点上，[2]以抵押权行使期间作为研究对象，进行立法论与解释论相结合的研究，主要基于以下三个方面的原因：首先，在理论层面，我国民法学界对于抵押权在行使期间的问题上一直没有形成通说。而且多数问题的讨论，学者们在基础理论层面并未达成必要的价值共识。其次，在法律实务层面，对于抵押权行使期间这一问题，前面有《最高人民法院关于适用〈中华人民共和国担保法〉若干问题的解释》（以下简称法释〔2000〕44号）第12条第2款的规定，有学

---

[1] 参见徐洁：《抵押权论》，法律出版社2003年版，第3页。

[2]《民法总则》于2017年3月15日正式通过，并于2017年10月1日生效。其中部分条款对以往存在的、与本文部分争议直接相关的问题给出了立法上的选择。例如，在立法上确认了诉讼时效届满的法律效果是抗辩权发生主义，而没有选择胜诉权消灭主义，与《最高人民法院关于审理民事案件适用诉讼时效制度若干问题的规定》（法释〔2008〕11号）保持了一致。鉴于在《民法总则》出台之前，这两种观点只是对诉讼时效期间经过效力的争议，本质上讲，从法律效果推断期间性质时，持上述观点的人均认为抵押权期间的性质是诉讼时效。故本文在后续写作时，不以刚通过的《民法总则》的相关条款对之前已经存在的学界和实务中的争议予以置评，以保证以往研究的完整性。同时，为了将最新的立法内容融入相关问题的研究中，在本文写作时，凡涉及与《民法总则》相关条款有关的内容时，会加以说明。

者认为该条明确肯定了抵押权的行使期间抑或存续期间，期间长度为主债权诉讼时效加上两年。[3]最后，我国物权法实施，抵押权行使期间的问题逐渐明朗化，时间长度上是主债权的诉讼时效期间，这一期间经过后，当事人要求实现抵押权会受到限制。这与原来司法解释的观点存在明显出入。通过进行案例研究我们可以发现，在抵押权期间这一问题上，审判者缺乏统一且确定的裁判规范来应对这类案件。

对抵押权行使期间问题的研究，主要包括对以下几个分问题的研究。第一，抵押权行使期间的性质。抵押权行使期间的性质与效力是相伴而生的两个问题，往往是由效力得出性质。这一期间是否是独立的时效期间？是否是某种已知的期间类型还是新的类型？抵押权行使期间的类型归属便是建立在通过探讨不同期间适用客体和期间经过效力的基础上的。第二，对于动产和不动产抵押，在期间问题上有无必要进行类型化区分，给动产抵押设立独立的期间。动产抵押与不动产抵押的区别主要在于标的物的不同以及随之而来的公示方法的不同，是否有必要在抵押权行使期间问题上区别对待，值得探究。第三，《物权法》第202条能否类推适用于其他担保物权，如质权和留置权，以及有无可能制定统一的担保物权行使期间。第四，抵押权行使期间与发挥意思自治的问题。尽管我国司法解释出于某种利益考量不承认意定的抵押权行使期间，也不承认登记机关要求登记的期间的效力是有效的，但剥夺当事人的意思自治并无充分理由，而且允许约定抵押权行使期间可以更加灵活地满足动产抵押因为动产本身特殊性而产生的一些较短抵押权行使期间的需要。从目前既有研究成果来看，民法学者们的研究大多将抵押权行使期间相关问题定位为纯粹民法学问题上的解释选择问题，[4]对于抵押权行使期间的性质问题，在解释论层面已经

[3] 持这种观点的学者和著作，大多赞同法释〔2000〕44号第2条第2款规定的抵押权行使期间为除斥期间。参见吕伯涛主编：《适用物权法重大疑难问题研究》，人民法院出版社2007年版，第297页；最高人民法院物权法研究小组：《〈中华人民共和国物权法〉条文理解与适用》，人民法院出版社2007年版，第601页；刘贵祥：《〈物权法〉关于担保物权的创新及审判实务面临的问题（下）》，载《法律适用》2007年第8期。

[4] 参见王轶：《论民事法律事实的类型区分》，载《中国法学》2013年第1期。

作了较为充足的探讨；对于诉讼时效经过后抵押权的效力、是否应对动产抵押与不动产抵押予以类型化区分、抵押权行使期间能否约定等问题讨论较少，而这些是立法论研究不可回避的问题。现存的理论成果，往往是分别对以上所提出的数个问题分别进行研究，没有将几个问题结合起来用整体思维去把握。这样的做法其实忽视了其内在联系，笔者看来，这几个问题层层相扣、密切相关，宜按照整体化思路展开研究。

为抵押权加以限制的这一段时间，在称呼上学界并未取得一致意见，有存续期间、时效期间、司法保护期、实行期间等多种叫法，不免让人心生困惑，莫衷一是。笔者认为，这只是语词选择上的问题，并非问题的核心，后文所归纳的对有关这一制度的讨论，往往并非发源于对这一期间的名称龃龉。但是如果在文中多次出现意思不完全一致的名称，可能又会带来阅读上的困扰，因此在行文过程中统一一个称呼是很有必要的。为了行文的清晰、前后一致，笔者将统一采用“抵押权行使期间”指称该制度。[5]

一、抵押权行使期间的性质

（一）关于抵押权行使期间性质的理论争议

在起草和制定《物权法》的过程中，一致的观点是为抵押权规定行使期间的限制，但对于如何以法律条文的形式把这一时间规定明确，存在意见冲突。第一种意见主张抵押权行使期间应当为诉讼时效加上两年。诉讼时效一旦届满，抵押权人就应积极实现自己的抵押权，来受偿受担保的债权。若抵押权人怠于行使这一权利，经过两年时间，抵押权应当不复存在。这样规定的理由主要是解决抵押权长期存在而抵押权人不作为，没有积极主动实现抵押权，使抵押物长期处于权利负担中，无法投入社会生产和发展进而发挥其经济价值。第

[5] 高圣平教授在其《担保法论》一书中基于《物权法》第202条的规定，直接将其称为“担保物权的行使期间”，搁置相关学说，而采用了一个较为中性的词汇。

二种意见不支持将抵押权的行使期间与诉讼时效相联系，考虑到诉讼时效本身是可变期间，可以中止、中断，这样担保物权在较长的一段时间内没有实现，不利于督促当事人实现权利。直接为抵押权规定四年的行使期间，从主债权履行期限届满时开始计算，四年期满后无论诉讼时效如何，抵押权人享有的抵押权消灭。第三种意见即我国《物权法》最终采取的观点，将主债权诉讼时效与抵押权期间联系起来。抵押财产不能长期处于不确定状态，在诉讼时效已经期满债务人取得时效抗辩的情况下，抵押权人如果出现不积极行使抵押权的情况，会损害抵押人的利益，也不利于市场秩序和法律关系的稳定。[6]

1. 诉讼时效说与除斥期间说

围绕抵押权行使期间的性质的探讨由来已久，颇受学界的关注。除少数学者否认这一期间为独立的时效制度外，[7]大多数学者将其作为一种独立的时效制度加以讨论。对于该条规定期间的性质，大体上有两种呼声较高的理论：除斥期间说和诉讼时效说。

诉讼时效说将抵押权期间的性质认为是诉讼时效，因此他们认为即使主债权诉讼时效已经经过，并不都能够得出抵押权也随之消灭的结论。基于对诉讼时效期满后产生效力的不同理解，还可再细分为以下三种：第一种观点认为，期间经过的效力是抵押权人丧失诉讼实现债权的胜诉权，抵押权本身依旧继续存在；第二种观点认为，期间经过的效力使抵押人因此同样享有了债务人对债权人的时效抗辩权利，主债务成为自然之债后抵押权依旧继续存在，只是在效力方面发生了减损；第三种观点认为，第202条规定的是抵押权受人民法院司法保护的期间，并不是所谓抵押权的存续期间，在效果上近似于抵押权的诉讼时效，所以期间经过的效力应该是抵押权人丧失了胜诉权，但也可以理解为抵押权因不受保护所以不能实现，最终在实际中归于消灭。严格意义上讲，第三种观点认为抵押权消灭抑或存续都可以，这与前两种观点并不相同，但也

[6] 参见全国人大常委会法制工作委员会民法室：《中华人民共和国物权法条文说明、立法理由及相关规定》，北京大学出版社2007年版，第302页。

[7] 参见高圣平：《抵押权的行使期间研究》，载《南都学坛》2008年第6期。

认为期间本身近似诉讼时效，故放置在一起讨论。[8]

持诉讼时效说观点的学者，其理由包括：其一，根据我国现行《物权法》第202条规定，抵押权行使期间长度与主债务诉讼时效相等，主债务诉讼时效存在中止、中断情形，因此抵押权行使期间为可变期间，诉讼时效是可变期间。[9]其二，从效力来看，主债权因为诉讼时效经过成为自然债务，主债权依然存在，根据抵押权的从属性不能当然导致抵押权消灭，抵押权依然存在；如果这一期间是诉讼时效，那么抵押人也可以取得类似于主债务人的时效抗辩。其三，对于物权是否适用诉讼时效乃至诉讼时效的全部适用范围确实存在一些模糊地带，也确有物权适用诉讼时效的立法例。[10]

而另有学者认为，该期间应为除斥期间。诉讼时效的适用对象是请求权，抵押权是物权，属于支配权不受诉讼时效之限制，抵押权不应当适用与其担保的债权相同的诉讼时效制度。抵押权行使期间应当是一个不变期间，不能中止、中断。[11]若将该期间定性为诉讼时效，在质权和留置权能否适用问题上会造成物权法内部体系的冲突。[12]除斥期间制度可以更好地催促抵押权人积极行使权利，近现代民法从尽快确定各种复杂法律关系的实际需要出发，例外承认抵押权等担保物权得因一定期间的经过，依公示催告程序宣告为无效。在我国台湾地区，有学者认为“民法”第880条规定的五年是除斥期间。[13]故由此认为《物权法》第202条规定的也是除斥期间。

笔者认为，抵押权行使期间是一种独立的时效制度。否认这一制度的独立性的观点往往将其解释为主债务诉讼时效对抵押权的影响，或者将主债务诉

---

[8] 根据抵押权行使期满后的效力，学界观点可以分为存续说与消灭说，但由于这两种学说又与涉及期间性质的四种学说相互交叉，故不再单独分列。

[9] 参见曹士兵：《中国担保制度与担保方法》，中国法制出版社2007年版，第275页。

[10] 参见崔建远《物权：规范与学说（下）》，清华大学出版社2011年版，第494页。

[11] 参见许明月：《抵押权制度研究》，法律出版社1999年版，第421页。

[12] 参见高圣平：《担保物权的行使期间研究——以〈物权法〉第202条为分析对象》，载《华东政法大学学报》2009年第1期。

[13] 参见王泽鉴：《民法总则》，中国政法大学出版社2001年版，第383～384页。

讼时效期间届满作为抵押权消灭的事由。[14] 这种观点避开了对抵押权行使期间性质的讨论，可以在遵循现行法律体系强制的前提下解决实务问题，但对于这一期间的研究意义远不止于此。随着社会的发展，案件愈加复杂多样，不能回答这一期间能否中止、中断，能否预先排除适用，能否放弃时效利益等问题，有必要将这一期间作为独立的时效制度展开研究，努力寻找合理的解释路径。

民法中的期间乃权利期间的简称，是权利应受时间限制之观念的理论表达。按照拉伦茨的观点，权利受时间限制有两种情况：一是权利的内容受时间限制，二是权利的行使受时间限制。[15] 根据耿林教授的观点，在受时间影响的权利制度中，根据影响强度差异，可由强到弱依次区分为一个制度序列，即权利期间、除斥期间、失权与诉讼时效。现有的关于诉讼时效与除斥期间泾渭分明的区分标准，实际上是有待商榷的，经不起理论和实践的推敲。前文所提到的学界支持诉讼时效说而反对除斥期间说所着眼的区别只是二者表象上的差异而非根本。前文诉讼时效说与除斥期间说所围绕的争议焦点问题主要有三个，即期间长度是否可变不同、适用对象不同、效力不同。

在时间是否可变上，诉讼时效可以中止、中断，但除斥期间并非绝对不可变。就中断而言，诉讼时效的中断事由是权利人向义务人主张了权利等，由于除斥期间主要适用于形成权，只需要单方面行为就可以导致法律关系的产生变更消灭。就形成权而言，如果在权利行使过程中，出现了权利人对义务人起诉、主张权利等情形，实际上，权利人的权利就会因为权利人的这些单方面的行为而已经实现，这样期间的重新起算也就没有必要。就中止而言，诉讼时效

[14] 持影响说观点的学者认为，抵押权期间并非诉讼时效，也非除斥期间，而且诉讼时效与除斥期间的期间划分在逻辑上并不能涵盖全部期间分类。抵押权行使期间不是一个独立的期间，《物权法》第202条规定的内容实质上是主债权诉讼时效对抵押权行使的影响，是抵押权从属性的体现。这并不是抵押权的诉讼时效，也不是抵押权的除斥期间。持消灭事由说的学者倾向于将《物权法》第202条中的“人民法院不予保护”解释成《物权法》第170条，亦不将其作为独立的时效制度。

[15] See Larenz/wolf, Allegemeiner Teil des Buegerlichen Gesetzbuches, 9Aufl. Muechen 2004，转引自耿林:《论除斥期间》，载《中外法学》2016年第3期。

中止的事由包括不可抗力、权利人无法定代理人等权利人不方便行使权利的情形，在适用除斥期间的情况依然可能存在这样的事由。例如，《民法总则》第152条第2款规定的五年除斥期间确实没有中止可能性，但第1款所规定的除斥期间仍有适用中止的可能性，如限制行为能力人做出与其年龄智力相适应的法律行为，但该法律行为是被相对人欺诈所做出的，如果该限制行为能力人没有法定代理人，可考虑准用时效中止的规定。[16]因此，对每一个除斥期间都需根据具体利益状况审查其是否可准用时效中止、中断的规定，而不能简单化地绝对肯定或否定。在台湾地区，虽通说认为除斥期间不可以中止、中断，但是也有不同意见，如刘得宽先生言："在权利终止之际，遇到天灾事变等不可抗力之事由，致权利人（撤销权人）不能行使权利（撤销权）时，应可以准用第139条之规定（即因不可抗力导致诉讼时效中止），以求公平。"

在适用对象上，我国传统理论主流观点均认为，诉讼时效适用于请求权，除斥期间适用于形成权。自温德沙伊德将实体法上的请求权从罗马法的诉权中分离出来并被《德国民法典》所采纳之后，"诉讼时效"就被"请求权时效"所代替。因此，诉讼时效的客体仅指向请求权，自属当然。然而除斥期间的适用对象并非仅仅限于形成权，我国《民法总则》规定："法律规定或者当事人约定的撤销权、解除权等权利"，从这项规定可以看出，撤销权、解除权只是对于除斥期间适用对象的一个列举，这两项权利正好属于形成权，并不能当然得出除斥期间只能适用于形成权的结论。[17]根据德国民法的观点，除斥期间适用于包括形成权在内的一切权利，正如拉伦茨所说，除斥期间适用于一切权利：形成权、请求权、物权以及其他权利或地位。因此，形成权不是除斥期间

[16] 参见朱虎：《诉讼时效制度的现代更新——政治决断与规范技术》，载《中国高校社会科学》2017年第5期；欧洲民法典研究组等编著：《欧洲私法的原则、定义与示范规则：欧洲示范民法典草案》第1～3卷，高圣平等译，法律出版社2014年版，第999页。

[17] 参见石宏主编：《中华人民共和国民法总则条文说明、立法理由及相关规定》，北京大学出版社2017年版，第481页；朱庆育：《民法总论》，北京大学出版社2013年版，第533页；王利明：《民法总则研究》，中国人民大学出版社2012年版，第777页。

的唯一客体。

2. 期间性质的两种解释路径比较

笔者认为，前文所讨论的期间长短是否可变、适用对象的不同，并非诉讼时效与除斥期间的本质区别，也无法得出关于抵押权行使期间性质的正确结论。事实上，研究这一期间性质的意义在于对两个问题的不同回答：期间届满抵押权是否存续（问题一）？抵押人是否可以预先放弃时效利益，期满后是否抵押人仍可以自愿履行（问题二）？如上述两个问题有两种不同的解释路径。

第一种解释路径是假设抵押权行使期间是诉讼时效。主债务诉讼时效届满之后，抵押人也取得了时效抗辩权，有权拒绝配合抵押权人实现抵押权。根据时效抗辩权来源的不同，又可以具体分为两种：第一种理解是将抵押人与一般保证人类比，一般保证人可以援引主债务人的时效抗辩权，抵押人也可援引主债务人的时效抗辩权。第二种解释是将抵押关系和主债务关系看作两个关系，在主债务诉讼时效期满以后主债务人取得了对主债权人的时效抗辩权，同时在抵押关系中由于抵押权人没有在抵押权的诉讼时效期间内行使权利，使得抵押人因为期间届满而取得了拒绝实现抵押权的抗辩权。第二种理解由于出现了“抵押权适用诉讼时效”这样明显的逻辑障碍，在我国民法总则明确规定诉讼时效适用于请求权的背景下难以成立，因此仅围绕第一种理解进行解释。

按照这样的思路，问题一的答案是抵押权并没有消灭——只是变成了自然债务，抵押人取得时效抗辩得以对抗抵押权人。由于诉讼时效不能依职权主动适用，“人民法院不予保护”的含义是如果抵押权人起诉实现抵押权且抵押人提出了抗辩，那么人民法院不予支持抵押权人的请求。问题二的答案也呼之欲出，根据《民法总则》第193条、第199条的规定，既然抵押权行使期间是诉讼时效，那么人民法院不得主动适用而且当事人不得约定预先放弃时效利益。诉讼时效期满以后，抵押人同意履行的不得再主张时效抗辩；自愿履行的不得请求返还。

第二种解释路径是参照我国台湾地区“民法”的规定，假设我国物权法上规定的抵押权行使期间是除斥期间。对于第一个问题，除斥期间是权利的存续期间，期间届满权利消灭，则抵押权行使期间届满会直接导致抵押权消灭的结果。这可以构成《物权法》第 177 条兜底条款所规定的法律规定担保物权消灭的其他情形，其法律依据是民法总则中关于除斥期间效力的规定。由于这一期间的长短与主债务诉讼时效相同，因此此时债务人因诉讼时效经过取得了时效利益，抵押人因抵押权消灭而从权利束缚中得到解脱，主债务变成不存在抵押的自然债务。人民法院失去了保护的对象，因此“不予保护”。对于问题二而言，抵押人预先放弃时效利益也即提前与抵押权人约定，抵押权行使期间届满抵押权不消灭，这与除斥期间的预设权利存续期间性质不符，因此抵押人不得预先放弃时效利益。除斥期间届满之后抵押权已告消灭，抵押人有权要求登记机关注销其抵押物上的抵押权。此时由于抵押关系已经不存在，抵押人自愿配合抵押权人实现抵押权，以抵押财产折价或者以拍卖、变卖该抵押财产所得的价款清偿债务，可以作为第三人代为支付的代物清偿行为，抵押人代为清偿以后取得了主债权人的地位[18]向债务人要求清偿，此时依然因为主债务人的时效抗辩而无法实现追偿。

从实际效果来看，两种解释路径都能够给裁判者提供明确的法律依据，满足实务的需要。事实上诉讼时效与除斥期间之间并非隔着一条不可逾越的鸿沟，二者不是非此即彼的关系，而是时间对权利效力影响程度的不同。

民法中的期间乃权利期间的简称，是权利应受时间限制之观念的理论表达。按照拉伦茨的观点，权利受时间限制有两种情况：一是权利的内容受时间限制，二是权利的行使受时间限制。[19]除斥期间与诉讼时效在本质上即体现为限制强度的不同。影响限制强度的因素又取决于对相关利益状况保护的不同需求，即立法者须对权利人利益、相对人利益以及通过保护相对人所体现出来

[18] 第三人清偿后，可以请求债权人将债权让与他们。参见孙森焱：《民法债编总论（下）》，法律出版社 2006 年版，第 837 页。

[19] See Larenz/wolf, Allegemeiner Teil des Buegerlichen Gesetzbuches, 9Aufl. Muechen 2004，转引自耿林：《论除斥期间》，载《中外法学》2016 年第 3 期。

的法律安定等社会公共利益作出利益衡量。[20] 除斥期间对权利的限制强度强于诉讼时效，这是由于前者对公共利益的保护程度更强决定的，换言之，对公共利益影响大的权利，期间经过即权利消灭，以达到督促权利人积极行使权利减少不确定性的目的。

除斥期间体现的是时间对权利内容上的限制，它否定了权利自身，是权利的存续期间；诉讼时效体现的是时间对权利行使上的限制，权利本身依然存续。尽管从社会经济效果上看，对权利行使的限制后果常常也与权利不存在无实际差别，但两者之间的性质差异却依旧不容忽视。正是性质上的差异，使得不同强度的时间限制制度之间存在可能的不同效果，即对权利消灭型的时间限制制度来说，权利消灭的后果是确定的，而对权利行使限制的时间限制制度来说，在相对人不主张或者表示放弃所保护利益的时候，权利人的权利行使依然可以有效存在。

除斥期间制度首先体现的是立法者希望消除不确定和不便利。比如，《个人独资企业法》中规定的，债权人五年内未向债务人提出偿债请求的，该责任消灭，此处虽然属于请求权，但对于“五年”依然应当理解为除斥期间。个人独资企业清算结束后，企业作为经济实体的资格消灭了，原投资人承担偿还责任，如果没有期限限制，就等于承认债权人的请求权具有永久效力，而当其不行使时，其与投资人的关系就会长期处于不稳定状态，而且也会使原投资人时刻处于一种威慑状态。此处设置五年时间限制的主要目的是敦促债权人积极实现权利，恢复社会经济关系的稳定。立法者在规定除斥期间时着眼于一个更高的价值目标，即谋求法律关系的明晰与安定。实现法律关系明晰化与法律关系的安定，体现的是法律对法律秩序利益的追求，因此，它超越了当事人个体的自身利益，而上升为一种社会公共利益。正是因为这样一种超出私人利益的公共利益的存在，才让除斥期间对权利的存在施加的强烈干预显得颇为合理。法定除斥期间以强行性规范的形式存在于法律条文中，由司法者直接适用，这体

[20] 参见耿林：《论除斥期间》，载《中外法学》2016 年第 3 期。

现了它的强烈干预色彩。[21]除斥期间并非不保护私人利益，它保护的重点是公共利益，即利益关系的不确定情况，而对义务人利益带来的保护是一种“顺路”的关系。

诉讼时效经过不能直接导致权利的消灭，只是权利行使被限制。从时间对权利的干预程度上明显比除斥期间要温和。笔者认为，这恰恰是由于这一制度以保护义务人的利益为重点。诉讼时效制度避免了债务人因债务时间久远而发生举证困难，不至于时刻因为债权人一朝主张权利便恢复到过去的不确定状态，也不必在自己不知道是否会被请求的情况下而时刻准备着履行。这一制度通过清理债务人与债权人之间的法律联系，使债务人以更加简化清晰的身份加入其他法律联系中去，客观上起到了加速经济交往和维护交易安全与安定的作用，当然也“顺带”维护了公共利益，而这种作用是间接带来的。诉讼时效制度能否发挥作用最终需要由当事人是否主张决定，这也侧面体现了其较之除斥期间的公益性偏弱，诉讼时效对权利的干预也没有前者那么强烈。

（二）抵押权行使期间性质的司法实证分析

1. 域内外有关抵押权行使期间性质的规则梳理

各国对于担保物权进行期间限制，基本上是一种共识。但因为国情以及立法传统等因素的影响，在具体操作层面，立法存在多样性。但在限制方式上大致没有跳出两种模式：要么是设立一种时效制度来规定担保物权的存在期限和行使期限；要么是将一定长度的除斥期间作为对担保物权的时间限制，从而限制权利的产生和消灭。关于担保物权的期间限制，各国结合本国国情，立法多有不同，但担保物权的期间限制方式基本可分为时效制度和除斥期间制度两种模式：前者是通过时效制度来限制担保物权的存在或行使；后者是通过建立除斥期间制度来予以规制。[22]具体而言，又分为四种立法模式：

---

[21] 参见耿林：《论除斥期间》，载《中外法学》2016年第3期。

[22] 参见王闯：《规则冲突与制度创新——以物权法与担保法及其司法解释的比较为中心而展开（中）》，载《人民法院报》2007年6月27日。

第一种立法模式以德国为代表。《德国民法典》中并未给担保物权单独规定独立的存续期间，担保物权的存续也并不与诉讼时效制度（消灭时效）相联系。在诉讼时效经过的效力方面，《德国民法典》采抗辩权发生主义，承认主债权诉讼期限届满，债务人享有抗辩权，本来抵押权人也可以根据该法第 1137 条第 1 款第一句[23]之规定援引债务人的这一抗辩权进行抗辩，但《德国民法典》通过第 216 条第 1 款[24]作出了例外规定。也即主权利因时效消灭时，其效力及于从权利，这本来是德国民法中的一项原则。但是对于以抵押权担保的债权，即便债权已经过诉讼时效，抵押权仍可例外地存续。[25]《德国民法典》以其他的期间制度规定了担保物权行使的限制，使担保物权并未成为一种永续性的权利。第一，以取得时效制度承认第三人取得占有物的完整所有权，从而使该占有物之上担保物权归于消灭。第二，以公示催告程序来解决特殊情形下的抵押权实现问题。[26]

法国采取截然不同的立法模式，可以作为第二种立法模式的代表。根据法国担保法的规定，抵押权或者优先权是一种具有附属性的权利，一旦被担保的债权消灭，抵押权或优先权也会随主权利一同消灭。[27]但这一从权利也可能因为某项事件产生效力消灭的后果。简言之，法国担保法上既为有些抵押权设立了独立的存续期间，同时又规定了某些担保物权因主债权罹于时效而消灭。依据《法国民法典》第 2180 条第 1 款第 4 项，优先权与抵押权因时效届

[23] "所有人可以对抵押权主张特定人的债务人对债权所享有的抗辩权以及保证人依第 770 条所享有的抗辩权。"参见陈卫佐译注：《德国民法典（第四版）》，法律出版社 2015 年版，第 365 页。

[24] 参见《德国民法典》第 216 条第 1 款："抵押权、船舶抵押权或质权所担保的请求权之完成消灭时效不妨碍权利人从被设定负担的标的中求偿。"

[25] 参见程啸：《中国抵押权制度的理论与实践》，法律出版社 2002 年版，第 23 页。

[26] 参见《德国民法典》第 1170 条第 1 款第 1 项：债权人不明的如自最后一次涉及抵押权的土地登记簿册登录时起已经经过十年且在这一期间内债权人的权利未被所有人以依第 212 条第 1 款第 1 项对于消灭时效期间的重新开始计算为适当的方式承认的，债权人的权利可以以公示催告的方式予以排除。

[27] 参见沈达明：《法国 / 德国担保法》，对外经济贸易大学出版社 2015 年版，第 144 页。

满而不复存在。但根据同条第 2 款规定，担保财产在为债务人占有时，这样设立的抵押权和优先权不再规定独立的时效制度，使其消灭的原因是受担保的主债权时效经过。同条第 3 款规定，如果第三人已经占有了抵押财产，对于这一类抵押不设立独立的时效制度，这种抵押权也不再受到主债权时效的影响，而是用取得实效来调整这一关系，即取得实效经过，第三人取得该抵押财产，原抵押权自然宣告消灭，这属于取得时效的间接效果。[28]

日本民法的态度代表了第三种立法模式。在《日本民法典》中，该立法例对于没有规定担保物权的法定存续期限，但是规定在发生主债权罹于诉讼时效的情形时，发生担保物权消灭的法律后果。根据日本民法的规定，债权经过十年，债权人不行使则发生权利消灭。在诉讼时效经过的后果方面，日本民法的态度是，一旦权利罹于时效则实体权利本身不再存在。另外对于抵押权，在日本民法上，主债权消灭后抵押权也随之消灭。[29]另外，日本判例“昭和 42 年（1967）7 月 21 日判决”中，实际承认了第三人在取得时效经过后取得抵押财产的所有权，从而使抵押权独立地消灭。

我国台湾地区“民法”大体上属于第四种立法模式。在该立法模式中，担保物权并没有受到其所担保的主债权罹于消灭时效的影响，而是通过法律为抵押权特别规定了其存续期限。我国台湾地区“民法”在诉讼时效经过的效力上借鉴德国民法，认为诉讼时效完成的法律后果为债务人产生不履行债务的抗辩，即债务人有权拒绝债权人的给付请求（台湾地区“民法”第144条第1款）。但台湾地区“民法”第 146 条作出了除外规定。一方面承认从权利会受到主权利因时效消灭的影响，从权利随之消灭；另一方面例外留出了法律有特别规定

[28] 参见陈华彬：《物权法研究》，法律出版社 2009 年版，第 415 页。

[29] 参见《日本民法典》第 167 条：“债权因十年间不行使而消灭；债权或所有权以外的财产权，因二十年间不行使而消灭。”第 396 条：“抵押权，对于债务人及抵押权设定人非与担保的债权同时，不因时效而消灭。”

者除外的空间。[30]第 860 条规定的就是“法律特别规定”，抵押权不随主债权罹于时效消灭而消灭，而是在主债权时效经过后获得一个五年内继续存续的期限。[31]

除以上四种立法例，DCFR 中关于担保物权消灭时效的相关规定也颇有启示。该示范草案第 9 卷第 6 章第 103 条规定：即使担保债权已过消灭时效，且担保债权的债务人向债权人提出消灭时效抗辩后两年内，担保物权仍可强制执行。通过梳理以上域内外立法我们可以得出以下结论：第一，抵押权行使期间与主债务履行期间、诉讼时效制度存在不可分割的联系，诉讼时效经过效果方面主张实体权利消灭的国家，主债务的诉讼时效实际上等同于抵押权的行使期间；第二，德国由于抵押权主要是土地抵押，因此结合国情例外地规定抵押权不因主债权罹于时效而消灭；第三，抵押权需要规定独立的行使期间，至于期间经过的效力，则因各国立法技术选择的不同而有所区别。

根据我国 1995 年通过的《担保法》第 52 条的内容，抵押权和主债权的联系在于二者同时存在，也同时消灭。但该条并没有对抵押权是否有单独的时效限制进行规定。究其原因，主要是由于当时我国学界和立法者对于债权罹于诉讼时效后，债权本身以及担保物权的效力缺乏深入的研究。[32]法释〔2000〕44 号第 12 条将担保物权的期间区分为存续期间和行使期间。[33]就存续期间来说，担保法解释的观点明确否认了两种存续期间的约束力，即无论是当事人约

---

[30] 台湾地区“民法”第 145 条就是“法律有特别规定”的情形，该条规定：“以抵押权、质权或留置权担保之请求权，虽经过时效消灭，债权人仍得就其抵押物、质物或留置物取偿。前项规定，于利息及其他定期给付之各期给付请求权，经时效消灭者，不适用之。”从这两款可以看出，主债权罹于时效并不影响担保物权人实现其权利。

[31] 参见台湾地区“民法”第 880 条：“以抵押权担保之债权，其请求权已因时效而消灭，如抵押权人，于消灭时效完成后，五年间不实行其抵押权者，其抵押权消灭。”

[32]《民法通则》第 135 条规定，向人民法院请求保护民事权利的诉讼时效期间为二年，法律另有规定的除外。可以看出，此时我国民法对于诉讼时效经过的效力尚未采取抗辩权发生主义，对于诉讼时效经过对主债权的影响本身学界就有不同意见。

[33] 参见王闯：《规则冲突与制度创新——以物权法与担保法及其司法解释的比较为中心而展开（中）》，载《人民法院报》2007 年 6 月 27 日。

定的还是登记机关要求登记的担保期间，一律没有法律约束力。就行使期间来说，担保法解释规定了一个两年的行使期间，即当事人应当在主债权诉讼时效结束后两年之内及时实现担保物权，超过这个期限就不能得到人民法院的支持。这样规定当时主要是考虑到若不对担保物权的行使期间加以限制，可能导致权利的滥用，担保物权人往往已经处于优势地位，这样抵押权长期存在不利于法律关系的稳定。另外，特别考虑到我国民法学界通说一直认为请求权才能成为诉讼时效的客体，包括担保物权在内的物权本身并不适用诉讼时效，加之我国并未建立取得时效制度，结合前文所述，有学者认为该条第 2 款是参照了我国台湾地区“民法”上设立除斥期间的模式，来限制担保物权的行使：该条款的本意是抵押权在诉讼时效期满以后，再经过两年除斥期间而消灭。[34]

我国《物权法》未在“担保物权”的“一般规定”一章中就被担保债权的消灭时效届满后，抵押权、质权留置权的效力问题作统一的规定，只是规定了抵押权的期间。根据《物权法》第 202 条仅就被担保债权罹于诉讼时效后抵押权的效力所作的规定：在主债权诉讼时效届满之后，抵押权人再要求实现抵押权的，不能得到人民法院的支持。抵押权的行使期间只能限定在主债权的诉讼时效期间内。有学者认为此条规定存在错误，应当受到批判。[35]

通过对以上规则的梳理可以明显看出，我国《物权法》与法释〔2000〕44 号在内容方面存在着规则冲突，在共性方面，担保法解释与物权法均坚持严格的物权法定主义，禁止当事人抵押权的存续期间进行约定；但在行使期间方面，两者之间存在不同，前者是通过规定两年的除斥期间的方式来限制抵押权的行使，后者意图通过主债权的诉讼时效模式来限制抵押权。[36]尽管单从效力位阶上看，物权法自然高于担保法解释，但我国司法解释本身地位特殊，担保法解释留给了裁判者根深蒂固的印象，在学界对于这一问题的答案本身就没

[34] 同上注。

[35] 参见陈华彬：《物权法研究》，法律出版社 2009 年版，第 423 页。

[36] 参见王闯：《规则冲突与制度创新——以物权法与担保法及其司法解释的比较为中心而展开(中)》，载《人民法院报》2007 年 6 月 27 日。

有定论的大背景下，给司法裁判带来了很多不明确的地方。

2. 我国裁判中对抵押权行使期间的态度

本文整理了中国裁判文书网2014—2016年以《物权法》第202条作为裁判依据的相关民事判决书共221份。[37]在这221份判决中，裁判者对《物权法》第202条中“人民法院不予保护”的理解不一。

关于《物权法》颁布之前的法律适用问题。抵押行为发生在《物权法》实施之前且主债权在《物权法》实施之前已经超过诉讼时效的，应当适用《最高人民法院关于适用〈中华人民共和国担保法〉若干问题的解释》的规定；抵押行为虽发生在《物权法》实施之前，但主债权的诉讼时效延续到《物权法》实施之后的，就应当适用《物权法》的规定。[38]

裁判者对于第202条规定的期间性质及影响的理解有以下几种：

（1）存续期间说。不少裁判者直接把《物权法》第202条规定的期间作为抵押权的存续期间。抵押权消灭的原因有两种，抵押权除了因主债权消灭而消灭以外，还可以因为自身独立的原因而消灭，也即《物权法》第177条第（4）项所规定的因法律规定导致担保物权消灭的其他情形。既然抵押权的存续期间等同于主债务诉讼时效，那么时效经过，存续期间经过抵押权自然消灭。[39]

（2）除斥期间说。主张第202条规定的期间是使抵押权消灭的除斥期间，[40]期间经过则抵押权不继续存续。

（3）未言明期间的性质，而是直接得出抵押权消灭的结论。理由主要有：

---

[37] 2014—2016年中国裁判文书网上以《物权法》第202条作为裁判依据的民事判决书总计561份，其中大部分案件是法院根据第202条的规定，支持债权人可以在主债权诉讼时效期间内行使抵押权，或者排除当事人约定抵押权行使期间的使用，与本问题没有直接联系。实际上涉及“不予保护”的案件共计221份，所以本文的分析主要是针对这221份判决展开的。

[38] 参见湖南省张家界市中级人民法院（2016）湘08民终41号民事判决书。

[39] 参见湖北省汉江中级人民法院（2015）鄂汉江中民二终字第00082号判决书；（2016）冀0183民初1468号民事判决书；湖南省张家界市中级人民法院（2016）湘08民终64号民事判决书等。

[40] 参见北京市朝阳区人民法院（2014）朝民（商）初字48137号判决书等。

其一，抵押权是对抵押财产具有权能上的限制，在抵押权人怠于行使权利时，抵押物将长期处于被限制的状态，这将不利于物的交易价值和担保秩序的稳定，也不利于抵押财产效能的发挥，同时亦可能损害其他债权人的利益，改变这种没有强制保护的抵押权状态有利于商品交易。[41]其二，主债权已成为自然债权，法律意义上的债权已消灭。担保物权具有从属性的特征，担保物权会随着主债权的消灭从而不复存在。[42]其三，债权人的权利已经失去来自人民法院的国家强制力的保护，抵押权也失去这一保护，抵押权人主张实现抵押权的行为不能发生法律上的效力，等同于消灭。此时如果抵押人不愿意承担担保责任，即使抵押权人私力救济也是徒劳无功；继续维持这种抵押权的存续，会在事实上形成从权利效力高于主权利效力、无限加重抵押人负担，妨害抵押人完全物权的行使等不合理现象。[43]其四，抵押权人没有再行使抵押权的行为，可以视为为用实际行动表示了对这一权利的放弃。[44]

（4）抵押权存续。这类判决相对较少。[45]裁判者的理由主要有：诉讼时效经过债权依然存在，只是从受法律明确保护的债权变成了自然债务，抵押权没有消灭。抵押权消灭并不符合《物权法》第177条中规定的事由，不符合物权法定原则。设立抵押权的目的在于担保债权的实现，增大债权人利益的实现机会，故主债权消灭是抵押权消灭的前提，只要债权一直存在，抵押权未被注销，抵押权就存续。第202条的立法本意，是督促抵押权人积极行使抵押权，当事人主张抵押权归于消灭于法无据。抵押权本身的消灭或者存续，与主债权

[41] 参见河南省平顶山市中级人民法院（2015）平民三终字第751号；江苏省南京市六合区人民法院（2015）六民初字第1256号；永州市冷水滩区人民法院（2016）湘1103民初835号判决书等。

[42] 参见河南省宝丰县人民法院（2015）宝民初字第588号等。

[43] 参见安徽省潜山县人民法院（2015）潜民一初字第02141号；潜山县人民法院（2016）皖0824民初1310号；云南省石屏县人民法院（2016）云2525民初448号等。

[44] 参见黑龙江省汤原县人民法院（2015）汤商初字第435号；四川省南充市人民法院（2016）川1303民初字1285号等。

[45] 参见沈阳市沈北新区人民法院（2015）北新民初字第572号判决书等。

诉讼时效是否届满有直接的联系。无论主债权的诉讼时效是否届满，抵押权本身均不会消灭。

（三）结论：抵押权行使期间性质是除斥期间

在司法实证研究过程中我们发现，裁判者在确定这一期间性质和效力的过程中蕴含了关于社会利益的考量，在判决书的说理部分尤为明显。对于《物权法》第202条所规定的“不予保护”，大多数裁判者倾向于主张权利消灭，对于主债权诉讼时效经过这一时间因素对于抵押权的影响，几种裁判思路虽然不尽相同但得出了相同的结果。仅仅从理论研究的角度，抵押权行使期间性质上属于诉讼时效还是除斥期间并没有太大意义，两种解释路径都是行得通的。但笔者认为，将抵押权行使期间在性质上认定为除斥期间更能满足实践的需要。

首要的理由是利益衡量问题。除斥期间与诉讼时效在本质上即体现为限制强度的不同。影响强度的因素又取决于对相关利益状况保护的不同需求，即立法者须对权利人利益、相对人利益以及通过保护相对人所体现出来的法律安定等社会公共利益作出利益衡量，而具体的衡量尺度则属于立法政策问题。就法律干预程度而言，越是偏向于个人利益方向时，就越应选择较轻的干预；反之，越是偏向于社会公共利益方面时，则应施加更苛刻的干预。因此，简言之，偏向于个人利益时，应更倾向于配置时效制度，反之则应更多考虑除斥期间。就利益衡量所需考虑的具体因素而言，衡量的一端是权利人或债权人利益，另一端是义务人（或债务人）与社会公共利益。[46]

笔者认为，抵押权涉及债权人、债务人和抵押人三方关系，与质权、留置权相比，抵押权与公共利益的联系更为紧密，法律应当更多保护社会公共利益。其一，交易成本问题，抵押权行使期间设立的意义即在于督促抵押权人积极行使权利，在我国不动产抵押以登记为成立要件，第三人在与当事人进行交

---

[46] 参见耿林：《论除斥期间》，载《中外法学》2016年第3期。

易时往往需要查阅登记簿来确认抵押物上的权利负担；但事实上由于抵押制度的特殊性，可以在一物之上设立多个抵押权，如果抵押权长期存在，则增加了第三人获知抵押物权利负担的困难。如果将抵押权行使期间规定为除斥期间，期间届满抵押权消灭，抵押人因此可以要求登记机关注销权利，有利于尽早澄清交易关系，降低交易成本。其二，体现“物尽其用”的精神和尽量避免社会经济秩序的不稳定、不便利状态。抵押权是对抵押财产具有权能上的限制，在抵押权人怠于行使权利时，抵押物将长期处于被限制的状态，这将不利于物的交易价值和担保秩序的稳定，也不利于抵押财产效能的发挥，同时亦可能损害其他债权人的利益，改变这种没有强制保护的抵押权状态有利于商品交易。如果采取诉讼时效制度，主债务诉讼时效届满之后，抵押权并未消灭时效期间届满后，抵押权人若行使抵押权，则抵押人必以时效期间经过而抗辩，抵押权难以实现；对抵押人而言，若请求注销抵押登记，则抵押权人必以抵押权仍然存在为由而百般阻挠，如果抵押人主动配合抵押权人实现了抵押权，又面临着无法向债务人追偿的窘境。如果允许抵押人追索那么债务人的时效利益不复存在；如果不允许抵押人追索，就会使抵押人成为第一顺位的债务人，对抵押人不公。考虑到主债务诉讼时效届满抵押权继续存续导致的权利注销困境、多个旧抵押权重叠加大交易成本、社会经济秩序不稳定等问题，既然抵押权存续也无法得到司法保护，不妨干脆规定抵押权因期间届满而消灭，更为符合各方利益。

对于抵押权行使期间，我国法释〔2000〕44号第12条第2款规定的是“诉讼时效结束后的二年”。根据该司法解释，抵押权人在诉讼时效结束后2年内行使担保物权则有效，若抵押权人在诉讼时效结束后2年后再行使抵押权的，人民法院不再支持。就“诉讼时效结束后2年后未行使抵押权”的法律后果，即“人民法院不再支持”，学界一般理解为抵押权消灭，该消灭期间为除斥期间。[47]《物权法》第202条规定的“主债权诉讼时效期间内”，笔者认为这

[47] 参见王利明：《民法总则研究》，中国人民大学出版社2003年版，第757页。

一期间依然是除斥期间，只是相较于司法解释缩短了而已。

当然，主张抵押权行使期间是除斥期间并非天衣无缝的选择，解释上依然存在不足。在起算点上，我国民法往往认为除斥期间自权利发生之时起算，可是，如果抵押权自成立时起算，那么抵押权的行使期间则变成债务履行期加上主债务诉讼时效期间，抵押权行使期间将会变成一个完全不确定的期间。所以，抵押权行使期间从权利可行使之日起计算更为科学，主债务履行期限届满，主债务诉讼时效起算，此时抵押权才真正变成可以行使的权利，这样才能实现抵押权的除斥期间与主债务诉讼时效同时起算。我国合同法规定的撤销权在一年内行使是以"知道或应当知道撤销事由"为起算点，实际上就是以"权利可以行使"为起算点。在中止、中断问题上，前文已经分析除斥期间同样会面临类似于诉讼时效中止事由的情形，在主债务诉讼时效中止时，除斥期间也可以因相同事由而中止。《物权法》第 202 条的反面解释是，在主债权诉讼时效期间内提出的实现抵押权的请求人民法院应予支持，这建立在抵押权在主债务诉讼时效期间持续存在的前提下。当主债务诉讼时效发生中断事由，如债务人承诺履行债务时，实际上相当于债权人与债务人对债务的重新确认，考虑到抵押权的从属性，如果抵押权行使期间不同步中断将会导致诉讼时效尚未届满而抵押权已不复存在的局面，因此立法应当例外地规定抵押权行使期间同步发生中断，才能实现抵押权行使期间与主债务诉讼时效长度相同的结果。在适用范围上在我国民法上将除斥期间的适用范围扩大到抵押权并没有太大阻碍。

可见，抵押权行使期间是除斥期间而非诉讼时效。不过抵押权行使期间解释为除斥期间还需要立法论的支撑。为了满足实际的需要，可以例外地在民法中规定"抵押权行使期间"这一期间，例外地将抵押权作为除斥期间的客体。明确它性质的同时，对于这一期间的中止、中断问题作出特殊规定。换言之，抵押权行使期间是一种特殊的除斥期间。

二、动产抵押权期间问题

（一）动产抵押登记期间

1. 动产抵押登记期间的必要性探讨

动产抵押与不动产抵押是以标的物的不同为标准对抵押权所作的分类。《物权法》第十六章“抵押权”第一节为“一般抵押权”，本节中第 180 条将部分动产列入抵押财产范围。因此本节第 202 条所规定的内容，同样适用于动产和不动产。抵押权、质权和留置权都属于传统的担保物权方式。抵押权一般是设立在不动产之上的他物权，而动产则往往是通过转移物的占有的方式设定动产质权。随着社会发展，融资担保交易的增多，经济生活的需要促使原本只能建立在不动产之上的抵押权发生变化，而设立动产质权又须以移转标的物的占有为前提，不利于资源的充分利用。新型担保方式动产抵押就是在这种背景之下应运而生。我国《物权法》第 180 条在明确规定抵押财产的范围时，既包括了不动产如建筑物、土地附着物、在建工程等，也包括一部分动产，如生产设备、原材料、半成品、产品、交通运输工具等。[48]

动产抵押需要以登记为公示方式，由于未登记动产上设立抵押权具有很强的私密性，难以公示，自然也难以对时间加以有效限制。动产抵押权行使期间实际上主要体现为登记动产的登记期间。不动产抵押权行使期间的存在，其意义是防止不动产长期处于权利负担之中难以解脱，对抵押权加以时间上的限制可以起到督促抵押人行使权利的作用。对于价值容易贬值、交易更加频繁的动产抵押物，前述意义依然存在，依然需要对其权利的实现加以时间上的限

[48]《物权法》第 180 条规定：“债务人或者第三人有权处分的下列财产可以抵押：(一) 建筑物和其他土地附着物；(二) 建设用地使用权；(三) 以招标、拍卖、公开协商等方式取得的荒地等土地承包经营权；(四) 生产设备、原材料、半成品、产品；(五) 正在建造的建筑物、船舶、航空器；(六) 交通运输工具；(七) 法律、行政法规未禁止抵押的其他财产。抵押人可以将前款所列财产一并抵押。”

制。特别之处在于这一期间的长度和表征方式。

在期间长度上，为动产抵押权设立更短的权利行使期间似乎有其合理性。动产抵押较之不动产抵押，交易时间短，交易便捷，如果以动产设立抵押，不对抵押权的行使期间加以限制的话可能会出现债权已经消灭，而抵押物却因为频繁的物权变动导致当事人未尽到妥善的申请注销登记的义务，有大量陈旧的登记事实存在造成资源的浪费和登记公示公信力的降低，或者是债权还未到期而担保物已经提前灭失或者贬值。[49]在我国，根据《物权法》第202条之规定，抵押权的行使期间为主债务诉讼时效期间，并未对动产和不动产予以区分。《民法总则》生效后，我国的诉讼时效为三年，三年的时间对于被作为抵押的动产而言可能过于漫长，动产抵押的制度价值在于一方面可以以其交换价值担保债务的履行，另一方面动产仍为抵押人所占有和利用，基于动产交易频繁、容易毁损、价格受市场变化较大等特点，即使我们已经通过登记对动产上存在的权利予以公示，也难以避免出现三年诉讼时效未满而抵押物已不复存在的情形。

在表征方式上，大多数国家和地区对于不动产抵押采取登记生效主义，只有经过向登记机关登记抵押权才能设立。[50]而对于动产，以台湾地区动产“担保交易法”为例，采取登记对抗主义，也即并非所有的动产抵押权都能得到登记，交易双方之间存在的动产抵押关系往往具有私人化、秘密性的特点，公示效力明显不足。考虑到随着民众法律意识的提高，对于事关重大的交易，当事人倾向于加以登记，换言之，登记制度不能涵盖所有的动产抵押关系但可以处理一部分重要的动产抵押关系。在登记时为动产抵押单独设立一定的行使期间的限制，虽然较不登记而言稍显烦琐，但在交易双方本身就有登记意愿的

---

[49] 参见宋雁：《动产抵押登记制度比较研究》，载江平主编：《中美物权法的现状与发展》，清华大学出版社2003年版，第282页。

[50] 参见《法国民法典》第2129条规定，契约上的抵押权，仅就在订立债务的公证书或在以后作成的公证书上具体记明现属债务人所有且经其同意作为债务抵押品的各不动产的种类及所在地的各不动产上，始有效成立。债务人得就其现有的每一不动产，个别地设定抵押权。就将来的不动产，不得设定抵押权。

情况下，依然有其意义。因此，如果为动产抵押权单独设立独立的行使期间，宜表现为登记“有效”期间，也即对第三人产生对抗效力的期间。台湾地区“民法”对动产和不动产在抵押权行使期间问题上进行了区分。对于不动产抵押规定了主债务诉讼时效期满后5年的除斥期间，对于动产抵押则允许当事人对行使期间进行约定，如果没有约定的，才按照法律规定。我国台湾地区“动产担保交易法”作为特别法，明确地规定了一年的“登记期间”。[51]《美国统一商法典》也对登记期间作了肯定性的规定。[52]

2. 我国台湾地区动产抵押登记有效期间的性质与效力

鉴于我国大陆目前否认登记期间的存在，动产抵押在法律上也不存在登记期间的问题。因此，我们将立足台湾地区“动产担保交易法”，对该法第9条所规定的“有效期间”的性质和效力展开探讨。

从性质上来看，该登记期间不能被归类成诉讼时效期间（消灭时效期间）。原因有三点：其一，根据大陆法系观点，诉讼时效具有强制性，诉讼时效的强制性一定程度上来源于本身所具有的公益性，这一强制性体现在诉讼时效不能通过当事人的约定进行缩短、延长的变化甚至被排除适用。而根据“动产担保交易法”第9条的内容，对于动产抵押的登记期间，当事人首先可以约定，没有约定的情况下才适用一年的“有效期间”，一年期间届满前30日内当事人还可以申请延长期间。如果这个一年的期间是诉讼时效，那么只要当事人予以约定就可以排除适用，与诉讼时效的性质和制度价值相悖。其二，诉讼时效适用于请求权，此处的动产抵押权不属于请求权，不适用诉讼时效。其三，从时效届满的效力上而言，根据台湾地区“民法”诉讼时效届满会发生效力减损的法

[51] 台湾地区“动产担保交易法”第9条规定：动产担保交易之约定，其有效期限从契约之约定。契约无约定者自登记之日起有效期间为一年，期间满三十日内，债权人得申请延长期限，其效力自原登记期满至次日开始。前项延长期限登记，其有效期间不得超过一年，登记机关应比照本规定第7条、第8条之规定办理，并通知债务人。

[52] 台湾地区“动产担保交易法”第9—403条规定：登记后的融资报告自登记之日起五年内有效，五年期满后该登记失效，除非在期满前延展报告，延展报告可由担保权人在期满前6个月内进行登记，若及时登记延展报告，原始报告有效期自其失效起再延长五年。

律后果，与“动产担保交易法”第 9 条所规定的期间届满之前还可以申请延长存在矛盾。倘使这一期限届满而当事人并未延长时效，等主债权履行期限届满，抵押权人也无法向抵押人主张实现抵押权了。

同样，该登记期间也不属于除斥期间。原因有四点：其一，除斥期间属于不可变期间，如台湾地区“民法”规定的主债权履行期限届满后经过 5 年除斥期间抵押权方消灭，这一期间不可缩短或者延长。其二，除斥期间适用于形成权，担保物权不能成为除斥期间的客体。其三，除斥期间是权利的存续期间，根据台湾地区“动产担保交易法”第 5 条的规定，动产抵押登记仅产生对抗效力。也即在登记之前动产抵押权已经存在了，如果将这一期间作为存续期间，则存在内部规定的冲突，对于未登记的抵押权则无从谈起其“登记期间”，这并不妨碍其实质上存在，呈现一种很反常的局面。其四，若这一期间为除斥期间，则期间届满后直接发生权利消灭的后果，由于动产抵押并未转移抵押物的占有，这一期间一旦届满抵押权人并无凭据实现抵押权，这剥夺了动产抵押权人实现权利的可能。[53]

也有学者提出，可以将“动产担保交易法”第 9 条规定的“有效期间”解释为时效期间，把提供动产抵押的债务单独规定为一年的短期时效。从立法技术上来说是可以实现的，台湾地区“民法”本来就已经规定了 15 年的一般时效期间、5 年和 2 年的短期时效期间，再增设一个一年的短期时效期间也未为不可。但这并非必要而妥当的处理，前文已经提及动产抵押的登记只是产生对抗效力的公示手段，存在未登记的动产抵押，如果规定提供动产抵押的债权适用短期时效，不仅使动产抵押人更难以获得资金，而且是更多的交易人会选择暗中交易，不进行登记，以逃避使用这一短期时效。而且主债权罹于短期时效时，债权人的利益也难以得到保护。动产本身容易毁损，价格容易下跌的特点不足以成为设立这类短期债务的理由，而且这也无法与同样以动产为标的的质

---

[53] 参见王泽鉴:《民法学说与判例研究（第二册）》，中国政法大学出版社 1998 年版，第 301 ～ 309 页。

权制度相统一。

台湾地区“动产担保交易法”第9条所规定的“有效期间”即非诉讼时效，也非除斥期间，只是动产抵押权失去对抗效力的期间，也即“登记有效”的期间。我国台湾地区针对“登记有效期”的性质有三则判决，主要有两种意见。1968年台上字第3398号判决和1970年台上字第3001号判决认为登记有效期届满，动产抵押权即归消灭（抵押权消灭说），1971年台上字第3206号判决则认为登记有效期间并非时效期间，不产生因起诉而中断时效的问题，登记有效期间外，动产抵押权即无对抗第三人的效力（对抗力消灭说）。后一判例的立场获得了多数学者的支持，对抗力消灭说占据了通说地位。[54]动产抵押设立之后，除非经过登记否则不产生对抗效力。没有登记的动产抵押权自然不受这一期间的限制，当然也会存在不能对抗善意第三人的问题。期间届满前当事人可以约定延长，期间届满后，抵押权仍存在，只是丧失了对抗善意第三人的效力，这有助于督促抵押权人及时行使抵押权。

（二）动产抵押权时间限制的另一思路（代结论）

台湾地区“动产担保交易法”的一年“有效期间”是针对动产易毁损、易贬值的特点作出的特别规定。由前文分析可知，台湾地区“动产担保交易法”所规定的有效期间的性质应当是登记本身存在对抗效力的期间，一旦超过这一期间登记失去对抗效力，登记动产抵押权与未登记的动产抵押权处于同等法律地位。

前文已经对动产抵押加以单独时间限制的合理性进行分析，但实务中台湾地区这一制度存在不足。第一，从适用对象来看，这一制度只能调整一部分登记了的动产抵押关系，对于未经登记已经存在的动产，这一登记期间并没有适用空间，也即当事人之间的动产抵押关系到底受不受这一期间的限制，完全取决于当事人的意愿。第二，台湾地区“动产担保交易法”上的“有效期间”制度与台湾地区本土其他规定存在一定的脱节。在台湾地区其他抵押规定中并

---

[54] 参见王泽鉴：《民法学说与判例研究（I）》，中国政法大学出版社2005年版，第246页。

不存在“有效期间”的概念，这一概念大抵是借鉴自美国统一商法典。[55]据上所述，可知“动产担保交易法”第9条所设“登记期间”，系一项特殊制度，因而在实务上最滋疑义。[56]第三,一年的期间对于很多债权而言也存在过短的问题，当事人频繁延长登记也为彼此带来了更多负担，不利于交易的便捷。

动产抵押制度的建议需要在充分研究他国动产抵押制度的基础上，积极吸收借鉴有利内容为我所用。目前我国动产抵押制度还不够完善，仅承认在部分特殊动产上设立抵押，未经登记不得对抗善意的第三人，权利行使上统一适用《物权法》第202条的法定期间，并没有针对动产的特点作出特别的时间限制。台湾地区对于美国统一商法典上有效期间制度的借鉴并不尽如人意，而且也受到了来自学界的质疑。[57]《物权法》在借鉴时也应当慎重对待，同时探究解决这一问题的另一条出路——允许约定抵押权行使期间。

在允许当事人约定抵押权行使期间的语境下，动产抵押权与不动产抵押权并没有必要在期间问题上进行类型化区分，不需要针对动产单设所谓“登记有效”的期间。无论是动产还是不动产，当事人都有权利约定抵押权行使期间。对于不动产而言，本来就需要设立进行登记，增加登记当事人约定好的抵押权行使期间，可以实现与原有登记制度的衔接。对于动产而言，允许当事人结合抵押物本身的特点灵活约定抵押权行使期间，并将其登记在案，不仅不会损害第三人的信赖利益，还可以使第三人对该财产何时解除权利负担有正确的预期，从而合理规划自己的经营活动。而且随着动产抵押被越来越多的运用，对于事关重大的交易当事人进行登记的意义会逐步增强。如果动产抵押的当事

[55] 依“土地登记规则”第85条规定:“声请为抵押权设定之登记时，声请书内应记明债权数额，其登记原因定有清偿时期、利息，并其起息及付息期，或于债权附有条件或其他特约者，亦同。”关于船舶抵押权之设定，依“海商法”第31条规定，应以书面为之，非经登记不得对抗第三人（同规定第34条）。又依“船舶登记法”第44条规定:“因抵押权之设定而申请登记者，申请书内应记明债权数额，其订有清偿时期及利息或附带条件或其他特约者，均应一并记明。”此条亦未设“有效登记期间”之规定。

[56] 参见王泽鉴:《民法学说与判例研究（第二册）》，中国政法大学出版社1998年版，第301页。

[57] 参见高圣平:《动产担保交易制度比较研究》，中国人民大学出版社2008年版，第128页。

人没有进行约定，那么依然适用于《物权法》第202条所规定的抵押权行使期间。至于抵押权的消灭，抵押权因约定存续期间届满径行消灭欠缺公示效果，可以通过立法规定抵押权约定的行使期间届满后，抵押人有权请求法院确认抵押权消灭，并依据法院的判决向登记机构申请抵押权的注销登记。

三、抵押权行使期间的类推适用

（一）抵押权行使期间类推适用问题的提出

1. 规则适用上的冲突

《物权法》仅对抵押权的行使期限作了明确规定，将其限定在主债权诉讼时效期间内。而法释〔2000〕44号第12条第2款的规定则涵盖担保物权的全部。主债权诉讼时效届满之后，为它提供担保的担保物权依然继续存续两年，在两年内担保物权人有权实现权利，主债权诉讼时效经过又超出两年，再要求实现担保物权的，人民法院不予支持。法释〔2000〕44号没有区分抵押、质押、留置权，只要是担保物权，在经过特定期间而不行使的即不受保护。《物权法》在效力位阶上优先于司法解释，那么抵押权的行使期间问题可以暂且依照《物权法》第202条，但是对于主债权诉讼时效经过后，要求行使质押权和留置权的人民法院是否应予支持呢？能否类推适用第202条来解决这一问题呢？

2. 类推适用的理论争议

持否定说的学者认为抵押权行使期间的规定也即《物权法》第202条不应类推适用于质权留置权。质权留置权作为占有性担保物权，担保物在债权人的占有下，即使因诉讼时效期间届满债权不能强制执行，依然不妨碍债权人就担保物取偿，抵押权则是非占有担保物权，如长期存在，势必不利于抵押人对担保物权的有效利用，不利于担保交易关系的稳定，[58]并有抵押权人滥用优势地

[58] 参见张永：《抵押权法定存续期间效力及性质的二重性分析——以〈物权法〉第202条为中心》，载《政治与法律》2014年第2期。

位之虞。[59]另外，质权和留置权在设立之时，当事人就已经可以预测到不能获得诉讼时效制度保护的风险。[60]《物权法》第220条和第237条关于出质人、债务人督促债权人行使质权、留置权的规定，已经是对质权、留置权不受时效影响的规则可能带来的消极后果所采取的措施。[61]不应该再类推适用抵押权的行使期间来限制。法律人不做阐释就直接将其适用范围扩张到所有的担保物权也不符合法解释学的规则。

持肯定说的学者，支持《物权法》第202条类推适用于质权、留置权。抵押权和质押权、留置权只是公示方法上存在区别，其基本属性是一致的，基于"同等事物、同等评价"的原理，第202条应类推适用于质押权和留置权，否则势必剥夺会债务人已经取得的时效利益。主债权诉讼时效完成后，债务人获得时效利益，而质权人、留置权人的权利并没有受到任何影响，从而可能使债务人的时效利益落空。其中可能导致的实务中的不合理局面与主债权诉讼时效完成后抵押权人的权利行使不受影响的问题是相似的。[62]债权人虽然占有担保物，但不一定有权处分担保物。对担保物进行处分会导致双方利益的失衡。而且，主债权诉讼时效届满后，债权人继续占有担保物并不当然意味着主债务人放弃了时效利益，而自愿清偿债务。[63]有必要对此时债权人可否基于其质权、留置权继续占有，义务人可否基于质权、留置权已经不能行使的抗辩要求返还予以明确。

在未对质权、留置权的行使期间加以规定之前，《物权法》第202条可以类推适用于质权、留置权。肯定说与否定说的争议主要集中于三个焦点：

---

[59] 参见崔建远：《物权：规范与学说（下）》，清华大学出版社2011年版，第493～494页；胡康生主编：《中华人民共和国物权法释义》，法律出版社2007年版，第440～441页。

[60] 参见李永锋：《主债权诉讼时效完成后担保物权的效力》，载《人民法院报》2007年5月16日。

[61] 参见刘贵祥：《〈物权法〉关于担保物权的创新及审判实务面临的问题（下）》，载《法律适用》2007年第9期。

[62] 参见高圣平：《担保物权的行使期间研究——以〈物权法〉第202条为分析对象》，载《华东政法大学学报》2009年第1期。

[63] 同上注。

首先，抵押权与质权、留置权之间，在行使期间这一问题上是否具备类推适用的法理基础。在私法领域，不存在运用国家权利的问题，当事人双方所期待的法律效果都通过其意思表示来实现，主体双方地位上没有差别。因此，私法将自由主义和意思自治放在很高地位，一般不实行法定主义。法律并不是完美无缺的，在司法本身存在漏洞需要填补的情况下，根据人类生活的现实需要，在私法中为类推适用留出空间，不仅不会导致法律威严的减弱，反而更有助于发挥法的预见性功能，满足社会对法律的需要。[64]

其次，质权人、留置权人在主债权诉讼时效完成后行使其质权或留置权，仍与抵押权一样存在理论上的障碍。由于主债权已过诉讼时效的情况，债务人对债权人清偿债务的请求享有抗辩权，但此时其质物、留置物还在债权人手中，如果债权人仍得实现债权，那时效抗辩成为具文；在出质人为第三人的情形下，则会出现债务人取得了时效抗辩而出质人却要承担无限期的债务清偿的后果，而且出质人的追偿权也无法得到保障。

最后，在《物权法》第220条[65]和第237条[66]已经对质权、留置权的行使加以规定的情况下，有无必要再类推适用《物权法》第202条。笔者认为，《物权法》第220条、第237条分别赋予了出质人、所有权人质权行使请求权和留置权行使请求权。[67]虽然有学者认为，质物或留置物由债权人占有，而债务人在自身不清偿债务的情况下，过了时效依仗法律规定强行要回质物对质权人不公，但这种观点至少遗漏了出质人为他人债务出质这一种情形。以“质

---

[64] 参见屈茂辉：《类推适用的私法价值与司法运用》，载《法学研究》2005年第1期。

[65]《物权法》第220条规定：出质人可以请求质权人在债务履行期届满后及时行使质权；质权人不行使的，出质人可以请求人民法院拍卖、变卖质押财产。出质人请求质权人及时行使质权，因质权人怠于行使权利造成损害的，由质权人承担赔偿责任。

[66]《物权法》第237条规定：债务人可以请求留置权人在债务履行期届满后行使留置权；留置权人不行使的，债务人可以请求人民法院拍卖、变卖留置财产。

[67] 根据《物权法》第220条的条文释义，这样规定的理由是因物权法未规定质权时效，为了避免质权人滥用权利、怠于行使权利，本条赋予了出质人行使质权的请求权及质权人怠于行使质权的责任。

权人由于质物在其手中控制，往往并不急于行使质权”为由不对权利行使期间加以限制，不符合“法律不保护权利上的睡眠者”的民法精神。

（二）类推适用到质权和留置权的正当性分析

1. 类推适用的理论前提

类推适用的法理基础或者依据，王泽鉴、黄茂荣、黄建辉、杨仁寿等先生认为是平等原则，卡尔·拉伦茨称之为公平原则。[68]具体而言又包括四个前提：制定法存在漏洞而漏洞必须补充；法官不得拒绝审判；在法律传统上制定法在司法适用中处于优先地位；类推适用体现了法律的正义价值。[69]

法律不能一次性对所有事项毫无矛盾地加以规范，也不能始终与社会发展同步，同时法律的制定还会受到立法者自身认识和能力的限制。因此法律是存在漏洞的，这应该成为一个共识，法律的漏洞是可以补充的。只有法律的漏洞得到补充才能充分发挥法律原有的价值，协调各种利益冲突，维护社会公平正义和正常的法律秩序。这也是防止适用混乱，维持法律体系内部一致性的要求。[70]《物权法》第202条只是对抵押权行使期间进行了规定，没有规定质权和留置权。法释〔2000〕44号第12条第2款规定的却是担保物权统一的行使期间。就抵押权而言，在《物权法》已经对抵押权行使期间作出例外规定使司法解释本款失效；而对于质权、留置权，物权法没有规定，如果继续适用法释〔2000〕44号第12条第2款，将会出现司法解释的效力时而存在时而消灭的情况。抵押权、质权和留置权作为我国现行法上平行规定的担保物权，在行使期间这一问题上似乎并无区分对待的正当理由，也即这一法律漏洞的存在构成了物权法上的体系违反，这一漏洞必须弥补。

法律传统上坚持制定法具有司法优先地位。我国民事立法虽然不能够囊括所有的法律规范，但为裁判者提供一个细密、可操作的裁判标准应当成为我

---

[68] 参见〔德〕卡尔·拉伦茨：《法学方法论》，陈爱娥译，五南图书出版公司2000年版，第290页。

[69] 参见屈茂辉：《类推适用的私法价值与司法运用》，载《法学研究》2005年第1期。

[70] 参见梁慧星：《民法解释学》，法律出版社1995年版，第247页。

们追求的目标。目前，我国民事立法中由于立法者规则供给力的欠缺，规则的创制权有时过多地向以最高人民法院为核心的裁判者转移，由此催生了十分独特的司法解释现象。[71] 可以说司法解释在我国的法源地位并不清晰，如法释〔2000〕44 号，我们甚至无法确定这是对《担保法》哪一条所作的解释。而有些司法解释突破了制定法的字面含义，甚至造成了“法官造法”的局面，与制定法的规则发生适用上的不确定。因此，《物权法》对质权、留置权的行使期间暂无规定的情况下，也不宜直接适用司法解释的规定，这也是坚持制定法优先地位的司法传统的需要。

2. 抵押权行使期间类推适用的意义

类推适用体现的是法律正义价值，类推适用在民法上意义重大。抵押权行使期间类推适用是在我国民法尚未统一规定担保物权的行使期间的背景下，作出的权宜之举，可以弥补我国现行法律的漏洞，缓和冲突。具体而言主要表现在以下几个方面：

首先，类推适用于质权留置权符合“同等事物、同等评价”的原理。抵押权和质押权、留置权都是典型的担保物权，都是从物权，以为主债权提供担保为使命。公示方法的不同本无效力上的差异，并非两者的根本不同。

其次，短期来看，有利于督促债权人及时行使权利，维护出质人和留置物所有权人的利益。主债务诉讼时效期满，债务人取得了时效抗辩，若不对质权、留置权进行一定的期限限制，债权人依然可以永久性地就质物、留置物实现债权。在债务人为自己债务出质的情况下，质权没有行使期间限制意味着债务人的时效抗辩实质上不能达成；若为他人债务出质，则出质人会被置于比债务人本身更为不利的境地。另外，根据《物权法》第 221 条和第 238 条，质权、留置权的实现均可通过折价、拍卖、变卖方式实现，拍卖、变卖所获多于价款的部分应当返还出质人。如果允许质权、留置权罔顾时效长期存在，质物留置物发生贬值、折耗，会影响出质人、留置物所有权人对于质物、留置物超出债

[71] 参见薛军：《民法典编纂如何对待司法解释》，载《中国法律评论》2015 年第 4 期。

务标的额之外部分的合法权利。

最后，长期来看，有利于抵押制度本身的发展。抵押相对于质权、留置权更加有利于物尽其用。主债权诉讼时效届满，抵押人可依据《物权法》第202条获得抵押权行使期间届满的利益，取回抵押物，而质权却难以适用。债权人在设立担保物权时为了自身债权得到更好的保障，会更倾向选择后者，而债务人一方可能无力提供抵押物，这影响了抵押制度的融资功能。

四、约定抵押权行使期间

（一）约定抵押权期间的争议

1. 约定抵押权行使期间的理论争议

对于抵押权存续间是否可以约定，学术界争论很大。

否定说认为抵押权行使期间不允许约定，即使约定了抵押权行使期间，也不能在法律上产生预期的效力，这也是法释〔2000〕44号第12条第1款所反映的司法态度。理由是，这些权利的物权性质直接决定了抵押权等担保物权的行使期限不能约定，这与物权法定原则相违背，[72]也不能符合担保物权担保债权受偿的目的。因为在债权没有获得实现而消灭之前，担保物权没有单独归于消灭的理由。[73]依照物权法定原则，抵押权作为一种担保物权，其设立、变更和消灭均须由法律规定之。我国物权法和担保法都未规定当事人约定期间届满是担保物权消灭的理由。另外我国《物权法》第202条对抵押权存续期间进行了规定，不容当事人约定抵押权而改变。

肯定说认为，物权并非均具有无期限性。法律没有禁止性规定，根据意思自治原则应当允许当事人对抵押期间进行约定。担保物权可以约定存续期，期满担保物权消灭，以物权的无期限性为由拒绝承认抵押权的存续期限进而禁

[72] 参见高圣平：《担保法新问题与判解研究》，人民法院出版社2001年版，第457页。

[73] 参见曹士兵：《中国担保制度与担保方法》，中国法制出版社2007年版，第275页。

止约定抵押期间是不成立的。我们不能僵化理解抵押权的从属性，而不考虑实际的需要。随着抵押权从属性日益缓和，规定抵押权不得约定存续期间欠缺合理解释。[74]还有一种说法是，可以把约定抵押权行使期间看作设立附期限的民事法律行为的一种，而《民法通则》和《合同法》都明确承认附期限的民事法律行为。[75]此外，在一物一押制度下，抵押权势必需要期间的限制，不可能永久存续，否则不利于抵押财产被抵押人充分利用，这也违背了市场的价值取向。[76]

2. 理论争议的三个焦点

笔者赞同当事人可自行约定抵押权行使期间。肯定说与否定说的争论，焦点集中于三：对抵押权从属性及其缓和的理解；对物权的期间限制和物权法定原则的权衡；允许约定抵押权行使期间这一论题所包含的价值选择。

首先，抵押权的重要特点是它具有很明显的从属性，抵押权无论是在发生、处分还是消灭上都与主权利息息相关。但担保制度的发展需要使得抵押权的从属性有缓和的趋势，开始具有了一定的独立性。《物权法》第192条的前半段一直被认为是抵押权从属性的明证，主从权利不得分离，一并转让，但该条的后半句依然为法律的另行规定和当事人的意思自治留出了一定空间。担保物权的三种典型制度，在从属性强弱方面也不是完全一致的，法定担保物权因为在法律上是为保护特定债权发生，故其从属性特别显著和强烈，而抵押权作为融资媒介，其使用则较为缓和。在产生上，抵押权并未在债权成立之时同时实现，从属性在抵押权的产生方面并没有严格解释的必要，最高额抵押的存在就是实证；在处分上，当事人可以对债权转让时抵押权的处理作出例外的约定；在消灭上，主债权消灭抵押权随之消灭是从属性的表现，而抵押权消灭，

[74] 我国台湾地区于2007年3月28日修订的“民法典”物权编中删除了“抵押权约定由存续期间者，其存续期间约定无效”，因此约定抵押权之效力新规定未加以规定。参见陈荣隆：《担保物权之新纪元与未来之展望》，载《台湾地区本土法学》2007年第4期。

[75] 参见孙鹏：《论担保物权的实行期间》，载《现代法学》2007年第6期。

[76] 参见翟云岭：《论抵押期限》，载《政法论坛》1999年第2期。

主债权不消灭并未与其消灭上的从属性相矛盾，从属性并不排除其独立性。

其次，物权法定主义之下，[77]只有法律才能直接规定物权的种类和内容。物权法定原则并不意味着物权法完全不适用意思自治原则，在物权法上当事人仍享有一定的自由，如订立契约自由，订立契约的时间内容和方式都可以发挥意思自治。除所有权和永佃权外，大部分用益物权和担保物权都有期限，因此不能以物权的无期限性来否定约定抵押权行使期限，何况《物权法》第202条所规定的期间可以理解为抵押权行使的法定期间，并未排除约定抵押期间的可能。

最后，允许抵押权人与抵押人约定抵押权存续期间有助于促使抵押权人及时行使抵押权，并不当然与抵押的目的相悖。约定抵押权期间可以看作附期限的民事行为，具有必要性。明确规定抵押期间、质押期间等担保物权的存续期限正是市场经济追求效率与公平的内在要求。持否定说的学者进一步主张，法释〔2000〕44号在制定过程中否定约定抵押权期间是由于此举会加大担保成本，而且当事人所约定的抵押权行使期间在债权实现之前期满的这类约定并无意义，反而会导致市场的混乱。笔者认为，在担保成本和抵押人负担过重两者的利益权衡不能厚此薄彼。可能在某特定时间段债务人有较强的清偿能力，抵押人于此期间提供担保并不会实际履行担保义务；但若逾此期间主债务人的财产状况就会恶化很可能无力清偿，自己恐怕要实际履行担保债务。面对此情此景，担保人和主债务人约定担保物权存续期间相同于主债权的诉讼时效期间有何可非难之处呢？[78]抵押人应当有在不侵害他人的前提下控制自己损失的自由。

[77] 对于物权法定的含义，笔者赞同物权法定只包括物权的类型与内容法定，无须扩及物权效力、取得方式和公示方法的观点。参见冉克平：《物权法总论》，法律出版社2015年版，第54～60页；高圣平：《物权法定主义及其当代命运》，载《社会科学研究》2008年第3期。

[78] 参见崔建远：《物权：规范与学说（下）》，清华大学出版社2011年版，第494～511页。

（二）当事人有权约定抵押权行使期间

1. 民法强制性规范与意思自治

法释〔2000〕44 号第 12 条否认了当事人约定期间和按照登记机关要求登记期间的任何法律约束效力，明确排除了当事人在担保物权行使期间问题上发挥意思自治的空间。[79]

笔者认为，禁止当事人约定抵押权期间与禁止流抵、流质在理论基础上一脉相承，其着眼点往往都在于防止债权人利用其经济上的优势地位过分压榨债务人和抵押人。如果允许约定比法定抵押权行使期间更长的期间，会使抵押财产长期处于权利负担之下。禁止约定抵押权行使期间的强制性规范体现了民法浓厚的家父主义思想，家父主义禁止行为人实施与自身福利相违背的行为，从而以一种“善”的强制去保护行为人，是国家对于个体一种强制的爱，替社会成员作出“为他们好”的决策。秉承这种观点的民法理论认为，面对纷繁复杂的社会，个人因为惊慌失措可能会因为选择错误而损害自身利益，因此需要以强制性规范加以保护。从法制史上考察，罗马法上禁止流质契约是基于当时贫富差距、阶层固化的社会情况，为防止债权人利用高利贷盘剥债务人，而由国家法律强制干预经济生活。但随着工商业的变迁，债权人与债务人的关系已经发生改变，立法者对债务人进行如此充满道德色彩的保护实是多虑。[80]

在市场交易中，当事人被假定为自身利益的最佳判断者，有权依自由意志订立契约，只有在关涉国家利益和社会公共利益时才得对意思自治予以限制。债务人身为理性经济人，是否约定更长的抵押权行使期间均是基于对自身利益的判断而做出，在只涉及双方当事人利益的情况下，法律应当充分尊重意思自治原则，而不宜直接认定为无效。目前，我国抵押关系日益活跃，债权人主体为金融机构，债权债务关系中债权人并没有优于债务人的地位，债务人借

---

[79] 法释〔2000〕44 号第 12 条第 1 款规定：“当事人约定的或者登记部门要求登记的担保期间，对担保物权的存续不具有法律约束力。”

[80] 参见高圣平：《论流质契约的相对禁止》，载《政法论丛》2018 年第 1 期。

贷的主要目的也由个人家庭生活需要转向投入企业生产，债务人的素质和偿付能力明显提升，当事人在参与市场交易时更趋理性，一刀切地对约定抵押权期间持否定态度似乎并不合理。

意思自治原则是民法的基本原则，凡是法律没有禁止的，便是自由的。对抵押权行使期间加以约定，目前司法解释态度是否认的。法释〔2000〕44 号第 12 条第 1 款的规定本身与抵押权发展的趋势相悖。即使我们认为现行法律已经规定了抵押权的法定行使期间，这并不当然排除当事人约定抵押权行使期间的意思自治。禁止当事人对发生在自己与他人之间的抵押权行使期间加以约定，除非是具有充分且正当的理由，才能对这种自由加以限制。这种理由必须是来自保护公共利益的需要。[81] 此处的抵押权更多是私权利的交易，无涉国家利益与社会利益。在这些约定了抵押权期间的案件中，有相当多数量的案件中的抵押物是包含房产或仅是房产的，且同时存在物上保证人和债务人。如果仅有法定的抵押权期间，不动产所有人对自己不动产的处分自由将受到很大的限制，物上保证人的追偿权以及在混合共同担保中与保证人利益的平衡，都会受到限制。可见允许当事人意思自治不仅没有违反公共利益反而利于公共利益。

2. 约定抵押权行使期间的其他理由

首先，约定抵押权行使期间有其必要性。抵押权行使期间，它是对抵押权行使的时间限制，只是规范权利行使的一种法律工具。这一法律工具，既可以仅仅坚持法定主义，一国之中只有有权力的机关才可以使用，来调整当事人权利义务关系以及维护物权法定和抵押权从属性之间的平衡；也可以兼采法定主义和约定主义，国家公权力的干预主要体现在对滥用权利的限制上，如设置起算点、最低或最高的期间长度上，处于特定抵押法律关系中的当事人，也可同样运用这一工具，来实现内部的意思自治。

---

[81] 参见王轶：《民法价值判断问题的实体性论证规则——以中国民法学的学术实践为背景》，载《中国社会科学》2004 年第 6 期。

前文已经提到，抵押权相对于其他担保物权，以不转移物的占有为显著标志，极好地实现了财产“物尽其用、物超所值”的理念。然而如果抵押权长期存在，不利于抵押物充分发挥其交换价值和使用价值。在案例实证分析中笔者发现，实务中确实存在约定抵押权行使期间的需要。趋利避害是一个市场经济参加者的本能，在商事活动中为他人提供担保，一个成熟理性人必然能够预见自己可能会承担担保责任，但倘若抵押人一旦提供了抵押，无论债务人信用和经营状况如何，在法定的抵押权形式期间届满之前都要深陷这一枷锁之中，似乎对抵押人负担过重，使抵押人在提供抵押之前承担了过高的注意义务。抵押人完全可以根据自己的理性判断和意思自治，对于债权存续期间的某一段期间提供抵押，从而尽量减少自身的风险。

约定抵押权行使期间，可以为动产抵押公示的制度设计开辟道路。动产设立抵押，动产并不转移占有而是继续由抵押人占有，难以表征抵押权。虽然融资的需要使抵押物从不动产扩展到动产，但与不动产相比，动产不仅更易灭失，而且它流动性大，实用价值高，如果动产抵押权长期存在，不利于抵押物充分发挥其交换价值和使用价值，这与抵押制度物尽其用的优点相悖，更失去了设立动产抵押的意义。因此未来，明确清晰的动产抵押制度的建立离不开以登记为主体的公示制度的完善。无论是采用登记对抗主义还是登记要件主义，都势必无法绕开在登记中“抵押期间”的确定。如果允许当事人约定抵押权行使期间，可以促使更多有融资需要的抵押人以动产进行抵押，在对动产抵押进行制度设计时，也无须过度顾虑与不动产抵押的制度衔接问题。

约定抵押权期间不存在论证上的困境。首先，从抵押权行使期间的性质来看，由前文我们可以初步得出结论，抵押权行使期间是一种除斥期间，根据我国现行民法，除斥期间可以法定也可以约定，这种特殊的期间允许当事人约定并没有法律上的障碍。《物权法》第 177 条第（4）项“法律规定担保物权消灭的其他情形”也可以为“约定担保物权因约定行使期限届满而消灭”留出立法空间。其次，抵押权为意定担保物权而非法定担保物权，《物权法》第 185 条第 1 款规定：“设立抵押权，当事人应当采取书面形式订立抵押合同。”在理论上其期限应当可以约定，采举重以明轻的方式，一项可依当事人的约定而设立的权利，自然也可依当事人的约定而消灭。关于抵押合同的内容，《物权法》第 185 条第 2 款删去了《担保法》第 39 条第 1 款第（5）项规定的兜底条款“当事人认为需要约定的其他事项”和第 2 款“抵押合同不完全具备前款规定内容的，可以补正”。根据物权法关于效力的规定，物权法与担保法发生规定不一致时，物权法的效力优先。但我们注意到在措辞上《物权法》采“抵押合同一般包括下列条款”而非绝对涵盖，同时根据物权法条文释义，抵押是双方的法律行为，合同除包括前四项内容外，当事人之间可能还有其他认为需要约定的事项，如抵押财产的保险责任由谁承担，抵押人如果提前偿还债权向谁提存，发生纠纷后是否申请仲裁等，这些内容也可以在协商一致的情况下在抵押合同中约定。本条对于合同内容的要求是指导性的，而不是强制性的。如果合同中缺少了法律要求的某项内容，当事人可以在订立合同后补正，一般说来，补正的时间越早越好。补正合同，当事人双方应当协商一致。也即物权法条文释义上依然保留了担保法解释被删去的第 1 款第（5）项和第 2 款。因此抵押权存续期间是可以约定的。

3. 约定抵押权行使期间与登记制度的衔接

在我国，不动产和特殊动产上都可以成为抵押权的客体。公示方法上，不动产抵押适用登记生效主义，动产抵押适用登记对抗主义。对于不动产抵押而言，其登记机构对抵押财产进行登记时，对当事人约定的抵押权行使期间进行记录并不会增加登记的负担。对于动产抵押而言，登记之后方可取得对抗善意第三人的效力。抵押不转移物的占有，动产又具有灵活性大的特点，因此如果动产抵押权未经登记，从权利外观上第三人可能难以直接获知该项动产上的权利负担，那么第三人可以善意取得抵押物。此时连抵押权本身都不能对抗善意第三人，更不用讨论约定抵押权行使期间的问题了。如果动产抵押权已经登记，那么第三人则有义务向登记机关查询该财产上的权利负担情况，此时，允许当事人约定抵押权行使期间并将其登记在案，不仅不会损害第三人的信赖利益，还可以使第三人对该财产何时解除权利负担有正确的预期，从而合理规划自己的经营活动。至于抵押权的消灭，抵押权因约定存续期间届满径行消灭欠缺公示效果，可以通过立法规定抵押权约定的行使期间届满后，抵押人有权请求法院确认抵押权消灭，并依据法院的判决向登记机构申请抵押权的注销登记。因此，通过修改法律允许当事人约定抵押权行使期间可以实现与我国登记制度的衔接。

（三）约定抵押权行使期间的立法设计

1. 约定抵押权行使期间的适用条件

（1）约定抵押权行使期间只适用于约定担保物权

担保物权按照来源来分大体可以分为两类——法定担保物权和约定担保物权。因为具备法律规定的条件或者原因而当然发生的担保物权被称为法定担保物权如留置权；约定担保物权是指当事人依照其意思而得自由约定的担保物权，如抵押权、质权等。[82]抵押权作为约定担保物权，其产生通过合同约定，举重以明轻，其消灭也可以通过合同约定，也即约定的抵押权行使期间届满。抵押权期间适用于约定抵押权，本身自不待言。

（2）约定抵押权行使期间不能与担保物权的目的和性质相抵触

担保物权的设立目的是确保债务的清偿，担保债权的实现。例如，主债权的清偿期为 2007 年 1 月 26 日至 2008 年 2 月 26 日，担保人和主债权人约定的担保物权存续至 2007 年 2 月 26 日。如果约定抵押权行使期间，在担保物权实现的条件尚未成就便归于消灭，那么此时约定无效。换言之，约定的抵押权的行使期间必须长于主债权的履行期间，如果当事人约定的抵押权的行使期间的终止日与主债务的履行期届满之日相同或早于主债务的履行期届满之日的，视为没有约定。

（3）约定抵押权行使期间的长度、上限、起算点应立法限制

实务中约定抵押权行使期间的，在长度上大多短于或者等于主债权的诉

---

[82] 参见高圣平:《物权法担保法编》，中国人民大学出版社 2007 年版，第 11 页。

讼时效期间，也有受到担保法解释影响约定主债权诉讼时效经过后再加一定期限的。对于短于或者等于法定诉讼时效期间的，只要不与担保物权的目的和性质相冲突，原则上应当允许。对于长于主债权诉讼时效的约定期间，也即抵押人基于自己的某种考虑与抵押权人约定，在主债权诉讼时效期满以后一段时间内债权人仍可实现抵押权。在此情况下，主债权诉讼时效期满债务人享有时效抗辩，抵押人却仍要清偿债务，在承认抵押人对债务人有追偿权的情况下，这样的约定期间实际上构成了对时效利益的预先放弃，与诉讼时效的强制性存在冲突。事实上，从市场经济原理考虑，抵押人同意约定长于主债权诉讼时效的抵押权行使期间并不常见，为了更好地保障抵押人和债务人的权益，建议规定，约定抵押权行使期间超出主债权诉讼时效期间的无效。约定抵押权行使期间延续直至债务获得清偿的，视为约定不明，也不发生效力。

已知法定抵押权行使期间起算点是自“债务人不履行到期债务或者发生当事人约定的实现抵押权的情形”之日起计算，如果允许约定抵押权行使期间，当事人可以对起算点加以约定，但起算点必须不晚于法定抵押权行使期限届满之日。可见，约定的抵押权的行使期间被限制在一个较短的时间段，即主债权的履行期间届满至主债务诉讼时效期间届满之间。

2. 登记机关要求登记抵押权行使期间的效力

登记只是抵押的公示手段，当事人在对抵押进行登记时，如果约定了抵押权行使期间自应记录在登记簿上，公示以备利害关系人查阅。但约定抵押权行使期间是当事人享有的自由而非进行登记时附加的义务，登记机关无权要求当事人对抵押权行使期间加以约定，并登记在登记簿上。法释〔2000〕44号否认当事人约定抵押权行使期间和登记机关要求登记的抵押权行使期间的效力，这有其深层的考虑，主要是由于实践中有些登记机关滥用职权，在登记时要求当事人登记抵押权期间，当事人为了顺利登记只能现场对抵押权行使期间进行约定。登记机关强制要求登记抵押期限，在抵押期限到期后，又强制当事人再次进行抵押权登记。这样每隔一段时间对抵押权进行续登记就成为抵押权人和抵押人的义务，办理续登记不仅增建了程序上的负担，每次续登记可能还要重新缴纳费用，增加了担保成本。因此登记机关的这一要求，并不符合高效便民原则，甚至有登记机关滥用登记权利，为当事人增加负担之嫌。所以否认登记期间的效力，从源头上制止了行政权力的任性。

但其实登记机关要求登记的抵押权行使期间，由来已久，甚至一度深入人心。根据《国土资源部关于印发〈不动产登记操作规范（试行）〉的通知》文件的精神，除了抵押合同上记载的抵押人、抵押权人、被担保主债权的数额或种类、担保范围、债务履行期限、抵押不动产是否明确都是不动产登记机构在进行审核时重点关注的内容。此外，《国土资源部关于启用不动产登记簿证样式（试行）的通知》，也在抵押权登记信息的内容中设置了“填写主债权合同中约定的债务人履行期限”。这两个文件都对主债权的履行期限加以规定，因此在实务中常常存在登记机关要求当事人登记抵押期间，这完全违反了法释〔2000〕44号的规定，需要在日后的法规整理中弥补漏洞，予以修改。

设立抵押权的最终目的是担保主债权的实现，抵押权的设立是债权人、债务人、抵押人在遵守法律的前提下合意的结果，其他人无权干涉。因此，登记机关要求登记的抵押权行使期间应当无效，登记机关滥用职权导致的混乱局面未必要以牺牲当事人的意思自治，一并排除当事人公平自愿地进行约定的权利为代价。对于这两种类型，应当类型化区分对待。

（四）小结

对于约定抵押权行使期间这一问题的研究，我们要区分价值判断问题和立法技术问题。

对于价值判断问题，针对肯定说和否定说的不同理由所体现出的争议焦点，我们不难看出，如果赞同约定抵押权行使期间，那么往往以意思自治原则为旗帜；如果否定约定抵押权行使期间，则往往以物权法定、抵押权从属性以及担保成本高为理由。物权法定原则指物权的种类与内容法定，而并不包括其消灭的法定，约定抵押权行使期间并没有创造出新的物权种类与内容，没有违反物权法定原则。法律不是自古就有的，也不是凭空产生的，而是在社会发展到一定阶段，人们在日常生活中广泛认可并将其作为生活规则，在必要时就可形成法律议案，升为法律。萨维尼曾经指出，找出本民族的“共同信念”与共同意识才是立法和法学的使命，法律的本质是为人类生活本身去服务，法律自身并不是自我可以圆润自洽的。我们不能固守物权法定原则一概否定当事人约定抵押权的行使期间，而应当与时俱进，根据人类生活的需要去做出一定的缓和。诚然，如果约定了较短的抵押权行使期间，抵押权在债务没有清偿前就不能实现了，但这并没有否认抵押权的从属性。因为抵押权的从属性强调的是抵押权不能独立存在，只有与主债权共同存在，并不意味着抵押权不可以独立地消灭。至于认为约定期间加大了担保成本的观点有待商榷，正是因为现行法律不允许约定抵押权行使期间才导致约定期间没有发挥出实际的意义。

对于立法技术问题，规则制定上的困难并不能够单独成为否定约定抵押权行使期间的理由。我们可以对抵押权的行使期间做如下设计：当事人对抵押权的行使期间有约定的，从其约定；但是约定的抵押权的行使期间必须长于主债权的履行期间，如果当事人约定的抵押权的行使期间的终止日与主债务的履行期届满日相同或早于主债务的履行期届满之日的，视为没有约定。当事人约定的期间不得长于主债权的诉讼时效。如果当事人对抵押期间没有约定或约定不明，应按第一款规定的法定抵押权行使期间计算。

其实，一个较为理想的公示方式，应当遵循单一性的要求，[83] 如我国动产抵押和动产质权在公示方式上的不统一就是对单一性要求的违反。一直有学者在主张，对担保物权体系的构建，应当以公示方式代替担保物的形态。尤其是在讨论，是否应当可定具体金融创新品种的效力时，它在公示技术上是否可能，是需要考虑的重要因素。[84] 本文也赞同这种观点。如果未来的担保物权体系能够遵循公示方式来做类型划分，许多抵押领域的难题会迎刃而解，约定抵押期间就是一例。

---

[83] 参见叶金强：《公信力的法律构造》，北京大学出版社2004年版，第13页。

[84] 参见高圣平：《民法典中担保物权的体系重构》，载《法学杂志》2015年第6期。

五、结　语

抵押权的特殊性在于其处于主从关系之中，且在特定的法律关系中受到其自身物权、担保物权和独立性这三种属性的限制，这决定了关于抵押权的时间限制研究兼具一般权利时间属性研究所具有的共性的同时，具有自身的特殊性。抵押权行使期间的性质问题，从其本源上思考往往涉及对诉讼时效效力的探讨，性质问题又会派生出诉讼时效对抵押权行使期间的影响、这一期间能否约定以及能否类推适用于质权和留置权的问题。在确定期间性质时不应停留在期间制度表面差异的争论，而应该透过制度本身分析它所体现的利益取向。对于与公共利益联系最为紧密的权利，理应通过除斥期间制度给予更多的干预。目前，我国已经通过立法确认了诉讼时效的抗辩权发生主义，在民法典物权编正在编纂的今天，关于这一期间性质的争议是时候尘埃落定了。有必要对法释〔2000〕44号的规定予以法律整理，明确《物权法》第202条的制定法效力，《物权法》第202条规定的是法定的抵押权行使期间，其性质是除斥期间。这一期间既可以法定也可以约定，法定抵押权行使期间可以类推适用于质权、留置权，对于动产与不动产不必进行类型化区分，未来也可以考虑设立统一的担保物权行使期间。

反腐败与民营企业盈利能力关系研究

董小炜　李睿心

内容摘要　从党的十八大提出“坚持中国特色的反腐倡廉道路”，到党的十九大的记者招待会上公布五年反腐核心数据，近年来的反腐成效有目共睹。本文拟在已有的研究上更加深入地挖掘反腐败和企业盈利能力之间的关系。选取了 51 家中国上市民营企业 2010—2015 年共六年的数据，除了提出衡量反腐败力度的新指标，还将企业腐败以及企业研发强度作为中介变量，拟合出反腐败对企业盈利能力影响的路径模型。本文结论为反腐败力度大小与企业腐败呈负相关，与企业研发投入呈正相关，而二者对企业盈利的作用相反。由于反腐败的影响是一个长期的过程，且中间的因素众多，所以在本文中反腐败力度和企业盈利二者之间的关系并不显著，有待进一步地追踪研究。

关键词　反腐败　民营企业　企业腐败　盈利能力

作者单位：华东师范大学经济与管理学部。

一、研究背景

腐败向来是世界级的难题，无论是在发达国家、发展中国家还是不发达国家和地区，腐败都是一个普遍且长期存在的问题。

中国自实施经济改革之后，腐败现象日益严重，但与此同时，中国的经济增长率却远高于世界经济增长的平均水平，这一“双高之谜”引起了许多学者的关注。[1] 支持“有效腐败论”的学者认为此为极佳的证据，“腐败”这个润滑剂有益于经济效率的提升。[2]

但也有很多学者指出腐败对经济的负面影响，认为腐败从根本上破坏了长期经济增长的根本原因——产权保护，认为腐败是阻碍经济车轮向前的“沙子”，阻碍经济的增长。寻租理论和公共选择学派均认同腐败会阻碍资源配置的观点。[3]

学术界关于腐败对经济发展的影响并未达成一致共识，原因主要有两点：首先，腐败活动隐蔽性较强，是一个极难以度量的变量；其次，横截面的分析会存在内生性问题，经济发展水平也可能影响腐败程度，因此难以厘清二者之间的因果关系。[4]

2012 年 11 月 8 日，党的十八大于北京召开，报告明确提出了“坚持中国特色的反腐倡廉道路”。此后，反腐倡廉的规章制度陆续出台，如“中央八项规定”“六项禁令”,“苍蝇”“老虎”一起抓的反腐活动得到了人民群众的认可。

2017 年 10 月 18 日，党的十九大召开，习总书记强调了反腐倡廉的重要

[1] 参见钟覃琳、陆正飞、袁淳:《反腐败、企业绩效及其渠道效应——基于中共十八大的反腐建设的研究》，载《金融研究》2016 年第 9 期。

[2] 同上注。

[3] 参见聂辉华:《腐败对效率的影响：一个文献综述》，载《金融评论》2014 年第 1 期。

[4] 参见钟覃琳、陆正飞、袁淳:《反腐败、企业绩效及其渠道效应——基于中共十八大的反腐建设的研究》，载《金融研究》2016 年第 9 期。

性，提出要让每一个干部牢记“手莫伸，伸手必被捉”。在 10 月 19 日召开的党的十九大新闻中心举行的首场记者招待会上，五年反腐核心数据阐释了何为“从严治党”的“严”。例如，中央巡视开展 12 轮，共巡视 277 个党组织；五年来，全国纪检监察机关共同处置问题线索 267.4 万件，立案 154.5 万件，处分 153.7 万人，涉嫌犯罪被移送司法机关处理 5.8 万人。

除了在党组织内的全面反腐，在政商关系纷繁复杂的当下，企业的反腐固然不可忽视，除了备受关注的国企腐败，民营企业的反腐活动也不能掉了队。相较于国企，民营企业的市场化程度更高，也有更大的寻租动力。故本文研究关注反腐败力度与民营企业盈利能力之间的关系，拟探究中间的作用机制，以期更好地理解反腐败对企业盈利能力的影响。

本文的创新和贡献主要表现在：（1）提出衡量反腐败力度大小的新的指标，对反腐败力度有了更全面的观测和认识；（2）将研究对象设定为中国的上市企业，在数据库中选取有效客观数据，能有效回避分析主观数据所产生的偏差；（3）在关注点多在腐败对国企的影响的情况下，关注反腐败对民营企业的影响，能更好、更全面地了解反腐败对企业盈利的影响；（4）在探究反腐败与企业盈利关系的基础上，进一步探寻其中的作用路径，以期更完整地理解其作用机制，以便更好地分析社会现象和提出政策建议。

二、文献回顾与研究假设

（一）腐败的定义

对于腐败的概念，虽未有统一的定义，但国际货币基金组织所下的定义得到了较为广泛的认可，即“腐败是滥用公共权力以谋取私人的利益”。吴敬琏认为：“腐败是权力与货币的交换，这种‘以权谋私’现象，在经济学术语上叫作设租和寻租活动。”蔡陈聪认为：“腐败即权力腐败是指这样一种行为，它是公职人员滥用公共权力，侵犯公共利益以谋取私人利益，使公共权力异化的不合法和不合理的作为或不作为。”[5]

（二）腐败对企业盈利能力的影响

关于腐败对企业盈利能力的影响的观点主要有两种。

1. 腐败对企业盈利能力有正效应

首先，常见的腐败的形式为寻租，寻租行为能优化资源的配置，缩短资源配置的时间，使得配置进程加快，从而提高企业的生产效率。

其次，从融资的角度来看，以零售业为例，直观上来看，由于腐败而产生的购物卡的销售直接导致企业预收账款的增加，进而增加其商业信用融资，这种筹资便利、筹资成本低、限制条件少的融资大大提高了企业的融资效率。[6]

再次，通过与政府建立非法的联结，企业可以顺利地通过研发立项、审批以及研发活动中的报批和审批手续，减少了政府和执法部门的频繁检查和刁难，所以腐败有助于降低企业创新活动过程中的交易成本。

最后，对于企业的创新产品来说，通过非法支付，企业可以降低创新成果被当地政府征用的政治风险，以及在政府的庇护下，能够做到行业垄断，使得被竞争者复制模仿而致使创新活动收益流失的风险降低。除此之外，由于企业和政府之间有效地沟通甚至是利益共同体的建立，政府对于企业的不当行为（如偷工减料等）故意予以忽视，在一定程度上降低了企业的生产运营成本。

以上几个方面的原因，使得一些学者认为腐败对企业盈利能力有积极的影响。

2. 腐败对企业盈利能力有负效应

首先，作为腐败的重要行为的寻租活动导致了不公平的竞争，使得市场资源的配置不合理，得到资源的企业可能是成本低、做工差、低效率的企业，

---

[5] 蔡陈聪：《腐败定义及其类型》，载《中国青年政治学院学报》2001 年第 2 期。

[6] 参见左月华、雷娅雯、许飚：《社会腐败、企业经营状况与商业信用融资——基于我国大陆地区与香港地区零售业的面板数据检验》，载《财经论丛》2015 年第 8 期。

这类企业的盈利能力并不会因通过非法手段获取的资源而有大幅提升，而真正效率高的企业却因缺少资源导致盈利能力受到影响。

其次，腐败像税收一样会带来投资扭曲，并且腐败的非法性和保密性使得它比税收带来的扭曲更大，[7]影响资源配置决策的制定和实施效率，而反腐败有利于促进外商直接投资，[8]利于提高企业的竞争力，即腐败在一定程度上会抑制外商直接投资。

最后，由于企业创新面临着巨大的风险，为了规避风险，非国有控股企业需要通过贿赂等方式获得政治身份，希望通过这一渠道获取政府提供的大量资源和扶持，以便为创新活动提供必要的物质条件，[9]使得企业将本可以用于创新的资金花在了贿赂官员上，在浪费资金的同时，优秀的人才也难以专心投入技术创新中，而是致力于与政府搞好关系上，不利于企业的成长和盈利能力的提升。

综上，一些学者认为腐败对企业盈利能力有负效应。

（三）反腐败对企业盈利能力的影响机制

1. 地区腐败导致企业腐败

企业的经营必然受到外部环境的影响，在人情社会中，政企关系固然是中国企业关注的重点之一，建立和维护良好的政企关系需要与政府频繁“打交道”，而“打交道”固然涉及资金问题。

由于企业高管对政府官员的贿赂等腐败行为发挥着特殊的资源配置功能，所以许多民营企业高管将行贿看作减少企业成本的措施之一。[10]实践中民营企业高管腐败的一个重要罪名就是行贿犯罪。有研究表明：当地区腐败严重或

---

[7] 参见聂辉华：《腐败对效率的影响：一个文献综述》，载《金融评论》2014年第1期。

[8] 参见李后建、张剑：《腐败与企业创新：润滑剂抑或绊脚石》，载《南开经济研究》2015年第2期。

[9] 同上注。

[10] 参见张玮倩、方军雄：《地区腐败、企业性质与高管腐败》，载《会计与经济研究》2016年第3期。

外部治理环境较弱时，民营企业高管进行腐败活动的动机更强。

2. 企业腐败与企业研发创新的关系

刘锦、王学军的研究发现：企业的寻租腐败活动显著地提高了其研发投入，民营上市公司的政治关联有助于其研发活动，但若寻租收益还不足以抵销其成本，企业被迫寻租只是为了避免各级政府的掠夺，企业只得削减其内部开支，如减少研发投入，以弥补其寻租成本的增加。[11]李后建、张剑的研究发现：贿赂等腐败活动与企业创新的倒U形的曲线关系，即一定程度的腐败会刺激企业创新，而更高程度的腐败会抑制企业创新。

3. 企业研发创新与企业盈利的关系

国外对研发支出与企业绩效的研究大多以美国和英国企业作为样本，从整体上来看，关于企业研发支出与企业绩效之间关系的研究基本上都支持研发支出与企业绩效正相关的结论。

基于以上的综述，反腐败对经济的影响和反腐败对企业盈利的影响都并未有一个统一的定论。角度不同，无孰是孰非，故我们提出：

假设1：反腐败对民营企业盈利能力会产生正效应；

假设2：反腐败对民营企业盈利能力会产生负效应。

而针对反腐败对民营企业盈利能力的作用路径，由于地区腐败会导致企业腐败，所以随着反腐力度的加大，企业腐败理论上也会减少；此外，已有研究证实了企业腐败和企业创新之间的关系，而企业的研发创新又是企业盈利的一个重要因素，所以综上所述，我们拟将反腐败对民营企业盈利能力的作用路径假设为图1。

[11] 参见刘锦、王学军:《寻租、腐败与企业研发投入——来自30省12367家企业的证据》，载《科学学研究》2014年第10期。

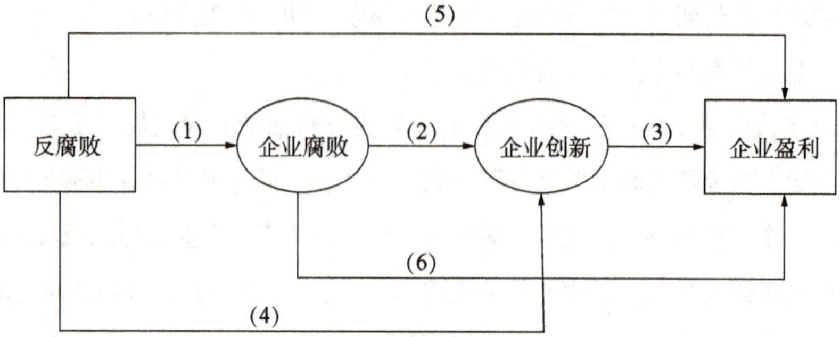

图 1　作用路径

由于变量之间存在相关关系，故我们将路径细分成 6 条，分别检验其作用效果，以便完整全面地分析反腐败对企业盈利能力的影响。

三、实证研究设计

（一）样本的选取

本项目的所有关于企业的数据均来源于国泰安数据库，衡量反腐败力度的指标数据如人民检察院受案、立案、结案案件数等来源于中国统计年鉴。其他参与分析的数据均来自各类官方网站。

在收集完所有数据后，我们对数据进行了筛选，剔除数据缺失样本以及金融业的企业样本。项目研究共涉及 51 家中国上市的民营企业从 2010—2015 年共 6 年的数据以及衡量反腐败力度的指标数据。

（二）变量定义

表 1　变量定义及说明

类别	名称	符号	定义
考察变量	反腐败力度	ARREST	考察年度人民检察院批捕、决定逮捕犯罪嫌疑人的贪污贿赂案件数（件）/当年贪污贿赂结案数（件）
中介变量	企业腐败	ETC	企业招待差旅等八项费用支出/企业总资产（%）
	研发强度	RD	企业 R&D 增加金额/企业营业收入（%）
因变量	企业盈利能力	PROTIF	企业综合盈利能力为对四项指标进行主成分因子分析后所提取的唯一因子，包括的指标有：资产报酬率 RROO、总资产净利润率 ROA、净资产收益率 ROE、营业利润率 OPR
控制变量	企业年龄	LNAGE	（考察年度－企业成立年份）取自然对数
	企业规模	LNSCALE	企业员工总人数，取自然对数
	企业风险	DEBT	资产负债率，即负债合计/资产总计
	企业成长性	GROWTH	营业收入增长率，即（考察年度营业收入－上年营业收入）/上年营业收入
	监事会规模	BOS	全部监事会人数
	董事会独立性	INDEP	独立董事人数占全部董事人数的比例
	股权集中度	CONCEN	企业第一大股东持股比例
	股权制衡度	BALANCE	第二至第五大股东持股比例/第一大股东持股比例
虚拟变量	行业	INDUSTRY	根据中国证监会公布的《上市公司行业分类指引》2012 年版进行行业分类，按照各个行业分别取虚拟变量
	地区	AREA	按照各个地区分别取虚拟变量
	年度	YEAR	按照各个年度分别取虚拟变量

1. 反腐败力度

该指标的选取为本文的主要创新点之一。由于腐败活动发生的隐蔽性，学术界一直未找到一个大家都认可的指标。大多数学者选择从《中国检察年鉴》中各地区人民检察院的年度工作报告来获取贪腐渎职涉案人数和当地公职人员数，然后采用贪腐渎职涉案人数占当地公职人员数的比例（人 / 万人）来衡量各地区的腐败程度，还有一些学者采取的是占每十万人的比例。

而另一些学者则是把这个指标当作反腐败程度的衡量指标，与 Goel 和 Daniel、Fisma、Glaeser 和 Saks 等人所采取的方法类似，他们都使用美国各州公务员中被判定腐败罪的人数占全州人数或全州公务员的比例来衡量各州的反腐败程度。[12] 在国内文献中，吴一平、周黎安和陶蜻、范子英都使用了该数据集。关于该指标作为反腐败指标的有效性，张军在其被引量近千的文章中曾有过解释，谢平、陆磊一书中发表的中国金融腐败指数与张军等对数据的解读很吻合。[13] 除此之外，由"清廉国际"(IT）公布的清廉指数可知，中国 1988—1992 年之间的清廉指数高于 1992 年以后，即这段时间反腐力度较大，而张军等的数据也显示，这段时期全国各省人均立案数在各年中最高。所以综上，他们认为"每万公职人员贪污贿赂案件立案数"表示的是反腐败的力度，本文认可此方观点。

经过数据收集以及对实际反腐新闻等内容的报道的分析，我们决定选取"考察年度人民检察院批捕、决定逮捕犯罪嫌疑人的贪污贿赂案件数（件）/ 当年贪污贿赂结案数（件）"作为衡量反腐败力度的指标。理由如下：一是，比起单纯的受案和立案，批捕、决定逮捕更能体现处理案件的态度，并非简单地结案草草了事，而是付诸行动的追究；二是，这个指标的变化趋势与学术界常使用的"每万公职人员贪污贿赂案件立案数"相近，而上文已经论述过其作为衡量反腐败力度大小的指标的合理性。

---

[12] 参见韩玉锦：《反腐对经济影响的实证分析》，载《中国物价》2015 年第 5 期。

[13] 参见张军、高远、傅勇、张弘：《中国为什么拥有了良好的基础设施？》，载《经济研究》2007 年第 3 期。

2. 企业腐败

基于中国企业运行的实际，Caietal 在 2011 年提出一个度量企业腐败的新指标：招待费和差旅费支出 (Entertainment and Travel Costs, ETC)。[14]

考虑到企业的招待费支出也包括管理层利用职务之便的在职消费支出，是管理层提高自身福利待遇的重要途径。对于民营企业来说，在职消费似乎更为方便，故我们同时也将民营企业高管的在职消费项目纳入在内，包括八项费用：办公费、差旅费、业务招待费、通信费、出国培训费、董事会费、小车费和会议费。[15]

3. 研发强度

综合相关文献，利用企业 R&D 增加金额 / 企业营业收入（%）这个指标来全面衡量企业的研发创新强度。

4. 企业盈利能力

项目针对企业盈利能力选取了四个指标，对它们进行主成分因子分析，合成一个指标。(1) 列表示因子 PROFIT 与四个指标的相关度；(2) 列表示因子 PROFIT 对四个指标的解释程度，概括程度良好。

表 2　主成分分析

	(1)	(2)
RROO	0.98	0.96
ROA	0.98	0.96
ROE	0.92	0.85
OPR	0.82	0.68

5. 控制变量

除了腐败，还有许多企业特征、行业特征以及时间等诸多因素会影响企

[14] 参见黄玖立、李坤望：《吃喝、腐败与企业订单》，载《经济研究》2013 年第 6 期。

[15] 参见陈冬华：《国有企业中的薪酬管制与在职消费》，载《经济研究》2015 年第 2 期。

业的盈利能力，我们选取了变量企业年龄、企业规模、企业风险、企业成长性、董事会独立性、股权集中度、股权制衡度作为控制变量。

（三）模型的构建

根据上文的假设，我们拟构建6个模型来全面详细地分析反腐败和民营企业盈利能力之间的关系。

1. 路径1探究反腐败和企业腐败二者关系；

$ETC=\alpha 1+\beta 1ARREST+\gamma 1\ T+\varepsilon$（其中：T为控制变量）

2. 路径2探究企业创新和企业腐败二者关系；

$RD=\alpha 2+\beta 2ETC+\gamma 2\ T+\varepsilon$

3. 路径3探究企业盈利和企业创新二者关系；

$PROFIT=\alpha 3+\beta 3RD+\gamma 3\ T+\varepsilon$

4. 路径4探究反腐败和企业创新二者关系；

$RD=\alpha 4+\beta 4ARREST+\gamma 4\ T+\varepsilon$

5. 路径5探究反腐败和企业盈利二者关系；

$PROFIT=\alpha 5+\beta 5ARREST+\gamma 5T+\varepsilon$

6. 路径6探究企业盈利和企业腐败二者关系；

$PROFIT=\alpha 6+\beta 6ETC+\gamma 6\ T+\varepsilon$

四、描述性统计

（一）反腐前后重要变量对比

表3　反腐前后重要变量对比

变量	ARREST（%）	ETC（%）	RD（%）	PROFIT（%）
（反腐前）2010 — 2012年				
平均值	46.26	1.06	2.32	0.07

续表

变量	ARREST（%）	ETC（%）	RD（%）	PROFIT（%）
最大值	47.46	4.46	13.28	4.10
最小值	44.42	0.10	0.00	-4.29
（反腐后）2013 — 2015 年				
平均值	53.07	0.88	3.54	-0.07
最大值	56.12	3.52	32.46	3.14
最小值	48.20	0.08	0.00	-3.66

可以看到在党的十八大提出反腐倡廉后反腐力度的提升，企业腐败的减少，企业研发强度的增大，说明此研究有一定的意义，值得进行更为深入的研究。

（二）所有变量的统计性描述

表 4　变量的描述性统计

变量	最小值	最大值	平均值	标准差
ARREST	0.444	0.561	0.497	0.043
ETC	0.001	0.045	0.010	0.007
RD	0.000	0.325	0.029	0.034
PROFIT	-4.295	4.097	9.8039E-8	1.000
INDEP	-0.249	0.571	0.288	0.148
BOS	0.000	6.000	2.440	1.616
LNSCALE	3.332	11.405	7.678	1.119
CONCEN	0.068	0.716	0.274	0.126
DEBT	0.029	0.832	0.404	0.210
LNAGE	1.099	3.466	2.614	0.431
GROWTH	-0.529	1.562	0.204	0.279

续表

变量	最小值	最大值	平均值	标准差
BALANCE	0.021	2.590	0.771	0.530

（三）重要变量的相关性描述

表 5　重要变量的相关性描述

变量	ARREST	ETC	RD	PROFIT
ARREST	1			
ETC	-0.136*	1		
RD	0.160**		1	
PROFIT			135*	1

五、实证结果与分析

（一）回归结果

本文使用 R 语言对模型进行回归，全文的显著性标注为："***" 0.001; "**" 0.01; "*" 0.05 ; "." 0.1。

1. 路径 1

$ETC=\alpha1+\beta1ARREST+\gamma1T+\varepsilon$（其中：T 为控制变量）

经过对异方差的消除，回归结果如下：

表 6　回归结果 1

	Estimate	Std. Error	t value	Pr(> |t|)
(Intercept)	0.035	0.003	12.525	＜ 2e-16 ***
ARREST	-0.027	0.004	-6.558	2.43e-10 ***
CONCEN	-0.011	0.002	-5.207	0.000***

续表

	Estimate	Std. Error	t value	Pr(> |t|)
GROWTH	-0.003	0.000	-5.593	0.000***
BALANCE	-0.001	0.000	-2.662	0.008**
BOS	-0.001	0.000	-4.412	0.000***
INDEP	-0.006	0.003	-2.145	0.033*
LNAGE	0.001	0.000	1.643	0.101
LNSCALE	0.000	0.000	-2.636	0.009**
DEBT	-0.003	0.001	-2.896	0.004**

反腐败与企业腐败显著负相关，即反腐败的力度越大，企业腐败就越少。企业腐败案件多发地区的政治环境都较差，腐败不仅会在政府内部蔓延，也会传染给所在地区企业的管理者，[16]进而导致企业的腐败。

政府的腐败容易导致寻租行为的出现，公平竞争机制缺失的转型经济中，贿赂等腐败行为发挥着特殊的资源配置功能，能够为企业带来利益，[17]而企业无论是出于主动地拉近政商关系以获取稀缺资源或者管制的放松，还是被动地贿赂政府官员以保全自己，都会为“企业腐败”添砖加瓦，从而导致恶性循环。在转型经济中，民营企业热衷于腐败活动原因主要是因为相关制度不完善和正式法律制度保护产权的渠道不畅通。[18]而反腐败的出现使得腐败的风险性加大，约束了政府在资源配置中的权利，官员的自由决策权得到限制，所以当反腐败力度加大，随着地方腐败程度的减弱，企业腐败也相应减少。

---

[16] 参见张玮倩、方军雄：《地区腐败、企业性质与高管腐败》，载《会计与经济研究》2016 年第 3 期。

[17] 参见黄玖立、李坤望：《吃喝、腐败与企业订单》，载《经济研究》2013 年第 6 期。

[18] 参见高扬志、冉茂盛：《民营企业腐败对研发投入的影响研究——基于中小板上市公司的经验证据》，载《中国管理科学》2017 年第 3 期。

2. 路径2

$RD=\alpha 2+\beta 2ETC+\gamma 2T+\varepsilon$

系数为正，不显著。即企业腐败会对企业研发创新投入产生正效应，但作用不明显。李后建、张剑[19]的研究发现：一定程度的腐败会刺激企业创新。由于腐败会带来一些稀缺资源的分配增加，所以在一定程度上会刺激企业创新。在刘锦[20]的研究中，企业的寻租腐败活动对企业研发有显著的正的影响。究其原因，实为我国市场制度缺失导致的“腐败悖论”。是由于企业寻租腐败活动代替了市场机制，成为衡量其研发能力的信号，从而形成了“腐败即创新”的乱象。而随着市场化进程的优化和创新制度的完善，在本文的研究中，二者关系已不显著，在一定程度上亦可说明反腐败的成效。

3. 路径3

$PROFIT=\alpha 3+\beta 3RD+\gamma 3T+\varepsilon$

表7 回归结果2

	Estimate	Std. Error	tvalue	Pr(> |t|)
(Intercept)	-0.832	0.164	-5.081	0.000***
RD	4.210	1.555	2.707	0.007**

企业创新和企业盈利显著正相关。“大众创业，万众创新”，社会对于创新的需求越来越大，企业推进产品的创新或者生产过程的创新，通过产品的性能和用途等方面的改进，能够迅速响应市场的新需求，通过差异性的创新产品，获取竞争优势，赢得市场份额，以此来使得盈利得以增加。

4. 路径4

$RD=\alpha 4+\beta 4ARREST+\gamma 4T+\varepsilon$

[19] 参见李后建、张剑：《腐败与企业创新：润滑剂抑或绊脚石》，载《南开经济研究》2015年第2期。

[20] 参见刘锦、王学军：《寻租、腐败与企业研发投入——来自30省12367家企业的证据》，载《科学学研究》2014年第10期。

表8 回归结果3

	Estimate	Std. Error	tvalue	Pr(> |t|)
(Intercept)	-0.035	0.009	-3.826	0.000***
ARREST	0.163	0.017	9.796	< 2.00e-16***
CONCEN	0.010	0.007	1.381	0.168
GROWTH	0.003	0.003	1.214	0.226
BALANCE	0.022	0.002	13.031	< 2.00e-16***
BOS	-0.002	0.001	-3.175	0.002**
INDEP	-0.009	0.012	-0.770	0.442
LNAGE	-0.007	0.002	-3.304	0.001**
LNSCALE	0.000	0.001	-0.741	0.459
DEBT	-0.022	0.004	-5.591	0.000***

反腐败对企业创新有显著的正效应，即反腐败力度越大，企业创新投入会越多。由于政治关联对企业创新有明显替代作用，而反腐败提高了企业谋求政治关联的成本，削弱了政治关联对创新的替代作用，有利于提高企业的创新水平。[21]反腐败力度越大，企业用于维系政商关系的资金减少，在一定程度上，企业可用于研发创新的资金会增加，经营成本的下降使得企业创新活动的边际生产率提高，进而促进企业研发创新。反腐败力度的增大，会降低企业通过腐败直接获取市场特权的可能，进而能够有效弱化腐败对企业研发创新的伤害。[22]此外，随着反腐败力度的增大，市场和资源分配也会趋于公平和有效，企业竞争趋于良性，企业会增加研发投入来提高自己的竞争力。

[21] 党力、杨瑞龙、杨继东:《反腐败与企业创新：基于政治关联的解释》，载《中国工业经济》2015年第7期。

[22] 高扬志、冉茂盛:《民营企业腐败对研发投入的影响研究——基于中小板上市公司的经验证据》，载《中国管理科学》2017年第3期。

5. 路径 5

$$PROFIT=\alpha 5+\beta 5ARREST+\gamma 5T+\varepsilon$$

系数为负，不显著。即反腐败对企业盈利有负效应，但不显著。假设 1 和假设 2 都不能得到很好的验证。

在本文研究设计中的路径中，反腐败对企业腐败和企业创新都有显著的影响，且仅从这两个方面来看，完全可以推出反腐败力度与企业盈利正相关：（1）反腐败力度增大，企业创新增加，盈利增加；（2）反腐败力度增大，企业腐败减少，盈利增加。已有的研究亦是如此，如反腐倡廉降低了企业维持同政府、国有企业关系的成本、时间，将管理者的更多精力和企业资源转移到生产性活动中去。[23]反腐败通过提高资产周转率，缩短经营周期，优化投资效率，提升生产力这些渠道改善企业经营绩效。[24]

但反腐败的作用路径并不仅如此，若加上企业腐败和企业创新之间的负相关关系进行分析：反腐败力度增大，企业腐败减少，导致企业创新减少，最后盈利下降。反腐败的作用路径是多元的，不是单一的，对企业盈利能力的作用效果亦会受行业、地区、企业性质等因素的影响，很难通过一个简单的模型完整地涵盖。此外，反腐败的影响不仅针对政府和企业，也必定会对市场和消费者产生一定的影响，本文模型未能涵盖所有相关变量，二者之间的关系剖析还需进一步深入地研究。

6. 路径 6

$$PROFIT=\alpha 6+\beta 6ETC+\gamma 6T+\varepsilon$$

---

[23] 参见杨理强、陈爱华、陈菡：《反腐倡廉与企业经营绩效——基于业务招待费的研究》，载《经济管理》2017 年第 7 期。

[24] 参见钟覃琳、陆正飞、袁淳：《反腐败、企业绩效及其渠道效应——基于中共十八大的反腐建设的研究》，载《金融研究》2016 年第 9 期。

表 9　回归结果 4

	Estimate	Std. Error	t value	Pr(> |t|)
(Intercept)	0.404	0.094	4.290	0.000***
ETC	-9.921	3.060	-3.243	0.001**

企业腐败对企业盈利有显著负效应。企业腐败的重要目的就是维持和优化政商关系，无论是出于主动还是被动，这都是一项花钱的“关系买卖”。除此之外，当大多数企业都有腐败行为时，资源配置的公平性和市场的有效性都会受到负面的影响，进而影响企业的盈利情况。

综合以上模型及回归检验，可将最终结果在路径图上表示出来：

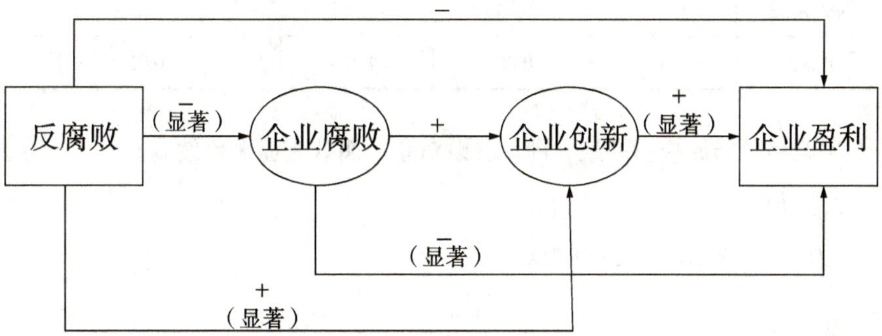

图 2　回归路径图

（二）稳健性检验

为了测试结果的敏感性，避免其受到所选用模型的影响，我们将引入 ARREST2 变量替代原来的 ARREST 变量，来衡量反腐败力度的大小。

定义 ARREST2：考察年度人民检察院批捕、决定逮捕犯罪嫌疑人的贪污贿赂案件人数（人）/ 当年贪污贿赂结案人数（人）。

代入模型进行检验：

1. 路径 1

$ETC=\alpha 7+\beta 7ARREST2+\gamma 7T+\varepsilon$（其中：T 为控制变量）

表 10　回归结果 5

	Estimate	Std. Error	tvalue	Pr(> |t|)
(Intercept)	0.036	0.003	13.028	< 2e-16***
ARREST2	-0.033	0.005	-6.752	0.000***
CONCEN	-0.011	0.002	-5.341	0.000***
GROWTH	-0.003	0.001	-4.186	0.000***
BALANCE	-0.001	0.001	-2.615	0.009**
BOS	-0.001	0.000	-4.522	0.000***
INDEP	-0.006	0.003	-2.144	0.033*
LNAGE	0.001	0.000	1.326	0.186
LNSCALE	0.000	0.000	-2.572	0.011*
DEBT	-0.003	0.001	-2.433	0.016*

回归结果与原模型一致，即反腐败对企业腐败有显著负效应。

2. 路径 4

$$RD=\alpha 8+\beta 8ARREST2+\gamma 8T+\varepsilon$$

表 11　回归结果 6

	Estimate	Std. Error	tvalue	Pr(> |t|)
(Intercept)	-0.040	0.009	-4.644	0.000***
ARREST2	0.197	0.019	10.474	< 2e-16***
CONCEN	0.011	0.006	1.754	0.081.
GROWTH	0.003	0.002	1.245	0.214
BALANCE	0.022	0.002	14.380	< 2e-16***
BOS	-0.002	0.001	-3.503	0.001***
INDEP	-0.009	0.011	-0.758	0.449
LNAGE	-0.006	0.002	-2.955	0.003**

续表

	Estimate	Std. Error	tvalue	Pr(> |t|)
LNSCALE	0.000	0.001	-0.491	0.624
DEBT	-0.023	0.003	-6.558	0.000***

回归结果与原模型一致，即反腐败对企业研发创新有显著负效应。

3. 路径 5

$PROFIT=\alpha9+\beta9ARREST+\gamma9T+\varepsilon$

回归系数为负，不显著。

模型通过稳健性检验，正文结论稳定。

六、结论与建议

本文从反腐败的大背景出发，通过对六条路径的回归检验，较为全面地分析了反腐败力度和民营企业盈利之间的关系：（1）反腐败力度越大，企业腐败越少；（2）反腐败力度越大，企业研发创新投入越多；（3）企业腐败程度越大，企业盈利能力下降；（4）企业研发创新投入越多，企业盈利能力提高；（5）反腐败力度大小和民企盈利能力之间并无显著关系。

无论是腐败还是反腐败，无论是企业腐败还是企业创新，影响和作用都不是一时的，而是长久的、深远的。本文为反腐败对民企盈利的影响提供了实证证据，在一定程度上说明了党中央的反腐行动取得了成效。腐败的时间越长就越难纠正，根深蒂固的腐败势力尚存反弹之可能，反腐力度只能保持或者加大而不能减弱，这样才能实现从“运动反腐”到“制度反腐”的转变，才能实现不仅“不敢腐”，而且“不能腐”的目标。

所以，在政府层面，要不断加强监督检查力度，完善司法体制，加大惩处腐败的力度，约束官员自由决策裁量权，减少政府对经济的过分干预，推进市场化的进程，让市场主导资源的分配；另一方面，企业应培养自觉性，坚持廉洁办企的指导思想，规范管理招待费、商旅费等费用的使用流程和情况，提高信息披露水平，提升财务信息的透明度。

反腐败的影响是多方面的，效果的体现也是需要时间的。本文固然不能排除影响民企盈利能力的众多因素，但随着时间的推移，反腐败对民营企业盈利能力的作用成效将逐步凸显。反腐败的影响，不是简单的盈利数字的增加，而是企业能力的全方位提升、企业创新的飞跃和企业精神的传承。

国际金融工具准则修订对我国的影响

杨丰瑞

内容摘要 国际金融工具准则的修订是在金融危机的背景下进行的，这次修订从 2009 年开始，历经 5 年，直到 2014 年发布。这次修订对金融工具的分类与计量，金融资产减值和套期保值会计进行了大刀阔斧的改革。本文详述了 IFRS 9 的改革内容，论述了改革中的优点和不足。这次改革对我国的金融工具准则修订有很大的借鉴意义，分析 IFRS 9 改革可能对我国产生的影响，能够使我国的金融工具准则的修订少走弯路，本文也针对我国金融准则修订中可能出现的问题提出了一些建议。

关键词 国际金融工具准则修订 问题研究 合理建议

一、引言

（一）研究背景

最近几年来，各国资本市场日趋开放，随着各国相互交易日趋频繁，资本市场一体化程度也日益加深。在这样的背景下，国际社会对于出台一套全球

作者单位：交通银行股份有限公司章丘支行。

通用的会计准则的要求越来越强烈，许多国家和地区参与到国际财务报告趋同的阵营中来。随着2008年全球经济危机的爆发，现行金融工具会计准则因为其会计处理复杂，不易被人理解等问题而逐渐被人诟病。作为建立更完善的资本市场，重塑全球金融体系的基础，建立一套高质量的、为全球通用的国际金融工具准则迫在眉睫。但是，众所周知，会计准则与金融监管规则目标体系一直存在歧义，并且金融工具，尤其是以期货、期权为代表的衍生金融工具，[1]由于其本身具有不确定性、高风险和复杂性的特点，使得国际金融工具准则的修订过程注定曲折而坎坷。2009年11月，国际会计准则理事会（IASB）[2]发布了金融资产分类与计量和金融资产减值的征求意见稿。其中关于金融资产确认的内容没有进行大的增改，但对于金融资产的分类和计量，却进行了大刀阔斧的改革，由，《国际会计准则第39号——金融工具：确认和计量》（LAS 39）的四分法变成了两分法；2010年10月（IFRS 9）中加入了金融负债的分类与计量相关的内容，针对这一块内容，（IFRS 9）也没有进行大的改动，与IAS 39相差无几，对企业因自身信用恶化而导致的金融负债利得的问题提出了解决方案：2013年11月加入了套期保值会计的内容，IFRS 9对套期保值会计没有进行颠覆性的改变，基于IAS 39中关于“公允价值套期保值”和“现金流套期保值”的概念及其会计处理，通过明晰“被套期项目”等基础概念，对企业的风险管理活动提出了更好的处理方法；2014年7月，新的征求意见稿中对金融资产减值相关的内容作出了规定。金融资产减值部分的处理被公认为是整个修订工作中最困难的部分，也是IFRS 9和IAS 39差异最大的部分。IAS 39采用的是在金融危机期间被认为有重大不足的“已发生损失模式”，除非获取充足的客观证据证明金融资产已经减值，否则不会确认资产减值损失，

[1] 参见斯文：《衍生品对银行风险承担影响的研究——基于中国上市银行的经验证据》，载《经济评论》2013年第5期，衍生金融工具是指根据对货币利率或债务工具的价格、外汇汇率、股票价格或股票指数、商品期货价格等金融资产的价格走势的预期而定值，并从这些金融产品的价值中派生自身价值的金融产品，有分割、转移风险、提高金融市场经济效率的作用。

[2] IASB是指国际会计准则理事会（International Accounting Standards Board，IASB），其设立的主要目标是制定和发布国际会计准则，促进国际会计的协调。

这种模式可以有效地限制企业为平滑利润而建立的秘密准备，但是也使得信用损失对企业利润的影响的延期确认。为了解决这个问题，IFRS 9 在金融资产减值方面采用了更具有前瞻性的"预期损失模式"，这种模式对所有需要考虑提取减值准备的金融资产采取相同的减值处理方式和会计处理方式，大大简化了 IAS 39 的复杂程度，并且能够在报告日更新金融资产的预期损失金额，使会计信息能够更加真实及时地反映企业的实际情况，有效避免了 IAS 39 反映信息的滞后性。至此，IFRS 9 的修改暂告一段落，IASB 发表了 IFRS 9 的最终版本。IFRS 9 的生效日期是 2018 年 1 月 1 日，届时，IFRS 9 也将全面取代 IAS 39。从现在国际准则发展的趋势来看，IFRS 9 的制定对我国还是有很大的借鉴意义的。随着我国市场经济的不断发展与完善，资本市场正在逐步与国际市场接轨，我国政府和民间的会计组织也在不断努力，为我国金融工具准则与国际准则的趋同做出贡献。我国企业会计准则与国际准则趋同，不仅顺应了国际趋势，对我国资本市场的发展和完善也有很大的帮助。相应的，研究 IFRS 9 修订的内容，分析 IFRS 9 改革的可行性与不足之处，对我国的企业会计准则的修订与改革也具有很大的借鉴意义。我们应该充分考虑新兴市场经济国家的实际国情，取其精华、去其糟粕，在保持金融工具准则与国际金融会计准则全面趋同的前提下，制定出符合我国实际情况的金融工具准则。

（二）研究的目的及意义

在概述了 IFRS 9 的修订过程后我们也能体会到 IFRS 9 的修订是一项长期、复杂的工作。综合来看，IFRS 9 的变动主要表现在以下三个方面：金融工具的分类与计量、金融资产减值和套期保值会计。那么，对比我们国家，IFRS 9 的修订有什么借鉴意义呢？随着我国市场经济的不断发展，企业对理财工具的要求也有较大的发展，大型企业出于对降低成本和风险控制的要求，已不再满足于简单的理财方式，越来越多的企业正在尝试运用金融工具来降低成本，对冲风险，金融行业已经逐渐发展成为支撑企业运行，发展经济的核心产业。随着金融工具不断地发展、创新，对金融工具的风险管理也引起了国家、社会和众多企业管理层的关注。金融危机对我国的整个经济发展造成了巨大的冲击，这也暴露出了我国金融工具相关准则存在的一系列问题。研究 IFRS 9 改革的优点与不足，综合我国的国情，对于我国金融工具准则的修订有很大的借鉴意义。

二、IFRS 9 的改革内容

（一）金融工具的分类与计量

对于金融负债的分类与计量，IFRS 9 主要对按照公允价值计量的金融负债相关的准则进行了修订。根据 IAS 39 的规定，当企业由于自身的信用风险的上升而使得金融负债的公允价值下降时，会将这项得利计入当期损益，这种处理方式不仅没有反映出企业自身信用质量的下降，反而在利润表上反映为企业经营状况良好，利润增加，使得会计信息没能客观真实地反映企业的经营情况。IFRS 9 为了改变这种情况，将这项因自身信用质量变化而引起的公允价值变动计入其他综合收益，[3] 较好地应对了这个问题。

对于金融资产的分类和计量，IFRS 9 进行了大刀阔斧的改革。IAS 39 采用的方法是基于规则导向的四分类法，[4] 这使得四分类法对于金融工具分类的具体标准比较模糊，弹性比较大。这样的处理方法会导致两个方面的问题：一

[3] 参见刘东生:《完善我国报告综合收益的相关思考》，载《财务与会计》2011 年第 2 期。其他综合收益是指企业根据企业会计准则规定未在损益中确认的各项利得和损失扣除所得税影响后的净额。

[4] 参见潘秀丽:《IFRS 9 的实施对中国金融机构的影响及政策建议》，载《会计研究》2011 年第 2 期。金融资产四分类法，将金融资产分为四类：第一类是“以公允价值计量且其变动计入当期损益”的金融资产，主要包括“交易性金融资产”和其他指定为以公允价值计量且其变动计入当期损益的金融资产，主要是为赚取差价、近期要出售或交易的金融资产。第二类是“持有至到期投资”，系投资者有明确意图和能力持有至到期的非衍生金融资产，其后续计量按摊余成本计量。第三类是“贷款及应收账款”，为回收金额固定或可确定的金融资产，按摊余成本计量，必要时须对其计提“坏账准备”。第四类是“可供出售金融资产”，包括指定为可供出售的非衍生金融资产以及前三类以外的资产，均以公允价值进行后续计量，期末公允价值变动计入“资本公积”，不影响当期损益。

方面，对企业来说，在实际应用过程中较复杂，随意性较强，可能出现不同报告主体对相同的金融工具按照不同的类别处理，影响会计信息的可比性，也给企业进行盈余管理[5]提供了操作空间，方便企业进行平滑利润，当企业需要做大利润时，可以通过处置可出售金融资产的方式来将累计于权益的利得通过再分类调整进入损益，进而做大企业利润；另一方面，对于报表阅读者来说，理解起来也较为复杂，较难获取有效信息。针对 IAS 39 对于金融工具的分类和计量存在的种种问题，IFRS 9 采取了对所有金融工具采取同一分类方法，以“商业模式”和“合同现金流”为标准来确定金融资产的分类和计量。鉴于商业模式和合同现金流是 IFRS 9 对金融资产进行分类的重要依据，下面将对这两个标准进行分析。金融资产分类的第一个标准是商业模式，是指企业如何对金融资产进行管理以获取现金流的方式，主要有三种方式：收取合同现金流、处置金融资产和两者同时存在。商业模式的判断，是一种针对投资组合的判断，并且更注重客观事实而不是通过管理层的声明或者意图来进行判断。由于商业模式的判断更注重客观事实，也就意味着在判断一项投资组合的商业模式时，应该注意以下两个方面的内容：一是要注意多关注诸如整个业务计划、管理人员的薪酬方式、出售活动的频率和金额等客观信息都要考虑；二是要关注事实，即不能因为报告主题出售金融资产，就断然将次金融资产从摊余成本[6]类中排除，如若出售的频率较低或者金额不大，则仍可认为商业模式是收取合同现金流。

金融资产分类的另一个标准是合同现金流是否仅为本金和利息。只有合同现金流仅为本金和利息的金融资产才能成为按摊余成本计量的金融资产或者以公允价值计量且变动计入其他综合收益的金融资产，这里的利息包括货币时间价值、信用风险报酬、流动性风险报酬和费用抵补及获利。

对于分类结果来说，IFRS 9 和 IAS 39 的分类结果一致，都是分为公允价

[5] 盈余管理就是企业管理当局在遵循会计准则的基础上，通过对企业对外报告的会计收益信息进行控制或调整，以达到主体自身利益最大化的行为。

[6] 摊余成本（amortized cost）是用实际利率作计算利息的基础，投资的成本减去利息后的金额。

值变动计入损益、公允价值变动计入其他综合收益和摊余成本三类，但是，相对于 IAS 39 的分类方法，IFRS 9 的分类有着更清晰的线路和逻辑性。根据上述的两个标准，IFRS 9 将商业模式为收取合同现金流且合同现金流仅为本金和利息的金融资产归类于按摊余成本计量的金融资产；将商业模式为收取合同现金流与出售并存，合同现金流仅为收取本金和利息的归类于按公允价值计量且变动计入其他综合收益的金融资产，这样就能实现在资产负债表上这类金融资产能以公允价值列报，对利润表的影响也能做到与按摊余成本计量的金融资产一致；除上述两项外，其余的都归类于按公允价值计量的金融资产，公允价值变动计入利润表。

（二）金融资产减值

对于金融资产减值的部分，IAS 39 采用的是已发生损失模式。这种模式在确认金融资产是否发生减值时存在漏洞。比如，当债务人信用评级[7]下降，虽然有很大的可能导致企业预期损失，但是因为没有客观证据证明金融资产发生减值，导致无法确认金融资产减值损失。一方面，这种模式在一定程度上能够避免企业为了平滑利润而建立的秘密准备；但是，另一方面，这样的处理方法也会导致信用损失对企业利润影响确认的延期，导致会计信息没法客观地反映企业的经营情况。为了改变这种情况，IFRS 9 采用了具有前瞻性的预期损失模式。这种模式对比 IAS 39 的已发生损失模式有两点较大的改动，第一点是对所有需要考虑提取减值准备的金融资产采用相同的减值处理方法，简化了处理程序，降低了处理的复杂性；第二点是对于预期信用损失的提出，IFRS 9 采用了自初始计量后信用质量变化的三阶段模型。第一阶段，即信用质量良好阶段，在这一阶段，金融工具的信用风险在初始确认后没有明显增大趋势，对于这类金融工具，由于其风险较低，IFRS 9 作出了在这类金融资产初始确认

---

[7] 参见王雄元，张春强：《声誉机制、信用评级与中期票据融资成本》，载《金融研究》2013 年第 8 期。信用评级（Credit Rating），又称资信评级，是一种社会中介服务为社会提供资信信息，或为单位自身提供决策参考，主要的国际评级机构有标准普尔、惠誉、穆迪。

时确认十二个月的预期信用损失的规定，并且在计算利息收益的时候，无须扣除信用损失准备，按照资产的账面总额计算利息收入。所谓十二个月的信用损失，指的是在报告期后十二个月内可能发生的违约事件而导致的期望信用损失，这里的期望信用损失，指的并不是预期的短缺金额，而是预期的信用损失和其发生的概率加权的结果。第二阶段，指的是信用质量下降阶段，在这一阶段，金融工具的信用风险明显上升，但是没有确切的客观证据证明其信用风险的上升。对于这样的资产，IFRS 9 规定要确认全期预期信用损失。全期预期信用损失，指的是金融工具在整个存续期内因借款人违约而产生的期望现值。如同确认十二个月的预期信用损失的资产一样，确认的预期信用损失总额仍是以违约概率为权重计算出的加权平均数，确认的利息收入也无须扣除信用损失准备，仍是以资产的账面总额计算。第三阶段，指的是信用质量不良阶段，在这一阶段，资产在资产负债表日有明显的征兆表明要出现减值。对这类资产，除要确认全期预期信用损失外，在计算利息收入时，也应按照扣除信用损失的准备后的账面净额来计算。

（三）套期保值会计

套期保值会计，是指企业为规避外汇风险、利率风险、商品价格风险、股票价格风险、信用风险等，指定一项或一项以上套期工具，[8] 使套期工具的公允价值或现金流量变动，预期抵销被套期项目全部或部分公允价值或现金流量变动，来实现套期保值的目的。IFRS 9 针对套期保值会计的修订也不像前两项那么大。在 IAS 39 的实际应用中，企业有权利根据自己的判断来选择是否使用套期保值，这就导致了企业的随意性比较大，企业可以根据自身的利益而不是企业实际发生的业务来记录，这不符合会计信息的质量要求。准则中规定只有在 80%—125% 的套期有效性时，才可以使用套期保值会计进行记录，

[8] 套期工具，通常是企业指定的衍生工具，其公允价值或现金流量的预期可以抵销被套期项目的公允价值和现金流量的变动。参见刘玉廷：《关于中国企业会计准则与国际财务报告准则持续全面趋同问题》，载《会计研究》2009 年第 9 期。

使得有些企业实际已经运用了套期保值来进行风险的规避，却无法使用套期保值会计进行记录。为了改善这些弊端，新修订的 IFRS 9 明确被套期项目和套期保值工具的资格，进行套期有效性的测试和对披露要求的详细解释与拓展，实现套期保值会计能够真实客观地反映企业真实经营状况，满足企业进行风险管理的目标。

对于被套期项目的资格，IFRS 9 修改了 IAS 39 只能将金融项目指定为被套期项目的做法，提出只要满足"可单独识别"和"可靠计量"两个条件的非金融资产和非金融负债的风险也可被指定为套期项目，相较于之前 IAS 39 的规定，IFRS 9 对于套期项目的规定范围明显扩大了很多，对于非金融资产的套期保值十分有利，对于企业的风险管理也是很大的进步。对于套期工具的资格方面，IFRS 9 对 IAS 39 只允许在外汇风险套期保值中使用非衍生金融资产或工具的规定做出了修订，允许按公允价值计量且变动计入当期损益的非衍生金融资产或者负债作为套期工具。对于套期有效性测试方面，由于 IFRS 9 将企业的风险管理策略和目标放在了更重要的位置，新修订的内容不再要求 80%—125% 的衡量套期有效性的量化界限指标，而是通过符合风险管理策略来证明套期在整个期间内都是高度有效的。除了上述修订，IFRS 9 还规定了使用套期保值会计需要满足的具体条件：一是套期工具和被套期项目存在经济关系，二是信用风险的影响不应该超过上述经济关系，三是套期比率应当反映被套期项目的实际数量和套期工具的实际数量。

三、IFRS 9 改革的优点与不足对我国的影响

（一）金融工具的分类与计量

1. 优点

IFRS 9 对于金融工具分类与计量的改革简化了金融资产的分类标准，将金融资产按照合同现金流量和商业模式分为两类，使财务报告的使用者能够更好地理解企业公开的财务信息，对于整个行业来说，也能更好地对行业进行监

管和监督，有利于整个行业的进步与发展。

2. 缺点

IFRS 9引入了公允价值计量的概念，但在实际操作中，特别是在新兴市场国家公允价值难以实现真正的公允。由于新兴市场国家资本市场建设并不完善，并不具备完善的估计技术，这就导致对于非上市股权和其他难以取得公允价值的投资采用公允价值计量，会导致企业操纵利润的空间加大，不能反映企业真实的经营情况，不利于资本市场的健康发展。

3. 对我国的影响分析

IFRS 9的处理对交易性金融资产、贷款、应收账款和持有至到期的金融资产的处理与IAS 39的处理并没有大的影响，这三类资产的会计处理仍按照原计量属性进行会计处理，但是对可供出售金融资产，会按照新的分类调整和确认计量进行会计处理。对于债权性可供出售的金融资产，IFRS 9的处理方式是将其公允价值变动计入当期损益，对于权益性可供出售的金融资产，IFRS 9要求对其按照公允价值计量。对于我国而言，我国金融机构持有的可供出售金融资产数量庞大，实施IFRS 9对金融机构的业绩产生较大的影响。公允价值估值技术的应用对我国也产生了较大影响。IFRS 9规定对于权益性金融工具，不论其有无活跃市场报价，都应按照公允价值计量。由于我国资本市场并不完善，价格机制并不健全，经常会受到宏观环境和人为因素的影响，对于上市的权益资产的定价都不让人信服，更不用说非上市的权益工具的公允价值了，这对我国会计人才提出了更高的要求，也对会计监管部门和金融工具估值部门提出了更高的要求。

（二）金融资产减值

1. 优点

提出了预期损失模型这个新概念，对比IAS 39中已发生损失模型的概念，将每一笔贷款存在周期内的所有损失都估计了进去，这样的处理使得损失的计量能够更加平滑，避免了现行准则下损失确认的延期，能够使企业提供的会计报告更客观真实地反映企业经营状况。

2. 缺点

IFRS 9 提出的这一模型的缺点集中体现在建模难度较大，成本过高，不仅对会计人员职业技能方面要求很高，对企业整个的综合要求也难免有些脱离实际。由于需要对未发生的损失进行计量，企业现有的核算系统没法满足要求，需要开发一套新的系统来估计金融资产存续期内的未来的现金流量和信用损失，这对于企业而言，尤其对于处于新兴市场的企业来说，建模的成本和维护的成本是难以承受的。并且，由于新的准则中并未提供具体的操作流程，这也可能导致不同的企业对准则用不同的理解而制定出不同的操作流程，会影响会计信息的可比性。

3. 对我国的影响分析

我国要实施 IFRS 9 中提出的预期损失模型，对会计人员的素质，基础数据的整理和信息披露方面提出了更高的要求。由于会计预期损失模型的构建，监管过程中都涉及很多复杂的主观判断，在对未来现金流量的判断和估计损失也对会计人员提出了更高的要求，企业会计人员必须吃透会计准则的要求，结合企业实际经营情况才能更好地进行判断和会计处理。并且，在计算预期损失的时候需要充足的历史数据。由于我国没有系统的整理与金融资产减值相关的历史数据，且我国实施巴塞尔协议[9]的时间并不长，积累的历史数据可能不能满足估计预期损失的要求。除此之外，IFRS 9 中关于金融资产减值的规定也对我国上市公司的信息披露提出了更高的要求，由于准则中的预期损失模型具有复杂性和主观性的特点，所以要求上市公司对预期信用损失的确认进行详细的披露和说明，要求上市公司对管理层如何监控资产组合的信用质量和信用风险以及管理层如何估计信用损失等信息进行披露和说明，这不仅会使得金融机构的负担有所加大，也会导致监管成本的加大。

---

[9] 该协议第一次建立了一套完整的国际通用的、以加权方式衡量表内与表外风险的资本充足率标准，有效地扼制了与债务危机有关的国际风险。参见潘秀丽：《IFRS 9 的实施对中国金融机构的影响及政策建议》，载《会计研究》2011 年第 2 期。

（三）套期保值会计

1. 优点

IFRS 9 对于套期保值会计准则并没有进行较大的修订，总的来说，对被套期项目、套期工具、套期有效性标准、套期有效性测试四个方面均放宽了标准，使得企业有更多的机会使用套期保值会计，来管控企业的风险。针对这四个方面，IFRS 9 相较于 IAS 39 最大的改变是在对套期有效性进行测试时，取消了 80%—125% 的量化标准，这样的修订能够使得以前符合套期保值会计计量条件但不满足 80%—125% 的量化标准的金融资产用套期保值会计计量，使得会计信息能够更真实地反映企业的经营情况。

2. 缺点

套期保值会计在本质上与非套期保值会计对企业的经营没有很大的区别，有区别的仅仅是账务处理方式，但这并不影响企业进行风险控制，套期保值会计复杂的会计处理方式，增加了企业的账务处理难度，增加了财务报表的复杂性，也难免导致人为判断和人为分类标准的增加，影响财务信息的客观性。

3. 对我国的影响分析

随着我国期货，期权市场的逐渐完善和发展，企业运用套期保值会计也越来越多，随着 IFRS 9 对套期保值会计准则的修订，使得企业更多的交易行为能用套期保值会计来进行会计处理和计量，这提高了对我们国家企业内控[10]的要求。企业进行套期保值的操作，主要的目的是对冲风险、控制风险，综观我国企业海外套期保值损失的案例，尤其是几家航空公司套保造成巨大损失的

[10] 企业内控是企业为保证经营管理活动正常有序、合法的运行，采取对财务、人、资产、工作流程实行有效监管的系列活动。企业内控要求保证企业资产、财务信息的准确性、真实性、有效性、及时性；保证对企业员工、工作流程、物流的有效的管控；建立对企业经营活动的有效的监督机制。参见赵璐：《完善企业会计内部控制的对策》，载《财会学习》2017 年第 24 期。

案例,[11] 其损失的原因都是因为内控失效，套保合约中投机的成分大于管控风险的成分，这些案例告诉我们，国内企业应该不断完善内控，切实管控企业经营的风险，才能更好地利用套期保值工具来不断发展进步。

四、对我国金融工具准则修订的建议

在当下经济全球化不断推进的背景下，作为 GDP 全球第一的实体经济大国，国际会计准则的修订对我国产生了重大影响，面对新的国际会计准则，我们应该做好充分的准备，在此，对我国金融工具准则修订，我提出以下三点建议：

首先，要重视理论与实践相结合。修订后的准则不但要符合国际会计准则的发展趋势，还应满足建设中国特色社会主义经济的内在要求。所谓“知己知彼，百战不殆”，这就要求我们要组织专家对 IFRS 9 进行深入的理论研究，挖掘 IFRS 9 改革的本质。对改革内容适合我国国情的要取其精华，对不适合我国国情的要进行改进。也可以采取在某一省市中试行的方式，通过小规模的实践，做到在实践中发现并解决问题，完善新准则实施所需的条件，将实行新准则的不利影响降到最低。

其次，要推进资本市场“市场化、法制化、国际化”的改革。目前，我国资本市场仍不完善，存在一些如基础制度不规范、市场监管失效等体制性问题，这些问题直接影响了资本市场公允价值数据的真实性和可靠性。IFRS 9 对金融工具准则的修订最重要也是最基本的一点便是引入了公允价值计量的概念，新准则要做到与国际准则趋同，金融工具就必须做到能以公允价值进行计量，要实现公允价值计量，就要求我们不断推进资本市场的市场化进程，为公允价值计量提供有力的外部支撑。目前，A 股市场 IPO 注册制在加速推进；

[11] 指 2009 年前后以东方航空为首的国内航空公司燃油套保合约导致巨额亏损的案例。参见刘泉军：《IFRS 9 减值会计的理论分析》，载《中国注册会计师》2015 年第 9 期。

推行“国际版”，推动资本市场双向开放的提案也在热切讨论中。我国资本市场正在经历重大的改革，这些都为新准则的修订与实施提供了强有力的支撑。

最后，要不断提高会计从业人员的职业素养。IFRS 9 改革提供了更多需要根据会计人员进行主观判断的选择，如对业务模式的判断和预期损失模型都需要较高的职业素养，这就对会计从业人员的素质有了更高的要求。目前，我国会计从业人员的素质现状不容乐观，存在文化程度偏低、专业知识更新较慢、缺乏职业道德、会计人员继续教育流于形式等各种问题，要全面推行需要更多职业判断，对专业素养要求更高的新的会计准则，就必然要提高会计从业人员的职业素养。对此，国家相关部门应加大对财会人员的培训力度，提高自身的业务能力，培养自我学习的意识，通过网络、报刊提高自己对各项会计政策、规章制度的理解，为新准则的推行做好理论知识的铺垫。除此以外，会计准则的修订还应配合会计法规、会计制度的修订。

行业协会的信息交换行为及其违法性认定

李　琳　李宗龙

内容摘要　行业协会对竞争有一定的促进作用，但作为市场失灵和政府失灵条件下的“第三只手”——行业协会也会失灵。行业协会最重要的职能便是发布信息。行业协会可以亲自或由会员企业实施信息交换行为，但此种信息交换有可能演变为价格共谋等限制竞争的行为。在行业协会信息交换行为的违法性确认上，应考虑本身违法原则和合理原则的适用，且需关注信息本身的特征、相关的市场环境、信息交换对相关当事人的影响程度，以综合判断行业协会的信息交换行为是否限制了竞争。

关键词　行业协会　信息交换　本身违法原则　合理原则　限制竞争

行业协会是市场经济发展的必然产物，能在一定程度上克服“市场失灵”和“政府失灵”，维护公平的竞争秩序。作为社会中间层，行业协会起到了沟通政府与企业的作用，能够辅助政府更好地管理监督企业。行业协会有合法的自治权，有自己的章程，会员企业的行为须符合协会章程，否则将受到行业协会的惩罚，这种对违规行为的查处推进了有序竞争。

作者单位：中国政法大学民商经济法学院博士后科研流动站，中国华融资产管理股份有限公司博士后科研工作站；中国证监会博士后科研工作站。

然而，如同政府和市场会失灵一样，行业协会也会失灵。行业协会是各个追求利润最大化的市场主体的集合。一群特殊的企业为了追求特殊的目的聚在一起成立行业协会。因此，行业协会的这种“先天不足”极易招致人们对其克服市场失灵和政府失灵公正性的怀疑。此外，行业协会内部实行“少数服从多数”的表决原则，这种“多数决”的机制容易引起“多数人的暴政”，损害少数企业的权益。

我们已经进入信息化社会，信息掌握的多少往往成为商业成败的关键性因素。然而，行业协会最重要的职能便是发布信息，这些信息的内容既可能涉及产品的价格和成本，也可能涉及产品的销售和市场份额，它们可能是企业过去的情况，也可能是企业在当前和今后的经营信息，这就可能对市场竞争产生重大的影响。

故，有必要对行业协会的信息交换行为进行专门的研究，以更好地规制行业协会的限制竞争行为。

一、行业协会及行业协会信息交换行为的基本范畴

（一）行业协会的基本范畴

行业协会，即“Trade Association”，在日本被称为“事业者团体”；德国称之为“企业协会”；在韩国可谓之“事业者集团”或“事业者团体”；美国的判例将其分为一般的行业协会和职业协会；我国则有“同业公会”或“行业协会”等称呼。行业协会的称谓较多，且定义不统一。但对国外行业协会的定义进行归纳，最具有代表性的大致可分为四类：第一类，旨在强调“共同利益的结合”，如日本学界认为“行业协会是事业者以增进共同利益为主要目的而组成的事业者的结合或联合体”[1]。第二类，把行业协会界定为同行业内的竞争

[1] 参见贾西津等:《转型时期的行业协会——角色、功能与管理体制》，社会科学文献出版社2004年版，第9页。

者，美国的《经济学百科全书》是其代表。[2]第三类，我们可以把它简单表述为非同一行业的会员的组合，这与第二类要求竞争者必须来自同一行业不同，这种定义界定的行业协会不要求会员的同业性，只要会员主要来自同一行业即可。这种行业协会的认可主要来自英国，较权威的定义是"行业协会是由独立经营单位组成的保护全体利益的非营利组织"[3]。第四类，在德国行业协会被认为是企业自由加入的代表各个不同产业利益的团体。从德国人对行业协会的定义可看出，德国的行业协会是与产业利益密切相关的，其设立宗旨等或许更容易受国家产业政策的影响。

我国学界在如何规定行业协会的概念上也未达成一致的意见，不同的学者从其研究的不同角度给出了行业协会的定义，比较有代表性的有：梁上上教授认为："行业协会是以同一行业共同的利益为目的，以为同行业企业提供各种服务为对象，以政府监督下的自主行为为准则，以非官方机构的民间活动为方式的非营利的法人组织。"[4]夏利民教授认为："行业协会是一些为达到共同目标而自愿组织起来的同行或商人的团体，是非营利的中介组织。"[5]余晖和一些其他学者的观点是："行业协会是具有统一、相同市场地位的特殊部门的经济行为人组建起来的，维护和促进本部门利益的集体性组织。行业协会是一种管制方式，借助于它，同行业企业相互联合，并将权力授予一个中心组织，以增进共同利益，管制行业内行为，并使产业内成员及那些战略和行为能危害行业利益的成员之间的关系有序化。"[6]

另外，法律法规也有关于行业协会定义的规定，如2014年4月发布的《深圳经济特区行业协会条例》第3条规定："本条例所称的行业协会，是指同行业或者跨行业的企业、其他经济组织以及个体工商户自愿组成，依照章程自

[2] 参见班鸿祥主编：《行业协会发展理论与实践》，经济科学出版社2003年版，第3页。
[3] 参见张理泉：《工业行业管理》，中国人民大学出版社1991年版，第17页。
[4] 梁上上：《论行业协会的反竞争行为》，载《法学研究》1998年第4期。
[5] 夏利民：《行业协会反垄断法规制的法律思考》，载《法学杂志》2006年第6期。
[6] 余晖等：《行业协会及其在中国的发展：理论与案例》，经济管理出版社2002年版，第8页。

律管理，依法设立的非营利性社会团体法人。”此外，备受瞩目的《反垄断法》有三个条文均有提到“行业协会”一词，令我们大失所望的是没有给出行业协会明确的定义。但从《反垄断法》第 11 条的规定可看出我国法律承认的行业协会，其会员须来自同一行业。

由此，笔者认为行业协会实质上是由会员组成的。关于这一点有两种相反的观点：一种强调会员来自同一行业，另一种观点反之。我国的法律规定采用了前一种观点；其目的是追求一种共同利益，此共同利益并不具备公益性特征，而是特殊群体的共同利益；性质是经济性社团，这点也有两种不同的观点，分歧在于是否要求一定是法人。理论上讲，行业协会应该是经过注册登记，独立享有民事权利，承担民事义务的法人。但现实生活中，我国有大量的非法人行业协会的存在，基于这样一种现实，我国的行业协会为社团组织，不强调一定是法人。

通过以上研究分析，笔者给行业协会下个定义：行业协会是一群为追求共同利益的企业自愿组织起来的具有中间性、非营利性、自律性的社团组织。

（二）行业协会信息交换行为的基本范畴

1. 行业协会信息交换行为的方式

行业协会最重要的职能便是发布信息。行业协会发布信息可降低企业收集信息的成本，为企业提供单个企业无法收集到的更全面的市场信息，使得企业能以更快捷的方式回应市场，迅速做出反应，调整经营方案，以最佳的状态适应不断变化的市场，避免企业在市场竞争的优胜劣汰中被淘汰。

行业协会的信息交换行为一般通过两种方式进行：一种直接由行业协会实施；另一种由会员企业实施，并可以采取多种途径，如见面商讨、电话会谈、编辑价格信息表等，旨在增加会员企业的信息优势，使其在市场竞争中具有更强的竞争力，产生限制竞争的作用。

2. 行业协会信息交换行为对竞争的效果分析

行业协会的信息交换行为对市场竞争不光都是消极的影响，行业协会的信息交换行为也会对市场竞争产生积极的作用，此部分笔者主要从三个方面论述行业协会的信息交换行为对市场竞争产生的影响。

（1）信息交换行为对市场参加者的影响

行业协会信息交换行为不仅能够使会员企业掌握自己竞争对手的经营决策信息，也能掌握处于上下流的生产者、销售者的经营信息、产品信息，从而使得市场更加透明化，更便于企业调整经营策略，提高其在市场竞争中的地位。此外，行业协会的信息交换行为也会对消费者产生一定的好处，使得消费者更了解经营者的相关信息，对产品和服务有更深刻的认识，便于消费者选择更适合自己的产品和服务。当然，不能忽略行业协会对竞争的限制作用，行业协会对竞争的限制作用通常是通过在信息交流中进行价格信息的交换而产生的。价格机制是市场经济的三大机制之一，价格机制简单地讲就是价值决定价格，供求决定价格。其实市场竞争就是一种价格竞争。但是，行业协会信息交换行为中的信息交流恰恰极易违反价格机制，使价格机制失去市场化的特质，而被固定下来。而价格一旦被固定下来，供求关系、产品质量、市场竞争一系列的环节就会环环相扣地被扭曲，最终由限制竞争引起的市场经济也会崩溃，造成资源浪费，影响人们生活水平的提高。行业协会的信息交换行为恰恰能在自治权的外衣下，产生一种“自律价”的价格约束，这种“自律价”其实亦是一种价格卡特尔。

（2）信息交换行为对经济效率的影响

行业协会的信息交换行为，使得企业在信息交流中能获得彼此的产品信息和服务信息。当企业了解到其他经营者的产品和服务优越于自己时，会不自觉地采取措施，调整经营决策方案，进行产品和服务的改造和创新，以求在市场竞争中不被淘汰。经营者的这一行动会引起其他经营者的相似行动，为了继续在市场竞争中处于优势地位，经营者需要与时俱进，继续改善服务和产品信息，以面对其他经营者不断提高的产品质量和服务质量。从长远看，这一循环往复的过程最终会带动整个行业整体水平的提高，达到资源的优化配置，降低交易成本，使经济整体效率提高。

另一方面，行业协会的信息交换行为也会阻碍经济效率的提高。如上文所言，在行业协会的信息交换行为中，经营者们对价格信息的交流，其实是一种价格共谋。在价格卡特尔下，价格机制调节市场的作用就会大打折扣，市场竞争受到严重的限制。价格的固定使得企业安于现状，因为同样的价格使得经营者在市场竞争中的地位相当，消费者不会因为低价的刺激而选择其他产品和服务，不管怎么样，企业总有固定的客户，故创新便无从谈起，经营者不愿意去改进生产技术。在这种市场环境下，质次价高的产品在市场上大量存在，导致市场的无效竞争，经济停滞不前，损害消费者的利益，最终消费对市场的刺激作用也会失灵，造成市场的僵化。在没有市场竞争的压力下，没有创新的动力下，最终会导致经济效率的降低。

（3）信息交换行为对自由竞争价值的影响

市场竞争是市场经济体制下的普遍现象，可以说无处不在。市场经济条件下的竞争制度是一种有着巨大优越性的制度，这种优越性就在于它不是靠一些人自以为是的计划，而是坚持以竞争作为配置资源和调节社会生产的手段。这即是说，不管对任何一个经营者，市场发展都是一个未知数，这样他们才能灵活地适应不停变化着的市场条件。经营者灵活自主地参与市场竞争，资源的合理流动，正是市场经济条件下的自由竞争机制。

然而，行业协会的信息交换行为却在某种程度上固定了市场的发展，增加了市场的无限透明化，使得市场发展不再是一个未知数，而是暴露在企业的信息交流过程中。这一信息交流过程，传递了彼此的经营信息，导致产品和服务的价格、质量、数量都趋于一致，生产者不再自主决定生产，消费者也不能自主决定消费，扰乱了市场的自由竞争机制，阻碍、限制了市场竞争。

二、行业协会信息交换行为的违法性确认原则

应当对行业协会限制竞争行为进行合理、适度的规制，因为反垄断法对行业协会的违法性认定关系到一国的法律制度是否能打击限制竞争行为，制止

垄断，保护竞争的同时，又能尊重行业协会的自治权。在反垄断实践中。作为垄断行为认定原则的“本身违法原则”和“合理原则”居于非常重要的地位。

（一）本身违法原则

“本身违法原则”是美国反托拉斯法中一个重要原则，这个原则现在主要适用于以下四种类型的限制：（1）横向价格协议；（2）某些横向的非价格协议，如分割市场、限制生产或者销售数量的协议；（3）某些搭售行为；（4）某些联合抵制行为。本身违法原则不仅在美国法中有规定，其他法中也可看出，但是又区分明确规定和不明确规定两种形式。澳大利亚1974年《交易行为法》明确引入，韩国的《规制垄断及公平交易法》没有明确引入，但是韩国公平交易委员会在实践中不要求指控价格卡特尔、数量卡特尔等一些核心卡特尔的原告负举证责任，即这些卡特尔事实上是被视为本身违法。

适用本身违法原则的卡特尔意味着：一是原告不再负举证责任；二是对被告，即他们的共谋行为被视为违法，即便他们提供来限制竞争的好处大于限制竞争坏处的所谓证据；三是对审理案件的反垄断执法机构，因为没有举证责任，所以执法机构无须实施调查行为就可以直接认定行为的违法性，从而大大节省了执法成本。

我国《反垄断法》第13条规定了五种禁止达成的垄断协议，该条规定使用了“禁止”二字，有人认为我国的卡特尔都是本身违法型的，但是我国《反垄断法》却在第15条又提出了某些情况下的限制竞争行为可以被视为合法，从而否定了我国反垄断法律规制中“本身违法原则”的适用。经过经济分析，并结合其他国家的反垄断实践，我们认为价格卡特尔、数量卡特尔、地域卡特尔应该适用本身违法原则，其他则适用合理原则。

1.价格卡特尔。价格卡特尔首先适用本身违法原则，这是由价格机制在市场经济中的作用决定的。在欧盟竞争法中，许多价格卡特尔是行业协会信息交流的产物，有些还是行业协会的推荐意见。但是，只要这些信息交流涉及价格问题，欧盟委员会就会认为它们违反了欧盟竞争法。例如，在1978年的“羊皮纸案”中，欧共体委员会禁止欧共体羊皮纸协会向其成员推荐在比利时、卢森堡、荷兰以及丹麦市场上的涨价幅度。在这个案件中，尽管有些协会成员的涨价行为不是在协会规定的时间内进行的，或者涨价幅度小于协会规定的幅度，委员会仍然认为出席这个价格协商会议的所有成员都违反了《欧共体条约》第85条第1款。委员会的裁决指出，出席价格协商会议就意味企业开始在市场上从事限制竞争的活动，而不管它们是否遵守了协会决议，也不管它们什么时候开始遵守协议以及多大程度上遵守了协议。

2. 数量卡特尔。同一产品的市场价格与其生产数量或者销售数量几乎总是存在反比的关系：向市场提供的数量越多，产品的价格就会越低。这即是说，当市场上只有一个企业生产的情况下，为了获取垄断利润，垄断者就会限制自己的生产数量和销售数量。然而，当市场上有多个企业开展竞争的情况下，这些企业为了共同获取高额的垄断利润，它们不仅有兴趣商定价格，而且必须同时限制生产数量。因为在价格固定而不限制数量的情况下，卡特尔成员企业势必有兴趣生产更多的产品以便获取更多的利润。这即是说，在经济利益动机的驱使下，如果限制生产数量，那么为了追求最大利益肯定会扩大规模，这个价格卡特尔事实上就不能维持下去。因此价格卡特尔总是连着一个数量卡特尔，即为了维持产品的垄断高价，价格卡特尔的成员必须得限制它们的生产或者销售数量。可知，价格卡特尔是与数量卡特尔如影随形的，数量卡特尔是价格卡特尔的产物，能与价格卡特尔产生相同的限制竞争的效果，损害消费者的利益。

在欧盟的司法实践中，欧盟委员会在裁决中不仅明确了限制生产或者销售数量的卡特尔被视为违法，而且协议中只要存在数量限制，委员会就会认定其违法性，如欧共体委员会1992年关于英国拖拉机生产商一案的裁决。法院判决指出虽然这个案件没有直接涉及价格信息，但却使市场条件透明化，初审法院还强调，交换信息的制度整体上是违法的，因为它能够导致协会成员与非协会成员之间重大的差别待遇，特别是不能参加协会的企业因为对其他竞争者的市场行为没有可预见性，它们在进入市场方面有着很大的障碍。

3. 地域卡特尔。地域限制有着比较广泛的含义，包括分割销售市场、采购市场和分割客户等限制竞争行为。地域卡特尔可以产生两方面的效果：一方面，效益好的企业因为被限制了地域，只能在限定的地方生产销售，无法扩大规模，降低成本，以创造更高的收益，给消费者带来更多的福利；另一方面，劣质企业因为有了地域保障，其劣质产品也有一定的市场，这样的劣质企业不求上进，认为在竞争保护的屏障下可免于被优胜劣汰的机制所淘汰。总之，分割市场不仅会损害经营者的经营自主权，限制自由竞争，而且会损害消费者的选择权，强迫他们支付比竞争性市场更高的价格。可见，地域卡特尔在本质上是反竞争的，故各国的反垄断法对其一般适用本身违法原则。

（二）合理原则

合理原则的思想最先是1711年在英国普通法的一个著名案例——“米歇尔诉雷诺兹案”中产生的，其后在美国成为一项普遍适用的原则。美国更多时候是适用合理原则对行业协会的限制竞争行为进行违法性认定的。与美国类似，欧共体也是主要用合理原则来认定。按照欧共体条约第81条的规定，一个行为是否合法首先看能否适用第81条第3款的规定予以豁免，如果符合规定说明行业协会的行为具有合理性，不认为是违法的。同时，根据欧共体关于《适用第81条第3款的指南》的规定，在分析行业协会的行为是否违法时，不单单考虑豁免条件，还需要考虑其他相关因素。事实上，欧共体在具体认定行业协会限制竞争行为的违法性时和美国一样会考虑很多因素，日本和德国也是如此，这些国家主要适用合理原则对行业协会的限制竞争行为进行违法性认定。

人们认识到有些行业协会的限制竞争行为具有两面性，如果只简单地认为违法，不考虑经济效果，则可能因为过度的规制反而损害了市场的有效竞争。故不仅要分析行业协会的行为是否超过了必要限度，还要分析行业协会的行为是否确实产生了明显的抑制作用。我国《反垄断法》第16条规定，行业协会禁止实施违法的限制竞争行为，从“禁止”二字对该条进行文义解释，可知我国似乎对行业协会的限制竞争行为采用“本身违法”。但同时我国《反垄断法》在第15条有规定[7]，反映出我国在认定垄断协议的违法性方面整体上采用合理原则的态度。

本身违法原则对案件的处理效率要高于合理原则，它简便快捷，可以避免许多烦琐、不确定的调查程序，限制了司法和执法的自由裁量权，给案件当事人更多的可预期性，增加了法律适用的确定性。但是，本身违法僵硬，不管案件的具体情节、具体因素一概认为违法与否，案件的处理结果比较严厉。合理原则则不同，合理原则的适用使案件的处理结果比较灵活、宽松，它能适应不断变化的经济理念和更新的宏观效益，适用合理原则的过程中需要考虑许多不同的因素，从整体上把握案件对竞争秩序、消费者、其他经营者、市场经济的影响，避免本身违法原则的片面武断，能带给案件当事人更多公平、正义的期许。但是，合理原则的适用范围并不像本身违法原则那样明确而具体，它的适用比较模糊和不确定，执法与司法的费用偏高，无法如本身违法原则那样带来法律和商业上的可预期性，而且随着两个原则的发展，两个原则的界限也变得越来越模糊。

三、行业协会信息交换行为的违法性认定标准

在上文对行业协会违法性认定的原则进行分析之后，接下来面临的是针对行业协会实施的信息交换行为违法性的具体认定问题。行业协会的信息交换

[7]《反垄断法》第15条规定：“经营者能够证明所达成的协议属于下列情形之一的，不适用本法第十三条、第十四条的规定：(一) 为改进技术、研究开发新产品的；(二) 为提高产品质量、降低成本、增进效率，统一产品规格、标准或者实行专业化分工的；(三) 为提高中小经营者经营效率，增强中小经营者竞争力的；(四) 为实现节约能源、保护环境、救灾救助等社会公共利益的；(五) 因经济不景气，为缓解销售量严重下降或者生产明显过剩的；(六) 为保障对外贸易和对外经济合作中的正当利益的；(七) 法律和国务院规定的其他情形。属于前款第一项至第五项情形，不适用本法第十三条、第十四条规定的，经营者还应当证明所达成的协议不会严重限制相关市场的竞争，并且能够使消费者分享由此产生的利益。”

具有两面性，违法性认定标准在许多国家都很不一样，认定过程复杂，认定起来充满困难，既可以促进竞争又存在限制竞争的可能性，像一把双刃剑，如果对行业协会的信息交换行为不加区分地一概适用本身违法原则会有失公允，势必给经营者甚至市场经济带来波动。

在对行业协会信息交换行为进行具体的违法性认定前，我们先看行业协会是怎样通过信息交换来协调经营者行动从而限制竞争的。美国法院在一个反垄断案例中所列举的例子可以充分地说明这一点：假设有五位竞争者在某个场合相聚，讨论它们之间的问题，其中一位最后声明："我不会与你们任何人固定价格，但我自己所要做的是——我将自己的价格定为 × 美元，你们都可以做你们自己想做的事。"说完他就离开了会议。第二位说："我不管第一位是否按照他所说的去做，我也不管你们其余各位怎么做，但我准备将价格定为 × 美元。"第三位也作了同样的声明："我的价格为 × 美元。"第四位没有说一句话，所有人都离开了。最后，他们都将价格固定在 × 美元。法院认为，这个例子中竞争者的行为是违法的行为，竞争者之间虽然没有文字上明确讨论价格的制定，但是"一个会意的眨眼所表达的内容比文字表达得更多"[8]。

从上面这个例子我们可以看出，虽然自始至终这五位竞争者都没有达成所谓的固定价格的协议，但是每个竞争者所发出的价格信息，都给其他四位竞争者某种信号：将价格定为多少可以占领尽可能多的市场而不至于落后于他的竞争者们。通过这种信息交换行为，竞争者们了解了彼此的经营意图和价格策略，据此适时地调整自己的经营方案，消除了其将价格定为 × 美元的不确定性。由此，价格信息交换被冠以价格合谋的代名词。当然，不仅仅是价格信息，其他非价格因素的信息交换同样可以使得竞争者们产生协调一致的行为。

从总体上看，行业协会的信息交换既有促进竞争的一面，也有限制竞争的一面。如果其没有促进竞争性定价反而促进了共谋定价，则一般情况下，都

---

[8]〔美〕马歇尔·C. 霍华德：《美国反托拉斯法与叭易法规》，孙南申译，中国社会科学出版社1991年版，第95页。

会受到反垄断法的制裁。[9]从各国反垄断法的立法及实践来看，对于以协议方式所建立的、以限制竞争为目的的价格卡特尔都基本上适用本身违法原则而判定当然无效。[10]笔者认为对于行业协会信息交换过程中达成的固定价格卡特尔、限制数量卡特尔、划分市场卡特尔直接适用本身违法原则，除此三种外行业协会的信息交换行为的违法性认定应该考虑合理原则的运用，在运用过程中需要考虑相关因素，即信息本身的特征、相关的市场环境、信息交换行为对相关当事人的影响程度和其他相关的认定因素。

（一）信息本身的特征

行业协会发布的信息多种多样，既可能涉及产品的价格和成本，也可能涉及产品的销售和市场份额，它们可能是企业在不同时间的信息，这些信息的发布对市场的影响效果是不同的。首先，信息的内容：一般从一个信息的内容可以看出信息有无限制竞争的作用。信息的内容多种多样，最敏感的就是价格信息，一旦涉及信息，通常不管是否达成固定价格的明确协议，一般都直接运用本身违法原则判定行为违法。但是若交换的信息只是单纯的技术信息，则一般不认为违法。其次，信息的公开程度：信息的公开程度也是相当重要的。如果行业协会交换的信息本身就是透明度比较高的信息，信息的获取非常方便，即便行业协会不发布，协会成员也很容易获得，而且非协会企业可共享此信息的可能越大，那么此种情况下的行业协会信息交换行为便不被认为违法。最后，信息的时间性：信息的时间性是信息最基本的特征。信息获取的时间关系到企业是否能够及时调整经营决策、改变经营方案、避免经营风险，在变化不定的市场环境中始终处于竞争的优势地位。信息通常有一定的滞后性，如果企业获得的信息不是当前或将来的信息，那么此信息的获得对企业的经营策略一般起不到实质的作用，企业因此便无法利用信息上的时间优势损害其他企业的

[9] 参见〔美〕理查德·A. 波斯纳：《反托拉斯法》，孙秋宁译，中国政法大学出版社 2003 年版，第 198 ～ 199 页。

[10] 参见鲁篱：《信息交换与限制竞争的法律规制研究》，载《现代法学》2002 年第 6 期。

自由竞争。

（二）相关的市场环境

相关市场环境影响着信息交换能在何种程度上发挥作用，市场结构是相关市场环境中最重要的因素。因为如果行业协会的信息交换行为是在一个简单的市场结构中完成的，即该市场只有少数几个经营者而已，那么，行业协会的信息交换会使企业的联系更紧密，更具有依赖性，为数不多的企业更容易利用彼此的信息联合起来限制竞争，形成寡头垄断的可能性也越高。相反，如果相关市场结构极其复杂，行业协会的信息交换虽对协会内部成员的经营决策产生影响，但是信息交换很难覆盖复杂的市场，即使协会企业掌握相关信息也难以做出对整个市场具有决定性能、产生实质影响的限制竞争行为，那么此种情况下的信息交换可被认为是一种正常的行为。除此之外，产品的可替代性、市场的需求、市场准入等相关因素也应在分析之列。

（三）信息交换对相关当事人的影响程度

获得信息后，经营者如何利用所获得的信息成为判定行业协会信息交换行为违法与否的又一重要指标。如果行业协会的信息交换行为对协会内部成员产生了广泛影响，使协会会员以明示或者暗示的方式联合起来，做出趋于一致的行动，而且这种协同行为达到了限制竞争的效果，那么行业协会的信息交换行为被认定为违法的概率会变大。若情况并非刚才所假设的那样，协会会员面对行业协会发布的信息并未采取明示或暗示的协同行为，经营者仅仅是单独的利用信息进行判断，并没有“合谋”限制竞争的目的，经营者根据所获得的信息做出的市场行为具有明显的自助性，降低了行业协会信息交换行为被判定为违法的概率。

（四）其他相关因素

首先是信息交换的目的。目的性在信息交换行为的违法性认定中具有价值判断的意义。一个行为是否违法，往往需要考虑行为的目的性。好的目的、善意的目的往往产生合法的、适当的行为；坏的目的、恶意的目的通常会产生违法的行为。法学研究中引入目的性考量，可以减少司法、执法资源的浪费，因为在一个以公然限制竞争为目的的行业协会信息交换行为中，可能会被认为是本身违法而被直接判定该行为具有违法性效果。反之，当行业协会的信息交换是为了彼此对产品和服务有更深刻的认识，是为了提高企业的竞争力，是为了实现消费者的知情权，此时的正当目的为行业协会的信息交换行为奠定了合法性根基，行业协会的信息交换行为便不具有违法性。

其次，是信息交换的实现方式。不同的信息交换方式对竞争的作用也不同，直接的信息交换往往能达到限制竞争的效果，而间接的信息交换，限制竞争的效果会变弱，或不具有限制竞争的效果。由协会组织实施或由协会会员间直接进行的信息交流是直接的方式，使得信息的共享更全面、更迅速，能让经营者因其他经营者信息的获知而产生协调一致的行为，容易产生限制竞争的效果。间接的信息交换是通过向客户公开信息或者向社会一般公众提供信息，此法避免了经营者们的直接接触，使得共谋的概率降低，一定程度上减弱了企业不怀好意地限制竞争行为实施的可能性。

最后，信息交换的频率也很重要。信息交换的频率越高，说明经营者们聚在一起商讨产品信息、服务信息的机会越多，也说明经营者想获得这些信息的迫切渴望。经营者之所以想聚在一起交流信息，表明信息对经营者的重要性，重要的信息交换无非就是为竞争者提供竞争优势。竞争者利用这些交换的信息采取协调一致、分割市场等行为而限制、阻碍竞争，使其在竞争中一直保有地位。可见，信息交换的频率对行业协会信息交换行为的违法性认定也具有一定的考量价值。

四、结 语

2007年颁布的《反垄断法》，其中有三个条文是关于行业协会的。《反垄断法》在总则部分第 11 条对行业协会的职能作了概况性规定。[11]这是《反垄断法》给予行业协会在竞争中的作用的一个功能性定位。该条规定其实在讲行业协会在市场竞争中的积极作用，行业协会有一定的自律性，制定有自己的行业规则，对会员企业有一定程度的约束作用。行业协会可通过行业规则引导企业积极地进行市场竞争，一旦企业有违法限制竞争的行为，行业协会应当首先对其进行制止、惩罚。这也在另一方面表明，法律既然要求行业协会积极引导本行业的经营者依法竞争，也要求行业协会本身不能违反行业规则，组织或实施限制竞争的行为。因为如果作为管理者角色的行业协会能随便实施限制竞争行为，岂能管理其会员企业，又如何能让会员企业信服，对会员企业产生威慑力？一旦失信于会员企业，行业协会便失去存在的基础，只怕最终会使得经营者主动退出协会，从而导致协会的解散，行业协会的功能、价值便无从谈起。

由《反垄断法》第 16 条的规定可知，能达成的垄断协议行为当然不仅仅是固定价格问题，这条规定表明立法者已经意识到现在社会行业协会的限制竞争行为已经远远超过价格垄断这一传统的形式而表现出多样性。《反垄断法》第二章第 13 条规定了限制竞争的垄断协议类型即固定价格、限制数量、分割市场、联合抵制交易等，这些都是常见的行业协会限制竞争表现形式。但是行业协会的信息交换行为并没有提到，虽然第 13 条第 1 款第（6）项规定有“国务院反垄断执法机构认定的其他垄断协议”这一兜底性条款，但是出于法律具有明确性的要求，只有尽量地明确才能保障法律适用的普遍性，限制因不明确带来的执法、司法的自由裁量权的扩张，保障执法、司法的公正性，再加上行业协会的信息交换行为本身就具有隐蔽性强、难以认定的特征，恐怕这一兜底性的规定实在无法保障对行业协会信息交换行为的法律规制。

行业协会信息交换行为的违法性认定是一个重要且复杂的问题。如何把握一个度，既能很好地规制行业协会的反竞争行为，又尊重它的行业自治权、

[11]《反垄断法》第 11 条规定：“行业协会应当加强行业自律，引导本行业的经营者依法竞争，维护市场竞争秩序。”

保护市场竞争，是行业协会信息交换行为研究的重点和难点。行业协会信息交换行为涉及两个违法性确认原则，即本身违法原则和合理原则，这两个原则适用的标准不同。对行业协会信息交换行为进行违法性认定时通常要考虑三个因素，即信息本身的特征、相关的市场环境、信息交换对相关当事人的影响程度。

论我国公司反向人格否认制度的构建

孟繁鑫

内容摘要 我国《公司法》第20条规定了公司人格否认制度，但对于公司反向人格否认制度却存在立法空白，由此导致实务中法官判案没有适用依据，出现同案不同判的后果。在资产分割理论的解释模型下，有独立人格的公司及其股东和各方债权人利益能够大致平衡，公司反向人格否认制度的目的是调整因股东滥用公司独立人格而导致的各方利益失衡，目前我国现存的法律制度均不能替代公司反向人格否认制度的此项功能，因此构建完善的公司反向人格否认制度，明确其请求权主体、适用标准、责任承担主体及各方利益的平衡是十分必要的。

关键词 公司反向人格否认制度 资产分割理论 必要性 正当性 立法设计 适用标准

作者单位：青岛大学法学院。

一、反向人格否认制度的现实需要

2005年我国《公司法》修订后在第20条[1]规定了公司人格否认制度，矫正了大量公司人格滥用的行为，但是第20条的规定并不完善，仅仅是让公司背后滥用公司独立人格的股东直接对公司债务承担连带责任，并不能覆盖所有滥用公司独立人格的现象。滥用公司独立人格的另一种重要表现是股东利用公司和股东财产的隔离机制来隐匿个人财产逃避个人债务，而《公司法》第20条并不能规制这种现象，这给我国的司法实务带来了挑战。笔者通过研究相关案例，对公司反向人格否认案件的判决结果及其法律依据进行了总结、分类，以期对我国的司法实务现状进行较科学的分析，分析结果如表1：

表1　判决结果类型及其法律依据表[2][3]

判决结果类型	法律依据	典型案例
支持原告否认请求	扩张解释《公司法》第20条	沈阳惠天热电股份有限公司沈阳第二市政建设工程有限公司建筑工程施工合同纠纷案[2]
	《公司法》第20条	上海浦东发展银行武汉分行诉湖北三里坪水利水电发展有限责任公司等借款合同纠纷案[3]

[1]《中华人民共和国公司法》第20条规定："公司股东应当遵守法律、行政法规和公司章程，依法行使股东权利，不得滥用股东权利损害公司或者其他股东的利益；不得滥用公司法人独立地位和股东有限责任损害公司债权人的利益。公司股东滥用股东权利给公司或者其他股东造成损失的，应当依法承担赔偿责任。公司股东滥用公司法人独立地位和股东有限责任，逃避债务，严重损害公司债权人利益的，应当对公司债务承担连带责任。"

[2] 参见沈阳市中级人民法院（2010）沈民二终字第264号民事判决书。

[3] 参见武汉市中级人民法院（2008）武民商初字第133号民事判决书。

续表

判决结果类型	法律依据	典型案例
支持原告否认请求	适用民法公平和诚实守信基本原则	1. 中国信达资产管理公司成都办事处与四川泰来装饰工程有限公司、四川泰来房屋开发有限公司、四川泰来娱乐有限责任公司借款担保合同纠纷案[4] 2. 南京市雨花台区豪顶吊顶材料销售中心与南京銮通建筑安装工程有限公司、南京安都贸易有限公司买卖合同纠纷案[5]
	《公司法》第20条、第63条	王太山与刘延安、王玉堂、昌吉市晋煤煤矿有限责任公司平海生股权转让纠纷案[6]
不支持原告否认请求	《公司法》第20条	王翔群与卢旺、王桂兰、安阳市广宇房地产开发有限公司、安阳市鸿泰投资有限公司民间借贷纠纷案[7]

根据表1我们可以看出，当前法院的判决结果虽然只有支持或不支持两种，但其判决理由和适用的法律依据却各不相同，同类型的案件在不同的法院可能产生不同的判决结果。通过研究不同法院适用的法律依据，可以看出许多法院对于《公司法》第20条规定的公司人格否认制度与公司反向人格否认制度之间的区别并不明晰，简单地适用《公司法》第20条关于公司人格否认的规定解决公司反向人格否认的案件；还有的案件，甚至是最高院发布的指导案件，

[4] 参见最高人民法院（2008）民二终字第55号民事判决书。

[5] 参见南京市中级人民法院（2017）苏01民终346号民事判决书。

[6] 参见最高人民法院（2013）民二终字第120号民事判决书。

[7] 参见最高人民法院（2014）民申字第641号民事裁定书。

运用民法的基本原则判决公司反向人格否认案件，民法的基本原则过于抽象，容易导致法官的自由裁量权过大。在一人公司的案件中，法官还会运用《公司法》第 63 条进行解释，但第 63 条也仅仅规定了股东对公司债务的连带责任，并没有规定公司对股东个人债务承担的连带责任，因此也不能解决股东滥用公司独立人格逃避个人债务的问题；在不支持原告否认请求的案件中，法院的裁判理由主要是基于原告的主张及案件事实不符合《公司法》第 20 条规定的公司人格否认的要件，因此不能适用公司法人格否认。在这类裁判中，法院僵化的认为否认公司独立人格的情况仅限于第 20 条的规定，不承认我国反向人格否认的存在，而这种类型的判决在实务中占相当大的数量。

通过上述研究我们发现，实务中存在的公司反向人格否认案件的裁判乱象主要是由于缺乏明确的法律依据而导致的。但有的学者认为，《公司法》第 20 条第 3 款可以通过扩张解释适用于反向人格否认，这种观点在法院的裁判中也多有体现，但是这种观点明显是误读法条，并且忽视了公司人格否认和公司反向人格否认两者间的区别。《公司法》第 20 条第 3 款明确规定了公司人格否认的主体、责任流向和侵权行为方式，在这些方面公司反向人格否认均存在区别，因此不能简单地扩张适用《公司法》第 20 条第 3 款。还有学者主张，虽然第 20 条第 3 款的具体规定无法适用于公司反向人格否认案件，但仍可以参照《公司法》第 20 条第 1 款的概括性规定予以解决，这种观点同样不充分，虽然第 20 条第 1 款目的在于概括规制股东滥用公司独立人格的行为，但通过法条可以看出权利保护对象侧重于公司、其他股东和公司债权人，并没有包括股东债权人，所以本条的立法目的并不在于保护股东债权人和公共利益，不能用于解决公司反向人格否认案件。

因此，我国必须尽快出台相关立法，弥补法条空白，规制公司人格滥用现象，满足实务需求。

二、公司反向人格否认制度的法理基础分析

（一）基于资产分割理论的演绎分析

要想充分发挥公司反向人格否认制度的效用必须认清该制度的本质，发现其合理性，因此必须对该项制度的法理基础进行详尽的分析。对于公司反向人格否认的法理检视必须以正常人格状态下的公司资产运行研究为基础。我们可以利用 Hansmann 和 Kraakman 教授提出的资产分割理论解释模型[8]理解法人的独立人格和股东的有限责任及两者之间的责任划分。

我国《公司法》第3条第1款规定："公司是企业法人，有独立的法人财产，享有法人财产权。公司以其全部财产对公司的债务承担责任。"公司有独立的法人财产，从法人的观点，公司财产属于法人，但从股东概括财产的角度，股东的股份（公司财产的一定比率）是自然人的特别财产（每一家公司的股份就是一个独立的特别财产），而与自然人股东的主财产区隔，所有股东的股份（特别财产）加总后范围等于法人的主财产，[9]因此公司的财产具有双重性质。根据资产分割理论，财产在股东和公司之间的运行方向是财产通过出资和股份发行，从股东手中转移到了公司，同一份财产分别在不同的权利层面上控制在不同的主体手中，这就形成了两种资产分离。一种为积极性的资产分离，对应着公司屏蔽，[10]是指公司的债权人对公司财产的请求权优先于股东的

[8] See Henry Hansmann and Reinier Kraakman, The Essential Role of OrganizationLaw, Yale Law Journal 110, 2000, p.390.

[9] 参见张永健:《资产分割理论下的法人与非法人组织——〈民法总则〉欠缺的视角》，载《中外法学》2018年第1期。

[10] 根据屏蔽程度的不同，公司屏蔽分为弱资产屏蔽、强资产屏蔽和完全资产屏蔽。弱资产屏蔽意味着公司的债权人对公司财产的请求权优先于个人的债权人，个人的债权人可以执行企业资产，但仅仅是在企业债权人已经得到清偿的情况下，是一个债权顺序问题；强资产屏蔽，相比弱资产屏蔽，增加了破产保护，比如公司的债权人不仅优先受偿，也意味着优先于股东及其债权人，股东和其他债权人非经破产程序不能取得对公司财产的请求权；完全资产屏蔽，即任何一个主体的债务和其他主体的债务不发生关系。

债权人的请求权；另一种为防御性的资产分离，即股东屏蔽，[11]是指股东债权人对其个人财产的请求权，优先于公司或者组织的债权人。[12]

在公司人格状态正常的情况下，股东不能清偿其个人债务时，股东债权人只能请求执行股东的股份，对股东财产的主张优先于公司债权人；反之，公司债权人的受偿请求只能及于公司的独立财产，不能及于股东个人财产，且对公司财产的主张优先于股东债权人，只有在破产清算这种极端的情况下，股东及其债权人才能获得相应的补偿。因此，公司在大多数情况下就是强资产屏蔽和完全股东屏蔽的结合。[13]利用资产分割理论，我们可以更好地理解在公司法人人格独立和股东有限责任的情况下，股东和公司在责任承担及其各自债权人在受偿时的顺位。在资产分割理论解释模型下，公司财产和投资者的财产在一定程度上相分离，使得公司的财产能够相对独立，赋予了股东和公司各自的债权人不同顺位的请求权，能够在大致上维持公司、股东及其各自债权人利益平衡。

（二）公司反向人格否认制度的正当性与必要性论证

公司反向人格否认制度源自美国的反向刺破公司面纱制度，该制度是对公司法两大基石——公司独立人格和股东有限责任的进一步挑战，因此要想构建此制度必须论证其正当性与必要性。

1. 公司反向人格否认制度正当性论证

在资产分割理论模型下，我们可以得知股东和公司的责任承担及其各自债权人在受偿时的顺位，因此，当公司和股东因各种原因发生人格混同，首先影响的是公司和股东间财产的独立，两者间的财产界限变得模糊，由此而导致

---

[11] 就股东屏蔽而言，分为弱股东屏蔽和完全股东屏蔽。前者给予投资者的债权人在清偿和执行时的优先权，大多数合伙制度采用这种方式，也是一个债权顺序问题；对于后者，个人债权人只能请求执行个人财产，而不能涉及公司财产。

[12] 参见李润生：《论反向刺破公司面纱的适用标准——法理和判例的联动视角》，载《研究生法学》2014年第1期。

[13] 同上注。

的便是股东和公司偿债能力发生变化，最终影响股东债权人和公司债权人的受偿风险，资产分割理论下的公司利益分配的平衡状态将被完全打破。在这种情况下，公司和股东对各自财产及对他方财产的控制力会发生偏向，控制力偏向方向的不同会产生不同的利益失衡情形，因此，调整相应的利益失衡状态的公司反向人格否认制度便具有了正当性。根据请求主体所处的相对地位不同，公司反向人格否认制度又分为两类：一类是公司特定股东（内部人）主动请求否定公司独立人格，即所谓的“内部人反向否认”；另一类是公司特定股东的债权人（外部人）要求否定公司独立人格，使公司承担股东的个人债务，即所谓的“外部人反向否认”。不同种类的反向人格否认制度的正当性基础不同。

（1）外部人反向人格否认的正当性论证

在公司利益分配的平衡状态被打破时，利益的偏向方向会存在不同的情形，当利益偏向于股东一方，股东控制下的财产会增加，股东债权人的受偿风险会减小；与此同时，公司控制下的财产会减少，公司偿债能力减弱，公司债权人的受偿风险增加。这种情况下，需要调整利益杠杆使其向公司及其债权人方向偏移，因此，赋予公司债权人向股东求偿的权利的制度——公司人格否认制度便具有了合理性。但是当利益偏向于公司时，这种情况下公司实际控制财产数量增加，公司偿债能力提高，公司债权人受偿风险相应降低；同时，股东控制下财产减少，偿债能力降低，股东债权人受偿风险增大，这时需要一种制度能够调整双方利益，使股东债权人的受偿风险不受影响，回归到平衡状态。因此，应当赋予股东债权人请求以公司财产清偿股东个人债务的权利，也就是构建公司外部人反向人格否认制度。

（2）内部人反向人格否认的正当性论证

公司内部人反向人格否认制度的正当性基础不同于传统公司人格否认或外部人反向人格否认，该制度的目的并非调整公司内部利益平衡，而在于公益与私益的平衡。公司内部人反向人格否认制度是将公司利益平衡状态强行打破，而进入一种利益不平衡的状态，打破这种平衡的目的在于追求更高位阶的利益或者特定的立法目的。当所追求的公共利益足够重大，可以牺牲公司债权人的利益时，公司内部人反向人格否认制度便具有了合理性。对于公共利益的衡量我们可以借鉴美国法院的判例，美国做出支持内部人反向刺破的案例主要来自佛罗里达、伊利诺伊、密歇根、蒙大拿和新泽西等州，案例情境涉及禁止高利贷法的适用、不动产租赁限制、不动产转让限制、关联公司相互间的债务承担、确认母公司对其子公司员工的雇主身份等。[14]虽然这些案例的判决理由不同，但一般都将股东同公司间的同一程度及重要政策、法律目的的实现作为立论的主要依据。[15]因此，此时的公共利益可以定义为法律政策和立法目的的实现。

2. 公司反向人格否认制度必要性论证

构建一项制度的必要性仅仅论证司法实务的客观需求是不够的，还必须考虑新制度与现存法律制度的融合所带来的风险。公司反向人格否认制度的构建必须以现存法律制度不能替代其功能为前提，我国现存制度并不能替代公司反向人格否认的功能：

（1）债权人撤销权存在缺陷

债权人撤销权，是指债权人对于债务人所实施的危害债权的行为，可请求法院予以撤销的权利。根据《合同法》第 74 条[16]的规定，成立撤销权必须满足债务人实施了有害债权的行为，且主观上债务人有恶意，而想行使撤销权则要求更高，若债务人有偿转让其财产还需证明第三人有恶意。此时，若允许股东债权人以恶意投资损害债权而撤销股东的投资行为则会极大地影响商事交

[14] Gregory Crespi, The Reverse Pierce Doctrine: Applying Appropriate Standards, 16 J. Corp. L. 33, pp. 44–47.

[15] 参见廖凡：《美国反向刺破公司面纱的理论与实践——基于案例的考察》，载《北大法律评论》2007 年第 2 期。

[16]《中华人民共和国合同法》第 74 条规定："因债务人放弃其到期债权或者无偿转让财产，对债权人造成损害的，债权人可以请求人民法院撤销债务人的行为。债务人以明显不合理的低价转让财产，对债权人造成损害，并且受让人知道该情形的，债权人也可以请求人民法院撤销债务人的行为。撤销权的行使范围以债权人的债权为限。债权人行使撤销权的必要费用，由债务人负担。"

易的效率和安全，并损害公司债权人的利益。因为，首先，在商事交易中，股东对公司出资的目的在于商业投资，商业投资的回报和风险均难以估量，此时很难分辨其目的是商业冒险还是恶意转让财产；其次，商事交易并不考虑投资人是善意还是恶意，即使股东恶意投资，仍享有获得投资回报的权利，且公司的债权人仍可依此投资获得充分保护；再次，在投资行为中，因公司并不需要考察投资人的投资目的及投资行为是否存在其他非法情况，因此，公司也并不满足受让人恶意的条件；最后，债权人撤销权还受除斥期间的限制，对股东债权人的保护也不利。

（2）股权执行程序存在缺陷

与公司反向人格否认制度的目的与功能最接近的是股权执行程序，但股权执行程序固有的缺陷及反向人格否认制度特有的优势使两者不可能等同。一方面，股权执行程序本身存在缺陷。首先，股权执行程序执行程序烦琐、执行效率低；其次，关于股权强制执行的规定缺乏关于股东优先购买权等其他问题的具体执行标准，易导致在实际操作时损害其他股东和实际债权人的利益；最后，在股东滥用公司独立人格逃避个人债务的情况下，股东恶意投资而向公司注入的资产的实际价值往往远远高于股东所持有的实际股份的价值，因此也不能实现保护股东债权人的目的。另一方面，公司反向人格否认制度具有独特的优势，它可以维持公司的股权结构，不破坏公司内部的稳定状态，这种优势在家族式公司和人合性较强的有限责任公司中体现得较为明显。

（3）财产保全制度存在缺陷

我国《民事诉讼法》规定的财产保全制度[17]的前提是债权人能够发现债

[17]《中华人民共和国民事诉讼法》第 100 条规定："人民法院对于可能因当事人一方的行为或者其他原因，使判决难以执行或者造成当事人其他损害的案件，根据对方当事人的申请，可以裁定对其财产进行保全、责令其作出一定行为或者禁止其作出一定行为；当事人没有提出申请的，人民法院在必要时也可以裁定采取保全措施。人民法院采取保全措施，可以责令申请人提供担保，申请人不提供担保的，裁定驳回申请。人民法院接受申请后，对情况紧急的，必须在四十八小时内作出裁定；裁定采取保全措施的，应当立即开始执行。"本条是关于保全适用条件、具体程序的规定。

务人有转移财产的倾向，但是在股东滥用公司独立人格逃避债务时，股东债权人是很难发现其倾向，往往是在股东转移财产之后才能知晓，因此财产保全制度很难保护股东债权人的利益。

三、我国公司反向人格否认制度的立法设计

公司反向人格否认制度以美国的反向刺破公司面纱制度为原型，因此，美国的相关实践经验值得我们借鉴，但在美国经验的基础上构建我国的公司反向人格否认制度必须关注我国的大陆法系传统，不能不加选择地进行制度移植。美国反向刺破公司面纱制度是衡平法的产物，具有一定的模糊性，因此我国将其引入成文法中必须将其内容明确化。

（一）明确请求权主体

关于有权提起公司反向人格否认之诉的主体，目前学界存在争议，有的学者简单地将滥用公司独立人格的股东的债权人确定为具有请求权的主体，这种观点过于草率，没有区分公司反向人格否认的不同类型。笔者认为，应当对内部人反向人格否认和外部人反向人格否认的请求权主体作出区分。在外部人反向人格否认中，由于存在特定股东滥用公司独立人格、逃避个人债务，严重侵害股东债权人利益的情况，因此请求权主体应当仅限于特定股东的债权人。但是并非所有滥用公司独立人格的股东的债权人都有权提起反向人格否认之诉，只有滥用公司独立人格的行为严重侵害债权人利益的时，债权人才可以提起反向人格否认之诉，这是为了防止反向人格否认制度颠覆公司制度的稳定性。关于内部人反向人格否认的主体，学界存在不同的观点，有的学者认为请求权主体应严格限定为那些与公司发生混同，在实际生产经营中将公司变为为股东行为掩护、使公司沦为股东另一自我的股东或实际控制人；而有的学者认为，除公司及其股东外，与股东有利害关系的人也应当享有请求权，笔者赞同第二种观点，如在一些特殊逃税案件中，国家权力机关也可以作为请求权主体

提起诉讼。

（二）明确适用标准

制度的适用是实现制度效用的关键，因此，要想发挥公司反向人格否认的效用，必须明确该项制度的适用标准。公司反向人格否认制度的适用标准需要从定性和定量两个方面进行分析。适用标准的定性解决“是什么”的问题，需要结合制度的存在目的分析；适用标准的定量问题解决“严格程度”的问题，需要结合制度对相关利益的影响范围分析，适用制度影响的利益范围越大，则制度的适用标准应越严格，相反，如果制度对利益的影响范围较小，则制度的适用标准可以相对宽松。

1. 公司人格否认制度适用标准参照

我国《公司法》第 20 条第 3 款规定了公司人格否认制度，从法条中可以看出当股东滥用公司独立人格和股东有限责任并导致公司债权人利益严重受损时，可适用公司人格否认制度。此时，公司人格否认制度的目的是矫正公司和股东人格混同时利益的失衡，而且自始至终涉及的是利益位阶相同的利益，司法所要解决的仅仅是利益的分配和平衡。[18]因此，在满足了主体和行为要件后，在结果上只要达到“利益严重失衡”的程度便可适用公司人格否认制度。公司人格否认制度适用标准的严格程度需结合该制度对利益的影响范围制定，关于该制度的影响范围可通过设定具体案例来讨论。如果在某一公司中，股东滥用公司独立人格，损害公司的债权人的债权时，若司法允许否定公司独立人格，则此时公司的债权人可以直接向股东主张债权，要求其承担连带责任，此时公司的债权人的债权将获得更大的保障和满足，公司的资产也得以保全，公司的其他股东基于公司财产的保全也会获致利益，唯一受到不利影响的是滥用公司独立人格的股东及其债权人，而其受影响的程度要视公司的债权人的债权

[18] 参见李润生：《论反向刺破公司面纱的适用标准——法理和判例的联动视角》，载《研究生法学》2014 年第 1 期。

未受清偿的程度而定。

2. 外部人反向人格否认制度适用标准分析

外部人反向人格否认与传统公司人格否认调整的利益失衡主体是一致的，仅仅是利益调整方向相反。因此，和公司人格否认制度一样，在满足了主体和行为要件后，在结果上只要达到“利益严重失衡”的程度便可适用外部人反向人否认制度。

外部人反向人格否认根据“外部人”性质的不同可以分为私益外部人反向人格否认和公益外部人反向人格否认。[19]不同类型的外部人反向人格否认适用标准的严格程度不同。

如果在一个公司中，对于私益外部债权人来说，若否定公司独立人格的请求获得认可，则股东的风险并无变化，公司却因此对股东的负债承担连带责任，公司的债权人的风险将会增加，公司的其他股东也因公司资产的减少而获致不利益。可见，公司、公司的债权人、公司的其他股东均会受到不利影响，其程度将视股东的债权人的债权未获清偿的数额及股东的偿债能力而定。在此应当平衡各方主体利益，不能因对股东的债权人债权的过分强调，而严重损害公司、公司的债权人、公司的其他股东的利益，否则将导致新的利益失衡。私益外部债权人反向人格否认波及面较大，影响较为深远，利益平衡的难度大，应从严掌握适用标准，谨慎认定。对于公益外部债权人否定公司独立人格来说，其受影响的范围与前者相同，但因为公法因素的介入和考量，其适用标准介于内部人反向人格否认和私益外部人反向人格否认之间，且更接近内部人反向人格否认的标准——优先保障公共利益，兼顾私益的平衡。

3. 内部人反向人格否认适用标准分析

内部人反向人格否认制度是为了实现更高位阶的利益或者特定的立法目

[19] 公益外部人通常是指代表公共利益、具有公共职能的机构，如国家税务局、环境保护局等。对于私益外部人来说，当人格混同情形下基于某种原因（包括股东的恶意转移行为、无过错行为甚至是不可抗力等法律事件）而导致利益明显偏向公司一方时，私益外部人可以请求刺破公司面纱。

的将原有的利益平衡状态打破，这时仅需要证明更高位阶的利益或者特定立法目的的存在即可。

如果在一个公司中存在内部人反向人格否认，即公司某股东主张否定公司独立人格，以使公司或其自身获得某种特殊的利益或豁免，这时公司和该股东会受到特殊保护。这种特殊保护是来源于特殊立法目的背后的终极利益，使得公司或股东享受的特权及于另一者。若特定的立法保护指向股东（无论其是自然人抑或团体），将股东享受的某种豁免和特权适用于公司，则公司的其他股东不会受到影响，股东的债权人也将获得更大的偿债保障，只有公司的债权人的风险会增加；相反，若特定立法的终极保护对象是公司，则最终受到不利影响的只有股东的债权人。因此内部人反向人格否认的影响范围最小，适用标准最为宽松。

（三）明确责任承担主体及各方利益平衡

对于传统的公司反向人格否认制度来说，责任的最终承担者是滥用公司独立人格的股东，利益的影响范围也仅限该股东及其债权人；而在公司反向人格否认中，责任的最终承担者是公司，其利益的影响范围远远大于传统的公司人格否认，因此，相对于传统的公司人格否认制度，公司反向人格否认制度必须设计平衡各方利益的机制。

公司作为经营主体以经营资本为支撑，公司经营资本的多少主要取决于其融资能力，而公司反向人格否认制度因会波及公司的债权人和其他股东的利益，所以可能会对公司的融资能力产生负面影响。因此，在构建及适用公司反向人格否认制度时，应对该制度带来的利、弊进行分析，平衡各方利益，并决定是否适用。有学者这样形容该利益平衡的过程：通过反向刺破所欲实现的公共利益是否足够强大，或匡正不当行为的需要是否足够迫切，足以超越维护规则稳定性和支持相关主体合理预期的价值。[20]在公司反向人格否认案件中，法官需要在各方利益中寻求微妙的平衡，这些利益包括善意股东对于公司财产不会因股东行为而减损的期待、公司债权人对公司偿债能力的期待、因股东滥用公司独立人格而受损害的债权人的债权。只有平衡好各方利益才能使适用此制度带来的正面效益大于负面效益，实现该制度的价值。

四、结 语

伴随着公司制度的发展，实践中滥用公司独立人格的情形将不断增多，股东利用公司独立人格逃避个人债务的问题也会不断突出，因此，对于反向人格否认立法的需求更加迫切。目前我国理论界已经认识到构建反向人格否认制度的重要性，并展开了热烈的探讨，但是实务界的态度仍相对保守，因此，学界仍需不断努力，不断夯实反向人格否认制度的理论基础，完善制度构建的建议，引导实务不断探索。在公司反向人格否认制度各方利益平衡机制的构建上，笔者的建议比较粗浅，希望学者们能够继续研究，完善制度设计，提出更多的立法建议。

---

[20] 参见廖凡:《美国反向刺破公司面纱的理论与实践——基于案例的考察》，载《北大法律评论》2007 年第 2 期。

企业环境污染第三方治理法律关系研究

管　丽

内容摘要　我国对于第三方治理如何具体在环境污染领域推行，在实践中仍然面临着很多问题。企业环境污染第三方治理法律关系是依据环境法律规范的规定，主要是污染防治相关法律的规定为实现达标排放、达到环境治理效果而形成的权利义务关系。针对企业环境污染第三方治理法律关系的主体、内容和责任承担方面存在的问题，提出要建立环境服务公司清单制度和信用评价体系，借鉴“船舶清污协议”为环境服务合同提供指导，合理划分排污企业与环境服务公司的责任等建议，以期能够为我国环境污染的治理提供一些有益的参考。

关键词　第三方治理　环境污染信用评价　企业责任

一、企业环境污染第三方治理概述

（一）第三方治理概述

第三方治理这一概念首先由西方国家提出，经过多年的发展，它已经成为美国等国家比较成熟的制度，并广泛适用于社会公共服务的各个领域。我们

作者单位：成都市城市管理委员会。

对环境污染第三方治理进行研究，需要首先了解第三方治理这一上位概念的内涵，才能更准确地理解环境污染第三方治理的相关概念，并为进一步从法学的角度阐明法律关系的问题提供基础。

1. 第三方治理的概念

第三方治理的概念最早由莱斯特·M. 萨拉蒙提出，其在 Partners in Public Service: Government-Nonprofit Relations in the Modern Welfare State 一书中提出了“third-party government”的概念，即第三方治理。[1]书中，他指出传统观点将政府和非营利部门作为相冲突的双方来理解，在政治上，无论左派和右派政治观点有何不同，他们都认为随着政府活动范围的扩大、社会职能的加强，非营利部门会受到冲击（实际上会不断萎缩），但他们没有注意到这一事实——“二战”后到 20 世纪 70 年代的大约 30 年中，美国的国家职能的转变不只表现在活动范围上的扩大，还在政府活动的基本形式方面发生了根本性的变化，这种变化产生于政府行动的新工具、新手段和技术的激增，表现在政府通过一系列诸如贷款、贷款担保、税收补贴、补助金、社会管理、服务购买合同、政府企业等工具来实现其管理和服务的目标。与以往政府活动不同，这些政府活动的新工具最明显的特征是它们往往借助于政府之外的组织发挥作用来实现目标，这些政府之外的组织被萨拉蒙称为“third-party”，[2]它们为政府公共服务项目出资，提供专业化的人员实施项目，甚至享有政府让渡的一部分权力。[3]可以这样理解，在实际运行过程中，政府通过这些第三方机构的运行，客观上实现了许多政府职责范围内的职能，这样做的结果是在社会中逐渐形成

[1] 北京大学政府管理学院田凯将该书翻译为《公共服务中的伙伴——现代福利国家中政府与非营利组织的关系》并将“third-party government”翻译为“第三方治理”，此后学者多沿用这一译法。参见〔美〕莱斯特·M. 萨拉蒙：《公共服务中的伙伴——现代福利国家中政府与非营利组织的关系》，田凯译，商务印书馆 2008 年版，第 5 页。

[2] 这些“第三方”主要包括州、市、县、商业银行、工业企业、储蓄和贷款协会、营造商等，它们与政府大量分享提供公共出资和运用政府权威的权力和责任。

[3] 参见〔美〕莱斯特·M. 萨拉蒙：《公共服务中的伙伴——现代福利国家中政府与非营利组织的关系》，田凯译，商务印书馆 2008 年版，第 43 页。

了“第三方治理”体系，并不断发展、成熟。客观的分析这个体系，我们可以发现，第三方执行者之所以能够很好地运行下去，其原因在于分享了政府的公共权力。这也说明，与传统观点相反的是，非营利部门在政府职能加强的同时不但没有萎缩，反而是随着双方互动不断增加，两者之间逐渐形成了伙伴关系，政府和第三方都在这一过程中受益，使这一方式越来越受到认同和欢迎。

结合上述观点，我们将第三方治理定义为：政府在执行公共事务的过程中，出于节约行政成本、提高实施效果等考虑，将部分或全部的事务交给政府与公众之外的第三方机构来完成以更好地实现其对公众的管理及服务职能的一种治理模式。

可以看出，第三方机构以及在此基础上形成的第三方治理行动模式是政府在履行其职能的过程中不断发展起来的，由于它强调公共与私人机构之间大量的责任共享，以及公共部门与私人作用的大量混合，它使得公共管理实际上变得更加复杂了，并且可能在双方责任分配、力量的平衡上造成问题。但这种模式的优势也非常明显。首先，这种模式中把第三方纳入政府项目的运作中来，分给他们“一部分行动”和裁量权，可以使政府行动方案更易得到他们的支持，从而使政策得以更好地推行；其次，政府也避免了因实行这些项目而要创建全新的组织机构、雇用专业人员的“麻烦”，从而可以防止造成大规模政府官僚制的缺陷；最后，由于这些机构专业性强，它们更加了解具体领域的实际情况，可以更有针对性地解决问题，使项目的运作更加科学，符合个人的需要。同时，政府在此过程中可以引入一定程度的竞争和多样性，以更好地提高效率，降低成本。第三方治理也在这样的背景下得以迅速发展与壮大。

2. 第三方治理在环境保护中的适用

萨拉蒙在书中也列举了第三方机构——非营利组织在各个领域上的兴起及发挥的作用。例如，在医疗服务、银行金融、社会管理、社会救助、环境保护等各个方面，其中对环境的第三方治理是一个不断兴起并发展的重要领域。

当前，生态环境恶化和资源紧缺问题已成为全球性环境问题，从不同的法域进行横向比较，我们可以发现各国在应对这些问题时尝试了各种各样的探索。总结归纳起来，可以分为三种方式：第一种以政府行政命令控制为主，强调发挥政府行政职能来治理和保护环境；第二种强调要以公众参与环境保护为主要手段，社会公众民主的、通过发挥主观能动性的方式以保护环境；第三种强调利用市场供求关系的作用，注重在市场的运作中实现环境保护。[4]而随着各国市场机制的不断成熟，各国在环境问题上除了发挥政府职能以外，往往都会注重发挥市场的作用，并借助于政府之外的社会组织，以实现环境保护效率、资源优化以及客观效果上的突破。西方发达国家在环境治理上推行第三方治理已有多年的实践并趋于完善，我国长期以来一直奉行政府主导的模式，通过考察实施的效果我们可以发现，政府主导下的保护，其主体过于单一，政府很难调动公众参与环境保护，对于环境保护体现出无力感。

环境保护因侧重点不同，可分为污染治理和生态保护两个层面，污染治理侧重于通过科学的方法、技术手段对已经造成的大气、水体、土壤等环境要素的破坏进行修复以恢复其正常状态。而生态保护的关键在于通过对环境和生态的修复、养育，以维护生态平衡。我国在环境保护领域引入第三方，主要是指在污染治理上的引入。第三方服务机构加入污染治理，既可以利用第三方的专业化、市场化的优势，提高污染治理和生态保护的效率，还便利了政府的行政监管，并可以培育一批环保公司，促进绿色经济的发展。从近十年的实践来看，我国在不断推进节能减排的过程中，针对环境污染，开展了各项环境治理举措，并在市政公用事业上引入市场机制，逐渐探寻一条效率更高的第三方治理的道路。例如，在城镇污水处理、垃圾资源化处理、集中供热等领域，政府部门将项目建设及运营的工作以特许经营的方式交由专业的环保公司负责，向企业购买环境服务，开展多种方式的合作，并取得了初步的规模和成效。

[4] 参见范战平:《论我国环境污染第三方治理机制构建的困境与对策》，载《郑州大学学报》（哲学社会科学版）2015 年第 2 期。

（二）企业环境污染第三方治理

国务院办公厅出台的意见对环境污染第三方治理进行了界定，[5]但是这一定义只是为了提出意见而作的简略说明，并不是严格意义上的定义。学者们在论述这一问题时也对第三方治理进行了定义，但也存在着主体界定不清、将环境污染第三方治理与企业环境污染第三方治理的概念混淆的问题。[6]而这里，我们将环境污染第三方治理定义为：在环境公共服务、工业园区、主要排污行业等领域，政府或排污企业通过与环境服务公司签订合同，委托环境服务公司进行污染治理，并向其支付费用的污染治理模式。

环境污染第三方治理是我国在治理污染的实践中不断探索发展起来的，笔者认为应将环境污染第三方治理按照其实施领域的不同，分为政府环境公共服务领域的第三方治理和企业在工业污染领域的第三方治理。

政府环境公共服务领域的第三方治理主要是指在环境公用基础设施建设，如城镇生活污水、生活垃圾处理等方面，政府通过购买环境服务，以特许经营、委托经营等方式引入第三方治理企业，将项目建设及运营交由专业化的环保公司负责，从而充分利用市场化、专业化的优势以提高污染治理水平和政府服务水平。近年来，在环境治理方面主要有两个大的背景值得我们重视，其一是节能减排战略，其二是公用事业的市场化现象。正是在这样的背景下，我国在环境公共服务领域的第三方治理不断发展，BOT（建设—经营—转移）、BT（建

[5] 国务院办公厅《关于推行环境污染第三方治理的意见》（国办发〔2014〕69号）指出：环境污染第三方治理（以下简称第三方治理）是排污者通过缴纳或按合同约定支付费用，委托环境服务公司进行污染治理的新模式。

[6] 如吉林大学东北亚研究院任维彤与中国环境出版有限责任公司王一在《日本环境污染第三方治理的经验与启示》一文中认为："所谓环境污染第三方治理是指污染排放者以直接或间接付费的方式将产生的污染有偿委托给专业化环保企业按照环境标准进行治理，并（或与环保监管部门共同）监督治理结果的环境污染治理模式。"参见任维彤、王一：《日本环境污染第三方治理的经验与启示》，载《环境保护》2014年第20期。原上海环境保护局局长张全也不加区分地将环境污染第三方治理与企业环境污染第三方治理等同。详见张全：《以第三方治理为方向加快推进环境治理机制改革》，载《环境保护》2014年第2期。

设一转让)、TOT(移交一经营一移交)等公私合作的经营方式也日臻成熟。

工业污染领域的第三方治理是我国目前污染治理的重中之重，对于钢铁、水泥、焦化、化工等重点污染行业和污染比较集中的工业园区，排污企业与第三方签订合同，通过托管或委托的方式实现达标排放的目的。

从上述分类可以初步看出，环境公共服务领域和工业污染领域分别以政府和企业两个不同的主体为主导，前者是政府为了更好地实现环境公共服务的职能而引入第三方参与环境治理，侧重于政府和第三方之间权力(利)义务的分配、政府和第三方利益的最大化。而后者是排污企业在我国现行环境法律制度框架内，作为环境行政的管理对象，为了履行环境责任，降低污染物排放，防止环境破坏，而委托第三方治理污染以实现达标排放。这一领域主要涉及的是污染企业和第三方之间的权利义务分配和利益的实现，因而与政府环境公共事务领域的第三方治理在实施目的、法律关系、运作效果、纠纷解决等方面截然不同。值得注意的是，目前我国工业污染占社会总污染的比例接近七成，工业污染成为我们治理环境关注的重点，然而在治理方式上，工业污染的治理表现出单一化、低效率的特征，采取第三方治理的比例非常低，治理效果也不理想。[7]但从国务院办公厅出台的《关于推行环境污染第三方治理的意见》(国办发〔2014〕69号)到上海、安徽、河北、北京等地陆续出台的环境污染第三方治理实施意见，以及近几年学者对这一领域的研究[8]来看，它们对环境公用设施和工业污染领域的运营模式、责任分配、鼓励政策和监督措施等都未作

[7] 据统计，城镇污水处理设施的市场化运营比例已经达到50%左右，而相比之下，工业污染第三方治理的比例只有5%左右。转引自《800亿元老工业污染源治理市场或激活》，载《南方日报》2015年1月23日。

[8] 如范战平在《论我国环境污染第三方治理机制构建的困境及对策》中未加区分地对环境污染第三方治理进行定义和研究。参见范战平:《论我国环境污染第三方治理机制构建的困境及对策》，载《郑州大学学报》(哲学社会科学版)2015年第2期。谢海燕在《环境污染第三方治理实践及意义》中虽然进行区分，但在后续论述中将两者杂糅提出对策，在法律关系、责任分担上的论述都缺少针对性。参见谢海燕:《环境污染第三方治理实践及意义》，载《宏观经济管理》2014年第12期。

区分地杂糅到一起，笔者认为这忽视了两者的特殊性，只有将两者区分开来，弄清各自的内在规律，才能更好地解决实际中遇到的问题，成为一种高效率的污染治理方式。

本文将对两者进行区分，并着重研究在工业污染领域，即企业工业生产过程中造成环境污染进行第三方治理的相关问题。

1. 企业环境污染第三方治理的概念

根据上文的论述，企业环境污染第三方治理是在工业污染领域的第三方治理，它是指排污企业为了实现达标排放、符合行政管理的目的，主动或被动地与环境服务公司建立合同关系，由环境服务公司为其提供污染减排服务，环境保护相关部门对这一过程进行管理的污染治理模式。它形成的是政府—排污企业—环境服务公司三元互动的关系，具体来说包括政府和排污企业之间的环境行政法律关系、排污企业和环境服务公司之间的民事法律关系与政府和环境服务公司之间的环境行政法律关系。

企业环境污染第三方治理是在我国环境管理法律体系不断完善、传统企业污染治理模式成效甚微的背景下提出并发展起来的。

党的十八大以来我国将生态文明作为我国社会建设“五位一体”布局之一，在环境管理体系和管理模式上也不断改革创新，并提出了一系列的新思路和新要求。[9]从这些论断可以看出，粗放式的发展方式已经不能适应新的发展要求，只有将经济发展和环境保护放在同等重要的位置，摒弃唯 GDP 论政绩的旧的发展理念，追求绿色、健康的发展，才能走出一条真正的可持续发展道路。这对传统的环境管理模式也提出了要求，那就是在治理现存污染的同时，要更加注重环境的友好和质量的改善，而单纯的行政化控制污染已不能满足新的发展要求。[10]

[9] 例如“保护生态环境就是保护生产力，改善生态环境就是发展生产力”的理念和“既要金山银山，又要绿水青山；宁要绿水青山，不要金山银山；绿水青山就是金山银山”等论断。

[10] 参见常杪、杨亮、王世汶：《环境污染第三方治理的应用与面临的挑战》，载《环境保护》2014 年第 20 期。

同时，我国环境管理法律体系也在不断完善。2015 年 1 月 1 日修订后的新《环境保护法》正式实施，在强化行政管理措施、提高企业违法成本、健全环境公益诉讼、引入环境保险等市场化机制方面加速了环境管理法律体系的建设。在法律确立的制度框架下，2014 年 9 月国务院办公厅公布了有关排污权交易的指导意见，[11] 使以污染物总量控制制度为前提的排污权有偿使用和交易相关试点工作进一步推进；同年，国家发改委提高了对部分污染物排污费的征收标准，[12] 并严格执法检查，为企业积极治污减排提供了内生动力。

反观当下，对于环境治理问题，虽然在治理方式上出现了越来越多的创新，对于环境污染的相关法律规范也越来越多，但是落在传统企业肩上的治理责任也越来越重，在我国经济快速发展的当下，如果不能有效解决企业环境污染的治理难题，则很难进一步发展下去。长期以来，我国控制工业领域的污染主要是在“谁污染谁治理”原则和三同时制度的框架下，企业负责污染处理设施的建设、运营和日常管理，并对其自身产生的污染进行治理，而随着市场规模的扩张以及与之相伴的污染排放的大幅度增长，这种单纯依靠排污者自身的排污设施和亲力亲为的治污模式越来越力不从心，同时也将政府监管机构置于十分不利的地位。这是因为企业为了追求自身经济利益的最大化，要求其主动负担高昂的污染治理费用或自行治理污染显然不具有驱动力，逃避监管会成为一种常态。而地方政府面对如此庞大的监管对象，同时又出于地方经济发展的需求，很难尽心尽力地监管企业依法排放，也容易出现企业向政府寻租的现象，以躲避监管，造成恶性循环。

基于上述背景，在传统污染治理中引入第三方，实现环境治理的专业化、社会化，依靠市场机制提高治理的效果就成为必然选择。

---

[11] 具体指 2014 年 9 月国务院办公厅发布的《关于进一步推进排污权有偿使用和交易试点工作的指导意见》（国办发〔2014〕38 号）。

[12] 具体指国家发改委《关于调整排污费征收标准等有关问题的通知》（发改价格〔2014〕2008 号，已失效），其中提高了二氧化硫、氮氧化物、化学需氧量、氨氮和主要重金属（铅、汞、铬、镉、类金属砷）等污染物排污费征收标准。

2. 企业环境污染第三方治理的运行模式

企业环境污染第三方治理主要在大型工业企业和工业集中区中适用，前者如我国实行的火电行业脱硫特许经营，由环境服务公司负责降低污染水平，达到脱硫的目标。后者如在工业园区、工业开发区内，企业生产过程中产生的废气、废水、废渣等数量大，也比较聚集，适合规模化、集中化的处理。在具体实施过程中，企业环境污染第三方治理可分为启动模式和运作模式两个阶段。

企业环境污染第三方治理的启动模式是指该第三方治理是由何种主体发起的，根据是否由企业主动发起，可分为企业主动启动和政府强制启动两种。企业主动启动是一般情况，在我国推进环境污染第三方治理中，企业自愿主动委托环境服务公司治理污染，履行环境责任。而政府强制启动则是指政府对超标企业强制启动治污工作，由环境主管部门责令其在规定期限内委托或为其指定环境服务公司对污染进行治理，可分为限期第三方治理和代履行两种。环境主管部门责令其在规定期限内委托环境服务公司对其产生的污染进行治理叫作限期第三方治理；环境主管部门直接为其指定环境服务公司对污染进行治理叫作代履行。这两种形式都不是企业主动采取的。

企业环境污染第三方治理的运作模式是指第三方治理在运作中的具体模式，根据污染处理设施权属的不同，可分为委托治理和托管运营两类。在委托治理的运作模式中，排污企业只需要向环境服务公司支付污染处理费，而由环境服务公司自身融资建设污染处理设施并按照合同约定完成排污企业的治污要求，以实现达标排放。在这一模式中，环境服务公司拥有治污设施的所有权和运营管理权。而在托管运营模式中，治理污染主要依靠的是排污企业自身的治污设施，环境服务公司对这些治污设施只享有托管运营的权利，治污设施的所有权仍归排污企业所有。这两种运作模式中，委托治理模式需要环境服务公司拥有更雄厚的经济实力和专业技术人员以负责治污设施的投资、运营及集中专业化的治污，目前企业环境污染第三方治理中面临的环境服务公司融资问题、相关资质问题、行业自律等主要是指委托治理模式中面临的问题，这也是我们目前需要着重解决的问题。

3. 企业环境污染第三方治理法律正当性分析

企业环境污染第三方治理的法律正当性分析旨在从理论上探讨在污染治理领域实行第三方治理的依据和可行性，从而更深层次地理解第三方治理的价值所在。笔者主要从法学的角度将第三方治理的正当性分为环境法价值目标上的正当性、环境法原则上的正当性、环境保护基本规律的正当性和环境管理模式上的正当性，并依次进行分析。

第一，企业环境污染第三方治理在环境法的价值目标上具有正当性。

环境法作为法律规范的一种，其价值表现在它具有的能够满足主体的需要的属性。关于环境法的价值应包括哪些内容在我国环境法学界还没有形成定论，有学者从人类中心主义的思想出发，认为人作为主体应当处理好与自然的关系，只有与自然和谐相处才能实现共生共荣，这就需要人类在生产和生活中不断调整自己的行为，以实现人与自然的可持续，因而他们认为可持续发展是环境法的价值。[13]也有学者坚持生态中心主义的思想，认为以往对环境法过于强调人类的主体地位，导致人类不加节制地利用自然，使环境不断恶化，威胁人类甚至整个生态系统的安全，这就需要对这种观点进行扭转，人类只是生态世界的一部分，既要关注人类的利益，又要注重环境自身的利益，人类和环境拥有同等的地位，而环境法的价值就是保持两者的平衡。[14]还有一种观点将两者进行整合，认为环境法的价值在于正义和功利，具有强烈的二元性，既要从法的价值的一般性出发，明确环境法的价值是为了满足人类的利益，又要关注环境本身的特殊性，符合环境利益，以实现人类正义和自然正义。[15]

综合上述几种观点，无论是哪一种关于环境法价值的表述都强调了环境的可持续性和人类与环境的协调，环境法的这种价值取向是环境法在具体制度

---

[13] 参见蔡守秋、万劲波、刘澄:《环境法的伦理基础：可持续发展观——兼论“人与自然和谐共处”的思想》，载《武汉大学学报》（社会科学版）2001 年第 4 期。

[14] 参见汪劲:《20 世纪的中国环境法学》，北京大学出版社 1998 年版，第 322 页。

[15] 参见刘建辉:《论环境法的价值》，载《河北法学》2003 年第 2 期。

的设置时所要追求的主要目的，这也可以从现行《环境保护法》第1条[16]规定的立法目的中看出，因而环境污染的治理无论是采取污染企业自行治理的方式还是由排污企业委托第三方的方式，都是为了实现更好的治理效果，实现环境的友好和经济社会的可持续。那么相较于传统的自行治理，第三方治理能否更好地实现这一目标呢？

从我们之前的论述可知环境污染第三方治理具有提高污染治理效果、节约治理成本的积极意义，它能最大限度地利用集约化的治理方式，以更专业的技术和手段实现对污染的集中处理，国务院推行这一治理方式也是在我国实施可持续发展战略，建设生态文明，而目前企业环境污染治理效果差、国内环境形势严峻的情形下，经过科学论证后提出的，环境污染第三方治理是我国改善现在的环境状况，提高对水、大气、固体废物污染等的治理效果的一种手段，它可以增强发展的可持续性，体现了环境法所追求的价值目标。

第二，企业环境污染第三方治理在环境法原则上具有正当性。

环境责任原则是国际环境法的一项基本原则，该原则在我国经历了由“谁污染谁治理”向“污染者付费”的转变，而污染者付费原则是环境污染第三方治理存在正当性的依据。

污染者付费原则最早在1972年由经合组织理事会提出[17]，简单来说，就是在污染上应由污染者承担治理的费用[18]。1992年，在里约热内卢联合国环境与发展大会上通过的《里约宣言》对这一原则进行了进一步确认。[19]由于这

[16]《中华人民共和国环境保护法》第1条规定：“为保护和改善环境，防治污染和其他公害，保障公众健康，推进生态文明建设，促进经济社会可持续发展，制定本法。”

[17] 1972年经合组织理事会在《关于环境政策国际层面指导原则的建议》中提出污染者应承担由公共机构决定实施的污染治理和控制措施的费用，以确保一种可接受的环境状态，并将该原则作为推动国际自由贸易的指导原则之一。

[18] 参见柯坚：《论污染者负担原则的嬗变》，载《法学评论》2010年第6期。

[19] 1992年通过的《里约宣言》原则13规定：“各国应制定关于污染和其他环境损害的责任和赔偿受害者的国家法律。”原则16规定：“考虑到污染者原则上应承担排污费用的观点，国家当局应该努力促使内部负担环境费用。”

项原则有利于环境污染的“外部不经济性内部化”，实现社会公平和防治环境污染，所以很快得到了国际社会的认可，并被许多国家确定为环境保护的一条基本原则。

而该原则在我国长期以“谁污染谁治理”的原则体现。1979 年通过的《中华人民共和国环境保护法（试行）》第 6 条[20]规定污染者要对治理污染承担直接责任，确立了“谁污染谁治理”的原则及与之相配套的三同时制度，而 1989 年《环境保护法》第 28 条仍将环境责任原则具体表述为“谁污染谁治理”。[21]

2014 年我国新修订的《环境保护法》对该原则进行了修订，其在第 43 条中将排污企事业单位“负责治理”的字样删除，仅有关于污染者支付排污费、排污费专款专用的规定，由此可以看出新的环保法不再规定谁污染谁治理，而代之以污染者付费、损害担责原则，这一改变反映了我国对环境责任原则理解的深化，更符合实际。污染者因其排污行为破坏了人们共同栖居的环境，由其对自己的行为负责，承担治理污染的费用已实现了“外部不经济性的内化”，而具体由谁治理，是自己直接治理，还是委托他方或共同治理都是治理方式上的问题，若将其强制“捆绑”在排污者身上，不但多此一举，还忽视了强制由其自身治理带来的效率低下、难以实施、监管困难等现实性问题，不利于经济效益的实现和资源利用的最大化。

[20] 1979 年通过的《中华人民共和国环境保护法（试行）》第 6 条中规定：“一切企业、事业单位的选址、设计、建设和生产，都必须充分注意防止对环境的污染和破坏。在进行新建、改建和扩建工程时，必须提出环境影响的报告书，经环境保护部门和其他有关部门审查批准后才能进行设计；其中防止污染和其他公害的设施，必须与主体工程同时设计、同时施工、同时投产；各项有害物质的排放必须遵守国家规定的标准。已经对环境造成污染和其他公害的单位，应当按照谁污染谁治理的原则，制定规划，积极治理，或者报请主管部门批准转产、搬迁。”

[21] 1989 年通过的《中华人民共和国环境保护法》第 28 条第 1 款中规定：“排放污染物超过国家或者地方规定的污染物排放标准的企业事业单位，依照国家规定缴纳超标准排污费，并负责治理。水污染防治法另有规定的，依照水污染防治法的规定执行。”确立的仍是谁污染谁治理原则。

这一改变结束了长期以来污染者即治理者的历史，它从目的上契合、在形式上回归了经合组织的决议，[22] 同时为我国污染治理方式的多样化、有效化提供了理论上的依据，为我国推行第三方治理提供了正当性的依据。

第三，企业环境污染第三方治理在环境保护基本规律上具有正当性。

1968 年哈丁提出的“公地悲剧”理论告诉我们，由于公共物品的“公有性”，如果对此缺乏必要有效的监管，人们会为个人利益和眼前利益无休止地掠夺公共资源，而没有人会主动考虑长远利益，最终导致无节制、开放式的资源利用的灾难。到 20 世纪末，奥尔森在《集体行动的逻辑》一书中指出，如果没有强制性的手段让个人能够为了集体的利益行事，那么在一个集团中，有理智的个人不会牺牲自己的利益去谋求共同利益。[23]“公地悲剧”理论和“集体行动逻辑”都向我们表明，在像自然资源这样的公共物品上，完全放任自由，依靠市场经济的作用来解决问题是不可能的，它不可能解决环境与资源的有效利用与保护的问题。

那么应该如何解决这一问题呢？ 2009 年美国著名经济学家奥斯特罗姆指出，为避免“公地悲剧”，对自然资源这样的公共物品实行中央控制是必要的，[24] 而要实行由政府主导的集中控制的政策，需要建立在一个有效的前提之上，这个前提包含三个方面：一是政府必须对现有情况进行充分的把握，也即需要对各种各样的信息进行准确的收集和整合吸收；二是政府必须建立起强大的监督机制，对于各种可能发生的极端情况进行及时的预防；三是政府必须拥有强有力的惩治手段。这些惩治手段能够使被管控的行为人在符合政府主导要求的情况下规范行动。如果上述三个假定不能实现，如政府掌握的信息不充分，监督力度不足，对违法者惩罚力度不够或惩罚概率过低等，都很难完全避免哈丁悲剧。

---

[22] 参见刘超：《管制、互动与环境污染第三方治理》，载《中国人口·资源与环境》2015 年第 2 期。

[23] 参见〔美〕曼瑟尔·奥尔森：《集体行动的逻辑》，陈郁译，上海格致出版社 2011 年版，第 2 页。

[24] 参见〔美〕埃莉诺·奥斯特罗姆：《公共事务的治理之道：集体行动制度的演进》，余逊达、陈旭东译，上海译文出版社 2012 年版，第 8~13 页。

具体到环境资源这一公共物品上，由于环境问题既涉及自然环境本身，还关涉整个人类发展，包含人类社会中政治制度、经济发展、文化背景等多种因素，尤其在污染治理领域，更是一个艰巨、漫长，需要多种因素配合的系统工程，因而要避免完全依靠自由市场所导致的资源枯竭、环境恶化等悲剧，单纯依靠政府集中的控制以维护共同利益、实现长远发展，更非轻而易举。在这样的形势下，为弥补政府力量的不足，就需要政府与其他主体及市场的相互合作、协调。而第三方参与环境治理便成为这一理论下的实施方式和具体体现。

第四，企业环境污染第三方治理在环境管理模式上具有正当性。

近年来通过一系列法律和实践，我国的环境管理模式逐步由传统的政府命令控制向多元主体互动转变。上文中环境保护基本规律的论述中已经提及其他主体参与环境保护的必要性，而在环境管理模式上，多方主体参与也是大势所趋。

长期以来，我国对于环境保护的法律制度建设围绕的核心还是政府的有效管控。环境方面的立法侧重于政府行政管制，主要围绕相关环境管理部门对环境状况的监管职权的确立和强化，公众和企事业单位主要作为被管制的对象出现在法律规范中，而对于公众、社会组织在环境领域主动性作用的规定非常薄弱。尤其在污染防治领域，现行的污染防治法律规范在污染防治和管理理念上都呈现出政府命令控制、企业作为监管对象服从管制的特征。正如前所述，政府的管控有三个基本大前提的要求，而这三个基本大前提又很难有效得以实现，于是就出现了环境治理的方方面面的困难。再者，我国各地经济发展水平不一，各地经济实力、技术水平、污染状况差异巨大，而污染问题的解决又涉及多种复杂因素，若单纯依靠政府来治理污染，往往面临力不从心的问题。同时，地方政府在环境管理中出于对 GDP 的追求和政绩的考虑，往往敷衍了事，虚置环境保护的任务，治理污染的效果可想而知。在这样的情况下，我们应当转变传统的管理模式，探索一条符合时代发展需要的新的管理模式。

实际上，治理环境的正当性已不需证明和讨论，我们需要探讨的并不是为什么要治理，而是如何治理以尽可能降低成本，实现成本和效益的最优。为了解决现存管制模式的弊端，环境领域多元主体互动模式已越来越体现出其优越性。所谓的多元主体互动模式，意指在环境领域内，将参与治理的主体由传统的政府、企业单边模式，转变为政府、企业、专业服务提供商、社会公众等多方参与的多元模式。这种模式优势明显，一是它构建了更加高效的监督体系。除了政府内部的自我监督，它大大拓展了外部监督的途径，使公众能够参与其中监督权力的行使，提高了监督的效果。二是它引入竞争机制，利于实现效率最大化。由于在政府和排污企业之外加入其他单位、组织的力量，并引入市场，适当给予了多方主体竞争的空间，可以有效提高治理的质量。三是责任明确带来更高的积极性。多方主体在责任的划分上的进一步明确，有利于各司其职，每个主体针对自己所应当承担的责任也就有了更加明确的行动方案，由此所带来的结果是环境治理的效果更加显著。[25]我国新修订的《环境保护法》中规定的有关公民获取环境信息的权利，环境公益诉讼，企业污染治理方式的内容，国务院出台环境污染第三方治理的意见等，都是这一趋势的体现。

4. 企业环境污染第三方治理的意义

“环境污染是民生之患、民心之痛”[26]，而企业环境污染第三方治理的开展无论对解决现实的污染问题还是对未来经济的发展，都具有重要意义。

第一，笔者认为从治污成本的角度出发，第三方治理对于降低环境污染各方面的成本支出具有重要意义。由于工业园区的污染比较集中，环境服务企业可以同时接受多个企业的委托，对不同企业排放相同的污染物或相同的污染类型可以共用一套治污设备，且其往往配备一批专业人员负责设施的运作，因而相比较而言，治污效率更高，所花费的成本也远低于传统模式。我们从有关

[25] 参见谭九生：《从管制走向互动治理：我国生态环境治理模式的反思与重构》，载《湘潭大学学报》（哲学社会科学版）2012年第5期。

[26] 参见李克强：《2015年中央政府工作报告》，载 http://www.people.com.cn/n/2015/0305/c34740726643598.html, 2016年4月5日访问。

的报道中也可以发现在节约治污成本上，企业采取第三方治理的优势明显。[27]

第二，笔者认为从治污效果上考察，第三方治理也具有优势。以往的污染治理主要依靠企业自身来完成，由于其缺乏专业的技术人员和操作规程，加上受经济利益的驱动，在污染治理上往往消极怠工，疲于应付，其效果非常不理想。环境污染第三方治理相比于企业自行治理，最重要的变化是其专业化程度非常高，能够对各种各样的污染源做到专业化的处理，其对于质量的把控是企业自身所不具备的。此外，第三方由于受到治污协议的督促和治污绩效的考核，会促使其努力提升环境污染的治理效果。例如，近年来，宁波市镇海区建立起了第三方环境污染治理机制，加快推进完善排污者负责、第三方治理、政府监管的治污模式，以自由市场经济作为内在的运行指导规律，将更为专业、精细的管理和服务引入区内90余家重污染、高风险企业，共削减了化工无组织废气排放100余吨，使环境空气质量优良率达75.3%，空气中特殊因子总体达标率达到99.9%，降尘量较机制建立前降低83.3%，群众对废气排放和异味问题的投诉也减少了50%以上，[28]治污效果得到极大的提升。

第三，从行政执法的角度考量，笔者认为第三方治理同样可以减轻政府的负担，降低行政执法成本。这是因为，其一，排污企业和环境服务公司之间通过签订环境服务合同，建立合同关系，使环境服务公司基于履行合同的要求对排污企业的排放情况进行监督和跟进，时刻掌握对方的排污情况，这在一定程度上减少了政府的工作量。其二，不同于传统的分散的治污模式，第三方治理是更加集约化的污染治理模式，它可以同时处理多个企业的污染，而政府由对每个排污企业的具体排污、治污情况进行监管转变为对环境服务公司的治污情况进行重点监管，因而其监管的对象将极大地减少，从而降低其行政执法

[27] 例如，一项从全国工商联环境商会获得的数据反映，在污染治理设施专业化运营后，浙江地区的企达标率提高了30~50个百分点，运营成本也节约了10%~20%。转引自曹红艳：《创新机制提高治污效率》，载《经济日报》2015年1月15日。

[28] 参见宁波市委改革办：《镇海区：创新建立第三方环境污染治理机制》，载《宁波通讯》2015年第19期。

成本。

第四，从环保产业发展的宏观角度出发，第三方治理也大有裨益。作为以市场经济为主导的环境治理模式，在优化资本配置以及优化产业配置方面，第三方治理拥有无可比拟的优势。实践也证明，在充分调动社会资源，公平自由竞争的情况下，一个产业更能迸发出活力。关于这个问题，笔者认为主要可以从两个方面去看待。第一个方面是资本的优化配置，前面已经论述过，市场经济最大的特色就在于能够将资本导向产业最需要的地方，实现资本利用的最大化。第二个方面是技术的优化配置。当资本已经到位的情况下，环保产业技术的创新与优化也会及时跟上。相较于传统的模式中政府无法有效鼓励民间资本以及相关的科研工作者投入力量去创新环保技术，在第三方治理模式下，广阔的市场可以刺激环境服务公司不断增加投入和技术创新，以提高自身的服务水平和行业声誉，从而在污染治理市场中获取更大的份额，这就在另一个角度为环保产业的发展带来了全新的机遇。

二、企业环境污染第三方治理法律关系概述

企业环境污染第三方治理并不天然是一个法律上的研究对象，它是我国在治理污染的实践中不断总结、借鉴国内外经验的基础上，为更好地实现可持续发展的目标和美丽中国的建设而提出的，它既可以成为经济学的研究对象，也可以是管理学、社会学的研究对象。而在法学上进行研究，并着力研究其在法律上的法律关系，其原因在于，作为一种污染治理方式，第三方治理虽然有利于破除传统的政府命令管制式治理模式的弊端和企业自行治理带来的效率低下的问题，但由于其涉及的主体不仅包括政府和企业，还引入了污染治理企业（环境服务公司）作为第三方，这就出现了如下问题，一是排污企业和治污企业之间，它们存在何种法律关系，双方的责任如何分配，是否可以在委托治理时转移，如何对其行为进行规范以真正提高治理的效果；二是政府和排污企业之间，以往的政府和排污企业之间监管与被监管的关系，第三方治理中，政府

对排污企业的监管及排污企业治污的责任是否发生变化，排污企业是否需要由直接治污向监督治污企业达到治污效果转变；三是政府和治污企业之间，是否存在监管与被监管的关系，政府对其监管的范围如何等，这些问题都是第三方治理在推行的过程中遇到的，并影响其在我国进一步推广的问题。例如，我们从媒体报道中可以看出，国务院及各地方出台关于环境污染第三方治理政策文件后，各地在推行第三方治理上并未出现蓬勃发展之势。企业采取第三方治理积极性不高的原因，一个重要的方面就是因为法律上缺少相关的规范和指导，企业和第三方之间权利义务不清，责任分担不合理，影响企业委托治理的积极性，因而我们有必要对企业环境污染第三方治理中涉及的法律关系进行研究，以厘清主体之间的权利义务和责任分配，为消除企业采取第三方治理的疑虑，进一步扫除环境污染第三方治理发展的障碍，实现污染治理模式的转型，改善目前严峻的环境形势创造良好的条件。

（一）环境法律关系概述

法律关系也是一种社会关系，但作为法律上的一个专业术语，与其他社会关系不同的是，它与法律规范相联系，是法律将纳入其调整范围的社会关系加以调整的结果，因而它必须以法律规范的存在为条件，并体现为法律上特有的权利义务关系。

1. 环境法律关系的概念

环境法律关系是指环境法律规范在调整社会关系的过程中形成的人与人之间的权利义务关系。它既具有环境效益性，又具有公共利益性。[29] 由于环境利益对整个人类生存发展至关重要，人们为了实现这一环境利益，对与环境相关的社会关系进行了各种方式的调整和规制，而其中通过环境立法来规范人们的行为，形成法律上的权利义务关系来保障环境利益就是其中重要的一种，环境法律关系也由此产生。它体现了立法者的环境意志和利益，是环境法律规

[29] 参见吕忠梅：《环境法原理》，复旦大学出版社 2007 年版，第 37 页。

范与环境社会关系相结合的结果。

依据环境法调整对象的不同，可将环境法分为生态环境保护法和污染防治法两部分，[30]分别受这些法律规范的调整就形成生态环境保护法律关系和污染防治法律关系，前者主要指生态环境保护的相关法律规范在调整保护生态和开发利用自然资源时形成的权利义务关系，后者则是污染防治法律规范在调整环境污染的治理与预防中形成的法律关系。

2. 环境法律关系的要素

环境法律关系的构成要素是形成具体权利义务关系所必须具备的必要条件。环境法律关系与其他法律关系一样，也具有主体、客体和内容三个构成要素，这三者只有同时具备才能形成具体的环境法律关系。其中主体是形成法律关系的前提和中心环节，没有主体就没有主体的活动，也就没有研究客体和内容的必要；内容是联结主体的纽带，由于它的存在，不同主体才得以发生关系、产生联系；客体是主体的权利义务所指向的对象，没有客体，主体的活动就无的放矢。

环境法律关系的主体是在环境法律关系中，具体享有环境权利（权力）和承担环境义务（职责）的人。其中享有环境权利的一方称为环境权利（权力）人，承担环境义务（职责）的一方称为环境义务人。环境法律关系的主体也可以按照其他法律关系主体的划分，分为自然人、组织和国家三类，[31]但是由于环境法大部分内容涉及的是管理者与被管理者之间的关系，这种关系在法律上是具有行政隶属性的、不平等的法律关系，我们从全国人大常委会将环境法律规范列入行政法律部门的组成部分便可看出其所具有的行政法特征。因此结合

[30] 中南财经政法大学教授吕忠梅在其主编的《环境法原理》第一章环境法的基本范畴中、中国人民大学周珂教授在其主编的《环境法》中都将环境法分为污染防治和生态环境资源的保护两部分，笔者对此种划分比较认同。参见吕忠梅:《环境法原理》，复旦大学出版社2007年版，第15页。参见周珂、高桂林、楚道文等:《环境法》，中国人民大学出版社2013年版，第22页。

[31] 参见朱景文:《法理学》，中国人民大学出版社2015年版，第291页。

环境法律关系的这一特征，我们将环境法律关系的主体分为管理主体及其相对方。按照环境法调整对象的不同，可具体划分为对生态环境和自然资源进行管理的主体及接受管理的主体，污染防治的管理主体及污染防治主体。管理主体是代表国家行使环境资源保护职能的国家机关，相对方是在经济社会活动中接受国家管理和调控的主体，主要有各组织、团体和个人。

环境法律关系的客体是环境法律关系的主体权利义务所指向的对象，一般包括物和行为两类，而具体到环境法律关系的客体，可分为环境资源和环境保护行为两类，[32] 其中环境保护行为是最主要的客体，环境法主要是以规制主体行为的方式来保护环境的。环境法律关系客体的特征在于，它具有明显的生态性，将生态和环境效益放在突出位置。

环境法律关系的内容是环境法律关系的主体享有的权利和承担的义务的总和，权利和义务是相对存在的，环境法权利和义务构成了环境法主体的行为准则，这也同时为环境法的制度构建，环境法律体系的形成提供了支撑。环境法权利和义务具有不对等性，环境法是侧重于管理和规制的法律，因而其对管理主体往往设置更多的权力，为相对方设置更多的接受管理的义务。具体来说，管理主体的职权主要有环境管理规范的制定权、环境行政处理权、特别物权等，当然管理主体的职权也意味着责任和义务，既是权力也是义务。相对方的权利主要是参加环境管理权、环境利用权、获得收益的权利等，其义务主要是服从环境管理，维护和遵守环境法律秩序的义务。

（二）企业环境污染第三方治理法律关系的概念

由于污染防治法隶属于环境法体系，而对企业污染进行第三方治理是防治污染的方式之一，在环境服务公司治理污染的过程中形成的排污企业、第三方以及管理者的各种意志行为、社会关系受到污染防治法律规范的调整，最终使社会关系与法律规范相结合，形成企业环境污染第三方治理法律关系。因

---

[32] 参见吕忠梅:《环境法原理》，复旦大学出版社 2007 年版，第 45 页。

而，企业环境污染第三方治理法律关系可以定义为：企业环境污染第三方治理法律关系的主体依据环境法律规范的规定，主要是污染防治相关法律的规定，在通过第三方治理企业污染的过程中，为实现达标排放、达到环境治理效果而形成的权利义务关系。企业环境污染第三方治理法律关系是环境法律关系这一范畴的下属概念，具体来说是污染防治法律关系的一种，是污染防治法律关系的具体化和特殊化。

（三）企业环境污染第三方治理法律关系的要素

企业环境污染第三方治理法律关系的构成要素，与环境法律关系相同，也包括主体、客体和内容三个要素。

企业环境污染第三方治理法律关系的主体包括环境保护主管部门、排污企业和环境服务公司（第三方）。环境保护主管部门是该法律关系中的管理主体，它是按照宪法和组织法的规定设立，享有环境行政管理职权，通过实施行政许可、行政处罚，发布命令等行政管理手段对排污企业和治污企业的行为进行规制和引导，以实现其行政职能，保护环境的机关。它是我国环境行政管理机构的组成部分，根据现行环境保护相关法律规定，环境行政管理机构主要包括环境保护主管部门、其他负有环境保护监督管理职责的相关部门及其授权的机构和委托的组织。[33] 按照所辖的区域范围的不同，可分为中央环境管理机构和地方环境行政管理机构两级。在环境污染的不同领域，国家环境管理机关涉及的具体部门不同，如在水污染领域，根据我国《水污染防治法》的规定，行使环境行政职权的机关除了环境保护部门之外，还有各级政府的其他行政

[33]《中华人民共和国环境保护法》第 10 条、第 24 条和第 25 条对环境行政管理机构做了统一规定。

部门。[34]但由于企业环境污染第三方治理中主要涉及对工业区企业污染的监督和管理，如对企业污染实施许可、进行现场检查、限产停产、罚款等，因而环境管理机构主要指的是环境保护主管部门。

排污企业是在企业环境污染第三方治理法律关系中实施了排放污染物的行为，按照环境法律规范的相关规定应承担治污责任，而通过委托第三方进行治理以达到排放标准，符合环境管理目的的企业。排污企业是污染物的具体排放者和环境管理部门管理的对象，也是直接与环境服务公司（第三方）签订合同形成环境法律关系的主体，没有排污企业就失去了通过环境服务公司治理污染的必要。

环境服务公司，即第三方，它是企业环境污染第三方治理的具体实施者，由它接受排污企业的委托，利用专业化的治污技术、设备和方法对排污企业排放的污染物进行处理，以完成双方约定的内容，实现污染达标排放。环境服务公司使企业环境污染第三方治理法律关系区别于其他环境法律关系，没有环境服务公司作为第三方参与环境治理，就无所谓企业环境污染第三方治理。

企业环境污染第三方治理法律关系的内容，即主体在该法律关系中享有的权利和承担的义务。环境保护主管部门是环境法律关系的管理主体，享有环境法律关系中管理主体的权力并承担相应的职责，排污企业和环境服务公司是环境法律关系的相对方，享有环境法律关系相对方的权利并承担相应的义务，但由于企业环境污染第三方治理法律关系是环境法律关系的具体化，因此，其权利（力）和义务又有其自身的特殊性，如环境保护主管部门对环境服务公司进行监管、实施行政许可、进行行政处罚的权力，排污企业对环境服务公司的治污效果进行监督的权利，环境服务公司请求排污企业支付报酬权等。

企业环境污染第三方治理法律关系的客体是企业环境污染第三方治理法

[34]《中华人民共和国水污染防治法》第 9 条规定："县级以上人民政府环境保护主管部门对水污染防治实施统一监督管理。交通主管部门的海事管理机构对船舶污染水域的防治实施监督管理。县级以上人民政府水行政、国土资源、卫生、建设、农业、渔业等部门以及重要江河、湖泊的流域水资源保护机构，在各自的职责范围内，对有关水污染防治实施监督管理。"

律关系的主体权利义务所指向的对象，主要是环境行为。包括环境保护主管部门的行政管理行为、排污企业的排污行为、环境服务公司治污行为等，它们是企业环境污染第三方治理法律关系中权利义务所能实际作用的对象，是企业环境污染第三方治理法律关系中必不可缺少的要素。

三、企业环境污染第三方治理法律关系之现状

法律关系不清构成了我国发展第三方治理的障碍，在现实中造成了很多纠纷，影响了其实施效果。本部分从法律关系要素的角度来具体梳理企业环境污染第三方治理法律关系存在的问题，从而为下文能够有针对性地提出解决的建议打下基础。

（一）主体存在的问题

传统的污染防治法律关系是以环境行政管理机关作为管理主体，以企业作为行政相对方而形成的二元主体结构；而第三方治理法律关系中企业以支付费用，环境服务公司以为企业提供污染物处理、环境修复、达标排放等服务的方式将第三方引入法律关系中，使传统的二元主体结构演变成环境行政管理机关—排污企业—环境服务公司的三元主体结构，[35]使环境服务公司也成为环境行政管理机关的相对方。因而，与以往污染治理的最大的不同点在于，其加入了环境服务公司作为第三方，而我们这里讨论的企业环境污染第三方治理法律关系主体存在的问题，主要是指环境服务公司存在的问题。对环境服务公司这一新的主体如何去限定和规制也成为开展第三方治理首先需要解决的问题。

环境服务公司在第三方治理中具体实施环境污染治理和环境修复等工作，而多年来我国虽然一直致力于发展环保产业，但从目前来看，我国污染治理行业的发展并不成熟，环境服务公司的服务水平参差不齐，仍然缺少大型、有实

[35] 参见张宇庆：《论环境法上的强制缔约》，载《河北法学》2015年第5期。

力的治污企业，大部分环境服务公司存在着污染治理设施设备质量差、技术水平落后、科研投入和技术创新性不足的问题，而工业污染的产生原因、污染物的种类往往比较复杂，治理难度大，这对于一般的环境服务公司而言，在处理这些复杂的污染问题时就显得力不从心。我们从各地推行第三方治理的实践来看，环境服务公司与排污企业签订合同后，在具体的工作过程中也存在着其污染治理运营设施不符合环保相关标准、不规范运营、偷排漏排的现象，一些污水处理企业甚至根本没有污水处理的相关设施设备，仅仅是在国家政策支持的大环境下，排污企业为了实现达标排放，不加选择地与其签订污水处理委托合同，随意应付，导致第三方治理的虚置，这也严重弱化了第三方治理的效果。

除了不具备污染处理的设备和技术条件以外，我国对环境服务公司在技术和资金能力、管理水平、人员业务素质等方面还存在着缺少严格的、规范化的准入标准和资质认定的问题。原国家环保总局曾在1999年颁布了规范和调整环保设施运营单位资质的有关规定，此后经过2004年、2012年的修改和演变，不断完善了相关规定，[36]为环境服务公司的成立运营和开展业务提供了法律规范，然而，这些规定也存在着规定过于笼统，对运营单位具体的治污能力和水平缺少更加细化、可操作的标准，让排污单位无法根据自身的实际情况进行有针对性的选择。而且，2014年出于简政放权、减少行政审批并发展环保产业的要求，环保部废止了2012年的管理办法，这在降低污染治理企业进入相关业务领域的门槛，[37]促进环保产业发展的同时，却使从事第三方治理的企业和人员缺乏有关资格标准的管理，而我国环保行业目前并未形成对污染治理企业的信用评级、能力评估的体系，这就使排污企业无法进行有效的判断，这

[36] 原国家环保总局曾在1999年颁布了《环境保护设施运营资质认可管理办法（试行）》，以规范环保设施运营单位的资质的问题，此后在2004年又颁布《环境污染治理设施运营资质许可管理办法》，2012年又将2004年的办法废止，颁布新的《环境污染治理设施运营资源许可管理办法》（2014年废止），办法中规定对环境污染治理设施运营实施资质许可，并规定了污染治理设施运营申请和审批的具体条件，运营单位设施的运营和监督管理等。

[37] 参见常杪、杨亮等：《环境污染第三方治理的应用与面临的挑战》，载《环境保护》2014年第20期。

更加剧了排污企业的选择困难。

（二）内容存在的问题

我们上文中已经提到，企业环境污染第三方治理中，环境服务公司作为第三方加入，使环境行政管理机关、排污企业和环境服务公司（第三方）两两之间构成了不同性质和类型的法律关系，使传统的环境管理机关与排污企业之间单一的法律关系，变成了包括环境行政管理机关与排污企业的环境行政法律关系、排污企业与环境服务公司之间的民事法律关系和环境行政管理机关与环境服务公司的环境行政法律关系的三元主体之间更加复杂的法律关系。在法律关系的变动中，蕴含的最核心的内容就是权利义务的变动，也即法律关系内容的变动，这一变动由于突破了传统的环境行政管制法的内容，增加了有关民事法律的规则，使其权利义务更加复杂。

具体来说，首先，在环境行政管理机关与环境服务公司之间，由于环境服务公司负责具体的污染治理和环境修复工作，环境行政管理机关对其享有监管的职权，实际上在企业污染领域采取第三方治理一个重要的原因就是集中化的采取第三方治理可以简化环境行政机关的监管、提高监管的效率，因为行政机关由对分散的排污企业的监管，变为对污染实行集中化处理的环境服务公司的监管，那么环境服务公司所运营的污染治理设施是否符合环保要求、治理污染是否达到排放标准，超标排放时行政机关对环境服务公司是否可采取行政措施等这些问题至今并不明确。其次，在排污企业和环境服务公司之间，排污企业对其污染治理效果的监督权范围、委托治理模式与托管运营模式中双方的权利义务、排污企业对环境服务公司未在合同约定范围内实现治理效果获得赔偿补偿的权利，以及环境服务公司因排污企业篡改排放相关数据、弄虚作假，导致其未达到治污效果如何处理等，都是亟须明确的问题。

（三）责任承担存在的问题

法律关系中一旦存在对义务的违反，就必然涉及责任承担的问题。在第三方治理中，排污企业由原来的自行治理，变为支付一定的费用就可将治污工作委托给环境服务公司治理，这一治污模式看似简单，但是却面临着这样一个问题，那就是环境服务公司根据双方的合同治理污染后，排污企业的治污责任是否还在？能不能因服务合同的签订就转移给环境服务公司？如果可以转移的话，在哪种情形可以转移？如环境服务公司违反合同，恶意不达标，还是只要不符合相关排放标准，环境服务公司就应该承担全部责任？另外，两者之间责任的分配是否合理？诚然，从政府管理的角度来看，推行第三方治理是为了提高治污效率、简化监管程序，而对于排污企业来说最根本的动因是节约治污成本、转移治污责任，而如果排污企业即使将治污工作交给环境服务公司来做，自身仍摆脱不了因环境服务公司未达标治理而承担责任的话，排污企业采取第三方治理的积极性就会大幅度降低。[38]

那么我们从现行的环境法律、法规及环境政策能否找到答案？2014年修订通过《环境保护法》第6条规定了排污企业对污染的防治和造成的损害负责，确立了排污企业的主体责任，[39]同时其在第43条将1989年《环境保护法》第28条“谁污染谁治理”修订为“谁污染谁付费”，[40]这既确立了污染企业的主体责任，同时为其第三方治理开拓了通道，而第65条规定对防止污染的设

[38] 参见马云：《水污染第三方治理机制中第三方法律责任的归责原则探析》，载《环境保护与循环经济》2015年第9期。

[39]《中华人民共和国环境保护法》第6条第3款规定：“企业事业单位和其他生产经营者应当防止、减少环境污染和生态破坏，对所造成的损害依法承担责任。”

[40] 1989年通过的《中华人民共和国环境保护法》第28条规定：“排放污染物超过国家或者地方规定的污染物排放标准的企业事业单位，依照国家规定缴纳超标准排污费，并负责治理。……”而2014年通过的《中华人民共和国环境保护法》对其进行了修订，其第43条第1款规定：“排放污染物的企业事业单位和其他生产经营者，应当按照国家有关规定缴纳排污费。排污费应当全部专项用于环境污染防治，任何单位和个人不得截留、挤占或者挪作他用。”将其中的“负责治理”删除。

施维护、运营的机构弄虚作假造成损害时的行政责任和连带责任，[41] 为环境服务公司开展污染治理工作时的法律责任提供了法律上的依据。而同年国务院出台的意见[42] 又再一次重申排污企业承担主体责任，第三方治理企业承担约定的污染治理责任。各地方，如上海市和河北省政府也发布了一些实施意见，具体将第三方治理企业的行政法律责任和连带责任予以规定，这些法律和政府规章的规定似乎为第三方治污企业与排污企业之间的责任承担问题提供了解决之道，但是从中可以看出的是，只有在第三方治理企业出现管理不善、弄虚作假等过错行为时，才与排污企业分担责任，如果其符合相关标准和合同的委托提供服务，但仍出现排污不达标的情况，即使排污企业没有过错，也需承担全部的责任。那么，这就造成了无论是否将污染交由第三方处理，排污企业最后都要为污染防治负责，这就极大地挫伤了排污企业采取第三方治理的积极性。

四、现状的应对与解决

（一）建立环境服务公司清单制度和信用评价体系

环境服务公司治污水平低，缺乏相关资质认定和信用评级制度，造成了我国第三方治理市场混乱，达不到治理效果的问题。如何让最适合的环境服务公司能够发挥其作用，让第三方治理真正达到治理效果，建立环境服务公司清单制度和信用评级体系，对于解决这一问题具有重要的作用。

1. 建立环境服务公司清单制度

2014 年我国废除了对环保设施运营单位的资质认定，这一方面体现了我

---

[41]《中华人民共和国环境保护法》第 65 条规定："环境影响评价机构、环境监测机构以及从事环境监测设备和防治污染设施维护、运营的机构，在有关环境服务活动中弄虚作假，对造成的环境污染和生态破坏负有责任的，除依照有关法律法规规定予以处罚外，还应当与造成环境污染和生态破坏的其他责任者承担连带责任。"

[42] 国务院办公厅 2014 年 12 月 27 日发布的《关于推行环境污染第三方治理的意见》指出："排污企业承担污染治理的主体责任，第三方治理企业按照法律法规和标准以及排污企业的委托要求，承担约定的污染治理责任。"

国简政放权、鼓励环保产业发展的政策，另一方面也使第三方治理中环境服务公司缺少相应的资质而出现混乱，利用市场化手段建立清单制度，有利于弥补这一缺陷并更好地发挥其作用。

清单制度是根据环境服务公司的资质、技术水平、专业人员、服务业绩、荣誉奖励等情况，按照不同的类别将环境服务公司筛选入库、列入清单，并保证有足够数量的环境服务公司列入其中，从而让企业能够根据自身排放污染物的种类、污染类型、治理难度、治污标准等有针对性地委托适合自己的环境服务公司签订合同。

具体来说，一要建立精细化清单制度，既要考虑到发展环保产业的需要，让中小型企业能够获得发展的机会，又要加强对环境服务公司的管理，以规范第三方治理市场。根据环境服务公司的实践经验、业务水平、经营业绩等设定不同的等级标准和准入条件，环境服务公司根据自身情况和申报标准，提供相关证明文件，申请进入信息库，各级环保主管部门根据环境服务公司的具体情况，按照地区、可以处理的污染类型、环保设施的运营条件等将其列入不同的类别，让排污企业能够有针对性地进行选择。二要建立强制退出清单机制，各级环境保护主管部门对环境服务公司出现的弄虚作假、违规运营等情况，将其从清单中去除，让其在一定期限内做出整改，并根据其整改情况决定是否将其再次列入清单。三要向社会发布指导办法，环境保护主管部门可联合司法部门通过定期发布第三方治理的典型案例、如何选择适合自己的环境服务公司的指导办法，并根据清单中环境服务公司的情况设定优先级、中等级和慎用级等不同的级别，设定相应的颜色标识，以为排污企业提供有效的指导，提高排污企业对不同环境服务公司的辨别能力，减少因环境服务公司没有相关经验导致治理效果不达标的情况。同时，要加强对这一过程的信息公开，让环境服务公司和社会公众能够了解政府发布相关信息的依据和标准，防止出现政府部门以权谋私、权钱交易等不公正情况。

2. 建立环境服务公司信用评价体系

近年来，我国一直致力于信用评价体系的建设，然而考察一下发现，对环境服务行业的信用评价体系并未建立。2005年，原国家环境保护总局出台相关规定以加强企业环境行为评价，促进企业环境信用体系的建设。[43]然而，该规定主要针对的是排污企业的环境行为评价，对环境服务公司的信用评价的规定较为粗糙，[44]2007年国务院办公厅出台意见，将社会信用体系建设提高到了一个新的高度，并强调了在协议履行方面的信用建设。[45]另外，浙江、湖南等地也出台关于企业环境行为信用评价的实施方案和管理办法，但我们对这些规定分析后发现，其在具体的评价标准中主要针对企业的排放污染物的总量、达标情况和违法行为进行评价，对于环境服务企业的相关运营情况、资质等缺少认定，不适应我国推行第三方治理的要求，因此建立针对环境服务公司的信用评价制度非常必要。

建立信用评价制度，是要在行业内通过充分发挥行业协会的作用，依托社会公共服务平台，逐步建立基于环境服务公司服务业绩的信用评价体系，以规范市场主体的行为，加快形成良性的竞争环境。

具体来说，一要加强环境服务公司自身的诚信建设，成立并完善行业协会建设，发布行业协会行规行约和管理办法，科学设定环境服务公司信用等级和评定办法，通过对其服务水平、项目业绩、违法违规等情况进行评估，按照由企业自行申报和行业协会定期评估相结合的方式，评定环境服务公司的信用

---

[43] 具体指原国家环境保护总局2005年出台的《关于加快推进企业环境行为评价工作的意见》(环发〔2005〕125号)。

[44]《关于加快推进企业环境行为评价工作的意见》中规定:“企业环境行为评价对象应当包括严重超标和超总量控制指标排污的企业、使用有毒有害原材料的企业、群众反映强烈的排污企业、在当地有重要影响的企业（包括服务业企业）和其它重点污染源。参加环境行为评价企业的主要污染物排放总量之和要达到当地工业排污总量的80%以上。有条件的地方，可以探索将第三产业纳入企业环境行为评价范围。”可以看出其在具体的评价标准中主要针对企业的排放污染物的总量、达标情况和违法行为进行评价，对于环境服务企业的相关运营情况、资质等缺少认定。

[45] 2007年国务院办公厅出台《关于社会信用体系建设的若干意见》(国办发〔2007〕17号，已失效)，指出了建立社会信用体系的必要性和重要作用，并倡导在合同履约、信贷和产品质量方面加强行业信用建设。

等级，建立积分累积制度，按照事先设定的标准对其进行打分，并根据实际情况及时更新，从而从正面对其形成激励，鼓励其不断提高业务水平和商业信誉。二要建立环境服务公司黑名单制度，在加强诚信建设的同时，行业协会要定期向社会发布环境服务公司黑名单，并根据其整改情况、环保设施运行情况和达标情况定期更新该名单，以对其形成警示和监督作用。要利用我国正在推行的企业社会征信系统的有利条件，将环境服务公司出现弄虚作假、治污不达标、不规范经营等情况记入其诚信档案，并建立信息公开制度，让企业和社会公众都能够查询到其档案信息，以督促环境服务公司诚信经营。

（二）借鉴“船舶清污协议”为环境服务合同提供指导

为预防和减轻船舶污染对海洋造成损害，我国设立了“船舶清污协议”的制度，即符合一定条件的船舶要与相应的清污单位签订该协议，同时对签订合同中具体权利义务的设定，海事管理部门对清污单位的管理职权等都进行了规定，[46]这实质上是为船舶经营人设立的一种强制缔约义务，对于我国预防和减轻海洋污染非常必要。

那么工业园区的企业产生的污染采取第三方治理时能否借鉴这一制度？

1. 环境服务合同的订立要倡导建议与强制缔约相结合

虽然在环境污染第三方治理上不能一律采取强制的方式，[47]因为企业是否委托第三方，最根本的是出于成本和效益的考虑，委托环境服务公司来治理能降低成本提高效益，才是企业采取这种方式的原始动力。且长期以来，在三同时制度下，企业往往自身配备了治污设施，因而如果企业具备自行处理污染的设备、人员和技术条件，可以借助自身的污染处理设置处理污染并能达到效果，那么对其是否采取第三方治理不应强制，否则既达不到资源配置的最大

[46] 详见交通部2018年修改通过的《中华人民共和国船舶污染海洋环境应急防备和应急处置管理规定》，及国家海事局发布的《船舶污染清除协议（样本）》（中国海事[2012]版）。

[47] 我们在第2章第2节中已经论述过企业环境污染第三方治理的启动模式包括排污企业主动启动和政府强制启动两种。

化，也违背了我国推行第三方治理的目的。对于这种情况，环境保护主管部门应该采取倡导建议的方式，引导企业自行决定是否采取第三方治理，给予其充分的自主选择权。然而，对于排污企业长期闲置环保设施、没有治污条件，或即使有条件治理却偷拍漏排拒不自行治理，政府部门要求其限期治理仍不治理的，若再由其自身决定治污方式，纵容这些企业知法犯法，既无法实现政府环境行政管理的职能，又会打击其他遵纪守法企业治污的积极性，造成不良的社会效果。此时，若强制其与环境服务公司订立合同治理污染，则会更加有效。

强制缔约似乎与合同订立讲究意思自治的原则相违背，因为当事人双方订立合同是平等主体之间在意思自治的基础上达成的合意，但实际上这里的强制缔约并不是对合同内容的强制，而是对其是否订立合同的意愿的强制，它实质是一种新型的行政规制手段。[48]与传统的行政规制手段如罚款、停业整顿、关闭企业等不同的是，强制缔约是一种更温和的行政手段，它虽然是强制排污企业与环境服务公司订立委托治污的合同，但对于排污企业具体选择哪一公司订立合同、订立的时间、具体费用的支付、责任的承担等，都不作限制，而由双方自主决定。强制缔约更加体现了政府—企业—环境服务公司三元主体的互动关系，在这一形式中，政府直接通过为企业设定强制缔约义务的行政手段介入，使企业以购买环保服务的方式与提供污染防治、节能管理、生态修复、环保达标服务的环保服务公司订立服务合同，既实现了政府管制的目标，又可以充分尊重两者的意愿，实现资源配置的优化，促进治污目的的实现。

2. 对环境服务合同的内容要予以规范

无论是采取倡导建议还是强制缔约，都要确立排污企业与第三方订立合同双方权利义务如何约定的问题，完善在第三方治理法律关系中内容要素的问题。在这一点上就可以借鉴我国对船舶清污协议的有关规定。具体来说，在完善我们在上一节中论述的对环境服务公司的相关资质水平、信用等级状况的基础上，环境保护主管部门应联合有关部门出台具体的规章和管理办法，对环境

[48] 参见张宇庆：《论环境法上的强制缔约》，载《河北法学》2015年第5期。

污染第三方治理的实施细则作出规定，并重点规定以下内容：一是规定强制缔约适用条件。排污企业在无力或不按要求采取治理、恢复措施时，应与环境服务公司签订委托治理合同的义务，并按照企业排放的污染物的规模和类型，建议其选择适合的环境服务公司。二是规定环境保护主管部门对环境服务公司的监管权。规定环境服务公司与排污企业订立合同后，其有义务将污染清除作业方案、污染物处理方案、污染治理设施设备和专业人员等情况向环境保护主管部门报告。三是规定排污企业应当委托环境服务公司治理污染但拒不执行的行政处罚措施，如可设定一定数额的罚款。四是规定不强制订立环境服务合同的情形可以参照适用相关的规定。

同时，要出台排污企业与环境服务公司签订委托合同样本，对部分权利义务条款作出强制性规定，双方不得更改。排污企业的强制义务主要包括：排污企业有向环境服务公司提供其污染的详细信息，并按照约定的方式向对方提供排污的有关动态信息，以保证环境服务公司知悉，禁止篡改数据的义务；排污企业在自身发生污染事故时应立即通知环境服务公司并组织开展污染控制和清除活动，并在行动结束后配合环境服务公司开展污染清除行动评估，以控制污染扩大的义务等。环境服务公司的强制义务主要包括：环境服务公司应具备相应的处理污染的能力和资质；应当书面确认排污企业提供的污染的基本信息和动态信息；应当按照约定或政府要求的时间实现治理任务；在排污企业发生污染事故时，环境服务公司应当在排污企业的组织下开展污染控制和清除行动并在行动结束后配合其开展污染清除行动评估。而对于样本未规定或允许双方协商的内容，双方可自行协商确定。

（三）合理分配排污企业与环境服务公司之间的责任

第二节中我们主要是参照船舶清污协议来设定第三方治理法律关系中排污企业和环境服务公司的权利义务，而双方在违反义务时的责任如何划分是我们本节需要解决的问题。这里我们首先要梳理一下官方文件的观点及学界对这一问题的讨论。

我们在论述第三方治理法律关系在法律责任方面的问题时已经提到，排污企业承担污染治理的主体责任，环境服务公司按照有关法律、法规、标准和企业的委托，承担约定的污染治理责任，而环境服务公司因管理不善、弄虚作假造成环境污染的应依法承担相关的行政法律责任和连带责任，并依约定补偿排污单位的经济损失。[49]这就是说，即使因环境服务公司的过错造成环境损害，排污企业仍要承担责任，环境服务公司并不单独对其过错行为负责，只对排污企业进行补偿即可，这对于排污企业来说未免有失公平。

对此，大部分学者在论述第三方治理这一问题时仅仅提出责任分配不公是其推行的“瓶颈”之一，并未对如何公平的分配作出有价值的探讨。有的学者即使从第三方法律主体的地位的角度论述了第三方参与污染治理的法律正当性，认为这使企业的直接治污责任变为只需承担治理费用并对污染造成的损失负责，从而将“外部不经济性内部化”,[50]但也仍未对双方责任如何构建作出进一步论述。比较有突破性的是由人大法学院周珂教授和史一舒共同撰写的《环境污染第三方治理法律责任的制度建构》对这一问题进行了专门的论述。[51]文中主张，国务院出台的意见中的主体责任并不等同于主要责任，“主体”意味着当环境服务公司无法承担责任时，由于排污企业是最初造成污染的主体，是环境损害的始作俑者，因而有义务为其或环境服务公司的行为对环境造成的恶劣影响负责，但一般情形下环境服务公司应按照法律的相关规定独立承担责任。[52]

---

[49] 国务院办公厅《关于推行环境污染第三方治理的意见》，河北省政府办公厅《推行环境污染第三方治理的实施意见》都有相关责任条款的规定。

[50] 参见滕延娟:《环境污染治理第三方法律主体地位分析》，载《石河子大学学报》(哲学社会科学版) 2015年第4期。

[51] 中国人民大学法学院周珂、史一舒在共同撰写的《环境污染第三方治理法律责任的制度建构》中主张应结合我国《合同法》《侵权责任法》《行政处罚法》等法律规定，构建符合我国的环境污染第三方治理责任分配制度。参见周珂、史一舒:《环境污染第三方治理法律责任的制度建构》，载《河南财经政法大学学报》2015年第6期。

[52] 同上注。

笔者认为，在企业环境污染第三方治理法律关系三方主体中，排污企业和环境服务公司之间主要依据《合同法》及政府出于环境公益的需要出台的指导性文件建立民事委托合同关系，关于双方责任的归责原则也应该符合《合同法》的有关规定。而《合同法》以无过错责任原则作为一般的归责原则，也即无论环境服务公司在履行委托合同的过程中有无过错，在其未完成与排污企业约定的合同内容时，都应该向排污企业承担违约责任。这一点在国务院出台的意见中也得到了体现。

而解决了双方内部的责任划分之后，关于环境服务公司未完成治理任务，造成环境损害时，对外的责任由谁承担，应当依照《侵权责任法》的有关规定来处理。《侵权责任法》第65条规定了污染者应为其造成的环境损害承担侵权责任，确立了环境污染责任的无过错责任原则。而第68条将第三人过错造成环境损害的责任承担进行了更为明确的规定，[53]为我们合理划分排污企业和环境服务公司之间的外部法律责任提供了直接法律依据。也就是说，如果环境服务公司在履行合同的过程中存在弄虚作假、未按约定完成达标排放的行为造成了他人环境损害的，为了便于受害人求偿，受害人既可以向排污企业请求，也可以向环境服务公司求偿，但环境服务公司应对自身的过错行为负责，而不应推给排污企业承担，环境服务公司应当承担损害赔偿的最终责任。《侵权责任法》的这一规定改变了对环境服务公司的责任规定的过轻的问题，也有效解决了排污企业和环境服务公司之间对外责任承担的问题。

综上，企业环境污染第三方治理虽然是环境污染领域的一个概念，但其中的法律关系、主体之间责任的划分还应该从《合同法》《侵权责任法》等相关的民事法律规则中来汲取营养，才能使这一具有环境行政特色的制度真正发挥作用。

---

[53]《中华人民共和国侵权责任法》第68条："因第三人的过错污染环境造成损害的，被侵权人可以向污染者请求赔偿，也可以向第三人请求赔偿。污染者赔偿后，有权向第三人追偿。"

无固定期限劳动合同法律制度完善研究

郝伊一

内容摘要　我国很早时就出台了《中华人民共和国劳动合同法》（以下简称《劳动合同法》），在该法律订立之初，人们对于无固定期限劳动合同的有关问题就存在颇多争议。迄今为止，我国在无固定期限劳动合同制度适用实践过程中也发现很多问题。在市场条件下，无固定期限劳动合同可以让企业更好地留住有用之人，在对市场的法律调节作用上，主要表现为促进劳动关系更加和谐和稳定。就目前法学界的研究情况来看，关于这种类型的劳动合同并没有形成较为统一的强制缔约义务理论，企业与劳动者之间，常常由于解雇保护制度以及合同解除规定间的矛盾而出现纠纷，这给该法律制度在具体的实践中造成了很大的困难。本文试图通过在中国裁判文书网和北大法意案例库上查阅大量的案例，归纳出较为典型的法院裁判案例，提出问题，进行分析。在我国即将开启《劳动合同法》修订之际，提出自己的看法，希望以此可以贡献一份绵薄之力，构建和谐与稳定的劳动关系。

关键词　无固定期限劳动合同　强制缔约　劳动合同解除　劳动合同法

作者单位：中国气象局发展研究中心。

一、引言：问题的提出、文献综述及框架结构

（一）典型案例及问题的提出

1. 典型案例

无固定期限劳动合同的相关法律制度的建立有着保障社会、政治、经济、文化、秩序良好运行的作用，有利于保护劳动者的合法权益、维护社会劳动关系的稳定。无固定期限劳动合同的相关制度规定主要集中于《劳动合同法》中，订立制度及其法律责任即第 14 条和第 82 条；解除制度及其法律责任即第 37 条至第 41 条、第 48 条和第 87 条。尽管对于这种劳动合同的法律制度,《劳动合同法》已经作了明确的规定，但是在适用过程中却是问题多多，困难重重。因此，本人围绕“无固定期限劳动合同”的核心，在中国裁判文书网进行了大量的案例研究，辅之北大法意库案例，归纳整理出下表中的九例较为典型的法院裁判案例，希望可以找出该法律制度在适用中的问题所在，并总结和归纳出自己的观点，为我国下次修订《劳动合同法》贡献一点自己的力量。

2. 案例的类型化分析

（1）从诉讼请求来看，案例主要分为四类。第一类，由于违法解除劳动合同，请求支付赔偿金，如案例一和案例九；第二类，由于未订立无固定期限劳动合同，请求支付双倍薪资，如案例二、案例四、案例七与案例八；第三类，请求签订无固定期限劳动合同，如案例二、案例五、案例六与案例八；第四类，主张用人单位履行无固定期限劳动合同，并要求对劳动关系的存续进行确认，如案例二、案例三、案例六。通过以上案例我们可以看出，在类似案件中，请求订立无固定期限劳动合同和请求支付双倍薪资的案件占比相对较大。

（2）根据法院的认定依据分析，问题仍然集中在理解《劳动合同法》第 14 条第 2 款方面，主要分为三类。

表 1 法院典型裁判案例

序号	案件字号	事实认定	主要争议	判决（仲裁）结果及理由
案例一	珠中法民终字第 274 号（2015）	公司员工张罗生（原审被告）诉珠海市世海饲料有限公司（原审原告）。 符合连续工作满十年的条件。 张罗生违法解除劳动合同，应支付公司违约赔偿金。	张罗生是否违法解除劳动合同，公司需要支付的违约赔偿金额。	仲裁裁决：公司向张罗生支付违约解除劳动合同 68544 元人民币赔偿金。 一审判决：将世海公司诉讼请求驳回；公司向张罗生支付违约解除劳动合同赔偿金 68544 元人民币。 二审判决：驳回上诉，维持原判。
案例二	佛中法民四终字第 812 号（2015）	公司员工黄志江（原审原告）诉广东省佛山土产进出口有限公司（原审被告）。 符合连续工作时间满十年这一要求。 黄志江自愿和公司签署无固定期限的劳动合同，同时主张继续履行劳动合同。	对原告主张和被告签署无固定期限劳动合同支持与否；被告是否应支付自 2012 年至今由于未与原告订立无固定期限劳动合同的双倍薪资及社保费用。	仲裁裁决：驳回黄志江的仲裁请求。 一审判决：一、确认黄志江与佛山土产进出口公司自 1984 年至 2012 年存在劳动关系；二、驳回黄志江的其他诉讼请求。 二审判决：维持一审民事判决第二项；变更一审民事判决第一项为：确认黄志江与佛山土产进出口公司自 1979 年至 2012 年存在劳动关系。
案例三	三中民终字第 14684 号（2015）	公司员工周立惟（原审原告）诉美盛农资有限公司（原审被告）。 符合连续两次签署固定期限劳动合同的规定要求。 原告主张和被告签署无固定期限的劳动协议。	被告是否应与原告续签无固定期限劳动合同。	经仲裁委调解，公司同意继续与周立惟履行劳动关系。双方收到仲裁调解书后，被告仍然不与原告续签无固定期限劳动合同。 一审判决：支付原告主张由于被告违法解除劳动关系赔偿金差额 86895 元人民币；支付原告主张由于未签订无固定期限劳动合同的双倍工资差额 8022 元人民币；驳回周立惟的其他诉讼请求。 二审判决：驳回上诉，维持原判。

续表

序号	案件字号	事实认定	主要争议	判决（仲裁）结果及理由
案例四	济民终字第1475号（2015）	济宁市恒松工程机械有限责任公司（原审被告）。诉公司员工张某（原审原告）。 符合连续两次订立固定期限劳动合同条件。 张某主张公司支付未签订无固定期限劳动合同双倍工资。	公司是否应向员工张某支付未签订无固定期限劳动合同双倍工资。	仲裁裁决：确认2007年10月至2014年5月期间双方当事人存在劳动关系。 一审判决：一、确认自2007年10月至2014年5月期间两方之间具备劳动关系；二、将两方的劳动关系解除，并支付劳动合同解除的经济补偿金22960元人民币；三、公司向张某支付病假期间的工资2624元人民币；四、公司向张某支付因未订立无固定期限劳动合同工资35339元人民币；五、公司为张某办理档案和社会保险关系转移手续；六、驳回原告张某其他的请求。 二审判决：撤销一审判决第四项，维持其他几项判决内容。
案例五	锦民一终字第00680号（2014）	锦州钲泰金属工业有限公司（原审原告）诉王君（原审被告）。 满足连续两次签署固定期限的劳动合同的要求。 王君主张和公司签署无固定期限的劳动合同。	在对具体法律条款的理解以及法院判决中法律适用存在争议。	仲裁裁决：公司从2014年6月1日起与王君签订无固定期限劳动合同。 一审判决：驳回原告诉讼请求；要求公司在判决生效后五日内与被告王君续签无固定期限劳动合同，时间为2014年6月1日。 二审判决：驳回上诉，维持原判。

续表

序号	案件字号	事实认定	主要争议	判决（仲裁）结果及理由
案例六	渝高法民提字第00012号（2014）	重庆药友制药公司是本案的一审原告，也是二审被告。公司员工蒋波是本案一审被告，二审原告。 符合连续工作满十年的条件。 蒋波主张与公司续签自2011年1月1日起的无固定期限劳动合同，并对双方的劳动关系予以确认。	争议焦点为蒋波主张续签无固定期限劳动合同的法律符合性，是否需要继续签订劳动合同。	仲裁裁决：公司在收到判决书十日内与劳动者蒋波签订无固定期限劳动合同。 一审判决：判决公司无须与蒋波签订无固定期限劳动合同。 二审判决：一、撤销一审民事判决；二、判决公司在收到判决书后十五日内与蒋波订立无固定期限劳动合同。时间截至2011年1月1日。 再审判决：一、维持二审民事判决第一项；二、二审判决中第二项变更为公司在收到判决书后十五日内与蒋波签订无固定期限劳动合同。取消原判截止日期限制。

续表

序号	案件字号	事实认定	主要争议	判决（仲裁）结果及理由
案例七	湘高法民再终字第24号（2014）	文海英（一审的原告和二审上诉人）上诉了中国电信股份有限公司（衡阳县分公司）（一审二审均为被告）。 符合连续工作时间满十年条件。 申请用人企业支付签署无固定期限的劳动合同当天开始支付给劳动者二倍工资。 文海英主张单位由于未签订无固定期限劳动合同而支付其双倍薪资。	争议焦点在公司与文海英是否需要签订无固定期限劳动合同； 电信公司应怎样担负民事责任上。	仲裁裁决：文海英与公司之间的劳动关系真实存在，补签劳动合同并按规定补交社会保险费，如果双方愿意继续签署劳动合同，即签署无固定期限的劳动合同。 一审判决：一、公司为文海英补办文海英工作期间的社会保险，并由双方根据规定缴纳费用；二、公司支付文海英经济补偿11413元人民币；三、驳回文海英的其他诉讼请求。 二审判决：驳回上诉，维持原判。 再审判决：一、撤销一审、二审民事判决；二、公司为文海英补办文海英工作期间的社会保险，并由双方根据规定缴纳费用，时间起止日期为1997年4月到2012年6月；三、公司按照衡阳人民政府所公示的当地当期职工年度最新薪资标准来核算，支付文海英2008年1月至2012年6月的工资；四、驳回文海英的其他诉讼请求。

续表

序号	案件字号	事实认定	主要争议	判决（仲裁）结果及理由
案例八	大民五终字第397号（2014）	王同功（原审原告）诉大连食品集团进出口公司（原审被告）。 符合连续两次签署固定期限的劳动合同这一标准。 王同功欲签署无固定期限的劳动合同，同时主张该公司对未签署无固定期限的劳动合同支付双倍工资。	争议焦点为公司是否应该支付王同功自 2010 年 7 月 20 日起一年内的双倍薪资。	仲裁裁决：撤销劳动合同解除，继续履行劳动合同，其他请求不予支持。 一审判决：公司支付王同功自 2010 年 7 月 20 日至 2011 年 4 月 27 日的工资 8533.3 元人民币，并支付期间双倍薪资 8533.3 元人民币；驳回原告王同功的其他诉讼请求。 二审判决：驳回上诉，维持原判。
案例九	京 03 民终 2736 号（2016）	北京嘉丰行物业管理有限公司（原审原告）诉史文雅（原审被告）。 符合连续二次订立固定期限劳动合同。 主张确认公司违反劳动合同法将劳动合同单方解除，同时认为公司应就其违法解约行为向其支付 20960 元赔偿金。	争议焦点为违法解除劳动合同的情形是否存在，是否应当支付违约赔偿金。	仲裁裁决：原告公司向被告史文雅支付双倍经济补偿金 20960 元人民币。 一审判决：一、公司与史文雅自 2011 年至 2015 年期间存在劳动关系；二、公司支付史文雅 2011 年至 2015 年期间工资 1429 元人民币；三、因史文雅未休带薪年假，公司支付其工资 1170 元人民币；四、因公司违法解除劳动合同，支付史文雅赔偿金 20960 元人民币；五、驳回该公司的其他诉讼请求。 二审判决：驳回上诉，维持原判。

类型一：法院认为只要符合《劳动合同法》中关于无固定期限劳动合同的对应情形，劳动者若主张签署劳动合同，则用人单位就必须和劳动者签署无固定期限的劳动合同，强制缔约义务仅对于用人单位执行，劳动者则无须遵守。劳动者凡是具备与签署无固定期限的劳动合同相关条件和要求，就可以优先选择是否与用人单位续订劳动合同，不需要经过其与用人单位的协商；而对于用人单位来说，劳动者提出要求就必须执行，没有选择权。如案例一、案例三、案例五和案例九中的情形。

类型二：法院认为劳动合同属于民事合同。劳动合同的原则就是要求劳动关系双方在法律、法规的范围内协商订立，必须遵守平等自愿原则。我国《劳动合同法》在无固定期限的劳动合同签署上设置了两个成立的前提条件，一种是在双方同意的情况下进行劳动合同续签，而另一种则是劳动者提出续签。如果劳动者对公司提出续签劳动合同的主张，但公司并未同意，这种情况下，原来的公平自愿原则以及信赖的基础已经失去，再通过双方同意来签劳动合同已经难以实现，用人单位在明知道不依法履行自身强制性缔约义务会受到法律惩罚的情况下依旧明确表示不愿与劳动者之间签署劳动合同，即便法院判定用人单位必须和劳动者继续签署劳动合同，双方的劳动关系也再难和谐，如案例二和案例七。

类型三：法院认为我国《劳动合同法》中第 14 条对关于无固定期限劳动合同的选择权进行了详细的规定，如果符合法定情形，劳动者是可以优先选择的，但是对用人企业却进行了强制缔约，劳动者只要提出了劳动合同签署要求，则用人企业就要依法履行缔约义务，和劳动者签署固定期限的劳动合同。换言之，劳动者是决定签署无固定期限的劳动合同与否的人。然而法律未强制性地规定双方一定要签订无固定期限劳动合同。如果在双方平等自愿的前提下订立固定期限劳动合同，法院应当遵循，如案例四。

在案例七与案例八中，关于用人单位未与劳动者签署无固定期限的劳动协议而须支付给劳动者二倍的薪资情况都有着详细规定。针对劳动者没有实际为公司提供劳动且未实际在岗的现状，法院认为二倍工资可以参照该市人民政府公布的该地区职工最低工资标准来支付。

（3）从法院判决结果看，主要分为四个类型的案例。其一，判决违约方支付由于违法解除劳动合同而需要支付相应的赔偿金，如案例一、案例三、案例九；其二，因未签订无固定期限劳动合同，判决支付劳动者两倍薪资，如案例三和案例八；其三，要求判决生效之后规定时间之内用人单位必须和劳动者订立无固定期限的劳动合同，如案例五和案例六；其四，案例五较为特殊，判决要求用人单位在判决生效之后五天内必须和劳动者签署无固定期限的劳动合同。

3. 问题的提出

第一，怎样理解《劳动合同法》中的第 14 条规定，即有关无固定期限的劳动合同的订立制度问题。违反了该法律条款而解除劳动合同，就属于违法解除，失去合法性，就应当为此支付劳动者相应的赔偿金。从法律条款上理解，无固定期限劳动合同对用人单位来说是一种强制缔约的义务，但是就目前的情况来看，诉讼请求非常混乱，并没有充分体现出强制缔约的作用；劳动合同的意思表达出自双方自愿，而对于缔约双方中的强势一方，强制缔约制度要求其必须承担一定的义务，一旦弱势一方提出要约，就必须履行义务，这与缔约自由的原则是相违背的。

第二，关于无固定期限劳动合同的制度解除问题。《劳动合同法》中规定，用人单位只有在符合《劳动合同法》第 39 条中规定的情形下，才能对劳动者进行即时解雇，在其他情况下则是不被准许的。德国和法国在无固定期限的劳动合同方面，配套解雇制度更加完善，有实际的、严肃的原因（即社会的正当事由）即可进行解雇。但不论是法国还是德国，其法律均只概括性地表述了正当事由。企业作为市场主体，应当拥有相应的权利，而法律规定则对其权利进行了限制，企业在进行选择的时候，就会因为法律对解雇规定得过分严格而不愿与劳动者签订无固定期限劳动合同，避免由于终止选择权受限而对自身产生不利影响，这在很大程度上影响了我国用人单位，使其将订立固定期限劳动合同作为常态。

第三，关于无固定期限的劳动合同的法律责任，存在一系列不明确的问题。比如按照法律规定，无固定期限的劳动合同主要存在订立和解除两个方面的法律责任。在两倍工资的基数与上限问题中，如何界定两倍工资的标准？用人单位解除合同产生的违约赔偿金难以计算，而要继续履行合同，又非常困难，因此，当务之急是明确无固定期限劳动合同的法律责任。

（二）文献综述

1. 国内研究现状

（1）专著类。2009 年中国人民大学教授常凯在《劳权保障与劳资双赢》一书中认为，华为事件恰恰是由于没有严格执行《劳动合同法》造成的。在劳动关系缔约双方中，劳动者处于弱势；而《劳动合同法》只是对一般的劳动者进行保护，对用人单位的保护力度很弱。而对于劳动者来说，强制订立的无固定期限劳动合同也并非完全的保障，只是在构建和谐劳动关系中发挥着比较积极的作用。[1] 华东政法大学教授董保华于 2010 年在其著作中分析了华为买断员工工龄的问题，进而对无固定期限劳动合同制度进行了详细而全面的解析，最后认为应该从三个方面制定管理与应对机制：要建立合同的评估机制、对合同的签约方式进行研究、对合同的日常管理进行完善等。[2] 郑尚元在其 2008 年的著作《劳动合同法的制度与理念》中，提出在对此合同制度的理解上存在着问题，因为固定期限的劳动合同始终存在，且为劳动合同最主要的形式，所以无固定期限的劳动合同必然会被边缘化，而且也没有自身的解除条件。[3] 张焰在其 2015 年发表的《劳动合同法适用法律问题的研究》一文中系统地分析了无固定期限的劳动合同和合同类型选择问题。他认为无固定期限的劳动合同

---

[1] 参见常凯：《劳权保障与劳资双赢——〈劳动合同法〉论》，中国劳动社会保障出版社 2009 年版，第 88 ～ 134 页。

[2] 参见董保华：《实施劳动法疑难问题深度透视：十大热点事件之名家详解》，法律出版社 2010 年版，第 28 ～ 43 页。

[3] 参见郑尚元：《劳动合同法的制度与理念》，中国政法大学出版社 2018 年版，第 34 ～ 38 页。

虽然对于用人单位具备强制缔约性，但是并不代表用人单位不可以解除合同。虽然这种劳动合同不能到期自动终止，但是法律同样规定了解除条件，只要用人单位符合法定程序，仍然可以提出解除劳动合同，只是在实践中法律规定的情形并不能满足需要。

（2）期刊类。沈同仙在2017年发表的《我国无固定期限劳动合同制度实施困境的成因与出路》一文中详细阐释了无固定期限劳动合同的功能，同时也分析了我国相关法律制度中存在的实践困境和成因，并提出了相关的解决策略。沈同仙认为，我国在设定法律制度的时候，要与市场的实际需求相结合，不能仅仅通过法律来要求用人单位强制缔约，这与市场的自由和平等原则相违背。能否长期维持劳动关系，主要是看双方的关系是否融洽，这是形成稳定劳动关系的基础。[4]陈红梅在2009年发表的《无固定期限劳动合同若干问题的法律探讨》一文中，从社会法理理念、强制缔约、解除保护以及法律责任等方面，对无固定期限和固定期限劳动合同进行了区分，同时提出相关法条在可操作性方面仍需要提高。[5]董保华在2007年发表的《论我国无固定期限劳动合同研究》一文中认为，我们国家实施无固定期限的劳动合同的强制缔约机制，一方面违背了法理原则，另一方面也无法真正发挥出保护劳动者的效用。我们国家必须进一步改革固定期限与无固定期限的劳动合同制，以求达到平衡劳资关系的目的。[6]刘英在2009年发表的《无固定期限的劳动合同内在价值矛盾和调和：美国劳动合同判例法对于我们国家的启发》一文，结合美国的判例对国内无固定期限的劳动合同法律制度进行了分析，并认为合同自由和劳动者保护两种价值必须调和，法律应当进行更具弹性的规范，而且我国的《劳动合同法》也不能过度注重追求无固定期限劳动合同。

[4] 参见沈同仙：《我国无固定期限劳动合同制度实施困境的成因与出路》，载《学术界》2017年第1期。

[5] 参见陈红梅：《无固定期限劳动合同若干问题的法律探讨》，载《中国劳动关系学院学报》2009年第2期。

[6] 参见董保华：《论我国无固定期限劳动合同》，载《法商研究》2007年第6期。

2. 国外研究现状

（1）德国。德国法中，解雇保护与无固定期限劳动合同紧密相关，德国完善的解雇保护制度是研究其无固定期限的劳动合同制之核心。德国在其法律中明确规定了当事人对于没有固定期限的劳动合同的终止具有正常的终止权，而且终止的限定条件非常宽松。德国法规定，用人单位和劳动者仅仅可签署一次固定期限的劳动合同，假如再一次签署了固定期限的劳动合同，则属于签署了没有固定期限的劳动合同。在解除无固定期限的劳动合同上，德国的条件相对宽松，只需要有社会正当理由，就可以解除，而从其他内容上规定解雇保护的相关内容。德国《解雇保护法》要求雇主在解雇其雇用对象的时候要具备和雇员本身或雇员行为相关的缘由，或者和企业情况有关的经济原因，若解雇没有正当的社会理由则是无效的。事实上法国严肃而实际的理由和德国正当社会的理由均为概括，正当事由要求虽然为法律强制规定的，可法律却并未详细深入地描述各项具体条件。德国在劳动合同解除条件上比我国要宽松许多，而且对无固定期限和固定期限劳动合同的解除分别作了规定。[7]

（2）法国。在法国，其法律明确地规定了用人单位不得和统一劳动者连续签署固定期限的劳动合同。假如用人单位需要和同一劳动者就某一岗位持续签署固定期限的劳动合同，则表示此岗位工作为持续性的，应当签订无固定期限劳动合同。法国的法律明确规定了劳动合同解除条件包括个人原因与经济原因。其优势在于法律对不同原因的劳动合同解除在规制方面相对灵活，只不过，无论是在哪种原因下的解除，都只限定于无固定期限劳动合同。法国立法规定了无固定期限的劳动合同的解除必须具备严肃且实际的缘由，这是解除合同的必要条件，这与我国采用单一列举制度是完全不同的。而且法国法律在规定无固定期限与固定期限的劳动合同的解除时作出了区分，即两者劳动合同性

---

[7] Raday Frances. Status and Contract in the Employment Relationship. in Israel Law Review, 23(1989),pp. 34–50.

质不一样，解除的适用条件也不同。[8]

（3）美国。从美国的法律规定上来看，其无固定期限劳动合同更应该称为“自由雇佣制度”。美国规定无固定期限的劳动合同有关当事人能够随时解除合同。美国将无固定期限的劳动合同定性成意愿合同，其术语为意愿雇佣合同（employment at will），其源为判例。1965 年影响较大的 Harp v. Administrator 一案中，美国州法院进行了判决，判决结果将雇佣自由的原则很好地体现了出来。在 1962 年的 Portable Electric Tools，Inc v. NLR 一案中，不难发现美国在自由雇佣上的做法与态度。美国一直都是崇尚自由的，因此在雇佣关系中也注重自由，虽然各界对自由雇佣争议颇多，但是美国人认为这种制度的灵活性正是其最大的优点，一旦出现经营状况或者生产技术变更，劳动者和企业都可以灵活进行调整。自由雇佣制使得用人单位有权任意解聘劳动者，而这却无法规避某些用人单位滥用这一权力来随意解雇劳动者而导致劳动者利益受损的现象。双方间自由的互动则会促进工作质量与效率的提升。[9]

（三）研究目的与框架结构

1. 研究目的

实施无固定期限的劳动合同制重点是为了构建与维持和谐稳定的劳资关系，实施无固定期限劳动合同制度目的也是稳定员工，维持企业人才队伍的稳定。但是，我国的《劳动合同法》中并没有真正落实该制度，导致第 14 条成为我国《劳动合同法》中最受非议的内容。从上文中的九个案例中可以发现，我国在施行无固定期限的劳动合同制度时出现了一系列纠纷和冲突，这些现实问题给我们国家顺利实施无固定期限的劳动合同带来了阻碍。

在我国经济体制改革过程中，随着市场的变革，社会结构开始趋于多元

---

[8] 参见〔德〕魏斯、〔德〕施米特：《德国劳动法与劳资关系》，倪斐译，商务印书馆 2012 年版，第 52 ～ 54 页。

[9] Kochan. T. A. & Katz. H. C. The Transformation of American Industrial Relations. New York: ILR Press, 1994, pp. 360–373.

化发展。不同阶层的劳动者在利益方面存在共性也存在差异性。由于所处的地区在生活习惯和年龄等各方面的不同，劳动者在求职方面也存在很大的差异。本文通过在中国裁判文书网上搜集典型的案例，从中提取问题，分析问题，化解问题，进而提出自己的想法与思路，旨在对我们国家更好地改进和完善无固定期限的劳动合同制提供一些有意义的参考和借鉴，从而促进我国稳定和谐劳动关系的形成和社会的和谐发展。

2. 框架结构

第一部分为引言部分，首先提出问题。本文首先从九个典型案例入手，然后依据双方的诉讼请求、法院认定结论和判决结果将案件类型化，紧接着从中提取分析出较为典型的法律问题，从而确定本文将要研究的方向。之后依次介绍了国内外的研究综述以及本文的研究目的与框架结构。

第二部分是关于无固定期限劳动合同的订立制度的完善。先分析了立法中与无固定期限的劳动合同制相关的各种法律规章，再分析了该法律制度订立时的问题以及法学界的相关理论，并将国内外同类法律制度的订立进行对比，最终提出建议并制定相关解决策略。

第三部分是关于无固定期限劳动合同的解除制度的完善。先对与解除制度相关的法律规定进行了论述和分析，再深入分析了其制度本身的内涵和问题以及法学界的相关理论，将国内外同类的解除制度进行对比，最终提出建议并制定相关解决策略。

第四部分主要研究关于无固定期限劳动合同的法律责任的完善。根据前面几个部分的论述，详细分析和评价此类合同在订立阶段以及解除过程中的法律责任问题，然后分析了其本身存在的问题以及法学界的理论观点，最后提出解决途径及建议。

第五部分为结论和立法建议。通过全文的研究，提出自己的简要结论和立法建议。笔者针对前文九个典型案例中提出的问题，经过梳理与分析后，提出自己的想法，以求建立和谐与稳定的劳动关系，对即将再次修订的《劳动合同法》进行进一步的优化和完善，最后对全文进行了总结，对主题的前景进行展望。

二、无固定期限劳动合同的订立制度的完善

（一）无固定期限劳动合同订立的法律规定

对于我国的劳动合同期限来讲，正如同世界上的其他国家一样，其由三种不同的类型构成。从世界范围来看，应用相对广泛的劳动合同类型为无固定期限劳动合同。根据我国《劳动合同法》中第14条第1款的相关规定，无固定期限的劳动合同是指用人单位和劳动者约定无确定终止时间的劳动合同。但是依据于此条第2款、第3款的相关规定，则能够将其划分为三种不同的类别：即推定订立、强制订立、协商订立。对于无固定期限劳动合同来讲，其所约定的终止时间是不够明确的，并且表现出了一定的均衡性、强制缔约性和稳定性。

1. 应当订立无固定期限劳动合同的情形

在我国《劳动合同法》中的第14条第2款中，存在三项不同的规定，其主要规定了，在特定的情况下，假使劳动者主动要和用人单位之间进行无固定劳动合同的订立，那么用人单位便不能拒绝。[10]假使劳动者满足这三项规定，用人单位就只能同意，反之，将要承担一定的责任。三项规定具体如下：

（1）对于劳动者来讲，已经连续在此用人单位工作满十年。依据此条件，劳动者在某单位工作年限应当满10年，并且这个时间应当具有一定的连续性。然而，学术界对于“连续”的解释尚存在较大的争论，主要集中在此“连续”是否要求不可间断。

（2）雇佣单位第一次施行劳动合同制度，或者国企改革制度而重新签署劳动合同的情况下，劳动者在这一用人单位的工作时间已连续10年，且距离该劳动者法定退休年龄小于10年。然而，依据此条件进行无固定期限劳动合同的订立时，应当考虑到以下两点。一是仅适合特定的企业，也就是国有改制

---

[10] 参见官冬颖：《无固定期限劳动合同浅析》，载《China's Foreign Trade》2010年第12期。

企业和第一次实行劳动合同制的公司。国改制主要形式包括合资、出让国有产权、股份制改革、兼并和重组等。二是既要满足其工作连续性，并且已满10年，此外还规定了距离其法定退休年龄应当低于10年。

（3）连续两次签署固定期限的劳动合同。用人单位在和劳动者之间连续两次签订了固定期限的劳动合同以后，若还没有出现用人单位与劳动者单方解除劳动合同的，或者无法定的过失性解雇劳动者的情况，假使劳动者主动指出或是愿意与用人单位进行续约，同时没有指出要进行固定期限的劳动合同的订立，则此种情形之下，劳动者与用人单位双方间应签订无固定期限的劳动合同。

2. 视为订立无固定期限劳动合同的情形

《劳动合同法》不仅规定了在特殊条件下以及协商一致时需进行无固定期限的劳动合同的订立，同时规定用人单位与劳动者之间所形成的实际劳动关系在满一年之后依然未签署书面劳动合同的，则可认定两者已签署了无固定期限的劳动合同。第一，这里的应当订立主要是为了防止用人单位的无作为，假如应签署无固定期限的劳动合同而用人单位和劳动者签署了固定期限的劳动合同，则将这一情况当作已经签署了无固定期限的劳动合同，此处“当作”所针对的是用人单位无故意而造成未订立合同的情况。第二，法律的具体规定有所区别，“应当”具有强制性，是要求必须订立，要求用人单位积极作为；而“视为”则表示基于一定事实情况下导致的法律后果，是非强制性的。第三，立法考量和解雇保护上有所区别，尽管二者都形成了无固定期限劳动合同的关系，但是在立法上，最终目的是不同的，假如签署了固定期限的劳动合同，则当合同届满之后，该劳动者会错过最佳的工作年龄阶段，失去市场竞争能力。法律之所以强制要求无固定期限的劳动合同的签署，主要是为了给劳动者权益提供更好的保障。但是“视为”则主要是国家为促进用人单位和劳动者签订书面劳动合同，从而对违法行为的一种处罚（双倍薪资以及无固定期限劳动合同关系确立）。[11]但是，最后二者所致的法律后果只有一种，即第82条“二倍工资”的规定。

（二）问题分析及其学界观点

1.“连续”的含义和解释不明确

依据我国《劳动合同法》的相关规定，社会各界对于《劳动合同法》“连续”一词的认知表现出了明显的误解。在大多数人看来，此处的“连续”应当指的是相同劳动者在相同的企业或是用人单位持续工作10年，中间不能有间断。假使以此解释当作衡量的标准，则用人单位就可以利用一些手段和对策来让劳动者无法连续地在此公司工作10年，进而对法律的相关约束予以规避。在同一单位，劳动者所工作的期限一定要持续10年之久，而不是不断积累的10年。假使劳动合同的期限存在一定的间断，即便是累计年满10年，如劳动者先于此用人单位工作了6年，其后在别的单位工作了一段时间之后而再次回到原单位工作了4年，这种情形也与无固定期限劳动合同所订立的法定条件不相符合，那么用人单位便有权拒绝劳动者的相关要求。由此便可以看出，由于“连续”一词尚缺明确的定义，而使得某些用人单位钻了法律的空子，对劳动者的合法权利造成了极大的损害，那么对于立法者来讲，其应当借助于立法或是司法解释等形式对“连续”一词的具体内涵进行明确，弥补此立法缺陷，进而实现立法本意。[12]

2.不宜将连续订立二次固定期限劳动合同纳入强制缔约义务

不管是什么合同的订立，都要建立在当事人自愿的基础上，续订二次固定期限劳动合同也是签订合同，性质是一样的，若是不能在签订合同的时候充分展现出当事人的自主性，直接将连续订立二次固定期限劳动合同设定成强制性的法律义务，会严重违背劳动法的立法初衷。目前《劳动合同法》中明确规

[11] 参见夏娇：《无固定期限劳动合同研究》，西南政法大学2009年硕士学位论文。

[12] 参见张杰：《从华为“辞职门”解读无固定期限劳动合同》，载《企业活力》2008年第7期。

定，当劳动者表示要签署无固定期限的劳动合同时，用人单位必须签署。此种情况下用人单位与劳动者签署无固定期限的劳动合同已经是其应该承担的义务。这样一来，会带来实践中的一个难题，要知道劳动合同内容并不仅限于合同期限，它还涵盖了工作时间、薪酬待遇和地点之类的内容。这些内容又是劳动者很有可能进行更改的，在续订合同的时候，劳动者都希望用人单位能够给自己涨薪酬，通过换工作地点来改善工作的环境等，若是劳动者提出了这些要求，但是用人单位未同意更改，他们将无法就变更事项达成统一。那此时还能不能够实现无固定期的限劳动合同强制签订呢？此问题必须从全方位考虑，鉴于用人单位是具备劳动管理权的，那么用人单位有没有权力拒绝与劳动者签署二次续签固定期限的劳动合同之时劳动者所提出的包含有涨薪酬等内容的合同？若是没有，就意味着在某种程度上，用人单位劳动管理权和其缔约义务之间产生了矛盾，这使得用人单位进行劳动者管理时陷入了被动，失去了自主性。可见，当用人单位已经不是自主的签订主体，而只是一个履行义务的主体时，会给管理带来难题。

在民法中有很多强制缔约的规定，在内容上大体可以分为两大类：一类是因社会公共利益而存在的，另一类是因保护特殊群体利益而存在的。一类主要表现为特许经营的事项，比如说饮用水、电力、交通事项等；另一类侧重于保护弱势群体的利益。强制缔约的内涵，简言之就是法律施加给民事主体订立契约的义务。对于这种义务的履行，承担义务的主体无权拒绝。[13]强制缔约的义务表现形式有两种，即表现在订立合同时必须具备的要约和承诺两个方面，具体来说就是从这两个方面进行强制约束。所以用人单位的强制缔约义务也会表现在强制要约或者强制承诺上。

在上述典型案例的判决中，关于违法解除劳动合同的情形有一个问题需要首先进行明确，即违法解除劳动合同的界定问题。从字面上来理解，它的内涵就是违背法律的有关规定，从而解除劳动合同的行为。上述典型案例中的判

[13] 参见夏蕾：《无固定期限劳动合同解除制度研究》，吉林大学 2009 年硕士学位论文。

决，将解除一个到期的合同视为违法解除，其是否存在一定的问题是值得思考的，因为普通的到期合同的解除并不违法。以上典型案例的特殊性体现在连续进行两次固定期限劳动合同的签署，当二次劳动合同届满时，用人单位所解除的合同为无固定期限合同还是固定期限合同。用人单位的这种解除行为能否被认为是违法解除，在理论界是有争议的，即关于在最后一次固定期限劳动合同到期的时候，是否就存在无固定期限劳动合同。理论上有两种观点，一种认为存在，一种认为不存在。第一种观点认为最后一次固定期限劳动合同在到期的时候已经转换成了无固定期限劳动合同，这样的学说就可以解释之前的违法解除了；第二种观点认为固定期限劳动合同到期时，转为了一个强制契约。这里的强制契约是指强制订立一个新的无固定期限的劳动合同。强制契约的特点是无须承诺即可生效。不论用人单位是否同意，也都视为同意。这一点与强制缔约不一样，强制缔约必须有承诺才能成立。

如此看来，将连续订立二次固定期限劳动合同纳入强制缔约的义务合同来规范，有些地方仍然需要继续讨论。而在《劳动合同法》中可以看出其立法的局限性，因为其将连续进行二次固定期限劳动合同的签署在签署无固定期限的劳动合同范围里直接进行有关的规范的做法，在某种程度上没有考虑到用人单位的合法利益，比如用工单位主体的差异性以及对劳动者需求的弹性差异就没能很好地考虑。“一刀切”的立法形式，使得用人单位的主体多样性被限制，规定得过于简单的同时，也非常不利于鼓励用人单位的多元化发展。不仅如此，这种做法还会有过度保护已就业且就业稳定的劳动者的嫌疑，在岗位缺乏的时候，就会增加求职者的就业压力与难度。[14]这种做法在《劳动合同法》中的具体表现就是第 14 条的有关规定。第 14 条的第 1 款、第 2 款具有一定的科学性、合理性，因为它适当地保护了在用人单位长期工作的劳动者的权益，以及避免了因体制改革导致的不合理裁员。但是该条的第 3 款在司法实践中的

[14] 参见谢奕：《论我国无固定期限劳动合同制度——以用人单位单方解除制度为视角》，载《重庆工商大学学报》2010 年第 4 期。

运用就显得不太合理。上述案例实践中的判决就并不合理，是不能理解法条真正意义的表现。所以笔者认为，除了出于对公共利益以及其他特殊利益等的思考，法律所规定的强制缔约无固定期限的劳动合同其范围不应涵盖连续两次签署固定期限的劳动合同的内容。

3. 关于“续订”的理解存有争议

关于续订劳动合同的问题，肯定首先必须得知道什么是“续订”，而且关于“续订”的理解是理论界争论的重点。理论界有两种观点，简单归纳就是强制与自愿的区别，单方行为与双方行为的区别，合同法原理与强制缔约思想的区别。理论界的通说观点认为“续订”是合同订立的表现形式，应当用合同原理来理解，即自愿地、协商一致地订立行为。虽然如此，但是在司法实践中却往往按照强制契约的思想来执行。对此需要立法上的进一步规定，目前在《中华人民共和国劳动合同法实施条例》(以下简称《实施条例》)中对于劳动者按照《劳动合同法》第 14 条规定来主张缔结无固定期限的劳动合同，用人单位应当订立，对于某些内容不明确的，则按《劳动合同法》第 18 条处理即可。[15]

(三)国外无固定期限劳动合同订立制度比较

1. 法国

在法国，劳动者一般都不用考虑是否要订立定期的劳动合同，因为法国立法明确规定禁止任意确立劳动期限。签署劳动合同时通常会以不固定期限的劳动合同当作主要的形式，而固定期限的劳动合同范围较为有限。法国立法中明确规定了可缔固定期限劳动合同的三类情况。第一种是当企业的经营活动与程度增强的时候可以适用定期劳动合同；第二种是不定期限劳动合同的劳动者未到岗，但是其工作又需要代替时，或者是劳动者在工作岗位取消之前离职的；第三种是基于对用人单位的行业特征与工作的性质的考量，应当适用的情形。除上述三种可以订立定期的劳动合同外，还有明确禁止订立的情形，包括

[15] 参见孙东佳:《我国无固定期限劳动合同法律制度研究》，吉林大学 2015 年硕士学位论文。

两种。一种是因为工作的性质非常危险，另一种是禁止与替代因集体冲突等事件不能继续履行有关合同的用人单位签署固定期限的劳动合同。与此同时，也包括固定期限的劳动合同届满直接转为不定期劳动合同的有关规定。[16]在法国要订立定期的劳动合同的过程中还必须做到以下几点：首先，对于劳动的期限，要约定明确的终止时间，而且约定的劳动期限不能超过一年零六个月，需要延长的时候，必须一次性延长，而且延长的时间还必须确定；其次，不论延长多少，但总的时间不能超过两年；最后，用人单位若拒绝当固定期限的劳动合同届满之后把合同变更成非定期的劳动合同，就要对劳动者进行赔偿。

2. 德国

德国的有关劳动的事项规定与中国和法国的不同之处在于，其没有专门编撰一个部门法来规范有关劳动的事项，而是将这些事项直接纳入民法中来进行规范。德国民法很重视保护雇员的利益，把维护他们的利益作为出发点，当然也兼顾着与劳动者密切相关的雇主与失业者的利益。在签署劳动合同上，通常均没有明确规定和闲置劳动合同期限，只是规定要采用书面的方式来签署劳动合同，不然就将其当作非定期劳动合同看待。而假如要签署定期劳动合同，则必须严格根据有关的法律来约定合同的期限。在德国固定期限的劳动合同也有明确的适用情形，主要有近期之内需要此工作，工作性质与签署定期合同要求相适应的，临时替代他人岗位，试用期未满，雇员适应新的工作，劳动者适合签的，公共机构的临时聘用者，依据某项判决等。除此之外，还有两种情形下订立的劳动合同也是合法的，一种是被雇用时已满 58 周岁的人所订立的两年期定期劳动合同，而另外一种为针对新设立的岗位招聘的劳动者的。这两种情形下的固定期限劳动合同期满之后，双方同意之后，合同变更为无固定期限劳动合同。[17]在这一点上，德国的理念与法国一致，都是把签订无固定期限劳

[16] 参见许琤：《和谐劳动关系背景下无固定期限劳动合同的实施问题研究》，华东政法大学 2014 年硕士学位论文。

[17] 参见安增莹：《完善无固定期限劳动合同制度的几点思考》，大连海事大学 2010 年硕士学位论文。

动合同作为劳动合同的签订常态。

3. 日本

“终身雇佣制”是日本从“二战”后直到现在一直采用的劳动合同制度。这种制度的特点是对签订定期的劳动合同有很严苛的限制。而此制度含义是：凡是劳动者无过错的，则用人单位就要准许其一直待在该单位工作，直到其应当退休之时，才能解除劳动关系。其实这种制度来源于日本“二战”后对于雇佣事项的长期总结。日本法律规定，只有在如下情况才能订立固定期限的劳动合同，劳动者需要花一定时间来判断自己是否适合该岗位的工作，或者是第一次从事某项工作的时候，也或者是一些技术性的工作，且在本来的劳动合同内未约定明确的合同期限，抑或者这原本为一份将某一既定工作任务的完成当作期限的劳动合同且约定的时间没有超过一年的期限。在此时，用人单位与劳动者才能订立一个 1 年以上、3 年以下包括 3 年的劳动合同。[18]对于一个日本的企业来说，其想在公司中适用终身雇佣制也是要符合一定的情形的。首先，企业招聘的员工不适用从事临时工作的，且又属于被正常雇佣的情形的劳动者，可以适用终身雇佣制。其次，对于那些灵活性比较强，且稳定性不足的小型企业，不适用终身雇佣制，因为小型企业对于劳动者的需求数量会随着市场的变化而变化。所以大中型的企业是终身雇佣制适用的主要主体，因此不能使终身雇佣制“一刀切”地适用于全部的用人单位。最后，是有关终身雇佣制的退休金问题。需要退休的人员，他们的退休金一定是由其工作的单位来支付。还要明确一个内容，那就是终身雇佣制是一个习惯法，这就表明，在劳动合同中可能看不到有关终身雇佣制的约定，但是要知道这种制度，即使没有约定也是在日本具有法律效力的。[19]

---

[18] 参见张慧：《无固定期限劳动合同问题研究》，广西师范大学 2010 年硕士学位论文。

[19] 参见朱志敏：《我国无固定期限劳动合同法律规则的完善》，吉林大学 2012 年硕士学位论文。

（四）解决途径及其建议

1. 明确规定“连续”的含义

既然是对“连续订立”的探究，就离不开对于“连续”含义的界定。就目前我国劳动合同法的规定的状况来看，有必要对“连续”的含义进行一定的明确。建议可以先将“连续”进行分类，把“连续”严格区分为“有间隔型”和“无间隔型”。所谓“有间隔的连续”就是指在10年中存在客观且合理的劳动期限的中断，或者该中断没有超过一定期限（如6个月），但是劳动者在该中断的时间里没有与其他用人单位建立起劳动关系。在这种情形下劳动者的辞职被视作不是自愿的行为，所以可以认定为“连续”的情形。[20]而所谓的“无间隔连续”就很容易理解其含义，即劳动者一直在同一个企业工作的情形。笔者认为将这一概念认定为连续的情况是可以解释的，因为在劳动合同的履行过程中难免会遇到一些意志以外的不可抗力情形，若是在对“连续”的认定过程中无视这些情形，就会在某种程度上不利于保护劳动者的权益。因为一旦无视这些情形，就无法避免用人单位恶意中断合同的情况。所以一定要肯定“有间隔连续”的情形，同时要注意的是10年就只是10年的意思，不牵扯劳动合同的订立次数。

2. 取消连续订立二次固定期限劳动合同后纳入强制缔约义务

合同从字面理解是“合约”与“同意”的合并意思表达，最为关键的部分在于双方达成合意，因此合同具有任意性。只要是双方平等自愿的意思表示，都可以订立合同。而协商一致就成为合同最基本的要求，对劳动合同来说同理。所以我们国家在实施非定期劳动合同制度上采取强制缔约的方式显然违背了合同的法理原则。

我们都知道，订立合同必须遵循意思自治和契约自由的原则，虽然劳动

[20] 参见杨姝玲：《无固定期限劳动合同功能定位之反思》，载《山东科技大学学报》（社会科学版）2011年第5期。

合同与其他民事合同有一定的区别，但是合同的本质是不会变的，仍然要遵循自由和自愿的两大基本原则。在无固定期限劳动合同的方面，强制缔约是为了平衡劳资双方的利益，以及维护市场的稳定，但是从法律层面进行调整的时候，要遵循“谨慎”和“必要”的基本原则。在此基础上，我们再来分析《劳动合同法》中关于无固定期限的劳动合同的各项规定可知，不能因为用人单位与劳动者签署了二次定期劳动合同便认定其签署了非定期的劳动合同。签署非定期的劳动合同，则要由市场发挥主导作用，通过市场进行调节。只有劳动者主张签署非定期劳动合同适应用人单位人才发展的需求，用人单位方可满足非定期合同签署的需要。如果忽略了用人单位在合同形式选择上的主动权以及劳动力市场的客观规律，就会削弱劳动力市场的弹性，进而导致用人单位排斥无固定期限劳动合同制度。[21]

3. 对劳动者权益的立法保护适当倾斜

法学界对合同“续订”的理解主要是连续两次签订固定期限劳动合同以后，如果劳资双方均赞同继续订立劳动合同，那么劳动者若提出了签署非定期的劳动合同，则用人单位就必须予以同意。主要原因有两个：一是“续订”本身也属于订立合同，那么在没有法律明文规定的前提下，仍然要遵循“承诺”和“要约”的合同法基本原则；二是从对弱势群体保护的角度分析，当前无固定期限的劳动合同对于劳动者的保护太过偏重，国家在分配双方义务和权利时，应该多考虑双方利益的平衡问题。

三、无固定期限劳动合同的解除制度的完善

根据本文第一部分中的案例我们不难了解到，非定期劳动合同除了在签署上产生了问题以外，解除条件的严苛性更为其实施造成了很大困难。我国施

[21] 参见沈同仙：《我国无固定期限劳动合同制度实施困境的成因与出路》，载《学术界》2017年第1期。

行《劳动合同法》之后，不少人均对它所作出的非定期劳动合同相关的规定有所误解，认为这种合同是无法解除的。这也是导致“沃尔玛炒人事件”和“华为万人大辞职”现象出现的根本原因。[22]我国无固定期限劳动合同的解除分为单方面解除和协议解除两种情况，单方面解除又有用人单位单方面解除和劳动者单方面解除两种情况，我国在劳动合同解除方面，并未就无固定期限和固定期限两种劳动合同进行区分规定，正因如此，才造成了实践中的很多纠纷和歧义。劳动者在未经过用人单位同意的情况下单方面解除合同就是劳动者一方解除的情况。《劳动合同法》明确规定了单方解除合同的两种情形，即直接解除与预告解除。而用人单位单方面解除还区分了过失性、非过失性以及经济性解除几种情况。同时还从实体和程序方面对用人单位一方解除劳动合同的情况进行了有关的制约。

（一）无固定期限劳动合同解除的法律规定

1. 用人单位行使解除权

一般来说，用人单位在行使解除权的时候会有三种体现形式，即过失性解除、非过失性解除以及经济性裁员。

（1）过失性解除。顾名思义，即劳动者在法定试用期阶段，因个人能力不足或行为不当出现严重过错，甚至给用人单位带来严重的经济损失或负面影响，用人单位在维护自我权益的前提下，可单方面行使合同解除权，上述行为具有一定的法律依据，其具体规定详见我国《劳动合同法》。

（2）非过失性解除。这种情况和劳动者的行为过错无关，主要受到劳动者的专业能力，身体状态以及外界因素的影响。针对这种情况用人单位依法可以对其进行辞退，同时满足以下几个条件：第一，劳动者身体不适（非工伤），在进行治疗后身体状态无法满足原工作岗位所需，且劳动者和用人单位在职位变更事宜中并没达成共识；第二，劳动者的能力水平无法满足职位要求，用人

---

[22] 参见周艳群：《我国无固定期限劳动合同的完善》，湘潭大学2010年硕士学位论文。

单位给予培训或岗位调整后，仍未收到理想效果；第三，劳动合同在订立之后，若外部环境条件变化显著而造成合同不能履行时，双方当事人就其内容各执己见，没有达成共识的情况；其他情况详见我国《劳动合同法》第40条。[23]

（3）经济性裁员。这种现象的出现，其责任主要在用人单位。经济性裁员即用人单位因法定事由而出现岗位压缩或业务量递减，然后需要和部分劳动者就劳动关系进行解除的行为。针对经济性裁员问题，笔者暂不赘述。

2. 劳动者单方行使解除权

从理论上来讲，处于劳动关系中的双方其拥有的地位和所享有的权利是相同的。因此，劳动者也拥有单方行使解除的权限。以时间为准，解除的主要方式包括两种，即即时解除与预告解除。

（1）预告解除合同方式。《劳动合同法》第37条中有明确规定，根据劳动者所处阶段的不同，其解除方式也有着客观的差别。比如，在试用阶段，仅需提前三天递交离职申请即可；在聘用阶段，则需要提前一个月递交离职报告。其原因有二，一是为用人单位安排人员提供所需时间；二是为工作的顺利交接提供缓冲，尽量在保护劳动者的同时兼顾用人单位的合法权益。

（2）即时解除合同方式。此情况的产生主要责任方为用人单位，即用人单位违背了法律规定的事由，在此情况之下劳动者所提出和所采取的行动，即就劳动关系进行解除。根据《劳动合同法》第38条的规定，但用人单位没有按照法律规定给其提供工作所需的保护，且存在拖延薪资，未缴纳劳动保险等情况下，劳动者为了维护其合法权益，而不得不采取的行为。若用人单位在劳动签署以及具体的工作环节中，具有欺诈、威胁或武力恐吓劳动者，劳动者在极端危险的工作环境下得不到应有的人身保障，其精神、健康以及安全性等面临着潜在危险的情形下，劳动者一方面可以单方面行使合同解除权，另一方面可以向相关部门进行举报和申诉，在维护自我合法权益的同时为我国社会发展铲除障碍，为纠正社会风气，打击用人单位的不良行为，宣扬我国司法的权威性

[23] 参见雷晓：《无固定期限劳动合同问题研究》，湖南大学2007年硕士学位论文。

作出了一定的贡献。

预告解除和即时解除是劳动者单方面行使解除权的两大形式。两者不同之处在于：第一，两者具备不同的法定事由；第二，在通知履行与否上有差异。两者共性体现在：第一，劳动者的行为具有法律支持，是一种符合国家法律要求的权利行为；第二，两者实现的基础是法律规定，而不是合同内容；第三，具有溯及力。当劳动者的合法权益受到损害时，有权通过协商或法律途径申请一定的经济补偿。[24]

（二）问题分析及其学界观点

1. 无固定期限和固定期限劳动合同的解除条件混同

理论上而言，用人单位与劳动者所处的地位和享有的权利是相同的。同理，在合同存续方面，两者均有权决定是否进行续签。众所周知，双方劳动关系的存续主要体现在固定期限劳动合同中。为了保护劳动者的合法权利，我国在法律层面对用人单位进行了较为严苛的约束和制约，为了摆脱法律的约束，同时实现人员的更新和流转，用人单位常会选择上述合同类型，此举符合常理。在实践环节，解除行为受合同类型的影响力度和制约范围可以予以忽略。简言之，受解除条件的制约，用人单位对于政府所大力倡导的无固定期限劳动合同并不认同。这对于无固定期限劳动合同来说，用人单位的消极态度和行为的不配合，其应有的社会价值和作用得不到应有的关注和发挥。[25]受我国法律因素的影响，在具体的解除环节，上述两种合同类型所面临的解除条件具有一定的混淆性。这种"一刀切""一锅端"的现象直接影响了上述两种类型合同的推广和应用。

2. 用人单位过失性解除过于严苛

无固定期限劳动合同的特点有二，一是极大地维护了劳动者的权益，二是

[24] 参见蔡潇剑：《无固定期限劳动合同终止或解除的判断》，载《法制与社会》2013年第26期。

[25] 参见周利锋、陶剑华：《论我国无固定期限劳动合同的实施现状及其改善建议》，载《特区经济》2011年第11期。

对于用人单位进行了严格的规定。以上两个特点给劳动关系的存续带来了一定的影响。另外，用人单位单方面行使解除权时，需要满足我国《劳动合同法》第 39 条的规定。换言之，“法无明文规定不得解雇”，只要不属于第 39 条中的规定范畴，就算员工出现了过失性行为给用人单位造成了严重的经济损失，也不允许予以解除劳动关系，很明显，此举对用人单位所享有的“解雇自由”予以了限制。[26] 没有任何一个公司可以对员工未来的行为进行精准的了解和掌控，当国家的法律政策对其解雇权进行限制时，那么企业为了维护自我权利，则会尽量选择固定期限合同而对无固定期限合同进行排斥，以此为基础，虽然我国政府在大力提倡无固定期限劳动合同的应用，但过于严苛的解除要求，极大地影响了预期效果的实现。

3. “不能胜任”之标准的认定问题

“不能胜任”在我国法律中并没有明确地规定和提及，这给法律的适用性以及实践环节中的判定工作增加了一定的困难。“不能胜任”在我国台湾地区有着不尽相同的解释和认知。1995 年度台上字第 673 号中指出，“不能胜任”具有客观和主观两种含义。一是劳动者的专业技能、能力水平无法满足用人单位的要求；二是劳动者从主观上持有消极、被动的态度。对其进行详解可知，在我国台湾地区，对于“不能胜任”的判定标准有以下几个方面。第一，劳动者专业水平、综合能力无法满足其岗位所需；第二，劳动者在工作中持有消极、被动态度，对于分内的工作无法按时完成；第三，劳动者缺少责任心和承担。以上观点主要是从劳动者的主观或其现有能力方面来进行判定的。另外，我们可以从用人单位的角度来进行分析。如果用人单位出于其他目的考量，想在不违反法律规定的前提下实现对人员的替换，而在职位和工作内容的安排上故意超出劳动者的能力范围，那么这种情况下该如何判定劳动者是否存在“不能胜任”现象。对此学术界存在着异议。笔者认为，用人单位的上述做法存在不妥，若给予其法律支持，那么会在社会上引起不良影响和恶性循环。

---

[26] 参见郭继强：《强制性无固定期限劳动合同的弊端及其改进》，载《学术月刊》2009 年第 1 期。

（三）国外无固定期限劳动合同解除制度比较

根据《雇主提出终止雇用公约》(termination of employment convention，国际劳工组织于 1982 年通过的第 158 号公约）对解雇的含义进行了确定，解雇被视为劳动关系的终止，劳动者和雇主之间的关系随之出现瓦解。从本质而言，在劳动合同或劳动关系中，雇员和雇主之间的关系具有客观的不平等性，为了维护雇员的合法权益，政府在制定相关法律政策时会对雇主行使解除权的流程以及前提条件进行严格地限制和规定。此举行为在学术界被称为解雇保护。在国际上，政府一般会利用合同解除来对雇主的行为进行制约和把控。如果雇主和雇员签订了无固定期限劳动合同，雇主想要对人才进行更换，那么只能进行合同的解除来实现这一目的。在实践操作环节中，无固定期限劳动合同的解除受多种制约因素的影响。首先，其解除行为的实现需要符合我国法律的规定。其次，如果雇员对此有异议，那么可以向当地司法机构进行申诉，持续的司法审判会浪费雇主大量的时间、精力和金钱。在这种情况下，雇主为了对其负面影响进行有效的规避，常会选择固定期限劳动合同对劳动关系进行落实。

在国际市场，对于劳动关系的认定主要有三种观点。第一是以美国为典型的“解雇自由”说，它是以民法契约自由原则为基础，认为雇主和雇员在遵守法规的前提下，双方所约定的内容和合同期限不应受第三人的影响。第二是以英国和日本为典型的“解雇权滥用”说，它认为雇主行使解雇权不应损害雇员、集体以及社会的公共利益。第三是以法国和德国为代表的“正当事由”说。首先它肯定了雇主所享有的合同解雇权，其次又对雇主行为进行了规范，即解雇事由必须具有一定的合理性和合法性，从而避免对解雇职权的滥用。

1.“解雇自由”说

在美国，处于劳动关系中的双方当事人可以就合作内容和期限进行自由商讨从而达成协议，因此所出现的劳动关系符合“雇佣自由原则”的要求。该原则认为，雇主可以在任何时间、地点，以任一事由提出劳动合同的终止（就算没有任何事由也可提出），而无须在法律层面进行责任的承担。雇员和雇主如果没有对合同的存续时间进行约定，那么按照美国的法律规定，该合同应被归属到不定期劳动合同的范围中。

在解雇自由的原则之下，劳动者和用人单位都具备充足的缔约自由，可以说劳动合同签署和货物交易合同基本上没有差别。这一原则最初被广泛地使用。这充分肯定了雇主拥有约定解雇条件的自由和权利。这使得雇佣自由充分地体现了出来。倡导这一原则不代表不再保护劳动者。比如，美国法律当中一般会通过"禁止歧视原则"等条例来对其进行保驾护航。由以上可知，从整体上来说，美国雇佣制度一直以来均非常宽松自由，其主导原则是雇佣自由原则，雇主和员工均具备充足的自我管理空间。所以美国在违法解雇限制上也非常有限，会大力倡导雇佣自由，把管理与激励空间留给用人单位，从而更好地维持低成本的社会交易，促进劳动合同效率的提升。可美国解雇保护制不是为了对用人单位的解雇权进行限制，主要是以"禁止歧视"这一原则实现的。[27]利用"禁止歧视"来确保劳动者可以被公平对待，进而更好地保障劳动者的合法权益，这种保护方式使得用人单位签约成本显著降低，并给企业预留了更多以解雇方式来激励雇员的空间。

2. "解雇权滥用"说

（1）英国

英美两国一直都秉承着解雇自由原则，这种状态直到20世纪60年代才得以打破，随后所采用的解雇诉讼制度，根据其内容一般分为两种类型，第一种是不正当解雇制度，第二种是不公平解雇制度。前者要求用人单位采用预告解除方式，为劳动者的再就业提供一定的时间缓冲，除了一些特殊情况以外，企业有权利将劳动合同直接解除，如其雇员拒绝对合理合法命令的遵从，严重违反了合同义务，以及在开展工作时过失严重或不诚信等，除此之外就被视为

---

[27] 参见程延园：《英美解雇制度比较分析——兼论解雇中的法律和经济问题》，载《中国人民大学学报》2003年第2期。

非正当解雇。所以，普通法在保护劳动者时只局限在用人单位给劳动者提供了提前解除劳动合同的预告与否，如此做是为了给劳动者留足再就业的时间。英国不公平解雇制度的主要作用在于对滥用解雇合同自由权的行为进行约束和限制，其法律规定用人单位在解雇某一劳动者却无合理原因的时候，就视为非公平解雇。按照《雇佣权利法》的要求，劳动者提起申诉时所需提供的事实证据包括：其一，与用人单位间存在事实劳动关系；其二，非不得进行不公平解雇上诉的人；其三，诉讼时效之内；其四，解雇事实存在。以上四种情形中，第二条所指的人员有四类人：第一，隶属持有大臣所签发的相关豁免证书的人，诸如军人、警察等。第二，一般在英国境外工作的人。第三，生理年龄超出了国家法定退休年龄的人。第四，工作未满一年的劳动者。[28]

首先，英国具有相对完善而成熟的法律体制，企业的解除行为多受政府的监督和制约，难以进行有效的规避。其次，对工作未满一年的劳动者，英国法律规定用人单位具备绝对解雇的自由，如此使得企业有充足的时间来对员工进行了解和考察。最后，从外观上来看虽然英国相关法律法规类似我国法律法规，即为维护劳动者的合法权益而规定了很多情况来对解雇制度加以限制，可事实上劳动者上述非公平解雇时其举证责任却非常重，这样一来，用人单位自由解雇权其实并没有受到限制。[29]

（2）日本

在日本，其劳动关系的体现方式一般是终身雇佣制，从外在看来，这与我国政府所大力提倡的无固定期限劳动合同有着异曲同工之妙，但其实两者有着本质上的区别。终身雇佣制仅限于经济学领域，在日本法律中并未对其进行明确的提及。终生雇佣制度在无法律强制性规定情况之下，可以这么长久地在日本流行，重点原因在于它是基于解雇自由而建立的。在日本，对于雇佣关系

[28] 参见杨善长：《单方解雇制度的反思与完善——以〈劳动合同法〉第39、40、41条为研究内容》，载《中国劳动》2015年第8期。

[29] 参见邓文娟：《劳动关系中管制思考——以〈劳动合同法〉中解雇制度为视角》，载《商品与质量》2011年第5期。

的具体要求和规范在《日本民法典》中有着高度的体现，特别是对单方解除内容进行了着重说明。另有《劳动标准法》以及《日本工会法》对其进行了有效的补充，可仅仅作出了在一些特殊情况之下如三期女工、患病、工伤等禁止解雇和解雇流程方面的强制性规定，而并没有明确地规定和说明解雇的缘由。由《日本民法典》可知，用人单位在行使解除权时，唯一的限制条件是需要提前 14 天给予预告，在此基础上可随时单方面终止劳动关系。为了对其行为进行有效约束，日本政府在 2007 年颁布了《劳动合同法》，在其第 16 条中提出，雇主的解雇行为如果没有正当理由的支撑且违反了当前社会的主流观念，那么其行为则会被判定为无效。另外，日本所推崇的终身雇佣制仅仅是企业的自我管理行为而已，且仅限于技术水平高，综合能力强，具有一定竞争力的员工。在实践操作环节，企业仍是掌握劳动关系的主动权，有时仅需给予员工一定的赔偿金就可以终止双方的劳动关系。[30]

3.“正当事由”说

（1）德国

1951 年，随着《统一性不当解雇法规》的颁布和实施，意味着解雇保护制度在德国的确立。1969 年和 1972 年，德国先后颁布了《联邦德国解雇保护法》和《工厂会议法》，对德国的法制体系进行了相应的补充。在德国，解雇行为常被划分为正常以及非正常两种类型。第一种为正常解雇，即在正常状态下所发生，与特殊情况无关的劳动关系终止行为。在《解雇保护法》中对企业的正常解雇行为进行了较为严苛的要求，首先雇员可以就解雇行为提出异议，然后由职工委员会进行调节，若调节不当，那么可以向当地的司法机构进行申诉，当其行为被判定为无效时，那么雇主需要给予一定的经济补偿。第二种为非正常解雇，即劳动关系中的任一方出现意外事件，可对其所签署的劳动合同进行解除。根据其法律条款规定，劳动关系会随着合同解除或合同到期而结束。在合同解约期，雇员享有自由状态，而雇主则受到法律的约束，处于相

[30] 参见丁梦真:《中美解雇制度比较研究》，中国青年政治学院 2014 年硕士学位论文。

对自由状态。[31]

（2）法国

客观而言，在对劳动关系的管理方面，法国有着典型的法典化特点。政府分别制定了《劳动法典》以及《社会保险法典》对其进行了规范。在法国，劳动合同类型只有定期与不定期两种，在法律中，两者均有与之对应的法律要求和规定。对于前者，只要合同未逾期，那么双方均无权就其进行接触，否则将在法律层面对违约责任进行承担。对于后者，法国律法则经历了两个阶段。第一阶段是在1973年之前，政府将劳动合同解除的权限交由雇主单方进行行使，此举与当时所倡导的工商经营自由的理念有着高度的契合。第二阶段是在1973年至今，根据现行的《法国劳动法典》所规定的，它明确地划分了劳动合同的解除原因，即两类原因：经济原因与个人原因。其中，个人原因，指的是由于劳动者观点或行为过错所引起的劳动合同解除现象；经济原因，则是由雇主引起经营不善或经济环境发生变动从而无法维系双方劳动关系的现象，上述归类方式，有利于增强法律适应性。由于个人原因而解除的，法律细致规定了对应的适用程序与理由。因经济原因的解除，其前提条件、审核标准以及适用流程等在律法中也有着相应的说明。[32]

（四）解决途径及其建议

1. 适当放宽用人单位解雇的条件

适当放宽，也就是丰富对用人单位的判定条件，将概括式纳入现有的判定体系中。现阶段我国所实施的《劳动合同法》其主要方式为列举式，对于用人单位的解雇行为归属为六类，既没有兜底性的法律条文，也没有概括式的描述。对于其他情况在《劳动合同法》第39条中仅有“其他具有合理、正当事由”这样的规范，表述不清晰，范围未界定，给用人单位解雇权的行使增添了

[31] 参见郑爱青：《法国劳动合同法概要》，光明日报出版社2010年版，第40～42页。

[32] 参见沈同仙：《权利保护和利益平衡——对劳动合同立法中几个有争议问题的看法》，载《中国劳动》2005年第7期。

客观的难度。争议，其实和个人的品德素质没有本质性的关联，它的存在对于人们理想状态的关系并不会造成严重的影响。我们认为它意味着一种制度，是一种协调行为，可以满足人们对于物资、精神以及其他层面的渴望和需求，它的存在丰富了我们现有的沟通与协调手段，能够对资源进行最大化的优化和更新，这与经济学一直所倡导的立法价值目标有着高度的契合。综上所述，笔者建议，我国法律在对解雇事由进行规范时，可以适当增加类似“其他合理的和正当的解雇事由”这种具有概括式的规定，此举一方面，可以为用人单位的自我预判和享受法律所赋予的解雇权提供一定的空间。另一方面，切实增强了用人单位对无固定期限劳动合同的信心。这对于我国法律体系的建设和完善有着极大的助益，同时为我国实施无固定劳动合同奠定了必不可少的法律基础。

2. 适度限制劳动者单方解除权

在我国，劳动者权益的重要性被提升至了新的高度。从整体而言，企业或其他经济组织机构需要以人为基础来进行工作的开展，部门岗位或员工对于企业的发展有着举足轻重的作用，那么劳动者在单方面行使解除权时，理应对用人单位的合法权益进行考量，为其提供一定的时间缓冲，尽快实现新进人员的招聘、入职和交接。受外界客观因素的影响，找寻合适的人员进行交接存在着一定的难度，这时我们可以根据劳动者的工龄或薪资发放时间等为依据，对缓冲期进行适当的延伸或拉长，尽可能将用人单位所面临的压力降至最低。

根据大部分国家的立法可知，在劳动者辞职方面的法律规定均较为宽松，即凡是劳动者理由合理正当的，均可提出辞职申请。这对于用人单位的正常运营以及未来发展都是一个潜在的隐患。为了兼顾用人单位的合法权益，尽可能避免出现权利滥用的情况，国家应当对这一情况做出有力的限制与约束。一些员工仅从自身利益来考虑，而未履行好其法定责任，特别是那些专业性和技术性非常强的工作，导致用人单位无法迅速地找到适合的人才，从而会致使企业产生经济损失与人才损失，侵害了其合法权益。劳动者在遇到自己更喜欢的工作岗位之后，则须和原单位进行 30 天劳动合同预告解除，假如新单位此时用人紧急，在时间上没有办法进行协商，那么劳动者很容易会将此新工作丢掉。

因此采取固定期限的预告解除做法并不可行，而应从具体情况出发来分别规定。笔者认为，如果劳动者完全按照我国法律规定来对用人单位进行考量，一言不合就要提出离职，如此会导致用人单位受到损失与负面影响。实际上劳动者能够先和用人单位交流，提出自己的观点和看法，就其不足之处进行利弊分析，按照相关法律规定提出具有可行性的改善方案，如果其欣然接受的话，其实完全没有必要就劳动关系进行解除，这对于双方当事人而言，弊大于利。假如劳动者单方解除权未获得良好使用与有效引导，则势必会造成权利滥用现象，从而导致两方利益受损。所以，必须从现实情况出发，采用有效的措施来规避这一问题。[33]

3. 区别固定期限和无固定期限劳动合同的解除条件

众所周知，当前我国劳动关系的体现方式主要是固定期限劳动合同。只是伴随市场环境的不断变化和经济的快速发展，非定期劳动合同制的优点逐渐凸显，为了紧跟时代的发展脚步，我国政府在向西方发达国家进行借鉴的基础上结合了我国国情，对该合同类型进行了提倡和宣扬。但在该合同的解除方面，其他国家给予了一定的自由空间，反观我国政府则提出了较为严苛的要求和解除条件。对此，我国政府有必要对劳动关系进行明确，将双方所需要承担的责任和义务进行梳理，在促进和丰富劳动双方选择的基础上，将固定期限劳动合同予以取代，为其应用提供良好的理论和现实基础。

对上述两种劳动合同进行区分，需要考虑长远、细分步骤，按部就班、稳扎稳打地进行。在美国，用人单位在无法定事由的前提下，行使其合同解除权，那么法院会根据雇员现有的工龄、薪资待遇、合同内容以及岗位责任等进行赔偿金的核算。美国司法机构在对类似案件进行审理和判决之时一般会对以下四个因素进行考量：雇员的实际年龄以及获取其他工作的概率；雇员原有的薪资以及其他福利待遇；雇员获取新的工作岗位所需要的费用；雇员在离职状

[33] 参见李冰聪：《无固定期限劳动合同研究》，沈阳师范大学2014年硕士学位论文。

态下可以享受的额外福利待遇。[34]同理，在劳动关系中，雇员和雇主所拥有的法律地位是相同的，因此在责任的承担上，两者的地位也是对等的，均需接受法律的制约和限制，这对于劳动合同的稳定、义务和责任的履行大有裨益，同时可以稳定社会的劳动关系。

四、无固定期限劳动合同的法律责任的完善

（一）无固定期限劳动合同订立的法律责任

1. 未订立无固定期限劳动合同的法律责任

在我国《劳动合同法》第82条中对我国劳动关系、劳动者以及用人单位所享有的权利和应承担的义务进行了详尽的说明。其中提出，当劳动双方具有事实合作关系，可是并未依法就劳动合同进行签订的情况下，为了对用人单位进行惩戒，按照我国相关法律要求，劳动者可以享受二倍工资待遇。二倍薪资制度的提出和实施，其本质目的是对现行的《劳动合同法》进行有效的补充，但在实际操作中，理论和现实之间所存在的差距给劳动双方平添了许多争议。在政府的大力倡导下，我国各地纷纷出具了关于二倍工资的实施政策，但受我国国情所限，在对二倍工资制度的理解和判定上不尽相同。这对于我国司法工作的开展以及法治社会的建设平添了困难和障碍。

2. 问题分析及其学界观点

（1）二倍工资的基数问题

第一种意见：如果事前签订了协议，那么可以按照约定内容对薪资进行核算，如果未签署协议，那么可以根据《劳动合同法》中第18条的规定就具体的薪资金额进行确定。若仍无法确定，则可以采用排除法，从劳动者所获总额中分别扣除奖金、补助以及其他福利待遇等，最后剩下的金额即为月工资。第二种意见：二倍工资的基数应以其当月工资为准，同时需要将以下两项予以

[34] 参见闻雅：《论我国无固定期限劳动合同制度的完善》，宁波大学2013年硕士学位论文。

排除：一是大于自然月的薪酬，比如我们耳熟能详的年底双薪、年终奖以及以季度为单位进行发放的业务提成等；二是支付周期具有不确定性的薪酬除外，比如劳动者在特殊条件下所获取的补贴或津贴等。第三种意见：按照《关于工资总额组成的规定》（国家统计局 1990 年第 1 号令）中第 4 条规定可知，劳动者的工资一般由基础工资、奖金、补助、福利、加班费用以及其他工资所构成。笔者认为在对二倍薪资基数认定上，假如只将固定发放这一项目当作核算的基础则有失偏颇，更为科学、合理的方法是将上述六个组成部分做依据来进行技术的核算。[35]

在学术界以及实践操作中，各方对基数的核算有着较大的分歧，上述三种观点其本质是对基数核算范围进行了持续的拓展，二倍工资制度的提出和实施，其初衷是对用人单位的不规范行为进行惩罚，从而达到以儆效尤的结果。因此，在对其进行核算中不能简单地将其理解为劳动者所获薪酬的双倍而已。因为劳动者的薪资中包含了加班费用等，如果按照这个标准进行核算，那么其惩罚力度过重，与现实情况不符。以此为基础，笔者认为应该缩小解释范围。综上，支持第一种意见。

（2）未订立无固定期限劳动合同二倍工资的上限问题

二倍工资的应用，其前提条件是无固定期限劳动合同的未签订。当前在学术界对于合同的未签订主要有两种判断标准。第一，劳动者具备签署合同的客观条件，且有意向就合同进行签订，以此为基础，用人单位并未对其进行支持，影响了劳动合同的正常签订。第二，劳动者与用人单位之间存在着事实劳动关系，其合作周期超过一年却未进行合同的签订。以上两种情况，用人单位均需对其支付二倍工资予以补偿。或由劳动者自行向当地司法机构予以申请，定会得到我国法律的支持。

在我国现行法律中对二倍工资的应用范围以及核算标准有着详细的规定和说明，当劳动者和用人单位之间的关系符合上述两种情形时，其首要任务是

[35] 参见周晓钰、胡忠惠：《二倍工资常见问题解析》，载《现代经济信息》2013 年第 12 期。

需要就劳动合同做补签，进而在《劳动合同法》和《实施条例》规定之下，对二倍工资的金额进行核算，从而对劳动者进行补偿。

由《实施条例》可知，用人单位支付二倍工资其时间跨度最多为11个月。从整体而言，二倍工资制度的采用，对于我国劳动合同的签订有着积极的推动和促进作用。劳动合同所体现的只是在特定阶段，双方就工作内容、薪酬制度等进行协商所达成的共识。合同一旦签订其内容不允许单方面进行更改，同时，随着社会的发展，外在经济环境以及劳动关系在持续地进行更新，合同存在的意义仅是为了证明劳动关系的存在而已，其实质性的意义基本可以忽略不计。如果双方对未签署合同均无异议，且劳动者的合法权益并未受到损害，那么在这种情况下提出二倍工资显然和事实情况不符。只是，根据我国劳动法规的要求，为了维护双方的合法权益，任何劳动关系的存续均需落实到合同的签署中。如果用人单位以各种理由进行推托，阻碍劳动合同的签订，此举违背了我国立法的初衷，应对其进行强制要求，且从劳动者提出签订合同的次月开始支付其二倍工资。[36]

3. 解决途径及其建议

（1）区分未订立无固定期限劳动合同不同的法律后果

二倍工资制度的存在仅是未签订无固定期限劳动合同所引起的法律后果之一，现在就其法律后果进行分析，客观所存在的法律后果究竟该由哪方进行承担，这对于劳动合同法以及法律体系的构建有着重要的现实意义。根据逻辑思维来进行推理，笔者认为可以采用过错推定原则来进行判定，以此为基础，分别对用人单位以及劳动者的行为进行分析和探讨。第一，因用人单位主观或客观行为从而影响劳动合同签订的情况下，那么用人单位需要支付其二倍工资；第二，当用人单位已履行了签订合同的责任，由于劳动者不配合从而导致合同的未签订，或双方受外界不可抗力的阻碍影响了合同的签订，那么需要根据具体事由来进行判定支付二倍工资的法律责任。就算用人单位受到了外界不

[36] 参见齐玉：《二倍工资罚则在事实劳动关系中的适用研究》，吉林大学2016年硕士学位论文。

可抗力的影响导致合同签订的失败，在法律层面用人单位也需要承担一定的责任。在对障碍进行排除期间，用人单位应依法就义务进行履行，否则仍需要按照二倍工资制度支付劳动者的薪资报酬。

由此可见，上述规定对外界因素进行了较多的提及和考量，对现实中企业所面临的风险以及诉讼等各个方面进行了衡量，对于劳动双方的关系以及各自利益进行了兼顾，为我国《劳动合同法》的修订提供了具有一定参考价值的意见。明确了二倍工资制度的应用范围与无固定期限劳动合同之间的关联。相对而言，在稳定劳动关系方面，固定劳动合同的作用稍差。随着社会和国际市场的发展，以书面形式体现用人单位与劳动者之间的劳动关系符合立法的要求和发展方向，以此为基础，对二倍工资制度进行过多的提及，其现实意义不大，建议在合适的时间节点将其进行排除。[37]

（2）废除惩罚性质的双倍工资，以实际损害作为赔偿依据

二倍工资制度具有一定的惩罚性，其意义在于利用经济惩罚来对用人单位的行为进行规范，从而起到以儆效尤的效果。实行二倍工资制度，从很大程度上对当前的《劳动法》发挥了补充的作用，但是在具体执行过程中仍存有较多未明之处，给我国司法机构的日常工作增添了一定的难度。该规定具有强制性、高惩罚性特点，在具体的用工过程中，很多情况下为了达到签订书面合同的效果，从而签订形式化的合同。这就导致了劳动合同签订率与实际不符，而且合同质量也无法保障。司法过程中，也经常会混淆两种二倍工资。本研究认为，如果宪法将两种不同劳动合同涉及的岗位性质作出限定，则当定期合同届满之后，假如雇员继续接受用人单位的雇佣，那么就会按照无固定期限劳动合同来处理，二倍工资制度也就失去了存在的意义。从另一角度分析，法律只有在不得已的情况下才使用数字表述，这是由于在生活中经常会发生当事人为了实现利益最大化，故意规避相关的数字性规定。这样的情况从《劳动合同法》实施以后更是经常见到。虽然《实施条例》不断强调要关注用人单位解除合同

[37] 参见周晓钰、胡忠惠:《二倍工资常见问题解析》，载《现代经济信息》2013年第12期。

的根由，但是由于限制条件和二倍工资制度的存在，无固定期限的劳动合同福利性还是不能够消除。事实上，我们国家采用双倍薪资制度是具备一定惩罚性质的，那就必须在实际对劳动者造成损害的时候才能适用。但是可以看出，这个规定无法适用民事损害赔偿的基本原理，反而类似于一种行政处罚。实际情况是，很多用人单位并没有执行签订劳动合同的规定，但是也没有真正损害劳动者的权益。因此在适用该项规定的时候，要基于实际损失进行判定，未发生实际损害，则无须承担损害责任，这也可以避免过高估计了书面劳动合同的价值。[38]

（二）无固定期限劳动合同解除的法律责任

1. 用人单位违法解除的法律责任

（1）继续履行

无固定期限劳动合同的实施，最大的受益者是劳动者，与此相对应的用人单位，其行为受到了过多的限制和约束。一旦用人单位选择了该合同形式，那么所享有的单方面解除合同的权利则很难再得以实现。当用人单位对员工进行辞退时根据我国《劳动合同法》第 48 条中的规定，劳动者可以依法向当地司法机构提出申诉，要求用人单位继续履行其法定义务和责任。继续履行作为违约责任的承担方式，在具体实施中需要符合以下几个前提条件：第一，用人单位是否存在不当解除行为；第二，对于继续履行，劳动者的主观想法和实际行为是否支持；第三，用人单位目前的运营状态和职位安排等方面是否具有继续履行的能力。笔者认为，在继续履行的考量中，其重点是要对用人单位的实力和综合能力进行衡量，就算劳动者和用人单位都支持继续履行，可是其现实条件和能力无法满足继续履行要求的话，继续坚持也没有什么现实意义。[39]

[38] 参见谢德成：《制度协同视野下无固定期限合同立法之修改》，载《法学评论》2017 年第 5 期。
[39] 参见张沛儒：《论二倍工资的若干法律问题》，载《中国劳动》2011 年第 4 期。

（2）支付赔偿金

从上文可知，当用人单位违约或违法单方面行使合同解除权时，作为劳动者可以提出申诉要求其就合同义务继续进行履行，但考虑到继续履行存在着诸多不妥之处。比如，用人单位的确不具备继续履行的条件或能力，或劳动者对于继续履行持有消极、不配合行为等均会对履行效果造成一定的影响。上述情形在我国《劳动合同法》第 87 条中有着相关的描述，即要求用人单位给予劳动者双倍薪资的赔偿。也就是说，因用人单位所导致的合同解除，劳动者所遭受的经济损失，理应由其进行承担。上述规定看似加重了对用人单位的经济惩罚，可是并未收到应有的效果。第一，经济补偿的上限仅为二倍，其惩罚力度不够，且在责任认定方面具有不平等之处，如劳动者的责任划分未受到限制，但用人单位却恰恰相反。[40]第二，经济补偿具有双重含义，一是对劳动者所作出的贡献给予一定的赔偿，这里理应按照其工作年限或工龄进行核算；二是对用人单位进行惩罚，以儆效尤，可是上限仅为二倍的惩罚力度远远达不到应有的效果。由此可见，在经济赔偿方面，我国法律中的规定过于片面和简单，与我国实际情况有着诸多不符，亟须进行更新和改善。

2. 问题分析及其学界观点

（1）继续履行劳动合同难以执行

从本质而言，处在劳动关系中的双方其地位具有不平等性，用人单位会根据其业务范围和岗位职责来对应聘人员进行筛选，劳动者受用人单位的雇用和管理，具有一定的依附性。如果用人单位宁愿在违法的基础上单方面进行毁约，执意行使合同解除权，就算当地司法机构判定其继续进行履行，但用人单位拒不履行的话，则法院也无计可施。本着维护劳动者合法权益的原则，法院也只能采取其他渠道和路径来对劳动者的损失进行弥补。

退一步来讲，在经过司法调节后，用人单位同意继续履行责任，但主观意念和现实情况之间还有一定的差距。在实践环节中，若劳动者临时更改主意

[40] 参见李小余：《我国无固定期限劳动合同制度完善研究》，昆明理工大学 2016 年硕士学位论文。

或不配合用人单位的要求，那么继续履行仍然难以实现。一般来说，当用人单位解除劳动合同之后，为了企业的正常运转常会安排其他人员进行顶替或将岗位予以取缔，当劳动者申诉成功后，用人单位的内部环境以及组织结构往往会有着一定的变更，而且用人单位不会为了继续履行而特意调整其职位安排，在这种情况下往往会引发新的劳动争议。且在继续履行阶段，劳动者原有的薪资待遇、福利政策以及工作内容等均有改变，客观所存在的差距则会给履行工作增添一定的难度。[41]

（2）难以准确计算赔偿金标准

劳动者的社会价值一般由其薪资待遇等体现，可是用人单位违法单方面行使解除权，对于劳动者来说，其损失的不仅是物质还有社会形象以及个人名誉等。尤其是对管理阶层或从事劳动技术岗位的人员工来说，用人单位的行为对其后续发展有着较大的影响。一是经济赔偿和其所遭受的损失不符；二是对于个人职业生涯的继续有着较大的负面影响；三是极大地打击了劳动者的信心和自尊心。在劳动合同中，针对赔偿金计算标准“平等”但不“公平”。《劳动合同法》第 47 条、第 87 条中，对赔偿金的核算方法以及赔偿标准进行了规范，但对个体之间所存在的差异并未进行提及。部分高薪人员在进行赔偿金的核算中，受基数和年限的影响，实际获取的赔偿金额远远低于其应得到的经济补偿。此举具有两个负面影响，一是达不到对用人单位的经济惩罚，二是赔偿金额过低无法对其所遭受的损害进行经济补偿，有失公平。以此为基础，当高薪劳动者在面临上述现象时多会要求用人单位继续进行履行，当获取了经济赔偿后再选择解除劳动关系，这种形势下劳动者所获金额远远高于法定的赔偿金额。劳动者的这种做法虽然有效弥补了其经济损失，同时也加大了我国司法机构的工作。

[41] 参见王全利:《试论用人单位违法解除劳动合同的法律责任》，载《内蒙古煤炭经济》2007 年第 4 期。

3. 解决途径及其建议

（1）明确继续履行劳动合同的相关事项

在经过司法调解后，用人单位就合同履行表示同意且具备继续履行所要求的客观环境和要求，那么其违法行为所造成的影响可以予以消除，此举在维护劳动者权益的基础上，能够稳定劳动关系，促进其健康、有序地发展，保持其完整性。

明确违法解除劳动合同期间。其时间确定主要有两种形式，一是以劳动者继续履行的时间为准，二是以劳动者进行申诉的具体时间为准，我们可以取二者孰早之日。此举具有双重意义，一方面能够对用人单位的错误行为进行纠正，及时对其进行引导；另一方面可有效避免恶意诉讼，防止劳动者借法律程序谋求私利，从而达到不劳而获的目的。

明确工资支付标准。虽然在我国法律中对于其薪资标准有着明确的规定，但是考虑到我国境内各地区之间所存在的经济条件以及风土人情都有着较大的差异化，为了符合现实要求，司法机关在薪资标准的认知和理解上有着千差万别的不同。在实践环节中，以全额工资、基本工资以及最低工资等为执行基础的现象时有发生，这对于我国司法的权威性以及统一性造成了一定的影响，为改善这种局面，理应在全国范围内实现统一。比如，在广东，当地司法机构认为从劳动解除到继续履行期间，劳动者并未付出劳动，所以用人单位没有必要就此阶段进行工资的发放。这种观点的提出具有一定的现实基础，即当法院判定用人单位继续就义务进行履行后，如果用人单位再次违法单方面行使合同解除权，那么劳动者则会再次进行申诉，极易形成“死循环”，而这种现象的出现是应当避免的。[42]

（2）确立用人单位违法解除的基本补偿金和额外赔偿金并存模式

对英国的司法制度进行了解后我们发现，当劳动者因用人单位不当解雇

[42] 参见孙静：《用人单位违法解除劳动合同的法律责任》，载《中国人力资源开发》2005年第7期。

行为而遭受到损害时，其面临的补偿方式一般有三种，即复职、重新雇佣和经济赔偿。在实际运用中，经济赔偿的占比和应用范围最为广泛。其构成部分主要有基础性赔偿、补偿性赔偿以及额外赔偿。基础性赔偿金额的核算多以劳动者的工龄和年龄为依据，其上限为 20 年。根据案件的具体情况，法院需要对其他因素进行考量，如劳动者的行为是否存在过错，对于用人单位的复职请求是否进行了回绝，在劳动合同解除后，劳动者是否获得了用人单位所发放的遣散费用等，如果存在上述情况，那么在基础赔偿金核算过程中应将其进行剔除。补偿性赔偿金，即用人单位对其解雇行为所带来的负面影响进行补偿的一种方式。补偿性赔偿金的核算和确定多会受到外籍不确定因素的影响。比如，劳动者直接的收入损失、福利损失、保险损失、失业期间的权益损害以及再就业所支出的费用等；额外赔偿金主要体现了对用人单位的惩戒，当用人单位所提出的解雇理由不属于法定事由的范畴或带有歧视性眼光对合同进行解除时，法院会根据用人单位的表现来行使其裁量权，要求其支付一定的额外赔偿金额，从而达到以儆效尤的效果。[43]经过实践案例可知，以上三种赔偿金类型各有偏重，对劳动者合法权益的维护有着不容小觑的重要作用和现实意义。英国法律的严谨性以及完善性在赔偿金的核算以及执行环节中得到了高度的体现，它不仅对用人单位的现实行为进行了考量，而且对其主观意识进行了分析，此举具有较强的可行性，为英国法律体制的发展和健全有着积极的推动和促进作用。

反观我国相关规定，在对赔偿金的设置上，只是对其进行了大概的规划，且并未形成系统性和统一性的认知。以此为基础，笔者认为可以就用人单位的行为主体来进行责任的划分，将赔偿金分为基础性和额外类型两种。基础赔偿金与英国所实施的经济补偿具有高度的一致性，其目的是维持和保障劳动者的基本生活所需，其核算方式可以按照劳动者的工龄为基数进行确定，如满一年补偿一个月，以此类推。额外赔偿金其目的是为劳动者的再就业提供一定的经

[43] 参见谢增毅:《劳动法的比较与反思》，社会科学文献出版社 2011 年版，第 196 ～ 198 页。

济补贴，同时对用人单位的主观行为错误予以惩戒。同时，为了兼顾用人单位的权利，法律可以对赔偿金额设定上限，在限额内，法院可以根据个案的具体情况来对赔偿金额进行核算和敲定，且允许双方就赔偿金额进行举证，一方进行质辩。

判解研究

未办抵押登记的不动产抵押合同中抵押人的责任认定

史智军

一、裁判要旨

是否办理抵押登记不影响不动产抵押合同的效力，抵押合同是否有效当依照合同法的规定对合同本身进行判断。抵押合同有效但因抵押人的原因未办理抵押登记时，抵押人应在抵押物价值范围内就债务人不能清偿部分向债权人承担连带清偿责任。

二、相关法条

《中华人民共和国物权法》第 15 条

《中华人民共和国合同法》第 107 条、第 113 条

三、案件索引

一审：北京市朝阳区人民法院（2015）朝民（商）初字第 00416 号（2016 年 12 月 9 日）

作者单位：北京市第三中级人法院。

二审：北京市第三中级人民法院（2017）京03民终4112号（2017年6月13日）

四、基本案情

原告吉林省C实业集团有限公司（以下简称C公司）起诉称：2014年4月25日，C公司与Z（北京）创业投资策划有限公司（以下简称Z公司）、张家口S皮业有限公司（以下简称S公司）签订《三方代理结算协议》，约定C公司作为S公司的代理结算商，为Z公司和S公司间的供货业务向S公司支付货款，并与Z公司进行结算，S公司就Z公司的付款义务向C公司承担连带保证责任。2014年8月20日，C公司与S公司签署《还款协议》，明确未结款项共计1503852元，并约定S公司应于2014年8月26日前向C公司结清本息。同日，C公司与S公司、刘甲、刘乙签署《补充协议》，约定刘甲、刘乙以两者共有的房产为S公司的本息承担抵押担保责任，2014年8月20日又签署《房屋抵押担保协议》，约定刘甲、刘乙应对上述房产办理抵押登记。截至目前，Z公司仅支付70万元，S公司未支付剩余本金及利息，刘甲、刘乙也未办理抵押登记。故请求：Z公司、S公司、刘甲、刘乙向C公司连带支付本金1403852元；Z公司、S公司、刘甲、刘乙向C公司连带支付自2014年8月26日起至实际支付之日止的违约金（按日利率0.06%计算）。

被告Z公司辩称：不同意C公司的诉讼请求。我方已经将涉案货物全部退还给S公司，与C公司结算的基础已经不存在。

被告S公司辩称：不同意C公司的诉讼请求。S公司最多从C公司拿过三百多万元，后C公司就要求S公司不断地完善合同，没有继续付款。

被告刘甲答辩称：意见同S公司。

被告刘乙答辩称：意见同S公司。

法院经审理查明：2014年4月25日，C公司作为丙方（结算方）、S公司作为甲方（供应方）、Z公司作为乙方（采购方）签订《三方代理结算协议》。

该协议约定：S公司向Z公司销售汽车用品，双方已签订《供货合同》，S公司授权C公司为《供货合同》项下的代理结算经销商；乙方按照本协议向丙方偿付《供货合同》中到期应付货款，丙方有权直接向甲方进行追索，甲方应在收到丙方书面通知之日起3日内向丙方支付乙方所有欠付款项。甲方负责处理乙方的退换货事宜，甲方应确保不因自身原因影响乙方按时向丙方支付货款；甲方承诺为乙方的付款义务向丙方提供连带保证。就结算方式，三方约定：结算依据为甲乙双方盖章确认并经丙方认可的《对账单》，丙方对《对账单》审核通过后，甲方按照丙方提供的《核算单》向丙方开具等额的增值税专用发票，丙方在收到发票后3个工作日内向甲方支付货款，付款比例为《对账单》的70%；乙方自丙方向甲方付款之日起90日内向丙方支付《对账单》金额全额货款，付款方式为现金；丙方收到乙方全额货款后，扣除丙方已支付货款以及发放应付手续费等费用后，付款支付甲方；就三方约定甲方向丙方支付手续费，标准为0.6%每月。

2014年4月25日，S公司与Z公司共同出具2—4月《对账单》一张，商品名称为汽车用品，结算总金额2148360元。Z公司出具《退货单》，显示时间为2014年10月20日，将名称为各类坐垫及装饰物等总价1778762元的货物退还给S公司。2014年5月7日,C公司向S公司出具银行承兑汇票5张，总金额2121290.66元。2014年5月9日,S公司出具《票据签收单》一张，载明：今收到C公司邮寄的银行承兑汇票一张，金额2121290.66元。各方确认本案中尚欠款项本金为1403852元。

2014年8月20日，甲方S公司，乙方C公司，丙方刘甲、刘乙签订了《补充协议》约定：甲乙双方签订了《三方代理结算协议》，由于履行过程中协议的采购方未能根据约定向乙方支付应付款，甲乙双方确认《三方代理结算协议》项下未结算本金为1503852元，且由甲方支付该笔款项及相应的罚息；甲方保证按照本条下属约定向乙方偿还款项，逾期每日按照逾期部分的0.06%支付违约金；2014年8月26日前向乙方支付150万元及罚息6000元；刘甲、刘乙同意以名下共同所有的房产向C公司提供抵押担保。同日，S公司与C

公司、抵押人刘甲、刘乙签订《房屋抵押担保协议》，约定将刘甲、刘乙共有的位于北京市朝阳区的房产抵押给C公司，并在10日内办理抵押登记。后刘甲、刘乙未办理抵押登记。在一审法院主持的证据交换过程中刘乙的代理人对《补充协议》《房屋抵押担保协议》的真实性予以认可，庭审时又称签字非其本人所签并就其中的签名申请鉴定。C公司称协议的原件找不到了故无法提供，鉴定程序未能进行。

五、裁判结果

北京市朝阳区人民法院于2016年12月9日作出（2015）朝民（商）初字第00416号民事判决："一、S公司于本判决生效之日起十日内向C公司偿还欠款一百四十万零三千八百五十二元；二、S公司于本判决生效之日起十日内向C公司支付违约金（以一百四十万零三千八百五十二元为基数，自二〇一四年八月二十六日开始至付清之日止，按照日百分之零点零六的标准计算）；三、刘甲对前述两项确定的S公司付款义务中未能清偿部分向C公司承担连带清偿责任；四、驳回C公司的其他诉讼请求。"

宣判后，C公司提起上诉。北京市第三中级人民法院于2017年6月13日以一审判决认定责任主体和方式不当为由作出（2017）京03民终4112号民事判决："一、维持一审民事判决第一项、第二项；二、撤销一审民事判决第三项、第四项；三、刘甲、刘乙就一审民事判决第一项、第二项确定的S公司付款义务中未能清偿部分在北京市朝阳区十里堡甲2号院1号楼7层1单元801号房屋的价值范围内向C公司承担连带清偿责任；四、驳回C公司的其他诉讼请求。"

六、裁判理由

法院生效裁判认为：在一审法院的数次询问、开庭中，刘甲作为刘乙的委托代理人对涉诉补充协议和房屋抵押担保协议包括签字的真实性均予以认可，而签字的真实性将直接影响刘乙相关责任的承担，故刘乙代理人的上述行为当视为刘乙在诉讼中对证据和己方不利事实的自认。随后，刘乙的反悔能否成立，当依赖于其是否提供了相反的证据足以推翻自认。综观本案，刘乙并未就此提供证据，只是申请了鉴定，虽然《中华人民共和国民事诉讼法》将鉴定意见作为证据种类之一，然并不意味着“鉴定程序”本身具有直接的证明力，且鉴定程序未能进行的原因在于协议原件的缺乏，从合同原件保管的角度而言，双方对此均负有责任，故刘乙对其自认的反悔不能成立。虽刘乙、刘甲和 C 公司未依约办理涉诉房屋抵押登记，然并不影响上述协议的效力。于抵押合同而言，如未办理抵押登记，虽相应的担保物权难以产生，然合同权利义务依然存在，C 公司有权依据合同要求刘乙、刘甲承担赔偿损失的违约责任。

关于赔偿范围，于抵押合同而言，如未办理抵押登记，债权人可能遭受的实际损失即债务人未能清偿的担保范围内的债权。由于抵押合同已经将担保财产特定化处理，因此抵押人能够预见到自己可能会替主债务人代为履行的债务就是抵押物价值范围内没有清偿的部分。故抵押人应以债务人不能清偿部分为限赔偿债权人的实际损失，且应当以抵押物的价值为限。故此，刘甲、刘乙应就 S 公司付款义务中未能清偿部分在其抵押合同约定的房屋价值范围内向 C 公司承担连带清偿责任。

七、案例注解

该案例涉及的是不动产抵押合同签订后，因抵押人的原因未办理抵押登记时，抵押人应承担何种责任。依照《中华人民共和国物权法》（以下简称《物权法》）第 187 条的规定，不动产抵押应当办理抵押登记，抵押权自登记时设立。由此可知，抵押合同签订后，如果抵押人拒绝办理抵押登记，则抵押权不能设立，然抵押人应对此承担何种责任？对此，我国目前的法律并无明确规定，司法实践中的认识也存在分歧。该案例以上述问题为焦点，结合已有的关联法律规范和法理基础，不仅就未办理抵押登记时抵押人的责任认定进行了分析，也对该责任的范围进行了明确，对于同类案件的审理具有一定的借鉴意义。

（一）未办理不动产抵押登记时抵押合同的效力认定

对于抵押登记和抵押合同效力之间的关系，我国立法经历了一些较大的改变。1995年颁布的《中华人民共和国担保法》（以下简称《担保法》）第41条规定："当事人以本法第四十二条规定的财产抵押的，应当办理抵押物登记，抵押合同自登记之日起生效。"第42条规定："办理抵押物登记的部门如下：（一）以无地上定着物的土地使用权抵押的，为核发土地使用权证书的土地管理部门；（二）以城市房地产或者乡（镇）、村企业的厂房等建筑物抵押的，为县级以上地方人民政府规定的部门；（三）以林木抵押的，为县级以上林木主管部门；（四）以航空器、船舶、车辆抵押的，为运输工具的登记部门；（五）以企业的设备和其他动产抵押的，为财产所在地的工商行政管理部门。"由上述规定可知，对于不动产抵押合同，担保法采取的是登记生效主义，即如果没有办理抵押物登记，抵押合同将不生效。由于将物权变动的原因和结果混淆，该规定在实践中产生了诸多障碍，也受到了理论和实务界的诸多质疑，认为"这种以抵押登记作为抵押合同生效要件的制度，等于允许当事人尤其是抵押人在抵押登记前随时可以任意地否认抵押合同，已经签署的抵押合同对其没有丝毫法律约束力，为不讲诚信逃避责任的恶意当事人提供保护伞"[1]。

在理论研究逐步深入和总结实践经验的基础上，2007年颁布的《物权法》对《担保法》的上述规定作出了修正，确立了区分原则。所谓区分原则，即在发生物权变动时，物权变动的原因与物权变动的结果作为两个法律事实，他们的成立生效依据不同法律依据的原则。[2]具体而言，物权变动的基础关系即原

[1] 范小华：《未办抵押登记的不动产抵押合同中抵押人责任研究》，载《法律适用》2015年第6期。

[2] 参见孙宪忠：《物权变动的原因与结果的区分原则》，载《法学研究》1999年第5期。

因行为，当依据该原因行为自身的法律要件进行判断，而不能以物权的设立、变动是否成就作为判断标准；同样，物权的设立和变动，需要以交付或登记为要件，而原因行为的生效并不意味着产生物权设立和变动的法律效果。

将不动产物权变动的原因与结果进行区分，本质而言，是由债权与物权的性质决定的。以抵押权为例，当事人为了设立抵押权，需订立抵押合同，如此一来，订立抵押合同就成了设立抵押权的原因，而进行抵押物登记是订立抵押合同的结果。抵押合同对于当事人而言，产生的是债的约束力，其内涵是一种请求权、对人权、相对权，并不涉及不特定第三人的利益，合同无须公示即可产生法律上的效果，故此，作为物权变动原因行为的抵押合同是否有效，仅需从合同本身所应依据的法律即《中华人民共和国合同法》（以下简称《合同法》）的角度审视，无须考察抵押物是否办理了登记。然尚需明确的是，合同的生效并不必然导致抵押权设立的效果，《物权法》在第 187 条明确：以建筑物和其他土地附着物、建设用地使用权、以招标拍卖公开协商等方式取得的荒地等土地承包经营权和正在建造的建筑物抵押的，应当办理抵押登记，抵押权自登记时设立。故此，抵押权的设立需以办理抵押物登记为标志，究其原因，在于作为物权的一种，抵押权具有支配性和对世性的特点，时常涉及不特定第三人的利益，因此其设立必须进行公示即登记之后，才能产生法律上的效果。

具体到本案中，C 公司和 S 公司之间存在一定的债权债务关系，作为第三人的刘乙、刘甲，为担保 S 公司的债务履行，和 C 公司签订了房屋抵押担保协议，并明确了刘乙和刘甲办理抵押登记的义务。随后，因刘甲、刘乙拒绝办理抵押登记导致诉讼产生。结合上述理论分析，可知因涉诉房屋未办理抵押登记，故抵押权未产生，C 公司并不享有涉诉房屋的优先受偿权，然不可否认的是，上述抵押合同并不存在违反合同法的情形，故其依然有效。

（二）未办理不动产抵押登记时抵押人的责任认定

讨论未办理抵押登记时抵押人的责任，其情形当限于抵押人为第三人的情形。若抵押人与债务人同属一人时，则抵押合同产生的责任无疑会被主合同债务清偿责任所吸收，因债权人主张权利的对象重合唯一，且就债权人能够获得清偿的“财产保障”而言，并无任何变化，均以主债务人的财产范围为限。

1. 抵押人的行为导致未办理抵押登记

（1）责任性质认定。在因抵押人的不当行为，导致抵押物未办理登记时，抵押人应承担何种性质的责任？对此，实践和理论中均有观点认为抵押人承担的是担保责任。因为抵押合同有效即产生抵押合同上的担保权，在未办理抵押登记的情况下，抵押人与债权人之间所创设的这种担保权利在性质上属于债权，是介乎保证与抵押权之间的不规则担保，属于非典型担保之一。债权人可以通过行使抵押合同上的担保权来保障其债权的实现，即不通过抵押登记将要求抵押人承担担保义务的债权请求权转化为抵押权，而将担保停留在债权担保状态，以一个债权担保另一个债权。[3]

对于上述观点，笔者认为其不仅理论上难自圆其说，亦会在实践中产生诸多障碍。首先，抵押合同当然属于合同范畴，其本质是当事人之间就特定财产设定抵押权的债权合意，此种合意产生的法律后果是抵押人负有办理抵押登记的义务，若抵押人违反此项义务，应承担的是违约责任。其次，对于抵押人而言，如其依约履行了抵押合同义务，办理完毕抵押登记，则抵押权成立，此时抵押人承担的担保责任为“有限责任”，即以特定的抵押物价值为限。然依照上述观点，在抵押权未成立时，抵押人反而有可能需要以自己的全部财产对债权人承担担保责任，显然扩大了抵押人的责任范围，有违公平原则。最后，不能因为抵押人承诺愿意提供物权担保但物权没有形成时，就自然推定会有一个比物权担保功能更弱的债权担保。根据合同自由原则，抵押人仅承诺通过设定抵押权对债权人进行担保，并没有承诺以另一种债权担保方式对债权人进行担保。

故此，结合上述分析，笔者认为因抵押人的行为导致未办理抵押登记时，

---

[3] 参见刘延杰、王明华：《未办理抵押权登记时抵押人应承担何种责任》，载《人民司法·应用》2013 年第 3 期。

抵押人承担的并非担保责任，而应当是违约责任。至于其中理由，其一，如上所述，抵押合同中约定的是各方当事人为实现抵押物权而应当履行的“前期”合同义务。其二，对于抵押权的设立，依照物权法确立的区分原则，抵押合同仅是抵押权设立的原因行为，在未办理登记的前提下，其当然不可能产生具有担保功能的物权，“以发生物权变动为目的的原因行为，自合法成立时生效。在不能发生物权变动的结果时，有过错的当事人应当承担违约责任”[4]，主观地赋予抵押合同本身一定的担保性，将合同责任和物权设立后的担保责任界限模糊，无疑会造成法律逻辑上的混乱。其三，从抵押权人的角度分析，如果抵押人未办理抵押登记，抵押权人要求抵押人继续履行的依然是“合同”义务，遵循的法律依据依然是合同法。

具体到本案中，刘甲、刘乙在抵押合同有效的前提下，拒绝继续履行办理抵押登记的约定，其违反的是合同义务，应当为此承担相应的违约责任。

（2）责任内容确定。既然抵押人需要承担的是违约责任，那么依照《合同法》第 107 条的规定：“当事人一方不履行合同义务或者履行合同义务不符合约定的，应当承担继续履行、采取补救措施或者赔偿损失等违约责任。”故此，债权人可以要求抵押人承担违约责任的主要内容当包括以下两项：

第一，债权人可要求抵押人继续履行合同。对于债权人而言，其对抵押人无疑享有登记请求权，即“登记权利人对登记义务人所享有的请求其履行登记义务或协助履行登记义务的权利”[5]。无论抵押合同是否对抵押登记进行了相关约定，根据其设定抵押权的合同目的，抵押人均有义务协助债权人办理抵押登记，如未履行，债权人可以要求抵押人承担继续履行也即继续协助债权人办理抵押登记的义务，使抵押权得以设立。然而，此项权利的行使需要考虑其可能存在的现实障碍，即其一，抵押人是否依然拥有抵押物的所有权，若抵押物已转由他人合法所有，则抵押权登记再无法履行；其二，抵押物是否已设定了

[4] 梁慧星：《中国物权法草案建议稿：条文、说明、理由与参考立法例》，社会科学文献出版社 2000 年版，第 112 页。

[5] 王利明：《物权法研究》上卷，中国人民大学出版社 2013 年版，第 326 页。

其他抵押权的，若已经设定，则需遵循《物权法》第 199 条关于抵押权的清偿顺序。

第二，债权人可要求抵押人赔偿损失。在主债务已过清偿期或者抵押人对抵押物失去处分权导致继续履行登记义务无法实现等情形发生时，抵押合同的债权人可以根据《合同法》第 107 条的规定，选择要求抵押人承担赔偿损失的违约责任。关于损失的确定依据，首先，当遵循当事人的意思自治，即如果抵押合同中对于违约行为造成的损失，明确约定了计算方式，当依当事人的约定。其次，如果合同中未有损失确定的计算方式，则当依照合同法的相关规定进行判断。

本案中，刘乙、刘甲与 C 公司签订的补充协议和房屋抵押担保协议中，对于刘乙、刘甲不履行登记义务的违约责任或者损失计算方式，均未进行明确约定，故此，法院唯有依据合同法的相关规定进行确定。

2. 债权人的行为导致未办理抵押登记

实践中，未办理抵押登记的原因亦存在可归责于债权人的情形，即在抵押人完全履行了登记协助义务之后，债权人仍可能基于时间、金钱、物权凭证的掌握等多种考虑而不去办理抵押登记，此时的债权人对抵押人是否还可主张相应的合同责任？笔者认为，依照合同的基本理念，在抵押人不存在违约行为，甚至已完全履行己方义务之后，债权人依然怠于行使自己的权利时，对此，应当解释为债权人主动放弃了抵押权，债权人无权亦无合同依据再向抵押人主张赔偿损失等违约责任。

此外，实践中尚存在另如上文所述的观点，认为只要抵押合同有效，就存在非典型的抵押合同上的担保权，债权人可以要求抵押人承担抵押合同的担保义务，抵押人应当以抵押物的价值为限承担连带清偿责任。对此观点的不合理之处，鉴于前文分析，不再赘述。

3. 债权人与抵押人协商一致未办理抵押登记

不可否认的是，实践中尚可能存在另外一种较为特殊的情形，即债权人与抵押人协商一致签订了非典型的“抵押合同”，其中明确了“抵押物”无须办理抵押登记，然抵押人仍然对债权人负有在主债务不能清偿时以“抵押物”拍卖、变卖或折价清偿的担保性质的义务。对于此种合同，目前我国法律并无相关规范，然亦无法律和行政法规的禁止性规定，故此，笔者认为可将其视为非典型的“抵押人”向债权人提供的一种非典型的担保义务。“在不存在其他利害关系人的情况下，这种履行债务的安排在当事人之间当然具有拘束力，在债务人不能清偿债务时，有义务依照抵押合同的规定，以合同标的清偿债务。”[6]然需明确的是，就此种较为少见的合同的性质而言，在物权法定的原则下，其不可能确立担保物权。此外，虽在担保形式上与保证具有很大的相似性，然与保证背后牵连的保证人的不特定财产不同，上述合同中的财产已被特定化处理。还需说明的是，即使存在财产的特定化，上述合同确立的内容依然只具有债权担保的性质，无法对抗物权。故在主债务人无法履行合同导致“抵押人”以“抵押物”清偿债务时，需要严格考察该标的物上负担的物权和其他债权的先后顺序，以避免损害第三人的合法权益。

（三）未办理不动产抵押登记时抵押人的赔偿责任范围

1. 违约损害赔偿范围的基本规则

对于违约行为所造成的损害赔偿范围，依法学理论，可大致区分为三类：其一是约定赔偿范围，即依当事人的意思而定；其二是一般法定赔偿范围，即依法律之一般规定；其三是特殊法定赔偿范围，即法律对于特殊关系设有特别的规定。就我国一般法定赔偿范围而言，主要体现在《合同法》第113条第1款的规定：“当事人一方不履行合同义务或者履行合同义务不符合约定，给对方造成损失的，损失赔偿额应当相当于因违约所造成的损失，包括合同履行后可以获得的利益，但不得超过违反合同一方订立合同时预见到或者应当预见到的因违反合同可能造成的损失。”分析该条规定，可见其对于赔偿范围的认定，确立了两条基本规则。

---

[6] 许明月：《抵押权制度研究》，法律出版社1998年版，第125页。

其一是完全赔偿规则。即与违约行为具有因果关系的损害都应赔偿，这是保护非违约方利益的当然要求，其涵盖的是市场经济的等价交换和法律的公平原则，目的在于完全弥补受害人因违约人的行为遭受的财产损害，使受害人恢复到遭受损害之前的状态。

其二是可预见性规则。首先，关于预见的主体，应当是违约方。其次，关于预见的时间，应当是订立合同时，“因为合同的缔结是以当事人当时了解的情况对日后的风险所做的一种分配，而且是在这种分配的基础上讨价还价形成了合同的对价关系，如果以日后的情况加之于违约方，且又未使之有机会通过提升价格或做其他适当的安排防范风险，对他来说则是不公平的”[7]。再次，关于可预见的损失内容，应结合双方当事人的熟悉程度，标的物的用途和种类，标的物的市场供求情况等因素综合确定。[8]最后，关于判断可预见性的标准，通常以一个抽象的理性人标准，结合受害人的举证和公平原则，确定是否属于当事人应当预见范围的损害。

2. 抵押人的赔偿范围确定

因抵押人的行为导致未办理抵押登记，债权人主张赔偿损失时，抵押人应承担赔偿的范围如何确定？对此，实践中有观点认为：在未办理抵押登记的情况下，由于抵押人承担的责任财产未得到有效的特定化即设定抵押权，故抵押人应以其全部财产作为责任财产，而非以抵押物的价值为限，向债权人承担赔偿责任。[9]对此观点，笔者认为有失偏颇，如因为未办理抵押登记就让抵押人以全部财产作为赔偿基础，与要求其承担保证责任并无区别，且就抵押合同的目的而言，当事人所预期的“保障”或“责任”也仅是抵押物的价值范围之内，故如此苛责抵押人，明显与上述合同法确定的可预见性规则不符。

回归到合同法关于赔偿损失的规定，同样当以其确定的上述两项规则为

---

[7] 韩世远：《合同法总论》，法律出版社 2008 年版，第 566 页。

[8] 伍鉴萍、龚军伟：《论违约损害赔偿范围的确定》，载《西南政法大学学报》2001 年第 2 期。

[9] 姚敏旭、梁展欣：《谈未办理房屋抵押登记的抵押合同的效力》，载 http://www.5law.cn/info/a/sifa，2017 年 6 月 16 日访问。

基础，对抵押人违约行为造成的损失范围进行确定。具体言之，如办理了抵押登记，抵押权成立，依照物权法的规定，一旦债务人不履行到期债务或者发生当事人约定的实现抵押权的情形，债权人可以与抵押人协议以抵押财产折价或者以拍卖、变卖该抵押财产所得的价款优先受偿，有了“物”的保障，债权人便可容易地实现抵押物担保范围内的债权。相反，如果未办理抵押登记，抵押权无法成立，抵押物本身的担保功能便无法显现，一旦债务人无力还债或还债不足时，与抵押权成立后相比，债权人遭受的实际损失即债务人未能清偿的合同约定抵押物担保范围内的债权。然亦当关注的是，由于抵押合同已经将抵押人担保的财产特定化处理，因此对于抵押人而言，其在签订合同之时，能够预见到自己可能会替主债务人代为履行的债务就是抵押物价值范围内没有清偿的部分。故结合上述分析，应当明确：因抵押人的原因未办理不动产抵押登记，合同亦未明确具体赔偿方式时，抵押人应就债务人不能清偿的部分向债权人承担连带偿还责任，且应当以抵押物的价值为限。

具体到本案中，因债务人为S公司，其对债权人C公司负有当然的偿还义务。在抵押合同中，刘甲、刘乙明确以双方名下的房屋为S公司的债务提供抵押担保，故结合上述分析，在抵押权未设立的前提下，刘甲、刘乙应以合同约定的房屋价值为基础，就S公司未能清偿部分向C公司承担连带清偿责任。

（四）参照适用该案例时应当注意的问题

1. 在判断抵押人的合同责任时，需要查明未办理抵押登记的原因，唯有抵押人存在的违约行为导致抵押登记无法办理时，才会涉及抵押人完全赔偿责任的认定，如果抵押人和债权人均存在违约行为，尚需考虑责任的分担。当然，如果双方对此均无法提供证据佐证，当结合债权人起诉的时间、抵押人未履行登记的原因陈述以及诉讼中的履行状态确定违约责任。

2. 在确定抵押人承担的赔偿责任时，需注意与一般的合同责任不同，此种赔偿责任具有一定的范围，即需以抵押物的价值为限，故应在判决主文中对此予以明确。

劳动者入职时未履行如实说明义务对劳动合同效力的影响

巴晶焱　张濡元

一、裁判要旨

（一）说明义务来源于诚信原则，属于劳动者应当承担的法定附随义务。劳动者说明义务的范围应当是在满足合法性的基础上，与劳动合同履行具有必要性和关联性的信息。对于说明义务范围内的信息，劳动者应当主动履行如实说明义务。

（二）劳动者未如实说明并不必然构成欺诈，只有未如实说明的信息是“与劳动合同直接相关的基本情况”，属于劳动者说明义务的范围，未如实说明导致用人单位作出了订立劳动合同的意思表示，才构成欺诈。用人单位是否核实劳动者提供的信息真实性不影响劳动者欺诈的认定。

（三）劳动者欺诈订立的劳动合同无效，劳动者可以依据事实劳动关系请求劳动报酬；用人单位可以单方解除劳动合同，且无须支付经济补偿金、经济赔偿金、双倍工资差额等；劳动者给用人单位造成损失的，应当承担相应赔偿责任，赔偿范围限于用人单位的直接损失，由用人单位对因果关系承担举证责任。今后，立法和实践中可以考虑引入可撤销劳动合同制度，进一步完善现有劳动者欺诈导致合同无效的不足。

作者单位：北京市第三中级人民法院。

二、相关法条

《中华人民共和国劳动法》第18条、第55条

《中华人民共和国劳动合同法》第3条、第8条、第26条第1款

《中华人民共和国民事诉讼法》第170条第1款第（2）项

三、案件索引

一审：北京市朝阳区人民法院（2015）朝民初字第43072号（2015年11月13日）

二审：北京市第三中级人民法院（2016）京03民终5844号（2016年5月12日）

基本案情：

M技术装备发展有限公司（以下简称M公司）诉称：隋某与M公司签订有劳动合同，但M公司系因隋某持有伪造的《中华人民共和国特种设备作业人员证》（以下简称《特种设备作业人员证》）而与其签订了合同，故M公司向北京市朝阳区劳动人事争议仲裁委员会（以下简称朝阳仲裁委）提起劳动仲裁，请求确认双方合同无效，朝阳仲裁委不予受理，故M公司诉至法院，请求法院判令：M公司、隋某双方所签的劳动合同无效。

隋某辩称：不同意M公司的诉讼请求。

法院经审理查明：隋某于2013年11月13日入职M公司，担任司炉工，双方签订期限为2013年11月13日至2014年11月12日期间的劳动合同，约定试用期为1个月，最后工作至2014年5月30日，当日M公司以隋某持有假的《特种设备作业人员证》为由，与隋某解除了劳动合同，并对隋某进行了3000元的罚款。

一审庭审中，M公司称其于2014年3月初发现隋某的《特种设备作业人

员证》系伪造，M公司进行进一步调查，并让隋某回原籍调取相关证明，证明其证件的合法性，在没有具体工作的情况下，M公司向隋某发放了基本福利，后查明其证件确系伪造，基于M公司的管理制度及锅炉行业规范，M公司与隋某解除了劳动合同。因为双方在签署劳动合同时，曾明确约定隋某应当具备国家颁发的相关资质，隋某伪造证件与M公司签署劳动合同，属于欺诈，合同应系无效。隋某认可其持伪造的《特种设备作业人员证》上岗，但其实际提供了劳动，后M公司以其持假证上岗为由解除劳动合同，并对其进行了罚款，其不同意认定双方劳动合同无效。

M公司就本案劳动争议向朝阳仲裁委提出仲裁申请，朝阳仲裁委作出不予受理通知书，M公司不服，诉至一审法院。

另查，M公司与隋某于2013年11月13日签订了劳动合同书，该合同第35条约定："……2.必须按国家有关规定，持证上岗，乙方有义务提供有效的资格证书，并在合同期内参加有关培训及考核，保证资格证书合法有效。"隋某入职时提供了证件编号为210602195906251015的特种设备作业证，该证发证机关北京市质量技术监督局，作业项目代号G2，批准日期2012年11月23日，有效日期2016年11月23日。一审中，M公司称其于2014年3月初发现隋某证件系伪造，并让其回原籍调取相关证明以证实其证件合法性。经询，隋某认可其应聘时知道必须持有特种设备作业证上岗。

一审中，M公司提交了其从中国特种设备从业人员数据库及公示系统查询的相关信息用以证明隋某2014年4月14日才获得了相关从业资格，该信息显示：隋某证书编号210602195906251015，发证部门北京市质量技术监督局。作业种类锅炉，批准项目G2，批准日期2014年4月14日，有效日期2018年4月14日。二审中，隋某提交了《特种设备作业人员证》复印件和2014年2月10日的金京山教育收费凭证复印件（项目：培训费，备注：凭收据领证，司炉取证），其中《特种设备作业人员证》所载信息与M公司上述查询信息一致。M公司对隋某提交的《特种设备作业人员证》和金京山教育收费凭证复印件真实性不予认可，称隋某未将《特种设备作业人员证》出示给公司。

四、裁判结果

北京市朝阳区人民法院于2015年11月13日作出（2015）朝民初字第43072号民事判决，判决：驳回M公司的诉讼请求。M公司不服一审判决提出上诉，北京市第三中级人民法院于2016年5月12日作出（2016）京03民终5844号民事判决，判决："一、撤销北京市朝阳区人民法院（2015）朝民初字第43072号民事判决；二、确认M公司与隋某于2013年11月13日签订的《劳动合同书》无效。"

五、裁判理由

法院生效裁判认为：本案争议的焦点为M公司与隋某于2013年11月13日签订的《劳动合同书》是否有效。

首先，《中华人民共和国劳动法》（以下简称《劳动法》）第55条规定："从事特种作业的劳动者必须经过专门培训并取得特种作业资格。"国务院发布的《特种设备安全监察条例》第38条规定："锅炉、压力容器、电梯、起重机械、客运索道、大型游乐设施、场（厂）内专用机动车辆的作业人员及其相关管理人员（以下统称特种设备作业人员），应当按照国家有关规定经特种设备安全监督管理部门考核合格，取得国家统一格式的特种作业人员证书，方可从事相应的作业或者管理工作。"国家质量监督检验检疫总局发布的《特种设备作业人员监督管理办法》第2条规定："锅炉、压力容器（含气瓶）、压力管道、电梯、起重机械、客运索道、大型游乐设施、场（厂）内专用机动车辆等特种设备的作业人员及其相关管理人员统称特种设备作业人员。特种设备作业人员作业种类与项目目录由国家质量监督检验检疫总局统一发布。从事特种设备作业的人员应当按照本办法的规定，经考核合格取得《特种设备作业人员证》，方可从事相应的作业或者管理工作。"该办法第5条规定："特种设备生产、使用单位（以下统称用人单位）应当聘（雇）用取得《特种设备作业人员证》的人员从事相关管理和作业工作，并对作业人员进行严格管理。特种设备作业人员应当持证上岗，按章操作，发现隐患及时处置或者报告。”本案中，隋某的岗位为司炉工，根据上述规定，隋某必须取得特种设备作业证才能从事相应的工作，其应当持证上岗。另根据双方签订的《劳动合同书》及当事人陈述，隋某明知应持证上岗，即特种设备作业证是M公司录用隋某的必要条件。

其次，《劳动合同法》（以下简称《劳动合同法》）第3条规定：“订立劳动合同，应当遵循合法、公平、平等自愿、协商一致、诚实信用的原则。”依法订立的劳动合同具有约束力，用人单位与劳动者应当履行劳动合同约定的义务。该法第8条规定：“用人单位招用劳动者时，应当如实告知劳动者工作内容、工作条件、工作地点、职业危害、安全生产状况、劳动报酬，以及劳动者要求了解的其他情况；用人单位有权了解劳动者与劳动合同直接相关的基本情况，劳动者应当如实说明。”因此，劳动者在订立劳动合同时，应当依据诚实信用原则如实履行说明义务。本案中，特种设备作业证关系到隋某的岗位任职条件和履行劳动合同资格等关键问题，隋某故意提供虚假证件与M公司订立劳动合同，其行为已经构成欺诈。

最后，《劳动法》第18条规定：“下列劳动合同无效：（一）违反法律、行政法规的劳动合同；（二）采取欺诈、威胁等手段订立的劳动合同。无效的劳动合同，从订立的时候起，就没有法律约束力。确认劳动合同部分无效的，如果不影响其余部分的效力，其余部分仍然有效。劳动合同的无效，由劳动争议仲裁委员会或者人民法院确认。”《劳动合同法》第26条第1款规定：“下列劳动合同无效或者部分无效：（一）以欺诈、胁迫的手段或者乘人之危，使对方在违背真实意思的情况下订立或者变更劳动合同的……”根据上述分析，隋某持有虚假的特种设备作业证与M公司订立合同，其行为构成欺诈，双方之间的劳动合同无效，M公司关于双方劳动合同无效的上诉主张，于法有据，应予支持。隋某主张M公司发现其提供假证后未及时对其予以处理，且其在2014年4月14日取得了有效的特种设备作业证，说明双方劳动合同有效。对此，法院认为，确认劳动合同无效是由于劳动者在订立劳动合同时实施了欺诈行为，即使隋某在假证被发现后取得了真实的特种设备作业证，也不能否认其通过欺诈手段签订劳动合同的事实。无效的劳动合同，从订立时起就没有法律效力，故隋某关于双方劳动合同有效的主张，缺乏事实和法律依据，法院不予采信。但是需要指出的是，劳动合同被确认无效，劳动者已付出劳动的，用人单位应当向劳动者支付劳动报酬。

六、案例注解

本案一审、二审出现截然相反的裁判结果，主要分歧在于对劳动者入职时未如实说明情况下劳动合同的效力认定。《劳动合同法》第8条规定："用人单位招用劳动者时，应当如实告知劳动者工作内容、工作条件、工作地点、职业危害、安全生产状况、劳动报酬，以及劳动者要求了解的其他情况；用人单位有权了解劳动者与劳动合同直接相关的基本情况，劳动者应当如实说明。"该条明确了劳动者说明义务，但是缺少说明义务的来源、说明义务的内容、违反说明义务的法律后果等规定，本文将围绕上述问题展开研究。

（一）劳动者说明义务的来源

《劳动合同法》第8条规定的劳动者说明义务产生于缔约过程中，通说认为，缔约阶段义务的来源是诚实信用原则，因此劳动者说明义务的理论基础也是诚信原则。诚信原则起源于古代罗马法，罗马法的诚信契约中，债务人不仅要依据契约条款，还要依照内心的诚实观念完成契约所规定的给付。[1]目前，学界对诚信原则的内涵、功能、要求等存在诸多观点，概括而言，"诚信原则是指民事主体在民事活动中应当讲究诚实、恪守信用，并依照善意的方式行使

---

[1] 参见王利明、郭明瑞、方流芳：《民法新论（上）》，中国政法大学出版社1988年版，第63页。

权利、履行义务”[2]。立法对诚信原则的规定，体现在《民法通则》第4条中，该条规定：“民事活动应当遵循自愿、公平、等价有偿、诚实信用的原则。”确认了诚信原则为民法基本原则的地位，在此之后《合同法》《保险法》《反不正当竞争法》等相继确立了诚信原则作为指导原则。

诚信原则主要来源于民法，关于其能否作为劳动法基本原则的问题，笔者认为，从劳动法和民法的关系来看，劳动法的产生与民法有着天然的关系，民法的核心是契约制度，劳动法的大多数制度也围绕劳动契约展开，劳动契约体现了对民事契约的继承，如郑尚元教授所言：“劳动合同是一种公力干预的合同，虽不同于普通的民事合同，但这并非意味着要与传统私法上的合同原理一刀两断，反之，从私法上的合同原理中汲取营养，据以完善自身理论应为理性之选。”[3]同时，劳动法对民法有着突破和超越，如史尚宽先生认为：“劳动关系谓以劳动给付为目的之受雇人与雇佣人间之关系。劳动关系系从来视为纯粹私法上债的关系。然劳动关系系于债的经济的要素之外，实含有身份的社会的要素，与民法上单纯的债之关系及纯经济的雇佣关系不同。”因此，劳动法中适用民法的诚信原则不仅存在必要性、合理性，其基于劳动关系主体之间的密切关系，对诚信原则有着更高的要求，诚信原则应当是劳动法的基本原则。

《劳动合同法》第3条明确订立劳动合同应当遵循诚实信用原则，该法第29条规定：“用人单位与劳动者应当按照劳动合同的约定，全面履行各自的义务。”从文义解释和体系解释角度出发，可以得出立法者将诚信原则作为用人单位和劳动者行使权利、履行义务的基本准则，诚信原则贯穿劳动关系的始终。但是，诚信原则作为法律原则，具有抽象概括性，致使其内涵和外延模糊不定，适用存在一定难度，正如德国民法学家卡尔·拉伦茨所言：“作为原则，其并非可直接适用于具体个案的规则，毋宁为一种指导思想。……借助一些案例使之更为清晰，划定其与其他原则及实证规定之间的适用界限，针对一些案

[2] 王利明：《民法总则研究（第二版）》，中国人民大学出版社2012年版，第126页。

[3] 郑尚元：《劳动合同法的制度与理念》，中国政法大学出版社2008年版，第14页。

件类型将之具体化，最后，将之扩充为稳固的学理。”[4]对此，有学者提出依据诚信原则的功能将其在劳动法中的适用进行类型化区分，在确定功能后，随之形成的则是附着其上的某些具体的法律制度或法律原则，具体划分为补充性功能、限制性功能和修正性功能。其中，补充性功能主要是创设法律和合同中未明确的部分，在劳动关系中表现为双方附随义务的扩张。[5]劳动者说明义务作为劳动者附随义务的一种，是诚信原则补充性功能在劳动关系中的具体体现，对于劳动者来说，在劳动合同订立阶段，劳动者对履行劳动合同直接相关的基本情况，应当向用人单位如实作出说明。

（二）劳动者说明义务的范围

《劳动合同法》第8条规定劳动者对“与劳动合同直接相关的基本情况”的说明义务，但是对于如何理解“直接相关”和“基本情况”并没有具体解释，首先应当明确劳动者说明义务的范围。

劳动者的说明义务必须符合法律规定，这就涉及对用人单位招聘条件的合法性审查，法律中对用人单位用工条件规制的重点在于防范各类就业歧视。《劳动法》第3条规定，劳动者享有平等就业和选择职业的权利。该法第12条规定：“劳动者就业，不因民族、种族、性别、宗教信仰不同而受歧视。”《就业促进法》第三章公平就业中对《劳动法》相关规定进行了进一步细化。实践中，除了法律规定的情形外，用人单位往往会设置婚姻、生育、户籍等条件，通过预设标准对劳动者进行筛选，这些也应当属于广义的就业歧视范畴。因此，只有法律规定内的招聘条件和告知要求才是合法的，对于超越法律底线涉及就业歧视的告知要求，劳动者不负有说明义务。

在满足合法性的前提下，如何界定劳动者说明义务的范围，不同国家法律规定各不相同，可以为我们的研究提供一些参考。《法国劳动法典》第

[4]〔德〕卡尔·拉伦茨：《法学方法论》，陈爱娥译，商务印书馆2003年版，第293～294页。
[5] 参见饶志静：《诚实信用原则在劳动法适用的类型化》，载《北方法学》2016年第3期。

L121-6 条规定："要求求职者或获受薪雇员提供的情况，无论以何种形式，只能用于评判其是否适应拟从事的工作，或者评判其专业能力。要求提供的情况必须同提议其从事的工作有直接的、必然的联系，或者同评价其专业能力有直接的、必然的联系。求职者或获受薪雇员有义务做出诚实可信的回答。"[6]可见，法国将说明义务范围限于与"评判是否适应拟从事的工作或专业能力有直接的、必然的联系"的信息。德国劳动法对于求职时雇主对求职者的提问，规定必须是客观上存在着正当的实质性理由和必要性，对于不允许提问的问题，如果雇主进行了提问，德国法律允许劳动者作出不真实的回答，因为这种欺诈既不恶意也不违法，因此，该回答不会导致所签订的劳动合同被撤销的法律后果。但是，雇员自愿说的情况必须真实。[7]可见，德国在界定劳动者说明义务范围时采用的是正当性、实质性和必要性标准。

笔者认为，我国劳动者说明义务的判断应当兼采必要性和关联性标准。具体来说，必要性指相关信息是由岗位本身决定的，是岗位最基本的要求，对于超出必要范围的信息，劳动者不负如实说明义务。关联性指用人单位要求劳动者说明的内容与工作具有直接的联系，可能影响用人单位与劳动者劳动关系的建立。例如，《北京市劳动合同规定》第 10 条规定："……劳动者有权了解用人单位的有关情况，并应当如实向用人单位提供本人的身份证和学历、就业状况、工作经历、职业技能等证明。"如果相关信息与岗位无关，劳动者亦无如实说明义务，即使劳动者进行虚假陈述，也不应当被认定为欺诈。

实践中，关于劳动者对说明义务范围内的信息是否应当主动说明存在争议。有学者认为："劳动者说明义务属于附条件的民事法律行为，只有在用人单位提出明确要求的情况下，劳动者才有义务如实说明，对于用人单位没有提及的内容，即便该内容与劳动合同的履行具有实质相关性，劳动者也没有

---

[6] 何小勇、张栋：《对以欺诈手段订立劳动合同的法律思考》，载《山西省政法管理干部学院学报》2010 年第 1 期。

[7] 参见 [德]W. 杜茨：《劳动法》，张国文译，法律出版社 2005 年版，第 30 ～ 40 页。

主动披露、说明的义务。"[8]笔者不赞成此种观点，一方面，如前所述，在招聘阶段，劳动者和用人单位之间的关系类似于先合同关系，劳动者的说明义务属于先契约义务，从权利义务相统一的角度，义务人应当主动履行义务；另一方面，在劳动者和用人单位信息不对称的情况下，劳动者是否存在不适合特定工作岗位的情况，只有劳动者自己知道，要求用人单位主动了解信息勉为其难。因此，对于与工作岗位有关联性和必要性的信息，即使用人单位没有询问，劳动者也应当如实说明。

综上，劳动者说明义务的范围，应当是符合法律规定，与劳动合同履行具有必要性和关联性的信息，劳动者应当主动履行如实说明义务。在本案中，隋某从事的工作为司炉工，属于特种设备作业，根据《劳动合同法》《特种设备安全条例》规定，特种设备作业资质是从事特种设备作业的必要条件，是否取得特种设备作业证直接关系劳动合同的履行。同时，用人单位在劳动合同中明确提出劳动者必须按照国家有关规定，持证上岗，乙方有义务提供有效的资格证书，并在合同期内参加有关培训及考核，保证资格证书合法有效。因此，取得合法有效的特种设备作业证情况属于隋某的如实说明义务的内容。

（三）劳动者欺诈的认定

欺诈与诚实信用相对，关于欺诈的称谓和解释在不同法系的国家不尽相同，我国学者对欺诈的定义和构成要件也存在不同认识，但都共同认为包括以下三个要素：行为人的故意、对方的错误认识、基于错误的判断而作错误的意思表示。《最高人民法院关于贯彻执行〈中华人民共和国民法通则〉若干问题的意见（试行）》第68条规定："一方当事人故意告知对方虚假情况，或者故意隐瞒真实情况，诱使对方当事人作出错误意思表示的，可以认定为欺诈行为。"因此，认定欺诈包括四个要件：（1）行为人在主观方面有欺诈的故意；（2）行为人实施了欺诈的行为；（3）相对方陷入错误并作出意思表示；（4）相对方的

[8] 俞里江、赵艳群：《如何认定劳动者的说明义务》，载《中国劳动》2010年第12期。

错误意思表示与欺诈行为具有因果关系。具体到劳动关系中，认定劳动者欺诈应当满足以下要件：（1）劳动者有欺诈的故意，即故意告知用人单位虚假信息或者隐瞒真实信息；（2）劳动者实施了欺诈的行为，具体表现为通过语言或者行动捏造虚假情况或隐瞒真实情况；（3）用人单位基于劳动者的行为陷入错误认识，即劳动者的欺诈行为与用人单位的错误认识之间具有因果关系；（4）用人单位因为错误认识作出录用劳动者的意思表示。

关于劳动者未如实说明是否构成欺诈，目前有三种观点：观点一认为，劳动者在求职过程中存在未如实说明的情况可以认定构成欺诈，主要理由为诚信原则通常是在没有监督、没有罚则的情况下默默衡量行为，当特定情形出现时，会变成一种强制性要求，如果违反，就要接受制裁；观点二认为，劳动者未如实说明并不必然构成欺诈，只有未如实说明的信息是“与劳动合同直接相关的基本情况”，未如实说明导致用人单位作出了订立劳动合同的意思表示，才构成欺诈；观点三认为，认定劳动者是否构成欺诈要综合考虑说明情况和合同履行情况，如果劳动者订立合同时未如实说明，订立后不履行合同，则构成欺诈。如果劳动者订立合同时未如实说明，订立后积极履行合同，在履行期限到来之前能够履行合同，则不宜认定为欺诈。

笔者认为，观点一的问题在于过分加重劳动者说明义务的范围，凡是劳动者存在未如实陈述的信息，即构成欺诈，不利于劳动者权利的保护和劳动关系的稳定；观点三的问题在于没有理解无效合同，如果劳动合同因欺诈被认定为无效，则该合同自始无效，并不因为履行行为而补正合同效力。笔者赞同观点二，结合法律规定判断劳动者说明义务的范围，在该范围内，劳动者未如实说明构成欺诈，如超出该范围，则不宜认定为欺诈。

关于用人单位是否核实劳动者提供信息真实性对欺诈认定的影响，目前存在不同观点：一种观点认为用人单位需要核实劳动者提供的信息真实性，如果用人单位没有核实，即使劳动者有如实说明义务却没有履行，也不能认定劳动者构成欺诈；另一种观点认为用人单位未审核信息真实性不影响劳动者欺诈的认定。笔者赞同第二种观点，主要原因为：（1）从欺诈的构成来看，只要劳动者的行为满足前述要件，欺诈即可成立，与用人单位是否审核并无关联。（2）从实践操作看，一方面，用人单位招录劳动者的程序规范程度以及能够负担成本受到多种因素制约，并不是所有的用人单位都能够投入人力、物力、财力进行核实，即使核实由于缺乏专业性也不能保证信息准确性。另一方面，考虑到招聘的效率性，如果用人单位核实能够作为劳动者欺诈的免责事由，用人单位可能会利用其强势地位，将相关义务转嫁给劳动者，如要求一律对学历进行公证，严重影响劳动力市场的效率。（3）从公平正义原则出发，日本学者片冈舜说道："从法的中立性和公共性的观点来看，法律应在劳动关系中保持不偏不倚的立场，但就劳动法的性质来说是不可能的。"即使社会法的性质决定了"倾斜保护"的基本原则的适用，其倾斜保护的尺度也应有所限制。[9]因此，不应该在法律规定的范围外，将对劳动者提供信息真实性的审查义务苛加给用人单位。

本案中，隋某在签订劳动合同过程中，故意提供虚假的特种设备作业证，该特种设备作业证属于隋某如实说明义务的范畴，M公司基于隋某提供的特种设备作业证判断其具有岗位从业资质，从而与隋某签订劳动合同，隋某的行为构成欺诈。

（四）劳动者欺诈的法律后果

关于劳动者欺诈的法律后果，《劳动法》第18条[10]规定了劳动合同无效

[9] 参见董保华等：《社会法原论（一）》，中国政法大学出版社2001年版，第143页。

[10] "下列劳动合同无效：（一）违反法律、行政法规的劳动合同；（二）采取欺诈、威胁等手段订立的劳动合同。无效的劳动合同，从订立的时候起，就没有法律约束力。确认劳动合同部分无效的，如果不影响其余部分的效力，其余部分仍然有效。劳动合同的无效，由劳动争议仲裁委员会或者人民法院确认。"

的情形,《劳动合同法》第26条[11]、第27条[12]进一步对其进行补充和明确,从第26条第1款可以看出,如果劳动者未如实说明构成欺诈的话,则其与用人单位订立的劳动合同无效。劳动合同被认定为无效后,对劳动者和用人单位的影响主要表现为三个方面:

1. 劳动者有请求劳动报酬的权利。《劳动合同法》第28条规定:“劳动合同被确认无效,劳动者已付出劳动的,用人单位应当向劳动者支付劳动报酬。劳动报酬的数额,参照本单位相同或者相近岗位劳动者的劳动报酬确定。”在劳动合同订立到劳动合同无效期间内,双方之间的权利义务不能按照劳动合同确定,通常有两种做法可以选择:(1)不当得利,用人单位从劳动者的劳动给付中所得利益为不当得利,应当返还劳动者;(2)假定有效,即尽管无效劳动合同自始无效,可以假定劳动合同有效,并据此劳动合同确定此阶段的劳动权利和义务。在国外,有采用假定有效的方式确定此阶段劳动权利义务的立法例。例如,在德国法中,承认事实劳动关系,又如《瑞士债法典》第320条规定:“依据事后认定无效的劳务合同,雇员为雇主善意地实施工作的,双方当事人应当依有效劳务合同履行劳动关系所产生的义务,直至因一方当事人主张无效而取消时止。”[13]

我国的做法和大陆法系的通行做法一致,认为当劳动合同被确认无效后,双方之间的关系为事实劳动关系,主要法律依据是原劳动和社会保障部《关于确立劳动关系有关事项的通知》(劳社部发〔2005〕12号)规定:“用人单位招用劳动者未订立书面合同,但同时具备下列情形的,劳动关系成立:(一)用人单位和劳动者符合法律、法规规定的主体资格;(二)用人单位依法制定的

[11]“下列劳动合同无效或者部分无效:(一)以欺诈、胁迫的手段或者乘人之危,使对方在违背真实意思的情况下订立或者变更劳动合同的;(二)用人单位免除自己的法定责任、排除劳动者权利的;(三)违反法律、行政法规强制性规定的。对劳动合同的无效或者部分无效有争议的,由劳动争议仲裁机构或者人民法院确认。”

[12]“劳动合同部分无效,不影响其他部分效力的,其他部分仍然有效。”

[13] 王全兴、黄坤:《劳动合同效力制度的突破和疑点解析》,载《法学论坛》2008年第2期。

各项劳动规章制度适用于劳动者，劳动者受用人单位的劳动管理，从事用人单位安排的有报酬的劳动；（三）劳动者提供的劳动是用人单位业务的组成部分。”劳动合同因欺诈被确认无效后，法律仅仅惩罚欺诈所得，对劳动者已经付出的劳动应当予以保护，所以根据事实劳动关系，用人单位应当支付劳动者工资报酬，并为劳动者缴纳社会保险，如果发生工伤，用人单位还应当依照《工伤保险条例》作出补偿。

2. 用人单位可以单方解除劳动合同，且无须支付经济补偿金。《劳动合同法》第 39 条规定，因为劳动者欺诈导致劳动合同无效，用人单位可以单方即时解除劳动合同。劳动者无权主张用人单位支付经济补偿金、经济赔偿金、未签订书面劳动合同双倍工资差额等基于合法劳动关系所产生的权利。

3. 劳动者给用人单位造成损失的，应当承担相应赔偿责任。由于我国劳动立法“权利—义务—责任”的制度链条没有形成，使得很多权利规定流于表面，停留在权利宣言的状态，阻塞了权利从法定状态到实然状态的转变之路。没有责任制度，任何权利义务的规定都仅具有象征意义，欠缺责任保障的义务往往形同虚设。张文显先生说：“法律责任作为法律运行的保障机制，是法治不可或缺的环节。”正因如此，《劳动合同法》第 86 条规定，劳动合同依照本法第 26 条被确认无效，给对方造成损害的，有过错的一方应当承担赔偿责任。通过立法的形式确立了劳动合同无效的赔偿责任，但是关于责任类型、赔偿标准和因果关系认定等问题仍然需要进一步明确。

关于劳动者承担的责任类型和赔偿标准，基于劳动法没有形成完整的责任体系，需要借鉴民法的理论基础。笔者认为，劳动者未如实说明导致劳动合同无效发生在缔约阶段，违反了诚信原则，责任类型应当为缔约过失责任，赔偿范围限于用人单位的信赖利益损失。在民法理论中，信赖利益损失包括直接损失和机会利益的损失，而在确定劳动者责任范围时应当贯彻民法理论中的补偿性原则，支持直接损失，将损害赔偿控制在欺诈产生的直接费用上，主要是用人单位招录劳动者支出的费用、劳动者履行劳动合同的生产经营损失和前述费用的利息损失等。

关于劳动者欺诈与用人单位损失的因果关系判定，应当由用人单位承担举证责任，借用相当因果关系理论表述为："无此行为，虽必不生此损害，有此行为，通常即足以生此种损害，是为有因果关系。无此行为，必不生此种损害，有此行为通常亦不生此种损害者，即无因果关系。"[14]

（五）劳动者欺诈导致合同无效的立法不足及完善

根据前文分析，劳动者欺诈产生的后果是劳动合同无效。合同无效指当事人所缔结的合同因严重欠缺生效要件，在法律上不按当事人合意内容发生效力。[15]但《劳动合同法》第39条第（5）项规定，因劳动者欺诈导致劳动合同无效的，用人单位可以解除劳动合同。合同解除，是指在合同有效成立后，因一方或双方当事人的意思表示，使合同关系终了，未履行的部分不必继续履行，既已履行的部分依据具体情形进行清算的制度。[16]笔者认为,《劳动合同法》中这两种说法是相互矛盾的，通过对比可以看出，合同无效和合同解除作为合同法上的两项制度，存在如下不同:（1）合同无效是因为欠缺生效要件，合同解除是基于当事人意思表示且以合同有效成立为前提;（2）无效合同自始、当然不发生法律效力，因此当事人有行使返还原物请求权的余地，合同解除后当事人之间的权利变动并非当然无效，产生回归权利变动的问题。因此,《劳动合同法》中规定可以解除以欺诈手段订立的无效劳动合同，是不符合法理的。

除此以外，将欺诈作为认定劳动合同无效的事由，其合法性和合理性值得探究。在我国原有法律上，合同无效的原因较为宽泛，导致一些本来应该属于可撤销合同或者效力待定合同的问题，也被纳入合同无效中，造成了大量合同无效，增加了交易成本、诱发信任危机、影响市场经济秩序。因此,《合同法》修改过程中，对无效合同的情形进行了严格限定,《合同法》第52条规定："有下列情形之一的，合同无效:（一）一方以欺诈、胁迫的手段订立合同，

[14] 王泽鉴:《侵权行为》，北京大学出版社2009年版，第196页。

[15] 参见韩世远:《合同法总论（第三版）》，法律出版社2011年版，第168页。

[16] 同引注15，第503页。

损害国家利益；（二）恶意串通，损害国家、集体或者第三人利益；（三）以合法形式掩盖非法目的；（四）损害社会公共利益；（五）违反法律、行政法规的强制性规定。”在合同领域中，欺诈订立的合同效力是相对无效，属于可变更、可撤销合同，只有在欺诈损害国家利益的情况下，合同才是绝对无效。笔者认为，我国合同效力仅有有效、无效的区分，合同效力体系僵化严重不能适应现代社会发展需求，并且劳动合同中存在欺诈仅是当事人意思表达不真实，没有损害国家利益、公共利益、第三人利益，“从鼓励交易、避免浪费，鼓励就业，维护劳动关系稳定的角度出发，也应采用这样一种价值取向，即尽可能维持劳动合同的效力”[17]。因此，可以借鉴合同领域相关理论，引入可撤销劳动合同制度，这就顺理成章地破解了无效合同可以解除的矛盾，也能解决劳动报酬、社会保险、工伤认定等后续问题。

关于可撤销劳动合同，美国的法学会将其作出具体的定义，即劳动合同的当事人有权通过明示的方式选择撤销从而阻止劳动关系的发生，或者是通过对该合同的明确认可而使劳动合同有效并能够继续履行。[18]对于可撤销合同，一旦行使撤销权，是否会导致合同自始无效，存在争议。有学者认为撤销权一旦行使，合同自始无效，将回复到合同订立之前的状态，而劳动力的不可返决定了劳动合同无法自始无效，因此可撤销劳动合同制度不科学。[19]笔者认为，这一观点不能成立，王泽鉴先生认为无效合同即为自始无效在继续性合同的情况下存在例外，“继续性契约，如劳动契约、合伙契约、主张无效者，惟得向将来发生效力，使过去的法律关系不因无效或撤销而受影响”[20]。德国法认为对于已经实际履行但是存在瑕疵的劳动合同无效后果应当进行限缩性解释，无效后果仅在确认无效后向将来发生效力，不能够溯及既往，已经发生的雇佣关

[17] 喻术红：《我国无效劳动合同制度的缺陷与完善》，载《法学评论》2005年第3期。

[18] 参见周飞：《可撤销劳动合同的初步探讨》，载《法制与社会》2013年第28期。

[19] 参见陆胤、唐婵凤：《论劳动合同无效》，载董宝华主编：《劳动合同研究》，中国劳动社会保障出版社2005年版，第220页。

[20] 王泽鉴：《债法原理》，中国政法大学出版社2001年版，第133页。

系视为有效的劳动关系。[21]法国认为："劳动合同的无效后果不同于民事合同的无效后果，劳动合同无效后果不具有溯及力。"[22]意大利、瑞士等国法律中也有类似规定。因此，为我们在判断劳动者欺诈订立的劳动合同效力时提供了参考，赋予用人单位撤销权，并参照国外相关做法承认劳动合同被确认无效前已经履行部分视同有效，不再溯及既往，既保障了劳动者基本权利，又平衡了用人单位合法权益。

[21] 参见雷蒙德·瓦尔特曼：《德国劳动法》，沈建峰译，法律出版社 2014 年版，第 142 ～ 145 页。

[22] 郑爱青：《法国劳动合同法概要》，光明日报出版社 2010 年版，第 41 页。

商品房销售合同迟延办证情形下解除权的行使边界

贾宏斌

一、裁判要旨

商品房销售合同的出卖人如约向买受人交付了商品房，但因出卖人（开发商）原因造成迟延办理商品房不动产权属证书，依据双方约定，买受人享有合同解除权，不属于根本违约情形。对于合同未约定该解除权行使期限，且不存在催告情形的，法院应参照适用《最高人民法院关于审理商品房买卖合同纠纷案件适用法律若干问题的解释》第15条第2款关于合同解除权的除斥期间一年的规定。

二、相关法条

《中华人民共和国合同法》第95条

作者单位：沈阳市中级人民法院。

本文所言“迟延办证”是指办理房屋权属证书迟延。包括广义和狭义之分，狭义的“迟延办证”仅是指办理房屋权属证书的迟延，而根据住建部门印制的商品房买卖合同文本中关于产权登记的约定中，通常表述为将办理权属登记需由出卖人提供的资料报产权登记机关备案，所以“迟延办证”广义上也包含了该情形的迟延。实践中，也有人称之为“逾期办证”“延期办证”“迟延登记”等。

《中华人民共和国物权法》第9条

《最高人民法院关于审理商品房买卖合同纠纷案件适用法律若干问题的解释》第15条

三、案件索引

一审：沈阳市浑南区人民法院（2016）辽0112民初2863号（2016年11月14日）

二审：沈阳市中级人民法院（2017）辽01民终1422号（2017年4月6日）

四、基本案情

上诉人（原审原告）：寇YL

上诉人（原审原告）：王Y

被上诉人（原审被告）：沈阳W房地产开发有限公司（以下简称W公司）

原审第三人：沈阳住房公积金管理中心（以下简称公积金中心）。

王Y、寇YL向一审法院起诉请求：1.解除王Y、寇YL与W公司之间的《商品房买卖合同》，W公司返还寇YL、王Y购房款803968元、会员费5000元、契税12059.52元、专项维修资金6774元、水费300元、电费400元、垃圾清运费589.05元、燃气费200元、物业费3534.3元、置业担保费2700元，合计835524.87元；2.W公司赔偿寇YL、王Y首付款利息损失64255.92元，剩余房款办理银行按揭的利率损失32308.06元，合计96563.98元；3.W公司向寇YL、王Y支付延期办证违约金5267.78元（至起诉日）；4.解除寇YL、王Y与公积金中心之间的《住房公积金个人贷款借款合同》；5.诉讼费由W公司承担。

原审被告W公司辩称，关于寇YL、王Y第一、二项诉讼请求因寇YL、王Y已经丧失解除权，应予驳回；第三项诉讼请求已超过诉讼时效；第五项诉讼请求没有事实和法律依据，应予驳回。

原审第三人公积金中心述称，无论法院是否支持寇 YL、王 Y 请求解除商品房买卖合同的诉请，均不影响剩余公积金贷款的按期偿还。

法院经审理查明：2013 年 3 月 31 日，寇 YL、王 Y 与 W 公司签订商品房买卖合同，合同约定寇 YL、王 Y 购买 W 公司开发的位于沈阳市浑南区（原东陵区）新优街 5-2 号 2-8-1 建筑面积 117.81 平方米房屋，房屋总价款为 803968 元；W 公司应当在 2013 年 10 月 31 日前，依照国家和地方人民政府的有关规定，将经验收合格的商品房交付给寇 YL、王 Y 使用；W 公司应当在商品房交付使用后 180 日内，将办理权属登记需由 W 公司提供的资料报产权登记机关备案。如因 W 公司的责任，寇 YL、王 Y 不能在规定期限内取得房地产权属证书的，由 W 公司违约之日起按日支付房价款的十万分之一，另自违约之日起 180 天内仍未完成产权登记，寇 YL、王 Y 有权退房。

合同签订后，2013 年 6 月 18 日，寇 YL、王 Y 向 W 公司交纳首付款 503968 元，W 公司于当日向寇 YL、王 Y 开具 503968 元发票。2013 年 6 月 28 日，余款 300000 元，寇 YL、王 Y 与公积金中心签订住房公积金个人贷款借款合同。2013 年 8 月 21 日，公积金中心向 W 公司发放贷款 300000 元。寇 YL、王 Y 于 2013 年 9 月开始还贷。寇 YL、王 Y 于 2013 年 11 月 10 日办理入住，但 W 公司至今未取得初始登记批复，故寇 YL、王 Y 诉至一审法院。请求判令：1. 解除王 Y、寇 YL 与 W 公司之间的《商品房买卖合同》，W 公司返还寇 YL、王 Y 购房款、会员费、契税、专项维修资金、水费、电费、垃圾清运费、燃气费、物业费、置业担保费，合计 835524.87 元；2.W 公司赔偿寇 YL、王 Y 首付款利息损失 96563.98 元；3.W 公司向寇 YL、王 Y 支付延期办证违约金 5267.78 元（至起诉日）；4. 解除寇 YL、王 Y 与原审第三人公积金中心之间的《住房公积金个人贷款借款合同》；5. 诉讼费由 W 公司承担。

五、裁判结果

辽宁省沈阳市浑南区人民法院于2016年11月14日作出（2016）辽0112民初2863号民事判决，认为：W公司于2013年11月10日向寇YL、王Y交付了房屋，按照合同约定，其应当在商品房交付使用后180日内即2014年5月9日前，将办理权属登记需由其提供的资料报产权登记机关备案，但W公司至今未完成资料报备义务，故自2014年5月10日起W公司已构成违约，根据合同约定，逾期超过180日，即2014年11月6日寇YL、王Y已获得合同解除权，对于该解除权的行使期间虽然商品房买卖合同没有作出约定，但根据《最高人民法院关于审理商品房买卖合同纠纷案件适用法律若干问题的解释》（以下简称《商品房买卖合同解释》）第15条第2款的规定，寇YL、王Y的合同解除权应当在解除权发生之日起一年内行使即2015年11月5日前，逾期未行使的，解除权消灭，而直至2016年3月31日，寇YL、王Y才起诉W公司解除合同，此时寇YL、王Y已丧失解除权，故对寇YL、王Y请求解除商品房买卖合同、解除寇YL、王Y与公积金中心签订的个人住房公积金借款合同、W公司返还购房款、给付利息、会员费、契税、专项维修资金、水费、电费、垃圾清运费、燃气费、物业费、置业担保费的诉讼请求，一审法院均不予支持。关于寇YL、王Y要求W公司给付逾期办证违约金的诉讼请求，W公司至起诉日违约天数为692天，违约金为803968元 ×0.00001×692天=5563.46元，故对寇YL、王Y请求中的5563.46元，予以支持。判决：W公司给付告王Y、寇YL逾期办证违约金5563.46元。

宣判后，王Y、寇YL提出上诉。上诉请求改判解除双方签订的《商品房买卖合同》，并判令W公司返还其购房款及首付款利息、契税、专项维修资金，合计880283.44元。事实和理由：一审法院适用法律错误，本案不应当适用《商品房买卖合同解释》第15条第2款，而应当适用该司法解释第19条的规定。第一，该司法解释第15条规定的情形为逾期交房或逾期交付房款的行为，而本案是迟延办理房屋权属证书。第二，该司法解释第 15 条是对《合同法》第 94 条规定的解释，而《合同法》第 94 条是对法定解除权适用情形的规定，而本案是约定解除，因此该条款并不适用于本案。第三，《合同法》第 95 条明确规定了在没有约定解除权行使期限的情形：“……经对方催告后在合理期限内不行使的，该权利消灭。”而本案中，被上诉人并未提出其向上诉人提出过催告，因此，上诉人的解除权并未消灭。第四，该司法解释第 15 条才是对迟延办理房屋权属证书情形的法律规定。第五，因被上诉人原因导致上诉人根本无法对案涉房屋享有完整的所有权，致使上诉人无法实现合同根本目的。被上诉人的行为系根本违约行为，是否可以办理权属证书的主要控制权在被上诉人手上，双方处于不平等地位，在已经不平等的基础上，再另行对处于弱势地位的上诉人增加负担条件，违反民法的公平原则。

W 公司辩称，同意一审判决。上诉人的解除权未在合理期限内行使，解除权已经消灭。

公积金中心述称，关于上诉人与被上诉人之间的争议，我们尊重法院判决。如果法院判令解除合同，我们希望法院能一并将公积金贷款的款项判令责任方直接向我方支付，我方对于抵押权一并要求实现优先受偿权。

二审期间，法院依职权责令被上诉人 W 公司就案涉房屋不动产权证书办理进度情况进行说明，W 公司于 2017 年 3 月 6 日向法院出具《情况说明》一份，载明：“截至目前，涉诉房屋所属‘伯爵源筑’小区 2# 楼已完成了档案合格证、消防验收、防雷验收和环评验收等主要的建设项目验收分项，仅剩煤气、人防少数次要分项尚未完成验收。待完成全部分项验收后，项目即可取得《竣工验收备案表》，并与其他材料一同报政府相关产权登记机关办理项目初始备案登记。预计相关工作将于 2017 年 12 月 31 日左右完成。特此说明。”

二审庭审中，经释明，上诉人寇 YL、王 Y 继续坚持要求解除合同的上诉请求。

沈阳市中级人民法院于 2017 年 4 月 6 日作出（2017）辽 01 民终 1422 号民事判决，驳回上诉，维持原判。

六、裁判理由

法院生效裁判认为：本案的争议焦点问题是：上诉人寇YL、王Y是否享有对案涉房屋《商品房买卖合同》的解除权；如果上诉人寇YL、王Y享有解除权，那么其通过本案诉讼行使解除权是否应受到时间限制，即其起诉请求解除合同是否超过了除斥期间；法院应否判令解除合同及对于相应后果如何处理的问题。

（一）关于上诉人寇YL、王Y是否享有对案涉房屋《商品房买卖合同》的解除权的问题。根据双方商品房买卖合同约定，W公司应当于2014年5月9日之前，将办理权属登记需由W公司提供的资料报产权登记机关备案。但W公司当时并未完成该报备义务，而且自2014年5月9日起的180天即2014年11月5日前，仍未完成产权登记，故寇YL、王Y于2014年11月6日开始享有退房的合同约定解除权。

（二）关于上诉人寇YL、王Y行使解除权，起诉请求解除《商品房买卖合同》是否超过了除斥期间的限制的问题。1. 在商品房销售过程中，因迟延办证形成的解除权的行使期限，现行法律、司法解释并没有明确规定。尽管《中华人民共和国合同法》（以下简称《合同法》）第93条、第95条对约定解除权及解除权消灭作出了规定，但就本案而言，虽然寇YL、王Y与W公司在合同中约定了如因被上诉人责任导致迟延办证，二上诉人享有退房的权利，但是并未约定解除权行使期限，且不存在进行催告情形，依据上述《合同法》规定，并不能直接确定寇YL、王Y行使解除权是否受到行使期间限制的问题。又依照《商品房买卖合同解释》第15条规定，对于迟延办证达到解除条件时，买受人行使解除权的合理期限，亦未作出明确的规定。2. 对于因迟延办证形成的解除权行使的合理期限，现行法律和司法解释未作明确规定，属于公开性法律漏洞，需要运用解释论上类推适用方式填补该法律漏洞。由《中华人民共和国物权法》（以下简称《物权法》）第6条、第14条、第16条的规定可见，就商品房买卖合同履行而言，本案的 W 公司作为房地产开发企业负有两项义务，一是案涉房屋的实际交付，二是法律权属的转移登记。本案涉及的解除权，其性质上属于形成权，可以基于一方意思表示而发生相应的法律后果，故立法者为追求司法环境、交易过程的稳定，对权利人行使解除权科之以一定的期限，以防止给对方当事人带来过重的负担。W 公司在寇 YL、王 Y 享有解除权长达一年的时间内未提出解除合同的情形下，有理由相信二上诉人不再行使解除权，继而未完整履行全部合同义务作进一步努力，同时也丧失了相应的另行出售案涉房屋的时机。既然交付房屋与办理权属证书系房屋买受人签订商品房买卖合同目的的两个侧面，也是房屋出卖人履行商品房买卖合同内容的两项主要义务，足见办理权属证书是《商品房买卖合同解释》第 15 条对于“交付房屋”规定的应有之义。对于法律没有规定的迟延办证解除权的行使期限，应类推适用逾期交房解除权行使期限的规定。3. 关于寇 YL、王 Y 提出一审法院适用法律错误，本案 W 公司至今未完成办证义务，属于根本违约，上诉人享有解除权且解除权并未消灭，应适用《商品房买卖合同解释》第 19 条规定，支持二上诉人解除合同的上诉请求，能否成立的问题。《商品房买卖合同解释》第 19 条及《城市房地产开发经营管理条例》相比于前述《商品房买卖合同解释》第 15 条规定，两者有如下不同之处：

首先，违约后果不同。《商品房买卖合同解释》第 15 条规定的情形是合同双方可以履行义务但未履行，一方可以督促对方履行；第 19 条则是指合同因出卖人违约，已经无法履行或者没有履行的必要，如房屋灭失或者土地使用手续不合法等原因导致无法办理房屋权属证书。本案中，尽管 W 公司至今未履行完毕办证义务，但从案涉房屋所在楼盘整体交付比率及 W 公司出具的《情况说明》来看，大部分房屋已交付业主使用多年，尚须一定时间完成部分验收程序之后，即可达到具备办理权属登记的条件，并不属合同约定的办证义务已经无法履行或者没有履行必要的情形。

其次，立法本意不同。在《商品房买卖合同解释》第 15 条规定的情形下，合同尚有继续履行的可能，权利人可在行使解除权和要求继续履行之间作出选择，但法律必须给予其一定期间的限制。若权利人长期不行使解除权，势必会影响当事人双方权利义务关系的确定，进而影响交易安全。因此，如果享有解除权人超过一定期限不行使解除权，应视为其解除权利的丧失。但《商品房买卖合同解释》第19条规定的解除情形是合同已无继续履行的可能，为充分保障权利人权益，故未对行使解除权的期限作以限制。诚然，适用合同解除权消灭规定的前提，是合同仍有继续履行的基础，如果当事人签订的合同已无继续履行的可能性，则不宜确定解除权人的解除权消灭，否则，将会出现解除权人的解除权消灭（即合同不能解除）而合同又无法继续履行下去的悖论。本案中，尽管迟延办证的违约状态还在持续之中，但并非属于出卖人无法继续履行办证义务的情形，仍属合同可继续履行状态。故此，本案适用《商品房买卖合同解释》第15条的规定，给予了寇YL、王Y1年的解除权行使期限，在此期间，二上诉人有充分的时间去权衡利弊，决定解除合同与否，该条款的适用对于商品房买卖双方来讲都是平等合理的。

最后，救济方式不同。《合同法》第97条规定在合同履行过程中，在一方出现违约的情形时，行使解除权成为当事人自主寻求权利救济的途径之一。在《商品房买卖合同解释》第15条规定的情形下，当事人可以在经过催告期限后要求解除合同或者直接要求对方继续履行义务，而该解释第19条规定是由于构成根本违约，导致订立合同所期望的经济利益已经无法实现，只能要求解除合同，并要求违约方赔偿损失的情形。本案中，寇YL、王Y即使在解除权行使不能时，依然可以通过要求被上诉人赔偿迟延办证违约金的途径得到损失的救济。

此外，《最高人民法院关于审理建筑物区分所有权纠纷案件具体应用法律若干问题的解释》第1条第2款规定："基于与建设单位之间的商品房买卖民事法律行为，已经合法占有建筑物专有部分，但尚未依法办理所有权登记的人，可以认定为物权法第六章所称的业主。"参照该条款规定，在商品房买卖过程中，买受人只要合法占有交易房屋，即可以认定为业主，这就保障了业主的基本权利不因登记延迟而受损。因此，视迟延登记为重大违约甚至根本性违约，就失去了法理基础。对于本案 W 公司履行合同行为而言，W 公司已经按照约定向寇 YL、王 Y 交付了案涉房屋，合同已经实际履行，W 公司自始至终未向寇 YL、王 Y 明示不再向登记部门提供权属登记材料，或实际上无法提供相关材料。而且，从 W 公司在二审期间提供的《情况说明》可以表明其具有继续履行合同，完成办证义务的意愿。从整体履行过程来看，W 公司并非主观恶意拒绝履行办证义务，尽管存在迟延办证的违约行为，但并不构成根本违约，故而不宜再适用《商品房买卖合同解释》第 19 条的规定，赋予二上诉人不受行使期间限制的合同解除权。故对于二上诉人该项主张，亦不予采纳。

综上，上诉人寇 YL、王 Y 于 2013 年 11 月 10 日办理入住、2013 年 9 月开始向原审第三人公积金中心偿还贷款，至今长达 3 年多之久，案涉房屋所在楼盘绝大多数房屋已交付使用，如果本案判令解除合同，既不利于整体性交易的稳定，也将对 W 公司造成不可预估的责任风险。因寇 YL、王 Y 未能及时行使解除权，由此带来的诉讼风险应由其自行承担。故而，一审法院适用法律并无不当，上诉人寇 YL、王 Y 提出一审法院适用法律错误的理由均不能成立，对于上诉人寇 YL、王 Y 提出要求解除案涉房屋《商品房买卖合同》的上诉请求，不予支持。

（三）关于法院应否判令解除合同及对于相应后果如何处理的问题。承上所论，上诉人寇 YL、王 Y 请求法院判令解除与被上诉人 W 公司之间的《商品房买卖合同》因超过 1 年除斥期间，W 公司对于解除合同亦不认可，故在对于寇 YL、王 Y 的解除合同请求未予支持的情况下，二上诉人提出的返还购房款及首付款利息、返还契税、专项维修资金等上诉主张，也失去了请求权成立的前提基础，故对二上诉人该项主张，亦不予支持。

另外，被上诉人 W 公司未能提供任何证据证明其对于迟延办证违约行为存在免责事由，且对于一审判决判令其向二上诉人支付迟延办证违约金未提出异议和上诉，故一审法院以 W 公司存在迟延办证违约行为，应承担合同约定的违约责任为由，判令 W 公司向寇 YL、王 Y 给付迟延办证违约金并无不当，且违约金数额计算准确，应予确认。

七、案例注解

本案最核心的也是争议最大的问题就是，因出卖人迟延办证导致商品房买受人依合同约定取得解除权，该解除权的行使是否受到除斥期间的限制？本案的裁判对于在现有法律制度框架内认定因迟延办证导致解除权的行使边界具有一定方法论上的意义。它不仅有效填补了法律漏洞，而且对于未来我国民法分则及司法解释的制定和修改完善，更加科学合理的规范因迟延办证形成的解除权的行使边界具有极大的启示意义。

（一）分歧原因探究——法律漏洞所在

本案在二审审理过程中，形成两种截然相反的意见。

第一种意见认为，W公司作为出卖人，未按合同约定时间，直至诉讼期间仍未完成办理房屋转移登记义务，构成根本违约。而且，W公司的违约行为持续发生，若对于寇YL、王Y解除合同的主张不予支持，则严重侵犯了物权期待权，始终使寇YL、王Y购买的案涉房屋处于失稳状态，缺少救济途径。同时，对于W公司积极履行办证义务缺少督促性，愈加纵容W公司怠于履行合同义务的违约行为延续。故对于守约方寇YL、王Y请求判令解除合同、返还房款并赔偿损失的诉讼请求，应予支持。

第二种意见认为，根据《商品房买卖司法解释》第15条规定，当事人行使解除权的期限为一年，逾期不行使的，解除权消灭。寇YL、王Y自2014年11月6日取得合同解除权，但至2016年3月31日才向法院起诉要求解除合同，已超过法律规定的一年期限，其解除权已经丧失，在已经实际收房多年后，具备继续办证条件下，为维护交易安全和房屋销售整体稳定，不宜解除合同。

本案的生效裁判采纳了第二种意见。探究产生分歧的主要症结，在于对因延迟办证导致房屋买受人享有的合同解除权边界的规定存在法律漏洞。这与我国《合同法》对于合同解除权消灭制度的设立，从无到有逐步完善的过程息息相关。在《合同法》施行之前，民法通则、已废止的经济合同法、技术合同法、涉外合同法以及当时其他民事立法都没有有关合同解除权消灭制度的立法规定。为了避免解除权人长期不行使解除的权利，使合同关系处于不确定状态，《合同法》填补了原来的法律空白，设立了合同解除权消灭制度。[1]

《合同法》第95条规定："法律规定或者当事人约定解除权行使期限，期限届满当事人不行使的，该权利消灭。法律没有规定或者当事人没有约定解除权行使期限，经对方催告后在合理期限内不行使的，该权利消灭。"该条款分两种情况对解除权的行使期限作了规定，一种是法律规定或者当事人约定了解除权行使期限。在这种情况下，当事人必须在规定或约定的期限内行使解除权，如果当事人未在该期限内行使，即期限届满当事人不行使解除权的，则其解除权消灭。另一种是法律没有规定或者当事人没有约定解除权行使期限。这种情况下，对方当事人应当给予解除权人以合理的行使期限，并催告其在该合同期限内行使解除权。如果解除权人未在此合理期限内行使，即超过合理期限不行使解除权的，那么，其解除权也消灭。从立法意图来讲，如此规定是为了避免解除权人滥用解除权。但是，由于合同法关于合同解除权消灭的规定本身存有漏洞，导致裁判者在处理该类纠纷存在不同的法律认识。尽管2003年最高人民法院出台的《商品房买卖合同解释》就合同法关于解除权消灭的规定又作了补充，明确在商品房买卖合同纠纷中，对于出卖人迟延交付房屋和买受人迟延支付购房款的，在法律没有规定或者当事人没有约定，也没有催告的情况下，所产生的合同解除权的行使期限为一年。但遗憾的是，最高人民法院在《物权法》实施后，对于因迟延办证导致合同解除权的行使期限没有作进一步完善规定。在商品房销售实践中，迟延办证情况大量存在，迟延办证诉讼纠纷

[1] 参见王小莉：《关于合同解除权消灭的探讨》，载《仲裁研究》2014年第35辑。

持续不断，[2] 而且在商品房买卖合同中，买卖双方又很少约定因迟延办证导致解除权产生之后解除权行使的期限限制。在此情况下，如何确定解除权的行使边界，已成为司法实践中必须面对且亟待解决的问题。

（二）迟延办证产生的背景——物权取得因素所在

各国立法关于房屋等不动产登记的效力主要有两种形式的规定：一是成立要件主义；二是对抗要件主义。我国《物权法》规定的是成立要件主义，即房屋等不动产权利的转移和设定在登记之前只体现债权的存在，在登记之后才能认为是完成了产权转移或权利的设立。未经登记，房屋等不动产交易的权利受让人只能得到债权的保护，而不能得到物权的保护。商品房买卖法律关系中，买受人在房屋交接后，虽然拥有了房屋的使用权，但房屋的所有权并不随着房屋的交接而转移，出卖人在产权登记以前对房屋仍拥有所有权。如果出卖人此时将已交付的房屋抵押或再次出售，房屋原来的买受人的权益就会受到侵害。因此，买受人在房屋交付后，应立即办理房屋登记手续，领取不动产权证书。不动产权属登记是不动产管理的主要行政手段，也是依法确认房屋所有权的法定依据。产权登记产生的法律后果，经审查确认产权后，由不动产管理部门下发不动产权证书，即产权得到法律上的承认；产权登记后，则成为房屋所有权的凭证，产权人依法对其房产行使所有权的各项权能，其他人无权干涉或妨碍。[3]

---

[2] 从成都市中级人民法院发布的 2015 年成都两级法院审理的房地产纠纷案件情况获悉，引发商品房买卖合同纠纷的原因主要集中在逾期交房或办证、虚假宣传、房屋质量问题三个方面。其中，从 2015 年成都中院受理的 492 件商品房买卖纠纷案件中来看，逾期交房的案件有 35 件，逾期办证的案件有 289 件，占案件总数的 65.85%。参见《成都房产买卖合同纠纷有新变化：逾期交房办证占六成！》，载《天府早报》2016 年 3 月 11 日；另见《逾期交房办证成商品房纠纷“重灾区”》，载《法制日报》2013 年 08 月 22 日；毋向娟：《逾期交房、逾期办证的商品房买卖纠纷案件分析》，载重庆法院网，2017 年 6 月 20 日访问。

[3] 参见最高人民法院民事审判第一庭编著：《最高人民法院关于审理商品房买卖合同纠纷案件司法解释的理解与适用》，人民法院出版社 2015 年版，第 231 ～ 233 页。

房屋出卖人须交付房屋并保证房屋所有权转移给买受人，这是房屋出卖人最基本的义务。房屋的交付包含实物交付和证件交付。所谓实物交付，是指出卖人将房屋交付买受人占有、使用；所谓证件交付，是指房屋出卖人协助买受人实现房屋转移登记。交易惯例中，一般都是先交付房屋，后办理转移登记手续，两者之间通常需要一段办理时间。因为房屋所有权转移登记主要涉及三方主体，即出卖人、买受人和登记部门的配合操作，而买受人不能在规定时间内取得房屋不动产权证书的原因恰恰也来源于此。

一是由于出卖人的责任（原因），导致买受人不能在规定期限内取得不动产权证书的情形。1. 土地使用手续不合法。如房地产开发企业在农村集体土地上建造房屋，因土地使用手续不合法而无法办理产权证。又如，联建一方提供的土地使用权系划拨土地使用权，地上建设房屋不能直接作为商品房出售，如果按商品房出售的，买受人无法取得不动产权证书。2. 房地产开发企业未支付全部土地使用出让金。3. 房地产开发企业违规违章建房，如经审批可建设为 18 层，实际却建了 20 层，违反规划审批的超建部分无法办证，有时甚至也会导致整体工程无法办证。4. 房地产开发企业不能提供不动产登记部门规定的全部资料。如因与建设单位、监理单位存在纠纷或因没有通过综合验收而不能提供综合验收合格的证明。5. 其他原因。如房地产开发企业没有将代收的公共物业维修基金上缴，没有将抵押权注销等情况，也会影响房屋产权登记手续的办理。

二是由于买受人不愿意办理不动产权证书而发生迟延的情形。1. 契税政策变化，契税提高。如政府鼓励房产交易时，契税比例低至 1%，而抑制市场过热时，契税会提高至 3%。恰好在契税调升时购房的人，往往因契税调高而不愿办理过户，期待何时契税降低了再办。2. 面积存在误差。房屋实测面积大于合同面积，按合同约定，买受人应当补足房款差额并与出卖人签订面积误差的补充协议，才能办理产权登记。如果买受人拒绝补交房款差额、拒签补充协议，办证也将无法进行。3. 按揭购房。买受人向银行申请按揭情况下，房产抵押在贷款银行，产权证也由银行保管，买受人并不能取得。房屋既不能做抵押，也不能转让，办不办房产证对其也无所谓。4. 买受人与出卖人存在争议。房屋交付时，有的买受人因质量或其他问题与开发商严重对立，要求退房、赔偿，这时也不会积极配合办证。5. 买受人意在投资，节省过户费用。如投资房产的人可以通过合同更名转手房产，办了证反而不利于转手，所以买受人不愿意办。6. 买受人自住，办证意识薄弱。买受人更关注的是交付时间，只要自己占有使用了，产权过不过户，无关紧要，对于办证费用采取能拖一天是一天的放任态度等。[4]

三是由于登记部门自行管理规定和操作规程不同导致迟延的情形。我国的不动产登记部门，事实上是行政机关的下属部门，行政色彩极为强烈。从办理初始登记开始，需要提交何种证明，交纳何种费用，法律没有统一规定，全凭各地自行创设。稍有不合即不能办理。例如，没有办理预售合同备案的，按照法律规定不影响合同效力，《商品房买卖合同解释》第 6 条规定，当事人以商品房预售合同未按照法律、行政法规规定办理登记备案手续为由，请求确认合同无效的，不予支持。但现实中都不能办理产权登记。再如，开发商尽管早已验收合格，只要未取得竣工验收备案证明，也不可能办理初始登记和转移登记。各地还有很多不同的地方政策，如不一一满足，都将无法完成登记。[5]

基于迟延办证的原因可能来自出卖人、买受人以及登记部门三个方面，笔者认为，法院审理迟延办证纠纷案件时，应当就迟延的原因和责任主体认定清晰。同样，在审理买受人因迟延办证取得解除权后是否超过除斥期间限制时，更应查明买受人迟延或怠于行使解除权的原因。

---

[4] 参见颜雪明：《关于商品房逾期办证的法律责任》，载《仲裁研究》2013 年第 33 辑。

[5] 南京规定应提交公安部门出具的门牌号批复、经房管部门备案的销售方案、房管部门出具的公益性公共服务设施的证明文件；武汉规定非本城区户口人员须提供《流动人口婚育证明》原件；杭州规定购房人单身的，应提供“单身声明具结书”；海口规定港澳台及境外人士或三资企业买房的，需提交涉及国家安全事项房产审查意见书。林林总总，不一而足。

（三）解除权行使的边界——漏洞弥补所在

合同解除权是指合同当事人在法律规定或者合同约定的情况下，享有解除合同的权利。当解除权成就后，原来基于合同而建立起来的经济关系即受到影响，如果解除权人通知合同相对方解除合同，那么相应的法律后果就是合同当事人的权利义务终止。反之，如果解除权人不通知合同相对方解除合同，那么合同当事人仍有可能继续履行合同。这种不确定性使得当事人基于合同而形成的经济关系处于不稳定状态。因此，有必要对合同解除权进行一定的限制，规定解除权人在限定期限内不行使解除权，则解除权人享有的合同解除权消灭。此举有利于使不确定的经济关系得以稳定下来。[6]也就是说，法律应对于解除权人行使解除权的边界作以适当规定。

2003年最高人民法院出台《商品房买卖合同解释》时，《物权法》尚在制订中，当时学界的普遍认识是不动产权利以登记而产生。可能是基于这个理论，最高人民法院对迟延办证采取了类似于合同目的不能实现的严厉制裁，即不管买受人是否已然接收房屋实际使用，房屋是否具备继续办理权属登记的可能，只要由于出卖人的原因，买受人无法在约定或规定的时间内办理房屋权属证书，就可以行使解除权，且没有除斥期间的限制，从而形成《商品房买卖合同解释》第19条，对此进行了专门规定。但是此后随着《物权法》的实施，普通百姓对于办理房屋权属登记的意识不断提高，因迟延办证产生的纠纷在审判中也日益增多，对于是否将迟延办证一概视为根本违约，以及因迟延办证而形成的解除权的行使是否规定期限予以限制的问题，实务界的意见多有分歧。而在2009年，最高人民法院出台的《关于审理建筑物区分所有权纠纷案件具体应用法律若干问题的解释》中第1条就解决了登记前业主权利的问题；该解释第1条第2款规定，基于与建设单位之间的商品房买卖民事法律行为，已经合法占有建筑物专有部分但尚未依法办理所有权登记的人可以认定为《物权

[6] 参见王小莉：《关于合同解除权消灭的探讨》，载《仲裁研究》第35辑。

法》第六章所称的业主。规定只要合法占有，即可认定为业主，这就保障了业主的基本权利不因登记延迟而受损。既如此，视迟延办证为重大违约甚至根本性违约，就失去了现实基础。在此期间，最高人民法院对于因迟延办证形成的解除权划分情形进行了解读。在最高人民法院民一庭编著的《最高人民法院关于审理商品房买卖合同纠纷案件司法解释的理解与适用》一书中，专门强调了该解释第 19 条所规定解除合同的前提情形是“由于出卖人的原因，导致买受人无法办理房屋所有权登记”，应当属于法定解除的一种，即当事人一方迟延履行债务或者有其他违约行为致使不能实现合同目的的情形，这样与该解释第 15 条形成联结，原则上适用除斥期间的规定。同时，也指出与该解释第 18 条中“由于出卖人的原因，未能取得房屋权属证书”所承担的违约责任，应作以区分。[7]

就本案而言，迟延办证情形并不属于《商品房买卖合同解释》第 19 条规定的“无法办理房屋所有权登记”的根本违约情形，无法适用该条的规定。与此同时，也不能完全适用该解释第 15 条的规定，因为该条规定的是“出卖人迟延交付房屋或者买受人迟延支付购房款”情形，并未明确指明“由于出卖人的原因，买受人在期限届满未能取得房屋权属证书的”迟延办证情形。对此，笔者认为，在未来的立法中或者修改司法解释中，应对迟延办证导致的合同解除权行使划分情形、区分原因进行规范。总体思路为，第一层面，首先根据迟延办证的原因，划分责任归属，认定是出卖人原因、买受人原因，还是登记部门原因，抑或是混合原因所致（该层面并非本文研究重点）。第二层面，针对由于出卖人原因造成的迟延办证，根据迟延程度、履行可能等因素，应划分为一般迟延办证和根本迟延办证。前者即为《商品房买卖合同解释》第 18 条中所述“在期限届满未能取得房屋权属证书的”情形，是指房屋已经交付买受人占有使用，通过延长一定的时间，出卖人可以继续完成协助办证义务的情形；

[7] 详见最高人民法院民事审判第一庭编著：《最高人民法院关于审理商品房买卖合同纠纷案件司法解释的理解与适用》，人民法院出版社 2015 年版，第 235 ～ 236 页。

后者是指《商品房买卖合同解释》第 19 条中所述“无法办理房屋所有权登记”情形，房屋已经不具备继续办证条件，甚至出现房屋都无法交付的情形。第三个层面，针对一般迟延办证是否享有解除权，根据合同是否有明确约定划分为享有约定解除权和不享有约定解除权两种情形。如果合同中未约定在此情形下买受人享有解除权或者约定买受人不享有解除权，那么买受人可以按照《商品房买卖合同解释》第 18 条的规定，向出卖人主张违约损失赔偿责任，但不能要求解除合同；如果合同约定了买受人享有解除权，那么解除权的行使应与《商品房买卖合同解释》第 15 条的规定保持一致，受一年除斥期间的限制，即将一般迟延办证纳入该条规定情形之中，或者将一般迟延办证纳入迟延交付房屋的内涵之中。

在现有法律制度框架内，本案在裁判理由中，通过对司法解释相关条文进行概念上的扩大解释、情形上的类推解释、适用上的目的解释和排除适用反面解释的方法，运用类推适用的法律漏洞填补方法，最终证成因出卖人迟延办证且不构成根本违约的情况下，买受人享有的解除权行使的期限应受除斥期间的限制，从而划定解除权行使的边界。具体而言，本案围绕应否适用以及如何适用《商品房买卖合同解释》第 15 条或第 19 条的规定进行了详尽的分析论证。如前所述，本案体现的法律漏洞属于现行法律和司法解释未作明确规定的公开性法律漏洞，对此法律漏洞，裁判者负有有效填补的义务。填补法律漏洞，其主要手段为类推适用和目的性限缩。前者用于填补公开的法律漏洞，即某项问题，法律依其内部体系及规范计划，应积极设有规定而未设规定；后者用于填补隐藏漏洞，即某项问题，法律应消极设有限制而未设限制。填补漏洞的依据体现为公平原则，即公开漏洞为类似情况，相同处理，而隐藏漏洞为不同情况，不同处理。本案情形显属公开漏洞，应通过类推适用予以填补。就《商品房买卖合同解释》第 15 条规定目的而言，办理权属证书是该条款中对于交付房屋规定的应有之义，也未当然排除对迟延办证原因下解除权行使期限的适用，亦不属完全列举式规定，故审理本案纠纷可以类推适用该解释第 15 条规定作为裁判依据，而不能采用反面解释，排除该条款的适用。[8]

至于应否适用《商品房买卖合同解释》第 19 条规定的问题，从目的解释上看，该条款是指合同因出卖人违约，已经无法履行或者没有履行的必要，如房屋灭失或者土地使用手续不合法等原因导致无法办理房屋权属证书。为充分保障权利人权益，故未对行使解除权的期限作以限制，由于构成根本违约，导致订立合同所期望的经济利益已经无法实现，买受人只能要求解除合同，并要求出卖人赔偿损失。本案的基本案情显然不属于该情况，故不宜将本案 W 公司迟延办证认定为根本违约。故而，本案不应适用该解释第 19 条的规定，但仍不妨碍寇 YL、王 Y 向 W 公司主张迟延办证违约金的赔偿责任。

（四）余论：合同解除权行使边界的除外情形

令人欣喜的是，自 2017 年 10 月 1 日起施行的《民法总则》第 199 条对解除权的除斥期间进行了概括性规定，这与本案讨论的问题在处理方向上是一致的。日常购房中，从签订合同到取得房产证都需要一段时间，而且，对于商品房买卖应当继续还是终止履行，当事人都需要谨慎考虑，不宜草率决定。因此，《商品房买卖合同解释》设定了 1 年的解除权行使期限。这个期限设计相对较为科学。在 1 年的期间内，解除权人有充分的时间去权衡利弊，决定解除合同与否。

在结合本案的裁判思路提出解除权行使边界划定方式的同时，对于合同解除权消灭也应当考虑到以下因素：

一是适用合同解除权消灭的前提是合同仍有继续履行的基础。在本案中，W 公司虽然迟延办证，但可以向寇 YL、王 Y 支付迟延办证违约金，从案件查明的事实来看，办理房屋权属登记仍有继续履行的基础。笔者认为，如果当事人签订的合同已无继续履行的可能性，则不宜确定解除权人的解除权消灭。解

[8] 反面解释，又称反对解释，是指按照法律规定的文字推论出相反的结果，以此查明法律规范的真实意思的解释方法。反面解释的前提，是法律规定已经穷尽列举可能发生的法律效果。参见王利明：《法律解释学（第二版）》，中国人民大学出版社 2016 年版。

除权消灭意味当事人仍然需要继续履行合同。但是，在现实生活中，当事人签订合同后，主客观情况有可能出现一些变化，导致了合同的履行成为不必要或者不可能，如果勉强让这些合同继续发生法律效力，约束合同当事人，不但对其中一方甚至双方有害无益，有时甚至还会阻碍市场经济的顺利发展。因此，在弥补法律、司法解释没有规定、当事人没有约定合同解除权行使期限情形下合同解除权消灭的制度漏洞时，前提条件是合同仍有继续履行的可能。否则，将会出现解除权人的解除权消灭（即合同不能解除）而合同又无法继续履行下去的僵局。

二是确立解除权人接受对方继续履行，推定其默示放弃解除权的裁判规则。本案中，寇 YL、王 Y 在享有合同解除权时，并未及时行使合同解除权，并对房屋进行了接收，在多年后要求解除合同，未受支持。对此，笔者认为，解除权人选择解除合同还是继续履行合同，往往是对自身利益权衡的结果，如果解除合同有利于解除权人重新选择合同相对方，解除权人选择解除合同的可能性会较高一些；反之，如果解除合同不利于解除权人，则倾向于选择继续履行合同。但无论最终作何选择，解除权人都只能择其一行使，解除权人既然选择了继续履行合同，就意味着其放弃解除合同。否则，相对人继续按照合同的约定已经准备甚至已经履行合同给付义务，花费了时间、精力和财力，而另一方面，解除权人接受了相对方的履行，还允许解除权人享有解除权，这不但使相对方之前准备继续履行和实际已经继续履行的行为归于徒劳，甚至还会增加相对方的负担。这无疑损害了相对方的利益。比如，房价上涨，买受人选择继续履行合同，遇到房价下跌，买受人再提出解除合同，明显有悖于《合同法》规定的诚实信用原则和公平原则。因此，裁判者有必要树立“享有解除权的一方以自己的同意履行行为放弃解除权的，解除权消灭”这一裁判理念。

三是之前的合同解除权消灭并不排除之后的合同解除权的行使。如果解除权人基于某一特定事由而产生解除权，那么这一解除权是由于解除权人接受相对方履行而导致解除权消灭，而在此后另一时间因同一事由或不同事由产生新的解除权，解除权人仍然可以提出解除合同来救济自己的合法权益。裁判者需要审查新的解除事由是否成立，而不能因此前曾出现合同解除权消灭而简单否定解除权人行使新的合同解除权。以本案为例，如果W公司在此后一段合理期限内仍无法办理房屋权属证书，或不再具备办理房屋权属证书的可能，那么寇YL、王Y仍应将取得解除权。

以上仅是笔者在审理本案过程中，所遇到相反观点碰撞后，引发对我国合同解除权消灭的相关规定的反思和个人拙见，笔者期待不久的将来，民法分则或司法解释对此问题有所回应，从而进一步完善我国合同解除权消灭制度，以更好地保障合同当事人的合法权益。

《企业合规论丛》稿约

《企业合规论丛》是在华东师范大学法学院支持下，由华东师范大学企业合规研究中心创办、独立编辑并公开出版发行的学术集刊。

《企业合规论丛》初创于2018年，现包含“专题研讨”“论文争鸣”“判解研究”等栏目。

欢迎海内外专家学者、优秀学子、司法实务工作者惠赐稿件，论文来稿原则上在8000字以上，案例分析来稿原则上在5000字以上，并只接收电子邮箱投稿。来稿请以“作者姓名＋文章标题”为邮件名称。收稿邮箱：qyhglc@163.com。

来稿请附摘要（300字之内）、关键词（5个以内）及作者个人简介（包括姓名、单位、职务或职称、地址、联系电话、电子邮箱）。关于引证规范，请具体参见尾页所附之引证体例。

《企业合规论丛》实行匿名审稿制，编辑部收到稿件起三个月内向作者通报审录结果，每稿必复。

《企业合规论丛》崇尚学术自由，严守学术规范。一旦发现作者一稿多发、抄袭或者存在其他严重学术不端行为的，本刊将向其所在单位、主管机关、学术团体及新闻媒体通报情况，并保留追究其法律责任的权利。

为了扩大本刊及作者知识信息交流渠道，除非作者在来稿时声明保留，否则视为同意《企业合规论丛》拥有以专有方式授予中国法制出版社对已刊作品纸质图书的出版权，以非专有方式向第三人授予已刊作品电子出版权、信息网络传播权和数字化汇编、复制权，以及向《中国社会科学文摘》《高等学校文科学术文摘》和中国人民大学书报复印资料等文摘类刊物推荐转载已刊作品的权利。

《企业合规论丛》编委会

《企业合规论丛》注释体例

一、文中注释一律采用脚注，全文连续编号。

二、非直接引用原文的，注释前加“参见”；引用非原始资料时，请注明“转引自”。

三、引用同一文献的，如果两个注释并非相邻，分别列出完整的文献信息；如果两个注释相邻，则采用“同上注，第 × 页”。

四、注释及参考文献范例。

（一）著作、教材类：

[1]《马克思恩格斯选集》（第4卷），人民出版社1972年版，第24页。

[2] 龚祥瑞：《比较宪法与行政法》，法律出版社1985年版，第255页。

[3] 佟柔主编：《中国民法》，法律出版社1990年版，第67～75页。

（二）论文类：

[1] 苏永钦：《私法自治中的国家强制》，载《中外法学》2001年第1期。

[2] 王利明：《隐私权的新发展》，载《人大法律评论》2009年第1辑。

（三）文集类：

[1] 龚祥瑞：《比较宪法学的研究方法》，载《比较宪法研究论文集》（第一集），南京大学出版社1993年版，第55页。

（四）译作类：

[1]〔古希腊〕亚里士多德：《政治学》，吴寿彭译，商务印书馆1983年版，

第 54 页。

（五）报纸：

［1］张志铭:《现代化与中国律师制度的发展》，载《光明日报》2003 年 9 月 23 日。

（六）古籍类：

［1］(清）沈家本:《沈寄簃先生遗书》甲编，第 43 卷。

（七）辞书类：

［1］《新英汉法律词典》，法律出版社 1998 年版，第 24 页。

（八）网络资料类：

［1］郑成思:《"入世"、知识产权保护与民商法的现代化》，载 http://www.iolaw.org.cn/showNews.asp?id=243，2009 年 6 月 19 日访问。

（九）英文类：

［1］L.Fuller, *The Morality of Law*, Robert Gilpin, revised edition, New Haven: Yale University Press, 1969, p.143.

［2］Joseph Raz, *Legal Principles and The limits of Law*, 81 Yale Law Journal (1972), p.839.

［3］H.L.A.Hart, *Jhering's Heaven of Concepts and Modern Analytical Jurisprudence*, in Eaasys in Jurisprudence and philosophy, London: Oxofrd University Press, 1983, pp.269–270.

（十）英文以外的外文文种：依照该文种注释习惯。

图书在版编目（CIP）数据

企业合规论丛. 第2辑 / 华东师范大学企业合规研究中心编. —北京：中国法制出版社，2019.4

ISBN 978-7-5216-0117-6

Ⅰ.①企… Ⅱ.①华… Ⅲ.①企业法—研究—中国 Ⅳ.①D922.291.914

中国版本图书馆CIP数据核字（2019）第061603号

策划编辑 / 王雯汀　　责任编辑 / 王雯汀　　封面设计 / 杨泽江

企业合规论丛·第2辑

QIYE HEGUI LUNCONG·DI-ER JI

编者 / 华东师范大学企业合规研究中心
经销 / 新华书店
印刷 / 北京京华虎彩印刷有限公司
开本 / 710毫米×1000毫米 16开
印张 / 25
字数 / 367千

版次：2019年4月第1版 / 2019年4月第1次印刷
书号：ISBN 978-7-5216-0117-6　　定价：98.00元

北京西单横二条2号
邮政编码：100031　　传真：010-66031119
网址：http://www.zgfzs.com　　编辑部电话：010-66060794
市场营销部电话：010-66033393　　邮购部电话：010-66033288

（如有印装质量问题，请与本社印务部联系调换。电话：010-66032926）